国家社科基金
GUOJIA SHEKE JIJIN HOUQI ZIZHU XIANGMU
后期资助项目

秦始皇帝陵园出土彩绘青铜水禽制作工艺及相关问题研究

Painted Bronze Waterfowls Unearthed from the Mausoluem of the First Emporer of Qin: Their Manufacturing Techniques and Related Issues

邵安定 著

科学出版社
北 京

内 容 简 介

发现于秦始皇帝陵园的46件神态逼真、形态各异的原大彩绘青铜水禽，是目前国内考古出土时代最早、数量最多的一批青铜雕塑，在形制、表面装饰以及表现风格上特征鲜明，明显有别于中国先秦时期的其他青铜器。本书采用多种科技手段对彩绘青铜水禽的铸造工艺、合金工艺、矿料来源、装饰工艺以及体内泥芯进行了系统研究，并在中西方古代青铜器工艺的视野下，对彩绘青铜水禽在铸造工艺、合金工艺以及装饰工艺等方面的特征进行了深入讨论。本书为全面了解战国晚期秦国至秦代的物质文化、青铜冶铸工艺以及探索战国晚期秦国（秦代）与其他地区的文化交流与互动提供了科学证据。

本书资料丰富，图文并茂，可供考古专业师生、考古机构研究人员及对文博考古感兴趣的人群参考、阅读。

图书在版编目（CIP）数据

秦始皇帝陵园出土彩绘青铜水禽制作工艺及相关问题研究 / 邵安定著. —北京：科学出版社，2019.1

国家社科基金后期资助项目

ISBN 978-7-03-060498-9

Ⅰ. ①秦… Ⅱ. ①邵… Ⅲ. ①青铜器（考古）- 研究 - 中国 - 秦代 Ⅳ. ① K876.414

中国版本图书馆CIP数据核字（2019）第018551号

责任编辑：樊 鑫 闫广宇 / 责任校对：邹慧卿

责任印制：肖 兴 / 封面设计：金舵手世纪

科学出版社 出版

北京东黄城根北街16号

邮政编码：100717

http://www.sciencep.com

天津市新科印刷有限公司 印刷

科学出版社发行 各地新华书店经销

*

2019 年 1 月第 一 版 开本：720×1000 1/16

2019 年 1 月第一次印刷 印张：18 1/4 插页：12

字数：335 000

定价：158.00 元

国家社科基金后期资助项目
出版说明

后期资助项目是国家社科基金设立的一类重要项目，旨在鼓励广大社科研究者潜心治学，支持基础研究多出优秀成果。它是经过严格评审，从接近完成的科研成果中遴选立项的。为扩大后期资助项目的影响，更好地推动学术发展，促进成果转化，全国哲学社会科学工作办公室按照“统一设计、统一标识、统一版式、形成系列”的总体要求，组织出版国家社科基金后期资助项目成果。

全国哲学社会科学工作办公室

序

秦始皇帝陵园外城之外的青铜水禽坑，是1999年6月当地村民在建造现代墓葬的过程中偶然发现的。当年8月8日开始发掘，我作为秦陵考古队长参与了从勘探到发掘的全过程。这座陪葬坑内出土了46件锈蚀严重的彩绘青铜水禽和15尊毁损不堪的彩绘乐手俑。邵安定博士自2003年就和秦始皇兵马俑博物馆研究人员、德国同行们一起，对这批青铜水禽陆续开展了文物保护修复和科学研究工作。从2010年开始，他将彩绘青铜水禽制作工艺研究作为他博士论文的题目，为此开展了长达五年的系统研究。其间利用在英伦访学的机会，对中西古典时期的青铜制作工艺进行了深入的全面考察，最终得出了一系列令人信服的结论，填补了国内外在该领域的研究空白，也给我们在思考中外文化交流的诸多问题方面带来有益的和建设性的启迪。

文明因为交流而精彩，因为互鉴而进步。

从秦族到秦国再到秦帝国，秦人走过了从部族到古国、从王国再到帝国的中国文明演变模式的全过程。因之，秦文明在中国文明演变进程中具有独特的、不可或缺的价值。文献资料和考古证据显示，秦文明在形成过程中，一直存在着主体继承中原文化，在被动迁徙过程中，因为特殊的生存空间和环境压迫，使得秦人在一步步走向强盛的过程中，从来没有停止过与周边不同部族文化之间进行不间断的相互交流。可以说，对外开放和交流是秦文化从早到晚发展过程中的主旋律。在陇东、宝鸡地区的秦人早期遗存中，我们能看出其主体文化是中原文明，诸如竖穴土圹木椁墓、腰坑葬、青铜礼器、仿铜陶礼器、圭璧等全部是中原因素，但也可以间或看到来自其周边的西戎、北部的草原游牧、巴蜀等通过近距离交流而带来的异文化因素，这一现象与秦人发展相始终。可以说，没有交流和互鉴，秦文明能走到帝国阶段是不可想象的。

秦人在发展过程中，和近距离的文化体之间开展了程度不同的文化交流，于文献记载、于情于理我们都能理解。那么，秦人和远距离的文化体之间有没有可能也开展了不同程度的交流互动呢？换句话说，就是在张骞凿空西域之前，中外文化之间有没有交流？有的话，曾经开展了怎样的文化交流呢？

秦帝国形成前后的中外文明交流是近年来的一个热点课题。围绕秦始皇帝陵园的兵马俑、铜车马、百戏俑、青铜水禽、条形砖、陵墓封土内的高台建筑等这些横空出世的考古发现，大家各抒己见。所讨论的焦点是此阶段有没有可能已经开始出现远距离的中外文化交流，秦陵发现的这些文化因素，是东方社会的独立发明，还是交流而来的？如果有交流的话能深入到什么程度，尤其是在制度和理念层面会不会也有所交流？这种讨论有时候甚至会偏离学术，而被莫名其妙地提到高不可攀的意识形态领域去。

邵安定博士经过深入的检测、分析和对比研究，认为彩绘青铜水禽为失蜡法整体铸造而成，且在青铜水禽上普遍发现的铜隔档、芯撑、芯骨、底部方孔、铜片镶嵌补缀工艺、流淌状多余铜、毛刷痕迹等现象，和公元前一千纪地中海沿岸的埃及、希腊青铜雕像上的同类痕迹接近甚至相同，而同类现象在中国先秦青铜器上几乎不见，表明此阶段秦文明中的青铜制作工艺受到地中海相关文明的影响。不仅如此，秦陵青铜水禽中含锡量以10%的铜锡二元合金铸造而成。这一现象普遍见于秦陵出土的青铜器，但却为中国所少见，同样的现象存在于希腊化之前的希腊青铜雕像中。

邵博士的研究结论，势必会让我们将其与自近代以来开展的中外文化交流研究，这项饶有趣味但又充满争议的话题联系起来。这不仅仅涉及文化交流研究的理论与方法问题，更经常地被人不适当地和民族文化自信联系起来。

人们普遍能接受这样的看法，即张骞通西域后，中外文化之间开展了持续不断的各种规模的交流，大量的异域文化因素源源不断地传入东土，东方的丝绸、铜镜、冶铁等传入西土，因为这些有文献支撑，也有考古资料可以佐证；但在此之前会是什么情况呢？我们会倾向于相信：张骞通西域之前中国文明所有的一切，都是我们老祖宗们独立发明创造的。

但是，十多年来的科技考古所取得的获得多数学者认可的丰硕成果表明：公元前1800年左右至公元前1000年之间，来自于西亚、北非的青铜冶炼技术、农作物中的小麦、大麦，家畜中的黄牛、山羊、绵羊、马，马车，早期冶铁技术等，在这一时期传入了中国。青铜技术的传入过程已经基本清晰，即距今4500年左右，率先在河西走廊发现用单范制作的小件红铜和砷铜铜器；距今4000年左右，冶铜技术传入中原；距今3600年左右，冶铜技术传到中原后被迅速地更新换代，出现了多块合范、三元合金的青铜制礼器。

在如此遥远的时代，东西文化之间已经有了这么多的文化交流。那么，春秋战国之际呢？期间中西文化之间是否终止了上述持续千年之久的交流呢？邵安定博士的研究成果，从一个侧面回答了这个问题。

当然，在没有更多的资料之前，关于中外文化交流的很多细节我们还一无所知。但我对未来充满自信，我相信，随着我们的视野不断开拓，随着考古学研究日新月异的进展，我们不仅能获得更多的中西文明交流的知识以及细节，也一定能形成中外文明交流的理论与方法体系的研究成果，考古学将证明，文明交流互鉴是推动人类文明进步和世界和平发展的动力。

段清波

2018 年 9 月 28 日

目　录

插图目录

插表目录

图版目录

引　言

冶金术的发明及金属的使用在人类文明史上具有重要地位，它与文字的产生、城市的出现、礼制的形成一起被视为人类文明形成的基本标志[①]。中国自二里头时期进入青铜时代，青铜技术在商周时期达到鼎盛；战国时期，铁器取代了青铜器在社会物质文化上的重要地位，中国进入了铁器时代[②]。青铜器的出现和广泛使用，影响了中国先秦社会生活的各个方面，是该时期物质生产和精神生活的集中体现。因此，对青铜器的深入研究是了解中国先秦社会物质及精神文化发展的重要组成部分[③]。

秦始皇帝陵园是中国历史上第一个皇帝陵园，也是中国古代规模最大、埋藏最丰富的帝王陵园之一。发现于秦始皇帝陵园的46件神态逼真、形态各异的原大彩绘青铜水禽，是迄今为止该陵园内首次考古出土的青铜禽类形象，也是目前中国发现时代最早、数量最多的一批圆雕彩绘青铜器。彩绘青铜水禽在形制、表面装饰以及表现风格上特征鲜明，明显有别于中国先秦时期的其他青铜器。彩绘青铜水禽的发现，不仅丰富了秦始皇帝陵园陪葬坑的内涵，而且对进一步研究战国晚期秦国乃至秦代的物质文化、青铜冶铸工艺和装饰工艺均具有重要意义。

彩绘青铜水禽出土后，陕西省考古研究院与德国美因茨罗马-日耳曼中央博物馆（Römisch-Germanisches Zentralmuseum）合作在2003～2006年期间对部分青铜水禽进行了保护修复[④]。与此同时，秦始皇帝陵博物院也对

---

① 李学勤：《中国古代文明的起源》，《走出疑古时代》，辽宁大学出版社，1994年，第20～37页。

② 朱凤瀚：《中国青铜器综论》，上海古籍出版社，2009年，第22、23页。

③ 华觉明：《中国古代金属技术——铜和铁造就的文明》，大象出版社，1999年，第32～37页。

④〔德〕艾克曼：《秦始皇陵出土青铜水禽的保护和科技探索》，《让过去拥有未来：十五年德-中文物保护方法的发展与检验》，德意志联邦共和国联邦教育与研究部，2006年，第203～213页。

其收藏的部分青铜水禽开展了保护修复工作[①]。尽管在前期的保护修复工作中，保护修复人员发现了一些重要的铸造工艺信息，并对个别水禽的青铜基体以及表面彩绘颜料进行了采样分析，但整体而言，青铜水禽的铸造工艺仍悬而未解，其工艺特征及学术意义并未得到全面揭示。2010年以来，在国家文物局的支持下，陕西省考古研究院与北京科技大学合作对前期未经保护处理的青铜水禽开展了全面的保护修复工作，并在此基础上对其制作工艺展开了深入细致的研究。本书的内容就是过去数年在彩绘青铜水禽制作工艺研究方面所取得的阶段性成果。

全书共分为七章。第一章对秦国历史、秦始皇帝陵园、秦始皇帝陵园出土青铜器及其考古学研究、彩绘青铜水禽的考古发掘及研究进行了简要的介绍，目的是为彩绘青铜水禽制作工艺的研究提供一个时空和文化背景。第二章和第三章为彩绘青铜水禽铸造工艺的研究。其中，第二章对部分典型彩绘青铜水禽和水禽残件进行了铸造工艺考察，并对水禽上发现的工艺信息和现象进行了系统的梳理和总结。第三章在中、西方古代青铜铸造工艺的视角下，对青铜水禽上发现的多种工艺信息和现象分别进行了分析和讨论，并在此基础上对青铜水禽的铸造工艺及其特征进行了阐释，同时对其所反映的中西文化交流也进行了讨论。第四章对彩绘青铜水禽青铜基体进行了采样分析，并在公元前一千纪中、西方青铜合金工艺的背景下讨论了青铜水禽的合金工艺特征，同时结合已有研究，初步探讨了青铜水禽的矿料来源问题。第五章在对青铜水禽表面彩绘颜料及彩绘工艺分析和研究的基础之上，探索了古代青铜器表面彩绘装饰工艺及其技术内涵。第六章对彩绘青铜水禽体内残留的泥芯进行了科学分析，在揭示其材质特征的同时，结合已有的相关研究，初步探索了青铜水禽的生产地点。第七章为结论，对彩绘青铜水禽的制作工艺特征和学术意义进行了全面总结。

秦代是中国历史上第一个统一的中央集权制封建王朝。虽然秦王朝仅仅存在了15年，但其创立的政治制度却影响了之后数千年的中国历史。由于秦代在中国历史上具有极其特殊的意义，因此对秦国、秦王朝以及秦

① 刘江卫：《秦始皇陵陪葬坑出土十二号青铜水禽的修复保护报告》，《文物科技研究（第二辑）》，科学出版社，2004年，第52～61页；马宇：《秦始皇帝陵园K0007号陪葬坑25号仙鹤的修复报告》，《回顾与创新：秦始皇兵马俑博物馆开馆三十周年纪念文集（回顾篇）》，三秦出版社，2009年，第440～449页。

文化的研究，也就成为历史学和考古学中备受关注的研究领域[1]。希望本书对秦始皇帝陵园出土彩绘青铜水禽制作工艺的研究，能够为全面了解战国晚期秦国和秦代的物质文化、青铜器冶铸工艺和装饰工艺，以及探索秦国（或秦代）与其他地区或文化在青铜工艺上的交流与互动提供有益的信息。

① 滕铭予:《秦文化：从封国到帝国的考古学观察》，学苑出版社，2002年，第4页。

第一章 彩绘青铜水禽的考古发现与研究

秦文化上承商、周，下启汉、唐，不仅是中华民族远古文明的集大成者，也是繁荣汉唐文化的奠基者，居于承前启后、继往开来的重要地位。因此，对秦文化的探索与研究一直以来都是历史学、考古学的热点之一。作为秦文化的重要物质载体，青铜器蕴含着丰富的历史文化和古代科技信息，是物质文化和精神文化的集中反映，也是当时社会生产力发展水平的标志物。毫无疑问，对秦文化青铜器的研究将有助于对秦文化的全面探索与诠释。

对任何文物的研究都是建立在其考古背景以及已有相关研究基础之上的。本章将对秦国历史、秦始皇帝陵园、秦始皇帝陵园出土青铜器及其现有考古学研究、彩绘青铜水禽的考古发掘及研究进行简要介绍，目的是为本书对彩绘青铜水禽制作工艺的研究提供一个时空和文化背景。

第一节 秦国简史

据《史记·秦本纪》记载，秦人的祖先女修为“帝颛顼之苗裔”，并有玄鸟降生的传说。女修生大业，大业的儿子大费曾帮大禹治水，并“佐舜调驯鸟兽，鸟兽多驯服”，从而得到舜帝的赏识，并赐嬴姓。殷商时期，秦人的祖先与商王朝关系密切，费昌、孟戏、中衍等均为殷臣。商代末年，中衍的玄孙中潏“在西戎，保西垂”，表明秦人此时已在今甘肃礼县一带①。

西周时期，秦人又臣服于周王朝。秦人的一支出了一位有名的御手，名叫造父，为穆王御。造父在平定徐偃王之乱中有功，被封于赵城，是后来战国时期赵国的祖先。周孝王时期，秦人另一支的首领非子因善于养马而得到了重用，为周孝王养马于汧、渭之间，“马大蕃息”，得为附庸，封邑于秦，“使复续嬴氏祀，号曰秦嬴”。

周厉王时期，爆发了西戎反抗周王朝的战争，使周王朝丧失了在陇右

---

① 林剑鸣：《秦史稿》，上海人民出版社，1981年，第10～24页。

的统治地位。周宣王即位后，扶植非子一支开始了对西戎的战争，这也是嬴秦一族壮大的开始。宣王以秦仲为大夫，对西戎作战，秦仲战死，又召秦仲长子“庄公昆弟五人，与兵七千人，使伐西戎”。最终秦庄公不辱使命，击败西戎，收复了犬丘故地。周宣王以庄公为“西垂大夫”，并将秦之先祖大骆、非子等居住过的犬丘故地一并赐给了庄公[①]。

秦人在西周王室的扶植下，其实力和领地得到了空前的发展和壮大。襄公二年（776 B.C.），西戎围攻秦都犬丘，并俘虏了襄公的兄长世父。西戎的存在对秦人构成了极大的威胁，襄公为了暂避西戎一时之锋芒，被迫迁都于汧。襄公七年（771 B.C.），犬戎寇周，周平王东迁洛邑，襄公救周有功，被封为诸侯，“赐之岐以西之地”，此时秦才正式成为诸侯国。从此，秦人以汧邑为据点，开始了驱逐岐、丰之地诸戎的斗争，以实现周平王的“秦能攻逐戎，即有其地”的许诺[②]。

文公四年（762 B.C.），秦人的都邑迁到关中西部的“汧渭之会”，迈出了向东拓进的关键一步。文公十六年（750 B.C.），取得了对戎人战争的巨大胜利，秦人的统治地扩至岐山，“收周余民有之”，秦人承袭了西周王畿地区先进的农业和手工业基础，为后来秦人的逐步强大奠定了基础[③]。

随着秦人一步步东扩，秦都邑也不断迁移[④]。宪公（715～704 B.C.）自汧渭之会迁至平阳。德公（677～676 B.C.）自平阳徙都至雍，雍城作为秦都邑延续了近三百年。秦穆公（659～621 B.C.）时“广地益国，东服强晋，西霸戎夷”，成为“春秋五霸”之一。献公（384～362 B.C.）自雍城迁徙至栎阳。孝公（361～338 B.C.）任用商鞅“变法修刑，内务耕稼，外劝战死之赏罚”，秦国不断强大，迁都咸阳。从此，秦国开始了逐鹿中原，进入政治、经济、文化、外交全面发展的新时代。

公元前316年秦灭蜀，秦国以关中平原和四川盆地为战略基地，成为战国七雄中力量最为强大的一支，开始了兼并六国的战争。于公元前221年，秦统一六国，建立了秦王朝。虽然短命的秦王朝仅仅存在了15年，但其所创立的政治制度却影响了之后数千年的中国历史[⑤]。

---

① 梁云：《关于秦人早期的历史》，《中国文化遗产》2008年第2期，第83页。

② 张天恩：《礼县等地所见早期秦文化遗存有关问题刍论》，《文博》2001年第3期，第67～74页。

③ 张天恩：《甘肃礼县秦文化调查的一些认识》，《考古与文物》2004年第6期，第76～80页。

④ 李自智：《秦九都八迁的路线问题》，《中国历史地理论丛（第二辑）》，陕西人民教育出版社，2002年，第67～70页。

⑤ 林剑鸣：《秦史稿》，上海人民出版社，1981年，第328～353页。

第二节　秦始皇帝陵园简介

秦始皇帝姓嬴名政（259～210 B.C.），13岁继位，是中国历史上第一个统一的多民族中央集权制国家的缔造者。秦始皇帝陵园位于陕西省西安市临潼区，西南距西安市中心约35千米，西距临潼城区约3千米，南距骊山约2千米，东距临潼区代王镇约4千米，北距渭河约7千米（图1-1）。

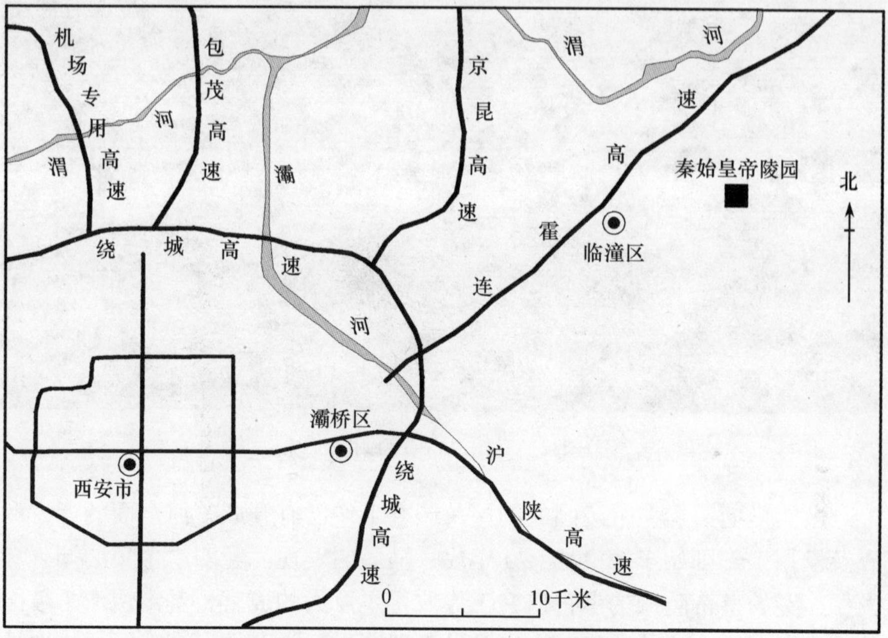

图1-1　秦始皇帝陵园地理位置图

秦始皇帝陵园是中国历史上第一个皇帝陵园，也是中国古代帝王陵墓中规模最大、埋藏最丰富的帝王陵园之一，以其壮观的规模、巍峨的建筑、丰富的埋藏品著称于世。1961年，国务院公布秦始皇陵为第一批全国重点文物保护单位；1987年，秦始皇陵及兵马俑被联合国教科文组织列入"世界遗产名录"。

根据文献记载[①]，秦始皇帝陵园的修建始于始皇初即位，即公元前246年，前后共经历了38年，最多时动用人力达72万。秦始皇陵的修建工程大体经历了三个阶段：第一阶段是从秦王政元年（246 B.C.）至始皇

① 袁仲一：《秦始皇陵考古发现与研究》，陕西人民出版社，2002年，第10～12页。

二十六年（221 B.C.）统一全国，此阶段为修陵工作的初步设计和实施阶段；第二阶段是从统一全国至始皇三十七年（210 B.C.）死葬于骊山，此阶段开展了大规模的修建工程，陵园主体工程基本完成；第三阶段从秦二世继位至“赦骊山徒”（208 B.C.），秦二世对秦始皇帝陵的后续工程进行营建（图 1-2）。

图 1-2 秦始皇帝陵园俯瞰照片

虽然早期秦始皇帝陵园的勘探及调查工作已有开展，但全面的考古调查及发掘工作则始于 20 世纪 70 年代兵马俑的发现。经四十余年的调查和发掘，秦始皇帝陵园的考古研究工作取得了巨大的成就，基本厘清了陵园的规模、布局、遗迹遗物分布以及地下埋藏内涵。秦始皇帝陵园文物遗址分布区南至骊山，北达新丰塬下，东临代王街办，西界临潼城区，南北、东西距离各约 7.5 千米，面积约 56 平方千米，其中文物遗址密集区近 20 平方千米[①]。

秦始皇帝陵园核心区为陵园，陵园整体布局以封土为中心，围绕封土有内外相套的两重南北向的长方形城垣，面积 2.13 平方千米；陵园内地上、地下的遗迹、遗物分布密集，已发现的主要遗址有帝陵封土、地宫、铜车马坑、寝殿、便殿、陪葬墓区、飤官遗址、园寺吏舍遗址、珍禽异兽坑、石铠甲坑、百戏俑坑、文吏俑坑、陵墙、东西门阙、廊房等（图 1-3）；陵园以外已经发掘和探明的重要遗址有兵马俑一、二、三号坑，

① 段清波：《秦始皇帝陵园考古研究》，北京大学出版社，2011 年，第 6～15 页。

五砂厂修陵人墓地，赵背户村修陵人墓地，姚池头村修陵人墓地，铜禽坑，鱼池建筑遗址，骊邑遗址，五岭遗址，郑庄石料加工场，陶窑遗址和大片的建筑遗址等（图 1-4）。发掘出土了包括兵马俑、铜车马、石铠甲、青铜水禽等在内的各类珍贵文物 5 万余件。

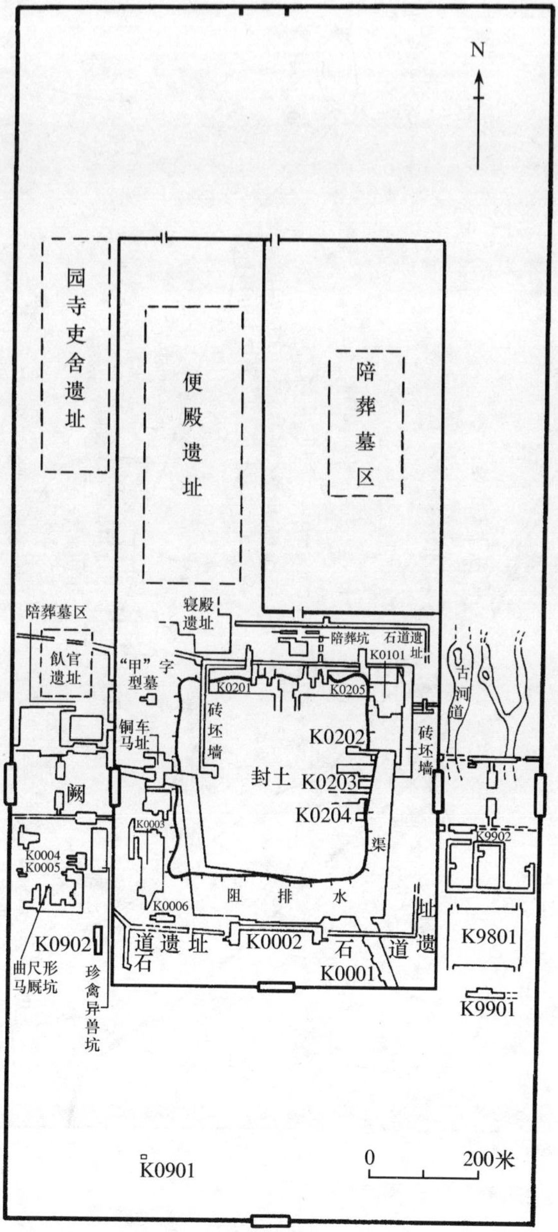

图 1-3　秦始皇帝陵园内遗迹分布图

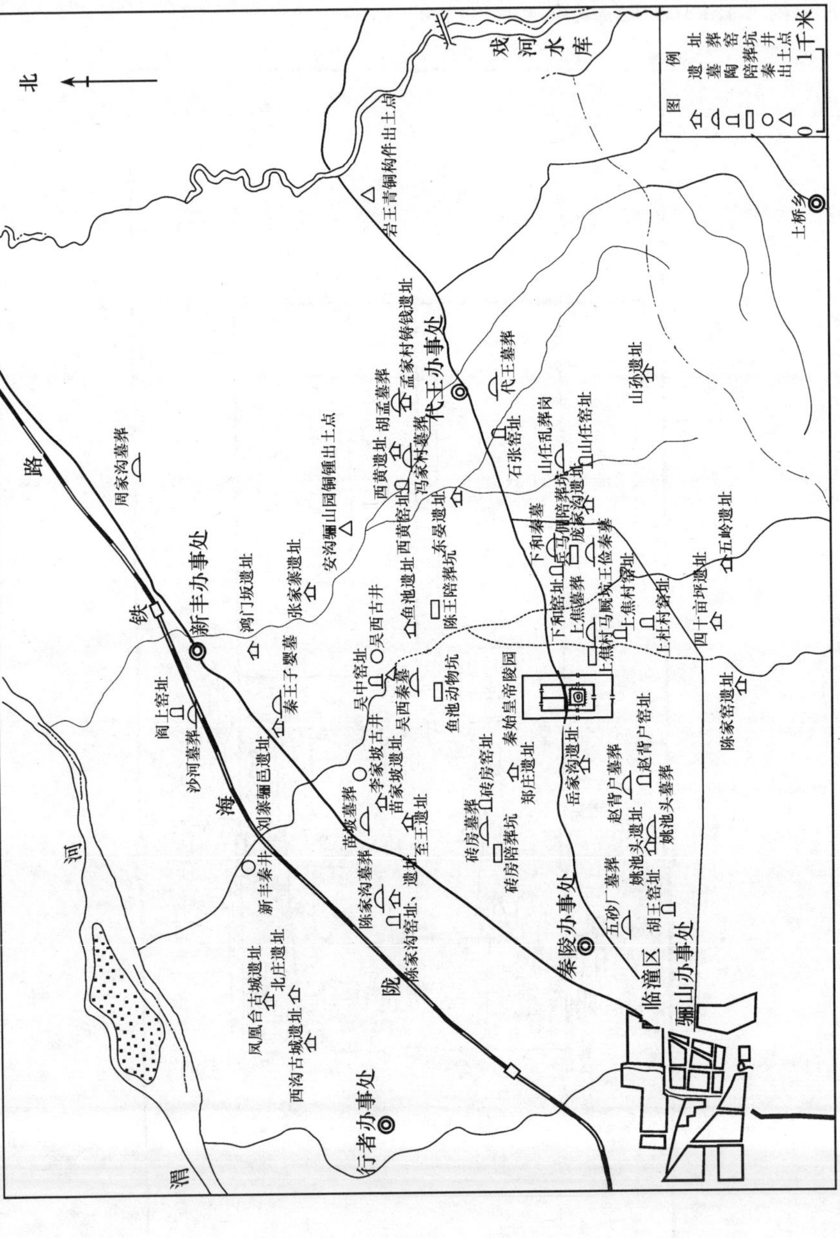

图1-4 秦始皇帝陵园外遗迹分布图

第三节 秦始皇帝陵园出土青铜器及考古学研究

迄今为止，秦始皇帝陵园内出土的青铜器主要为兵器，器类包括镞、剑、戈、矛等，车马器与各种饰件也占有较大比例，而青铜礼容器的数量却很少。其中，青铜兵器总体上可分为三大类，即长兵器、短兵器和远射兵器。长兵器是指兵器上安接的柄等于或超过其身长的兵器，主要包括戈、矛、戟、铍、钺等；短兵器是指兵器上不安接或安接的柄短于其身长的兵器，主要包括剑和金钩；远射兵器主要有弩弓和箭镞[①]。值得一提的是，出土于秦始皇陵西侧的两乘彩绘铜车马，尺寸为原大的二分之一，均为单辕四马，车上各有一御官俑，车、马系驾缰索齐备，而且通体饰有彩绘，并配有大量金银饰件。由于其造型准确、形体巨大、结构复杂，被誉为“青铜之冠”[②]。鉴于彩绘青铜水禽的考古发掘情况将在后文详细介绍，所以在此仅将秦始皇帝陵园内历年来除青铜水禽之外其他铜器的主要出土情况概括于表 1-1。

关于秦始皇帝陵园出土青铜器的现有考古学研究，主要集中在兵器和车马器的标准化生产以及生产的组织管理方面。袁卫华、袁仲一等[③]和王学理[④]分别从合金配比、尺寸、组合以及相关零件的通用和互换等几个方面出发，同时结合史料及铜器上的铭文对秦代兵器、车马器生产的标准化问题进行了讨论，认为当时标准化生产程度已达到了很高的水平。雷德侯（Ledderose，L.）[⑤]在其《万物》（*Ten Thousand Things: Module and Mass Production in Chinese Art*）一书中也对秦代兵器的标准化生产给予了高度的评价，并提到了零部件制作精确，可以通用互换。李秀珍等[⑥]测量了秦始皇帝陵园出土部分铜弩机各部件的尺寸并进行了统计学

---

① 刘占成：《秦青铜兵器研究》，《回顾与创新：秦始皇兵马俑博物馆开馆三十周年纪念文集（回顾篇）》，三秦出版社，2009 年，第 56～78 页。

② 段清波：《秦始皇帝陵园考古研究》，北京大学出版社，2011 年，第 10 页。

③ 袁仲一等：《秦俑坑青铜兵器工艺标准化》，《陕西标准化》1981 年第 2 期，第 47～52 页。

④ 王学理：《秦俑坑青铜兵器的科技成就管窥》，《考古与文物》1980 年第 3 期，第 99～107 页；王学理：《秦代军工生产标准化的初步考察》，《考古与文物》1987 年第 5 期，第 57～67 页。

⑤ Lothar Ledderose. Ten Thousand Things: Module and Mass Production in Chinese Art, Princeton University Press, 2001: 67.

⑥ 李秀珍、高俊：《从青铜弩机铭文看秦兵器生产标准化的局限性》，《文博》2010 年第 2 期，第 43～46 页。

表 1-1　秦始皇帝陵园历年出土青铜器统计表 ①

出土地	铜器名称及数量（件）
一号坑	铜甬钟 2、铜鼓环 6、铜车辖 1、铜釭 2、铜锏 7、带柄铜环 7、扉棱铜管 4、筒形铜饰件 3、铜枢 1、铜衔 2、铜节约 25、络饰管 304、铜环 55、铜项饰管 83、铜方策 4、铜带扣 14、铜钩 2、方形铜管 2、曲形铜饰件 4、残铜饰件 8、铜丝链条 1、铜半两钱 1、铜珠 1、圆形铜饰片 1、铜剑 17、铜金钩 2、铜矛 5、铜戈 1、铜戟 4、铜铍 16、铜镦 80、铜镞 38896、铜弩机 158
二号坑	铜镞 1462、铜弩机 6、铜矛 3、铜钺 1、铜剑残节 5、铜横饰 8、钩形铜柱 5、铜车辖 7、铜盖弓帽 2、铜环 1、铜条 20、铜环 39、铜钩 8、铜带扣 6、铜方策 2、铜活铰 8、铜圆形器 1、铜锥 1、铜凿 1
三号坑	铜殳 30、铜镞 3、铜标枪 1、铜剑鞘头 1、铜剑残柄 1、铜环 5、带柄铜环 3、铜钩 1、铜建筑构件 24、残铜块（片）10、铜凿 3
K9801	铜车构件 1、青铜附件 1、铜锛 1、大量铜铠甲卡缀
K9901	鼎 1、镞 8、马蹄套 4、铜扁条 1、大量铜铠甲卡缀
K0006	铜钺 4、铜环 1、铜盖弓帽 10
K0007	铜锥形器 62、柱状铜器 1
铜车马坑	彩绘铜车马 2 乘，每乘包括铜马 4 匹、御官俑 1 件、铜车 1 乘，尺寸均为真车真马的 1/2
“骊山飤官”遗址	蹄形铜器足 1、禽爪形铜器足 1、残铜车軎 1、铜盖弓帽 1、残铜铃 1、铜钩 2、铜构件 3、铜鎏金叶片 1、鎏金残铜环 1、铜环 1、铜镞 5、铜镦 1
上焦村秦墓	铜剑 1、铜标枪头 1、铜镞 14、铜带钩 3、铜铃 1、铜策 1、铜钱 3、铜匜 1、铜环 3、铜泡 8、甑 1、釜 1、鍪 1

① 陕西省考古研究所、始皇陵秦俑坑考古发掘队:《秦始皇陵兵马俑坑一号坑发掘报告（1974～1984）》，文物出版社，1988 年，第 208～307 页；王玉清:《秦始皇陵东侧第二号兵马俑坑钻探试掘简报》，《文物》1978 年第 5 期，第 1～19 页；秦俑坑考古队:《秦始皇陵东侧第三号兵马俑坑清理简报》，《文物》1979 年第 12 期，第 1～12 页；陕西省考古研究所、秦始皇兵马俑博物馆:《秦始皇帝陵园考古报告（1999）》，科学出版社，2000 年，第 33～195 页；陕西省考古研究所、秦始皇兵马俑博物馆:《秦始皇帝陵园考古报告（2000）》，文物出版社，2006 年，第 1～89 页；陕西省考古研究院、秦始皇兵马俑博物馆:《秦始皇帝陵园考古报告（2001～2003）》，文物出版社，2007 年，第 109～184 页；秦始皇兵马俑博物馆、陕西省考古研究所:《秦始皇陵铜车马发掘报告》，文物出版社，1998 年，第 13～198 页；秦俑坑考古队:《始皇陵西侧“骊山飤官”建筑遗址清理简报》，《文博》1987 年第 6 期，第 3～32 页；秦俑考古队:《临潼上焦村秦墓清理简报》，《考古与文物》1980 年第 2 期，第 42～50 页；秦俑坑考古队:《临潼郑庄秦石料加工场遗址调查简报》，《考古与文物》1981 年第 1 期，第 39～43 页；始皇陵秦俑坑考古发掘队:《陕西临潼鱼池遗址调查简报》，《考古与文物》1983 年第 4 期，第 14～26 页；秦俑坑考古队:《秦始皇陵东侧马厩坑钻探清理简报》，《考古与文物》1980 年第 4 期，第 31～47 页。

续表

出土地	铜器名称及数量（件）
石料加工场遗址	铜矛 1、铜钱 2、铜镞铤 1、铜杆 1
鱼池遗址	铜刀 1、铜矛 1、铜戈 1、铜盂 1、铜镞 1、铜钱 538
小型马厩坑	盘 1、壶 1、环 5

分析，结果显示虽然秦代弩机生产的标准化程度已非常高，但仍然存在一定的局限性；部分弩机部件上的数字铭文或符号，应该是工匠对打磨好并能装配在一起的各青铜部件所做的标识，同时认为这一局限的产生可能与当时的生产条件、技术水平以及铸造兵器所使用模、范的材料有关。

在手工业管理方面，秦代广泛推行“物勒工名，以考其诚”制度。《礼记·月令》记载“物勒工名，以考其诚，工有不当，必行其罪，以究其情”，意为在生产的产品上刻上工场或工匠的名字，并设置了政府中负责质量管理的官员职位，目的是为了考察产品质量，如质量达不到要求就要治罪和处罚。在秦始皇帝陵园兵马俑坑出土的青铜铍、戈上均发现了大量铭文，铭文内容记录了兵器生产年代、生产作坊、督造者以及工匠的名字等，袁卫华①、王学理②等学者均认为这些铭文便是这一制度的体现。

关于秦始皇帝陵园出土青铜兵器生产的组织管理，李秀珍等③通过对部分兵器上铭文的研究，并结合前人的研究成果，认为在公元前 238 年以前，即吕不韦执掌大权时期，兵器生产的劳动力组织结构为四级，依次为督造、寺工、丞以及工，而在公元前 237 年以后，即吕不韦被罢免后，兵器生产的劳动力组织结构则简化为寺工和工两级；同时，通过对秦俑坑出土青铜弩机组装情况所进行的考察和研究，认为当时的技术管理模式并不是简单的流水线或批量生产模式，而是两种模式的混合，或是更多模式的组合。

---

① 袁卫华、袁仲一等：《论秦汉时期的标准化》，《秦俑学研究》，陕西人民教育出版社，1996 年，第 943～950 页。

② 王学理：《秦代军工生产的标准化的初步考察》，《秦俑学研究》，陕西人民教育出版社，1996 年，第 956～968 页。

③ 李秀珍、夏寅、刘占成等：《秦俑坑出土青铜兵器生产的标准化生产及劳动力组织》，《秦始皇帝陵博物院 2011 年总壹辑》，三秦出版社，2011 年，第 251～263 页。

第四节　彩绘青铜水禽的考古发掘及研究

2001年8月至2003年3月，由陕西省考古研究所（现陕西省考古研究院）与秦始皇兵马俑博物馆联合组建的始皇陵考古队对秦始皇帝陵园区K0007陪葬坑进行了考古发掘①。K0007陪葬坑位于秦始皇帝陵园外城垣东北角之外900余米处，与1996年发现的动物陪葬坑东西相望，相距约500米（图1-5）。该陪葬坑地处骊山北麓与新丰塬交汇的低洼地带，一条东西向的古河道从陪葬坑的北侧穿过，河道现已干涸，为农耕地。

K0007陪葬坑平面呈“F”形，由一条斜坡门道、二条南北向过洞以及一条东西向过洞相互贯通构成，总面积为978平方米，其中主体坑面积为298平方米。根据位置和形制，该陪葬坑可分为三个区域（图1-6）：Ⅰ区位于陪葬坑的北部，为一条东西向“一”字形过洞，其底部南、北两侧均筑有夯土二层台，夯土台之间形成凹槽状象征性河道。河道系用青膏泥在夯土基础及垫木夯土台内侧涂抹而成，泥层厚0.04～0.06米，在垫木夯土台内侧形成缓坡状，河道内发现有许多杂乱无章的人足迹，个别足迹上有麻点状的鞋底印痕。Ⅱ区位于陪葬坑的南部居中，由斜坡门道、南北向过洞、厢房及壁龛四部分组成，平面略呈“凸”字形。Ⅲ区位于陪葬坑的东部，为一条南北向“一”字形过洞，其底部结构与Ⅰ区过洞相似，东、西及南侧分别筑有夯土二层台，亦为象征性河道。该陪葬坑的建筑结构与秦始皇帝陵园已发掘的兵马俑坑、石质铠甲坑、百戏陶俑坑、文官陶俑坑等相似，均为地下坑道式的土木结构建筑。由于历史上曾经焚烧，几乎所有木构件均以木炭的形式保存下来。

46件原大彩绘青铜水禽出土于Ⅰ区过洞。出土时大多数水禽由西向东依次排列于坑底南、北侧的夯土二层台上，头部朝向象征性河道中央，少数因盗扰而倾倒于象征性河道内（图1-7～图1-9；图版一～三）。青铜水禽可分为天鹅、仙鹤、鸿雁三大类，其中天鹅20件，仙鹤6件，鸿雁20件。从姿态上看，青铜水禽可分为立姿和卧姿两类，20件天鹅中3件为立姿，17件为卧姿；20件鸿雁中4件为立姿，16件为卧姿；而6件仙鹤均为立姿。立姿水禽掌下均设有踏板，而卧姿水禽皆无；青铜仙鹤的踏板为镂空云纹，而天鹅和鸿雁的踏板为板状长方形。所有水禽表面原来均饰

---

① 陕西省考古研究院、秦始皇兵马俑博物馆:《秦始皇帝陵园考古报告（2001～2003）》，文物出版社，2007年，第109～184页。

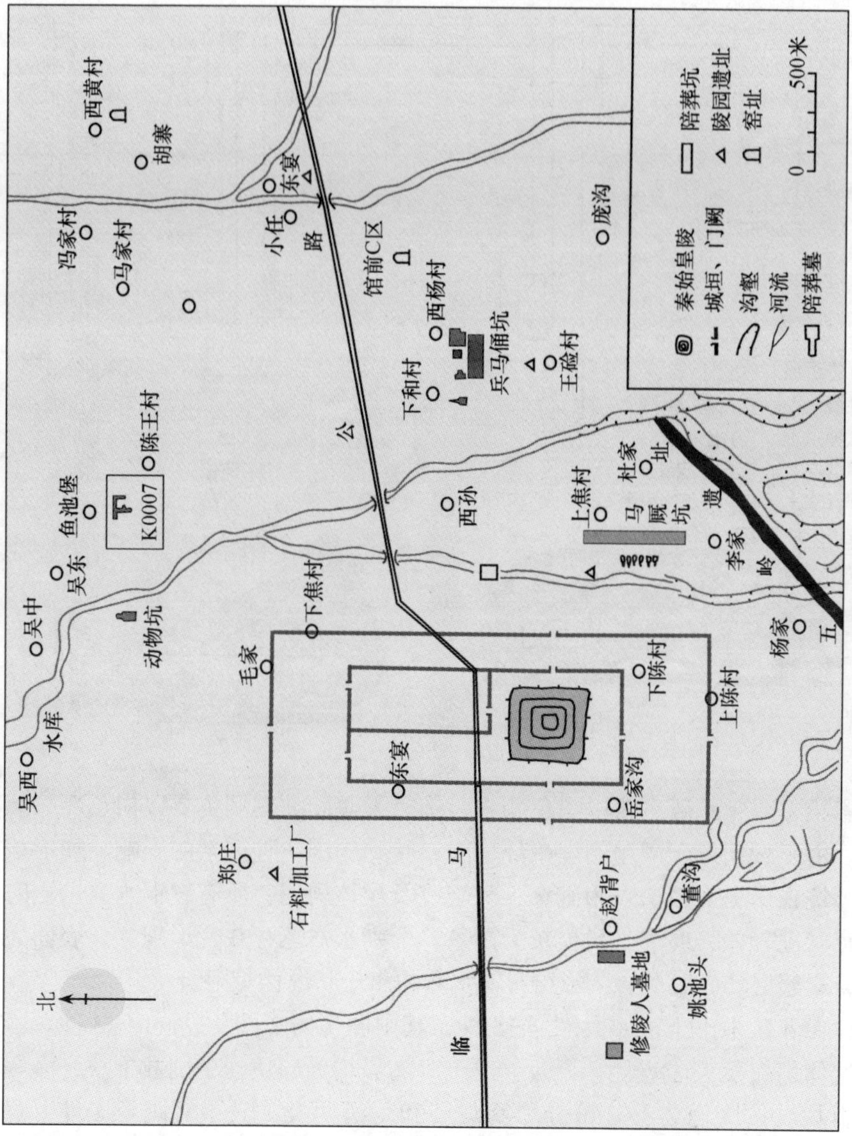

图 1-5　K0007 陪葬坑位置图

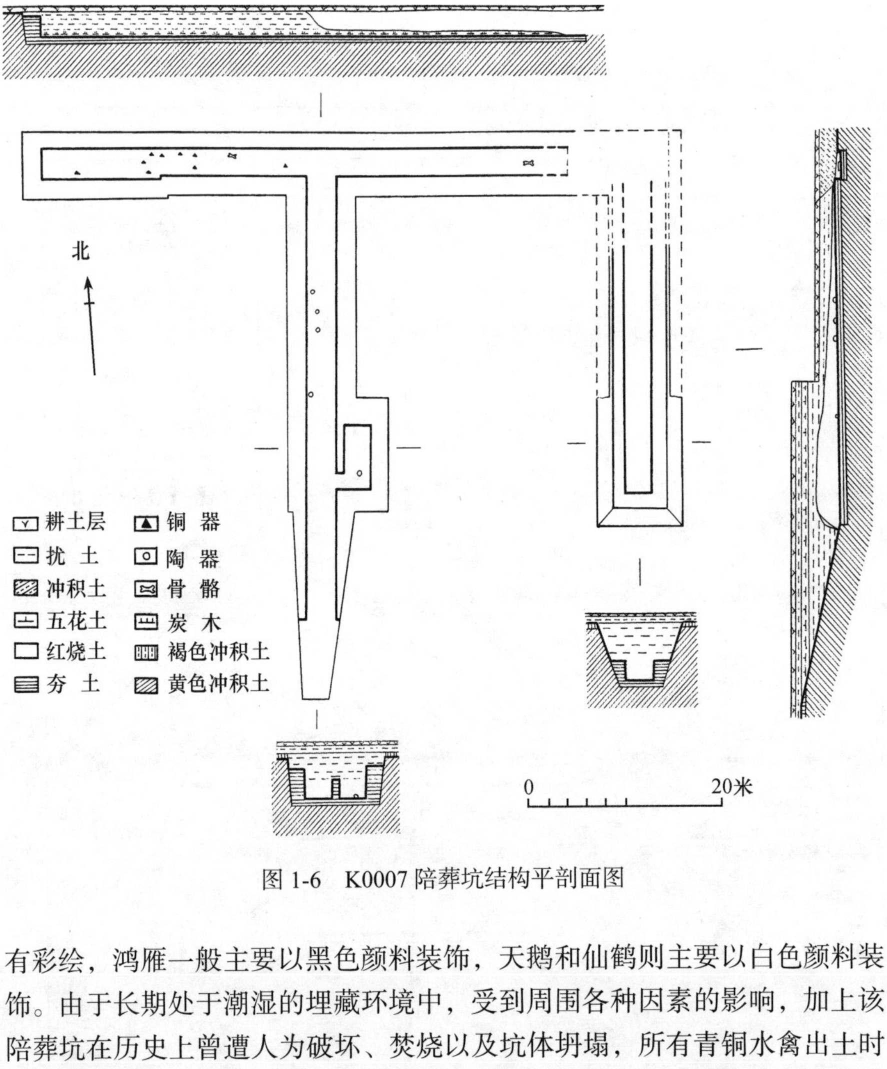

图 1-6 K0007 陪葬坑结构平剖面图

有彩绘，鸿雁一般主要以黑色颜料装饰，天鹅和仙鹤则主要以白色颜料装饰。由于长期处于潮湿的埋藏环境中，受到周围各种因素的影响，加上该陪葬坑在历史上曾遭人为破坏、焚烧以及坑体坍塌，所有青铜水禽出土时保存状况较差，腐蚀、残损较为严重，个别水禽还存在变形现象，表面大部分彩绘层均已脱落。各彩绘青铜水禽的出土状况详见附录一。

在Ⅱ区中出土了原大陶俑 15 件，其中厢房内 2 件，过洞内 13 件。由于坑体坍塌及人为盗扰、损毁，出土时陶俑均为碎块，少则数十块，多则数百块。按陶俑姿势，可分为箕踞姿和跽姿两类，其中箕踞姿 8 件，跽姿 7 件（图 1-10）。Ⅱ区过洞中还出土了银、铜、骨质小件文物 110 余件（节），包括银义甲 1 件，柱状铜器 1 件，锥形铜器 62 件，喇叭形骨器 29 件，圆筒形骨器 21 件，三棱形骨器 1 件（图 1-11）。

目前，关于 K0007 陪葬坑的考古学研究主要集中在对其性质的探讨

图 1-7　彩绘青铜天鹅出土状况

图 1-8　彩绘青铜鸿雁出土状况

图 1-9　彩绘青铜仙鹤出土状况

方面，而且众说纷纭，莫衷一是。发掘者[①]根据陶俑和水禽有不同活动场所的特点、陶俑的形体姿态以及出土的小件骨器、长条状青铜棒、银义甲等器物，推测水禽和陶俑之间是一种和谐、亲善的关系，陶俑是执掌一定乐器的乐者，以音乐来驯化水禽。由此推断 K0007 陪葬坑表现的

①　陕西省考古研究院、秦始皇兵马俑博物馆：《秦始皇帝陵园考古报告（2001～2003）》，文物出版社，2007 年，第 109～184 页。

是以乐曲驯化水禽的场景，是秦始皇帝陵园外藏系统中兼具苑囿和乐府性质的机构，是为秦始皇提供娱乐的官署。刘占成①指出，K0007号陪

图 1-10　K0007 陪葬坑出土的箕踞姿和跽姿陶俑

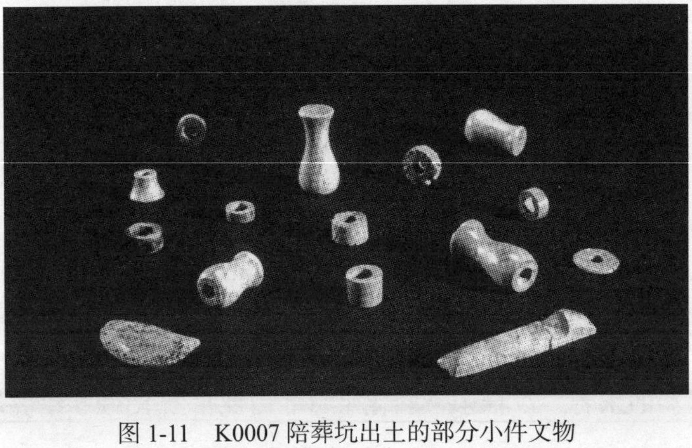

图 1-11　K0007 陪葬坑出土的部分小件文物

① 刘占成:《秦陵“七号坑”性质和意义刍论》,《文博》2002 年第 2 期，第 29～30、69 页。

葬坑是一个模拟水禽的生存环境或饲养珍禽的陪葬坑，其中青铜仙鹤体现了秦始皇死后驾鹤成仙的思想。袁仲一[①]认为该陪葬坑是属于宫廷苑囿中禽园类的陪葬坑，其中跽姿俑的身份是饲养水禽的囿人，而箕踞姿俑的动作当是在编织网状物，用以捕捉鱼虫饲禽，或用以捕禽。刘钊[②]认为出土陶俑为"宴乐俑"，该坑是《三辅黄图》中所说的"雁池"或"鹤池"。张文立[③]认为箕踞姿俑似为乐人，左手持弦乐器，右手拨弦；跽姿俑为舞者瞬间动作的特写；K0007陪葬坑应该为池沼，即古代在都城附近所建的水池，池中有台榭、水禽、假山，可以举行歌舞祭天等活动。焦南峰[④]和罗明[⑤]分别撰文指出，K0007陪葬坑作为秦始皇帝陵园外藏系统的一部分，代表或象征的是少府属下的左弋外池；其出土的跽姿、箕踞姿两种不同姿态的陶俑似均可称为"左弋射士"，其中的箕踞姿陶俑亦可称为"蹶张士俑"。

关于K0007陪葬坑焚烧的原因，发掘者[⑥]据水禽及陶俑的损毁以及木炭遗迹的分布情况认为系人为破坏所致，破坏时间与秦代末年那场战事有关，可能是项羽及其部下所为。

第五节　小　　结

商周时期，秦人偏居陇东，长期与戎人杂居。直到东周初年立国后，才从陇东进入关中，逐渐发展壮大。公元前221年，秦始皇统一六国，建立了中国历史上第一个统一的中央集权制的封建王朝。秦始皇帝陵园是中国历史上第一个皇帝陵园，也是中国古代帝王陵墓中规模最大、埋藏最丰富的帝王陵园之一。过去四十余年的考古调查、发掘以及研究所取得的成果，为中国考古学、中国古代帝陵制度、中国艺术史、中国科技史等学科

---

① 袁仲一：《关于秦始皇陵铜禽坑出土遗迹、遗物的初步认识》，《秦文化论丛（第十二辑）》，三秦出版社，2005年，第722～731页。

② 刘钊：《论秦始皇陵园K0007陪葬坑的性质》，《中国文物报》2005年8月9日第7版。

③ 张文立：《秦始皇陵7号坑蠡测》，《考古与文物》2004年增刊，第126～131页。

④ 焦南峰：《左弋外池——秦始皇陵园K0007陪葬坑性质蠡测》，《文物》2005年第12期，第44～51页。

⑤ 罗明：《秦始皇陵园K0007陪葬坑弋射场景考》，《考古》2007年第1期，第87～96页。

⑥ 陕西省考古研究院、秦始皇兵马俑博物馆：《秦始皇帝陵园考古报告（2001～2003）》，文物出版社，2007年，第109～184页。

的研究提供了许多重要的实物资料。

从秦始皇帝陵园的修建年代来看，彩绘青铜水禽的制作年代应该为公元前第三世纪后半叶。彩绘青铜水禽神态逼真、形态各异，是迄今为止秦始皇帝陵园内首次发现的青铜质地的禽类形象，也是目前国内发现时代最早、数量最多的一批原大青铜水禽，而且在造型、表面装饰以及艺术风格上特征鲜明，明显有别于中国先秦时期的青铜器。彩绘青铜水禽的发现，不仅丰富了秦始皇帝陵园陪葬坑的内涵，而且对战国晚期秦国或秦代的物质文化、青铜冶铸工艺和铜器装饰工艺等方面的研究提供了珍贵的实物资料。

第二章　彩绘青铜水禽铸造工艺考察

彩绘青铜水禽发掘出土之后，陕西省考古研究院与德国美因茨罗马-日耳曼中央博物馆合作，在2003～2006年期间对部分水禽进行保护修复。在此过程中，利用拍摄X射线照片以及工业CT照片等方法，揭示了包括泥芯撑、铜芯骨、底部方孔等一系列重要的工艺信息。不过关于水禽的铸造工艺未做深入的讨论，相关问题仍悬而未解[①]。随后，武丽娜通过对保护修复后的26号青铜仙鹤的观察，并参照《秦始皇陵铜车马发掘报告》中对铜车马制作工艺的研究，推测该青铜仙鹤是以陶范铸造工艺分铸而成，即将头、颈、腿、踏板、身体等部位分别铸造，再利用嵌铸、焊接或接铸的方法连接成整体[②]。为了廓清彩绘青铜水禽的铸造工艺，本章将对部分典型青铜水禽或水禽残件的铸造工艺进行考察，为第三章中有关工艺措施或现象的讨论以及铸造工艺的判断提供基础材料和立论依据。

第一节　铸造工艺考察方法及相关术语界定

一、铸造工艺考察的方法

青铜水禽表面在涂刷颜料进行装饰之前曾经打磨处理，很多铸造工艺痕迹已荡然无存，再加上水禽锈蚀十分严重，而锈蚀较轻部位的表面往往还残留有颜料层，这在很大程度上限制了铸造工艺信息的获取。本章对青铜水禽铸造工艺的考察主要是通过拍摄X射线照片、工业CT照片，以及保护清理过程中对青铜水禽表面以及内部的工艺痕迹、各部位的叠压关系、加工痕迹等进行详细观察，同时结合已有的相关研究成果，对水禽的铸造工艺以及铸后加工工艺进行初步的判断和复原。另外，为了进一步了

---

① 〔德〕艾克曼：《秦始皇陵出土青铜水禽的保护和科技探索》，《让过去拥有未来：十五年德-中文物保护方法的发展与检验》，德意志联邦共和国联邦教育与研究部，2006年，第203～213页。

② 武丽娜：《秦始皇陵新出土的青铜鹤》，《文博》2006年第6期，第36～39页。

解水禽头颈部铜隔档与胎壁之间的关系，还对两个带有铜隔档的青铜天鹅颈部残件取样，并进行了显微观察、金相观察以及成分分析。两件铜隔档样品的制备过程、金相观察及成分分析所使用的设备及相关参数与第四章中青铜水禽青铜基体样品的金相及成分分析相同。

本章共考察了 8 件青铜天鹅、8 件青铜鸿雁、1 件青铜仙鹤以及 9 件水禽残件。8 件青铜天鹅包括 2 号天鹅、3 号天鹅、6 号天鹅、7 号天鹅、8 号天鹅、10 号天鹅、11 号天鹅以及 13 号天鹅，其中 2 号、8 号和 11 号天鹅为立姿，3 号、6 号、7 号、10 号以及 13 号天鹅为卧姿；1 件青铜仙鹤（21 号）为立姿；8 件青铜鸿雁均为卧姿，包括 30 号、33 号、35 号、36 号、42 号、43 号、44 号和 46 号鸿雁。9 件青铜水禽残件包括 5 件天鹅头部残件、2 件天鹅颈部残件、1 件天鹅腹部残件以及 1 件鸿雁踏板。

二、相关术语的界定与说明

青铜水禽上发现的一些工艺措施或现象，或与中国先秦青铜器上以往发现的工艺措施和现象存在较大的差别，或在以往中国先秦青铜器上从未发现，而且目前学界对青铜器铸造工艺中一些术语的界定也并不是很清晰。鉴于此，为便于对青铜水禽的铸造工艺的理解，现对相关术语进行界定与说明。

铜隔档：青铜水禽头颈部发现的横穿泥芯、与头颈部青铜胎壁垂直且相互连为整体的青铜层，一般厚约 0.5～1.5cm。铜隔档的存在表明水禽颈部泥芯与身体部泥芯系分别制作而成，而且部分水禽头颈部泥芯也为分段制作而成。

芯撑：青铜水禽体内发现的截面为方形或圆形的泥梗或铜梗，一端埋入泥芯，一端伸入青铜胎体内壁，用于水禽铸型中范与芯之间的定位并保持水禽胎壁的厚度。

芯撑孔：青铜水禽青铜胎体内壁由于泥芯及芯撑被掏取后留下的近似方形（或圆形）的凹坑。部分凹坑中仍有泥芯撑残留，在 X 射线照片上显示为近似方形或圆形黑色斑点。由于水禽体内泥芯曾被人为掏出，身体部芯撑的设置情况只能由芯撑孔的数量和分布情况得以判断。

芯骨：青铜水禽颈部泥芯中发现的青铜或木质骨架，用以提高颈部泥芯的强度。

底部方孔：青铜水禽底部发现的近似方形孔洞，外表面经铜片镶嵌工艺补缀。

铜片镶嵌补缀：青铜水禽表面铸造缺陷、砂眼以及底部方孔的修补工艺，即先在需修补部位加工出一个近似方形的凹槽，再以形状与凹槽一致的铜片嵌于其中，从而达到对缺陷或孔洞修补的目的。铜片镶嵌补缀部位在X射线照片上不仅可以显示出孔洞形状（黑色），还可以看到孔洞四周的黑色方形线框，线框的大小和形状与表面补片一致。

流淌状多余铜：部分青铜水禽体腔内壁表面存在形状与流淌状黏稠液体十分相似的多余铜。

第二节　部分彩绘青铜水禽铸造工艺考察结果

本节将根据青铜水禽的种类，分别对各水禽或水禽残件的工艺考察结果进行描述。需要说明的是，青铜水禽的铸造工艺考察结果存在一定的推测成分，得出的结论或有偏颇，一些工艺信息也有待于将来进一步的补充和完善。

一、彩绘青铜天鹅及天鹅残件

（一）2号彩绘青铜天鹅

2号天鹅为立姿。喙宽短平，头颈部呈“几”形，作觅食状（图2-1；图版四）。出土时断裂为三部分，包括头颈部、躯体以及踏板，断裂处分别位于颈部及腿部。从颈部断口可知其内有泥芯存在，呈黑灰色（图2-2）。由于躯体保存较为完整，内部泥芯的残留情况不明。

X射线照片显示，整个头颈部均有泥芯存在。颈部中间部位有一厚约1.5cm的铜隔档。金属芯骨存在于“几”形颈部较为平直的部分，长约15cm（图2-3）。颈部与头部分布有12个大小不等、形状不同的芯撑孔。芯撑孔的形状有方形和长方形两种，其中较小芯撑孔长约0.4cm，宽约0.3cm，较大芯撑孔长约1.5cm，宽约0.6cm。躯体上也可见多个大小、形状不等的芯撑孔，多数芯撑孔的长、宽均约1cm，而且成排分布迹象明显（图2-4）。靠近颈根部底面以及尾部的底面中间分别有一较大方孔，边长约为3cm，方孔表面经铜片镶嵌工艺补缀。

头、颈、躯体以及腿部均未发现分铸的痕迹，应该为整体铸造而成。踏板与天鹅掌部连为一体，但可见明显分界线，表明两者为分铸而成。在与一掌心对应的踏板背面表面发现一圆形痕迹，或许与掌部和踏板的连接有关（图2-5）。躯体的表面发现了一处长方形凹槽，长约1.5cm，宽约0.8cm，应该是补缀补片脱落所致（图 2-6）。左翼的中部还发现了一个露出表面的泥芯撑，略呈方形，边长约为 0.5cm，四周隐约可见方形凹槽，表明该芯撑孔曾以铜片镶嵌工艺补缀（图 2-7）。该天鹅铜胎表面存在大量打磨痕迹，表明曾经打磨处理，而且整个表面未见任何范线痕迹残留。交叉两翼与躯体尾部之间形成空腔，难以直接翻范，也未见任何分铸焊接的痕迹（图 2-8、图 2-9）。

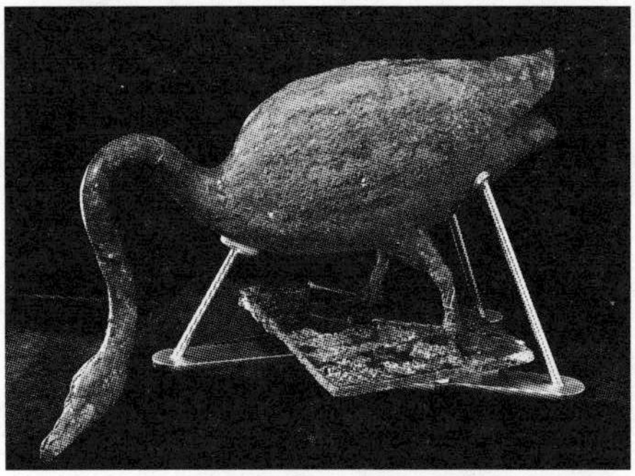

图 2-1　2 号彩绘青铜天鹅

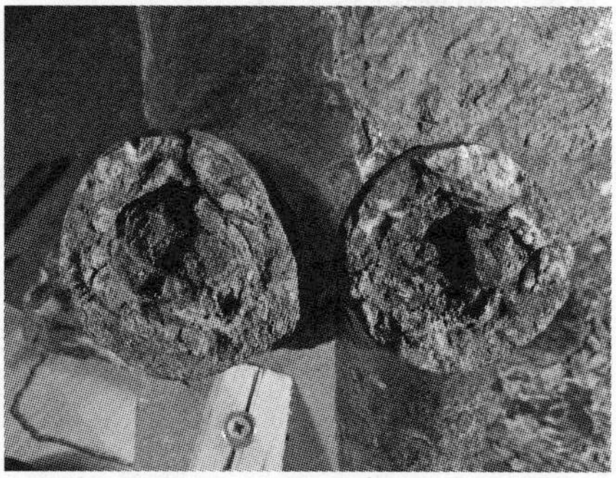

图 2-2　2 号彩绘青铜天鹅颈内部泥芯

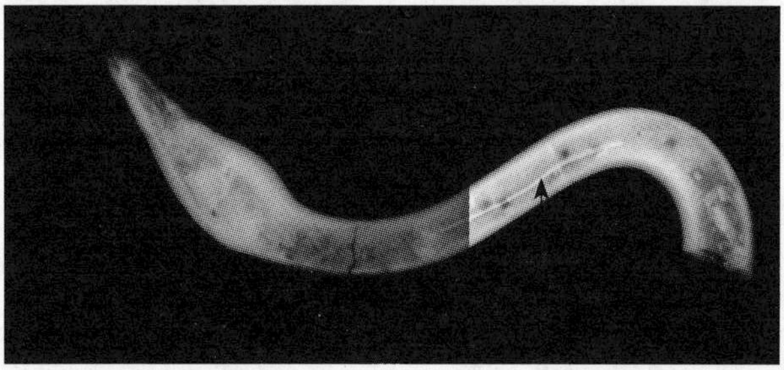

图 2-3　2 号彩绘青铜天鹅颈部 X 射线照片显示的铜隔档、芯骨和芯撑孔

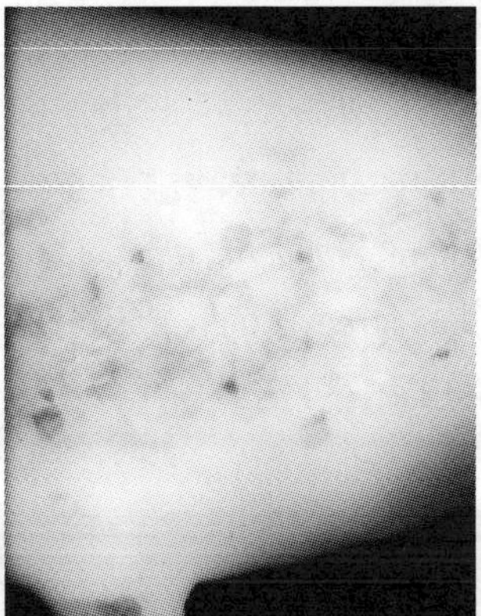

图 2-4　2 号彩绘青铜天鹅躯体部侧视 X 射线照片显示成排分布的芯撑孔

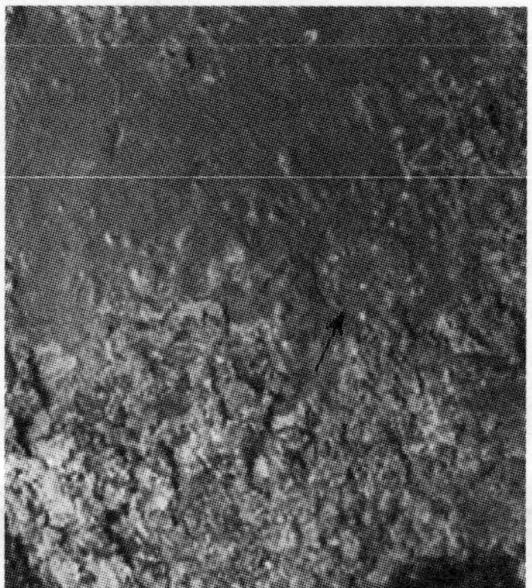

图 2-5　2 号彩绘青铜天鹅踏板背面的圆形痕迹

图 2-6 2 号彩绘青铜天鹅腹部补片脱落的补缀痕迹

图 2-7 2 号彩绘青铜天鹅左翼表面因补片脱落而露出的泥芯撑

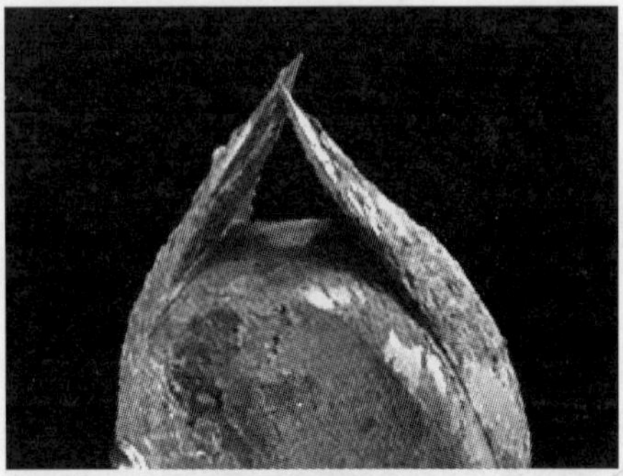

图 2-8 2 号彩绘青铜天鹅交叉双翼与尾部间的空腔

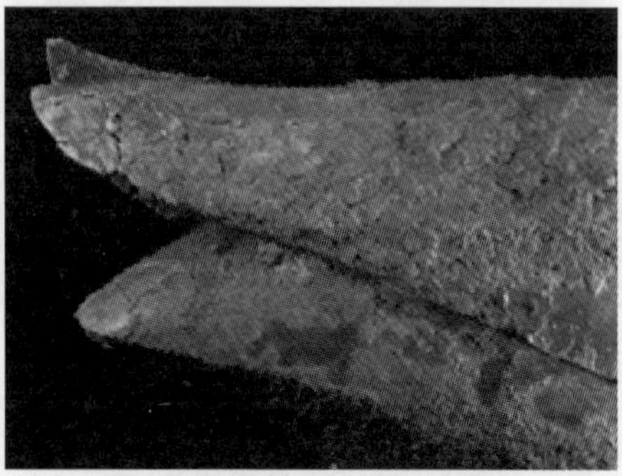

图 2-9 2 号彩绘青铜天鹅交叉双翼与尾部侧面

（二）3 号彩绘青铜天鹅

3 号青铜天鹅为卧姿。头颈部呈“S”形上扬，体型肥硕，左翼压右翼收于尾后，双腿前伸贴于腹下（图 2-10）。出土时，该天鹅从头颈连接处断裂为两部分，且颈部断口上端有缺失。颈部断口显示其内有泥芯存在，呈土黄色，质地较硬（图 2-11）。由于躯体部分较为完整，内部泥芯残存情况不明。

X 射线照片显示，头颈部内有铜芯骨存在，且几乎贯穿于整个头颈部。与其他水禽不同的是，该天鹅颈部芯骨由两根并列的铜条组成（图 2-12、图 2-13）。头部两根芯骨长约 15cm，而颈部两根芯骨长约 22cm。从露出泥芯的芯骨来看，芯骨截面近似正方形，边长约 0.4cm。颈部下端隐约可见一厚约 1.0cm 的铜隔档存在。底部中央有一长方形孔，长约 7.5cm、宽约 6.0cm。方孔四周可见一黑色边框，长约 8.5cm，宽约 7.0cm，表明方孔是以铜片镶嵌法进行补缀。躯体部存在多个大小不等的长方形芯撑孔，其中较大芯撑孔长约 1.5cm、宽约 0.6cm，较小芯撑孔长约 0.7cm、宽约 0.6cm，且成排分布迹象明显。

颈部断口边缘存在一深约 0.2cm 的方形凹槽，系补缀铜片脱落所致，但由于残缺，凹槽的具体长度和宽度不详。两腿、掌与躯体为整体铸造而成，底面可见压于躯体下的部分掌部轮廓，而且轮廓线条明显可看出掌部叠压于躯体底面之上，应为贴塑的结果（图 2-14、图 2-15；图版五〇）。

图 2-10　3 号彩绘青铜天鹅

图 2-11　3 号彩绘青铜天鹅头颈内泥芯及露出的芯骨

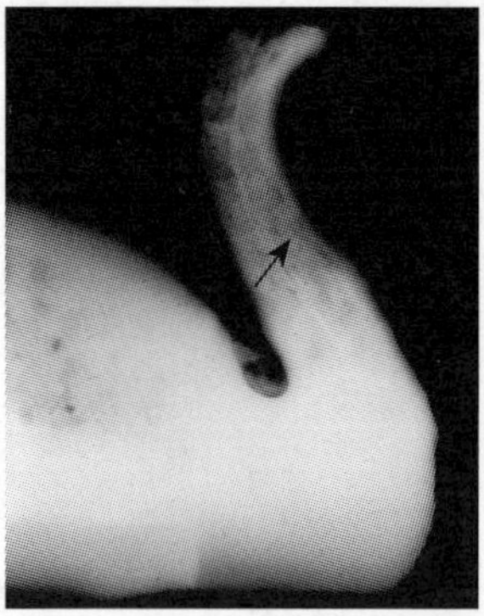

图 2-12　3 号彩绘青铜天鹅颈部 X 射线照片显示的铜芯骨

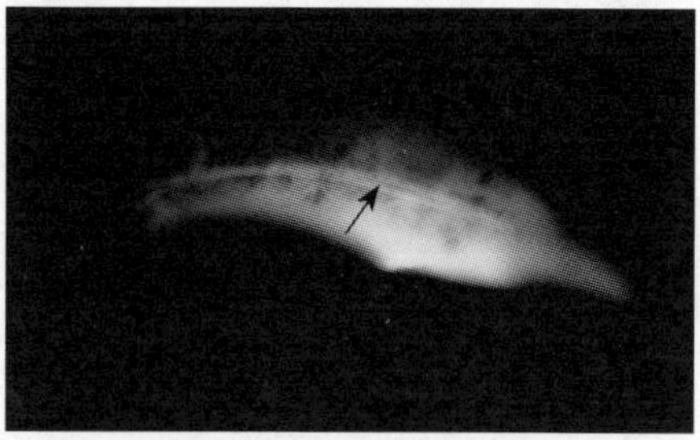

图 2-13　3 号彩绘青铜天鹅头部 X 射线照片显示的铜芯骨

图 2-14　3 号彩绘青铜天鹅底部右掌轮廓线条

图 2-15　3 号彩绘青铜天鹅底部左掌轮廓线条

（三）6号彩绘青铜天鹅

该青铜天鹅为卧姿。头颈部呈“几”形，作觅食状，体型匀称，左翼压右翼收于尾后，双腿向前弯曲，贴于腹下，掌部与躯体分离，趾间有蹼（图2-16）。出土时，断裂为三部分，包括头部、颈部和躯体部，断裂处分别位于“几”形颈部两侧。从头、颈部的断口可见其内有泥芯存在，呈青灰色（图2-17）。

X射线照片显示，颈部内并无铜芯骨存在，但可见两个铜隔档，厚度约0.7cm（图2-18）。头颈部以及躯体上分布有大量方形芯撑孔，且成排分布迹象明显（图2-19、图2-20）。较小的芯撑孔长、宽均约0.8cm，而较大者则长约1.2cm，宽约1cm。尾部底面可见一较大方孔，长约2.6cm、宽约2.2cm。由于躯体部X射线照片质量较差，其颈部与躯体连接处附近是否存在铜隔档和方孔并不明确。

颈部断裂处表面可见两个长方形凹槽，凹槽内可见芯撑孔，凹槽长约

图2-16　6号彩绘青铜天鹅

图2-17　6号彩绘青铜天鹅颈内泥芯

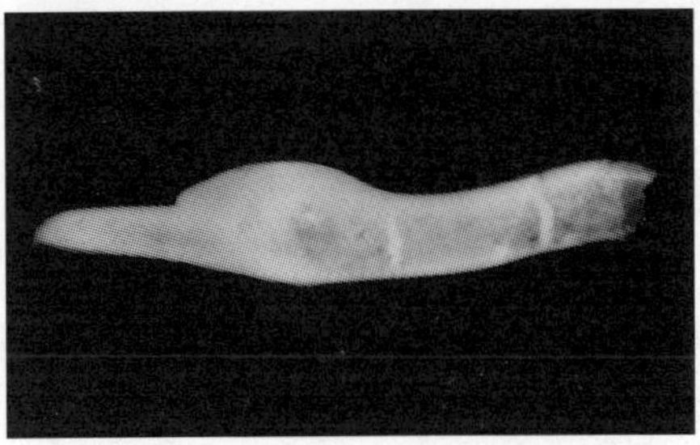

图2-18　6号彩绘青铜天鹅头部X射线照片显示的铜隔档

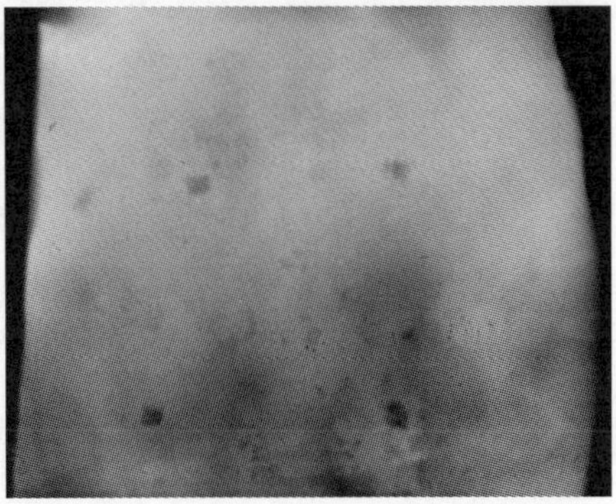

图2-19　6号彩绘青铜天鹅躯体部俯视X射线照片显示的成排分布的芯撑孔

1.5cm，宽约1cm，芯撑孔长约1cm，宽约0.7cm，应为经铜片镶嵌修补的芯撑孔（图2-21；图版三〇）。掌部、腿部与躯体为整体铸造而成，未见任何分铸痕迹，但掌部并未与躯体相连，结构复杂，两者之间的间隙约2.5mm，难以直接翻范（图2-22、图2-23；图版四六、图版四七）。另外，两翼交叉部与尾部之间并未形成空腔。

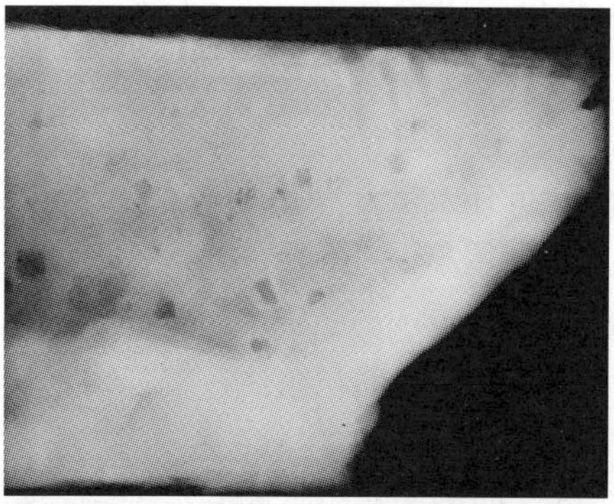

图2-20　6号彩绘青铜天鹅躯体侧视X射线照片显示的成排分布的芯撑孔

图2-21　6号彩绘青铜天鹅颈部表面补片已脱落的芯撑孔

图2-22　6号彩绘青铜天鹅左腿及掌部

图2-23　6号彩绘青铜天鹅右掌与躯体之间的间隙

（四）7号彩绘青铜天鹅

该青铜天鹅为卧姿。头颈部分呈“S”形上扬，喙扁平、宽短，体型匀称，左翼压右翼收于尾后，双腿向前弯曲，贴于腹下，趾间有蹼（图2-24）。出土时于颈部中间断裂为两部分，断口显示颈部有泥芯存在，呈土黄色。

头部X射线照片显示，泥芯伸入喙部中央，泥芯内存在两根铜芯骨，分别长15cm左右，而且两根铜芯骨在头部残块中间部位相互重叠，重叠部分长约4cm（图2-25）。从泥芯中伸出的芯骨来看，芯骨截面宽约0.6cm，厚约0.3cm（图2-26；图版一八）。芯撑孔共发现7个，长约0.8cm，宽约

0.5cm，成两排排列分布。

躯体上颈部断口被铜隔档密封。铜隔档表面锈蚀、粉化十分严重，上有两处凹坑，坑内残留有灰色泥芯（图 2-27）。底面靠近尾部有一孔洞，利用内窥镜对其内部进行观察，发现孔洞处为一经铜片镶嵌法补缀的方孔，但方孔的具体尺寸不详。由于躯体部未拍摄 X 射线照片，所以芯撑、泥芯残留情况不明。躯体及头部表面均未发现任何范线残留的痕迹，交叉的双翼与躯体尾部之间间隙较小，且在间隙中间连为一体。掌部与躯体之间并无间隙存在，亦连为一体，系整体铸造而成。

图 2-24　7 号彩绘青铜天鹅

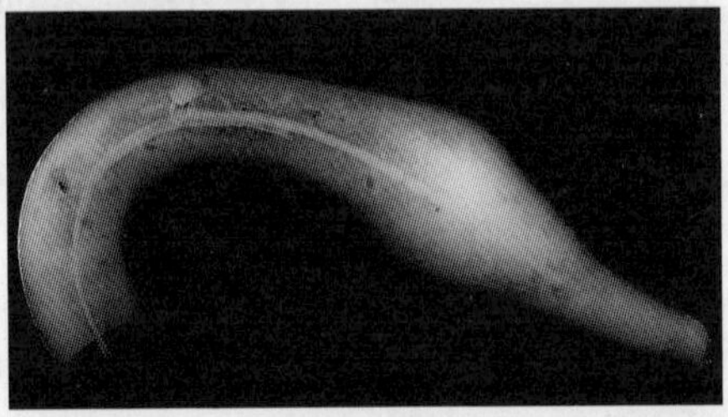

图 2-25　7 号彩绘青铜天鹅头部 X 射线照片显示的芯骨及成排分布的芯撑孔

图 2-26　7 号彩绘青铜天鹅头颈断口内泥芯及露出的铜芯骨

图 2-27　7 号彩绘青铜天鹅被铜隔档密封的颈部断口

（五）8 号彩绘青铜天鹅

8 号天鹅为立姿。出土时颈部从距身约 15cm 处断裂，并碎为 5 块，其中颈部断裂为 3 块，喙部与头部断裂。躯体保存较为完整，腿部从中间断裂，而且其中一掌已与踏板分离（图 2-28；图版五）。该天鹅头颈内部有泥芯残留，泥芯伸入喙部中央，且存在偏移现象（图 2-29）。头部与颈部断裂口处泥芯断面中间可见一分界线，说明该部分泥芯可能分为两半制作而成（图 2-30；图版八）。躯体内泥芯的残存情况不明。

从 X 射线照片可看出，该天鹅头部和颈部均有芯骨存在，但两部分芯骨并未相互连接，长度分别为 21cm 和 18cm。从一颈部残块泥芯内露出的铜芯骨来看，芯骨截面为长方形，宽约 1cm，厚约 0.2cm（图 2-31、图 2-32；图版一九）。头颈部的芯撑孔发现较少，仅见 2～3 个，这可能是头部陶芯发生偏移的原因。躯体部发现了大量芯撑孔，但分布规律并不明确。胸部底面中央、尾部底面中央各有一较大方孔，尺寸分别为 6×8.5cm 和 5×5.5cm。底部和侧壁可见多处较大，且形状不规则的铸造缺陷。底部方孔及缺陷均经铜片镶嵌法补缀，胸部方孔外的补片已变形，铜片厚约 0.3cm（图 2-33；图版二八）。X 射线照片上方孔及缺陷四周均可见一黑色方框，方框与补片大小、形状一致（图 2-34）。头部与颈部之间以及颈部与躯体之间均有厚约 0.7cm 的铜隔档存在（图 2-35；图版二二）。由于腿部与躯体连接处胎壁过厚，X 射线照片并不能清晰显示两者之间的相互关系，表面也未见任何连接痕迹，所以腿部与躯体之间的连接关系目前并不清楚。值得注意的是，一颈部残块，表面可见一长方形凹槽，应为补片脱落所致。在掏取其内部残留泥芯后发现其内壁有不规则的多余铜存在（图 2-36、图 2-37）。

从脱落的掌部来看，踏板与掌为分铸而成，且掌心有一铜榫，踏板相应部位有一卯，榫卯直径约为 1cm。掌部与踏板的连接设置了榫卯结构，可能是出于定位或增强掌与踏板之间的连接强度的目的（图 2-38、

图 2-28　8 号彩绘青铜天鹅

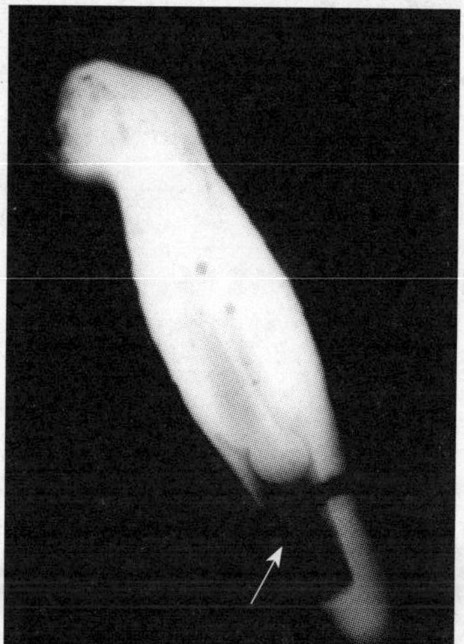

图 2-29　8 号彩绘青铜天鹅头部 X 射线照片显示内部泥芯的偏移情况

图 2-39）。该天鹅通体布满了打磨痕迹，说明铸后通体经过打磨处理，但未见任何范线痕迹残留。另外，与 2 号天鹅相似，其交叉双翼与躯体尾部之间也有较大的空腔存在，结构复杂，难以直接翻范。

图 2-30　8 号彩绘青铜天鹅颈部泥芯及其中间分界线

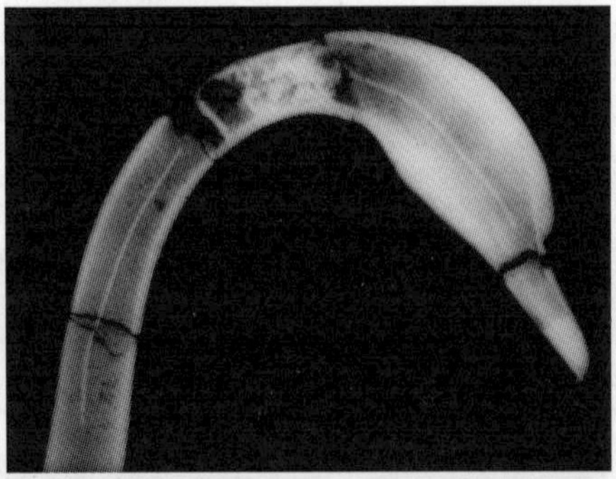

图 2-31　8 号彩绘青铜天鹅头颈部 X 射线照片显示的铜隔档和铜芯骨

图 2-32　8 号彩绘青铜天鹅颈部泥芯中露出的铜芯骨

图 2-33　8 号彩绘青铜天鹅底部方孔和铸造缺陷的补缀痕迹

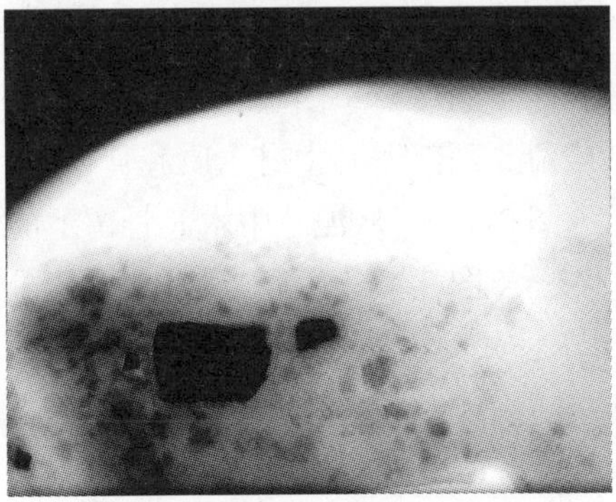

图 2-34　8 号彩绘青铜天鹅胸部俯视 X 射线照片显示底部方孔及其四周的黑色线框

图 2-35　8 号彩绘青铜天鹅头颈连接处的铜隔档

图 2-36 8 号彩绘青铜天鹅颈部残块表面的补缀痕迹

图 2-37 8 号彩绘青铜天鹅颈部残块泥芯中的多余铜

图 2-38 8 号彩绘青铜天鹅掌部的铜榫头

图 2-39 8 号彩绘青铜天鹅踏板上的卯窝

（六）10 号彩绘青铜天鹅

该天鹅为卧姿。颈扬起，体型肥大，左翼压右翼收于尾后，双腿前伸贴于腹下。出土时断裂为三部分，包括头部、颈部以及躯体，断裂处均位于颈部（图 2-40）。另外，该青铜天鹅底部全部破损，呈大约 10 块残片，通过破损的部分可直接观察到其体内情况。

从断口可见颈部有泥芯存在，呈青灰色（图 2-41；图版二〇）。体内泥芯绝大部分已被掏出，仅在尾部有少量残留。颈部泥芯中有木质芯骨存在，但已完全炭化，X 射线照片上也未显示（图 2-42）。从泥芯中木芯骨留下的孔洞来看，木芯骨直径约 1.5cm，长约 16cm（图 2-43；图版二一）。可能是制作泥芯时以木条作为芯骨，待泥芯干燥后又对泥芯进行了烘烤，内部木芯骨由于封于泥芯内，氧气不足，未能完全燃烧，形成木炭残留于泥芯之中。X 射线照片显示，颈根部有一铜隔档存在，厚度约为 0.7cm（图 2-44）。值得注意的是，该天鹅颈部木芯骨穿过了铜隔档，说明木芯骨很可能还被作为连接两段泥芯之间的暗榫使用。颈部与躯体连接处泥芯呈凹窝状，泥芯表面有一层厚约 0.3cm 的青铜层，且与躯体基体相连（图 2-45）。

躯体内侧可见泥质芯撑存在，且成排分布，共为 7 排，中脊线为一

图 2-40 10 号彩绘青铜天鹅

图 2-41 10 号彩绘青铜天鹅颈部青灰色泥芯及木芯骨的孔洞

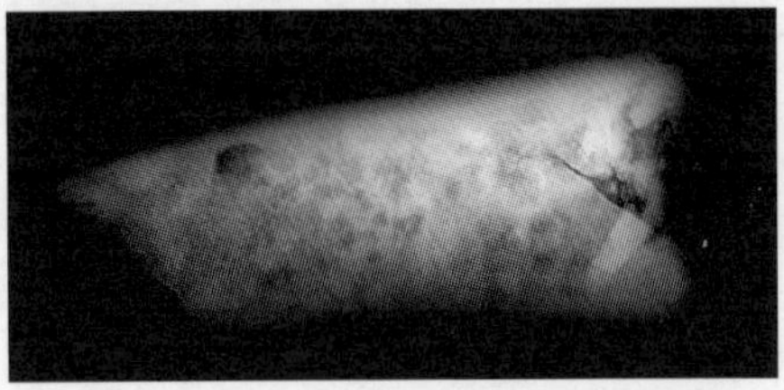

图 2-42 10 号彩绘青铜天鹅颈部残块 X 射线照片未显示木芯骨的存在

图 2-43 10 号彩绘青铜天鹅颈部泥芯中已完全炭化的木芯骨

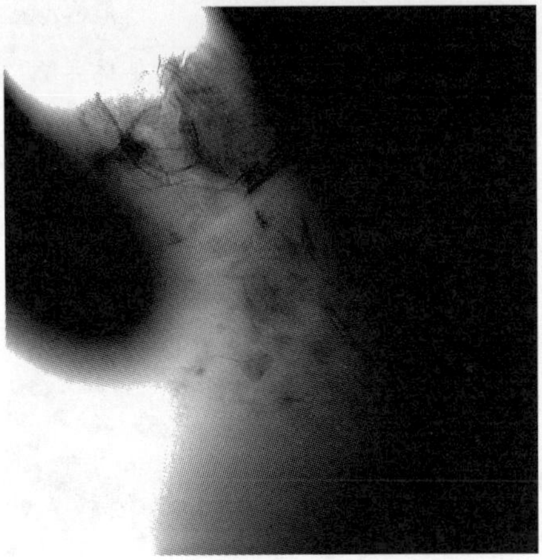

图 2-44 10 号彩绘青铜天鹅颈部铜隔档的 X 射线照片

图 2-45 10 号彩绘青铜天鹅颈部与躯体连接部位呈凹窝状泥芯

排，对称两翼上各三排。每排大约 5～6 个芯撑，芯撑大小不等，较大的芯撑截面长、宽均约 1cm，较小的芯撑截面长为 0.8cm，宽为 0.5cm（图 2-46～图 2-48）。躯体内表面存在大量成组分布的毛刷痕迹，每组一般长约 5～7cm，宽约 1～2cm，而且，各组毛刷痕迹之间相互交错、叠压现象明显（图 2-49；图版四〇）。底面右侧与体壁连接处可见大量流淌状多余铜存在，且从颈部与躯体的连接处到底面的尾端存在多处。从流淌方向来看，多余铜应该是从底面与体壁交界处向背部流淌（图 2-50；图版四二）。

底部中央有一方孔，边长约为 10cm，右侧边缘可见一排 4 个芯撑痕迹。方孔及芯撑孔表面均以铜片镶嵌法进行了补缀。底部方孔上补片部分脱落、变形，脱落部分约为整个补片面积的三分之二。方孔四周的凹槽表面可见宽约 0.8cm 的錾凿痕迹（图 2-51、图 2-52；图版三二）。底部芯撑孔补片表面可见打磨痕迹，且与四周基体表面的打磨痕迹相连接，说明补缀后整个表面还进行过打磨处理（图 2-53；图版三四）。

另外，与 6 号天鹅相似，该天鹅的掌部与身体为整体铸造，但两者之间存在空隙，并非连接在一起，结构复杂，很难直接翻范，也未发现任何

图 2-46　10 号彩绘青铜天鹅内壁残留的泥芯撑

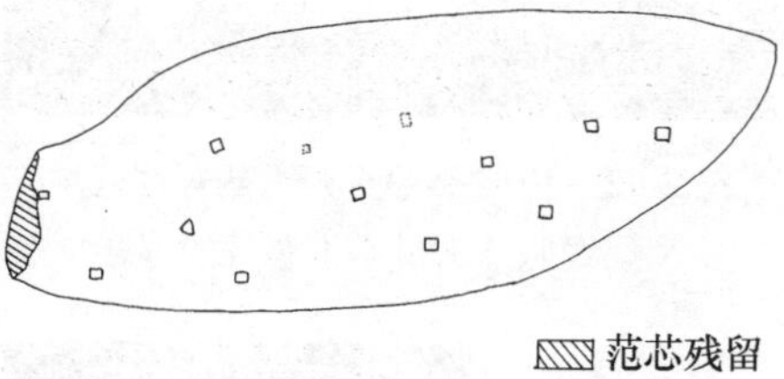

图 2-47　10 号彩绘青铜天鹅躯体右侧芯撑分布示意图

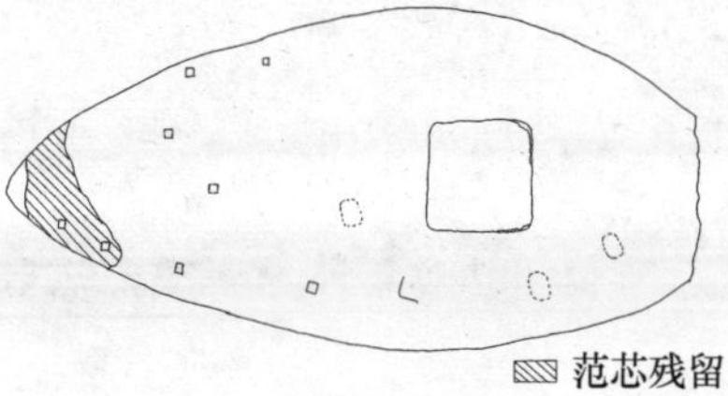

图 2-48　10 号彩绘青铜天鹅躯体底面芯撑分布示意图

图 2-49　10 号彩绘青铜天鹅躯体内壁表面的毛刷痕迹

范线、分铸的痕迹（图2-54、图2-55；图版四八、图版四九）。与7号天鹅相似，交叉的双翼与尾部之间空隙较小，且在空隙中间连为一体。两翼尖部断裂，从断口来看，交叉两翼系整体铸造而成（图2-56）。

图2-50　10号彩绘青铜天鹅躯体内壁的流淌状多余铜

图2-51　10号彩绘青铜天鹅底部方孔及其四周的凹槽

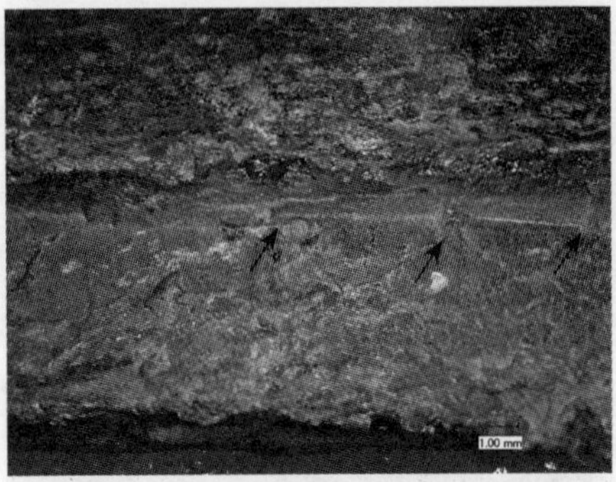

图2-52　10号彩绘青铜天鹅底部方孔边沿的錾凿痕迹

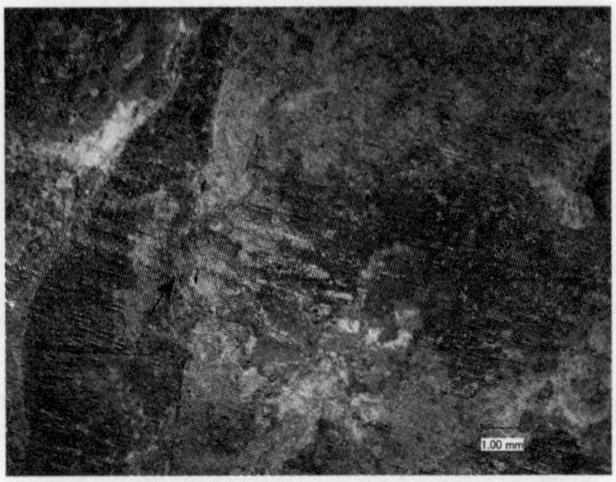

图2-53　10号彩绘青铜天鹅补片表面的打磨痕迹

图2-54　10号彩绘青铜天鹅左掌部

图2-55　10号彩绘青铜天鹅右掌部和躯体之间的间隙

图 2-56　10 号彩绘青铜天鹅两翼交叉处断茬

（七）11 号彩绘青铜天鹅

11 号天鹅为立姿，出土时残碎为数十块。由于残损严重，无法确认其具体姿态。颈部内有泥芯存在，泥芯呈青灰色。从颈部与躯体连接处残块来看，颈部一端断茬较为平整（图 2-57），另一端可见一铜隔档，厚度约 0.5cm（图 2-58）。颈部与躯体连接处附近，有一较大方孔，边长约 4cm，且经铜片镶嵌法补缀，但补缀铜片大部分已缺失（图 2-59）。多件躯体部残块内表面均可见边长约 1cm 左右芯撑孔，且成排分布。部分芯撑孔内仍残留有泥芯撑，外部也以铜片镶嵌法进行补缀（图 2-60；图版三一）。腿部与躯体连接部位残片显示，腿

图 2-57　11 号彩绘青铜天鹅颈部断面及内部泥芯

图 2-58　11 号彩绘青铜天鹅颈部与躯体连接处的铜隔档

图 2-59　11 号彩绘青铜天鹅躯体部经铜片镶嵌补缀的方孔

图 2-60　11 号彩绘青铜天鹅经铜片镶嵌补缀的芯撑孔

与躯体为整体铸造而成，腿内有青灰色泥芯存在，而且泥芯中可见一长约3cm的泥芯撑（图2-61、图2-62；图一三）。另外，所有残块表面均未发现任何范线的残留。

图2-61 11号彩绘青铜天鹅腿部与躯体连接处剖面

图2-62 11号彩绘青铜天鹅腿部泥芯及泥芯撑

（八）13号彩绘青铜天鹅

13号天鹅为卧姿。出土时躯体由于坍塌、焚烧而变形，体腔塌陷，碎为数块；头部缺失，颈部断为多块（图2-63）。所有颈部残块中均有泥芯存在，但未发现芯骨。部分泥芯截面中心有一分界线，表明部分颈部泥芯可能分为两半制作而成（图2-64；图版九）。躯体内青灰色泥芯残留较多，主要集中在尾部、底部以及两侧壁，但厚度不一。多个颈部残块断面均发现了保存完整的泥芯撑，长约0.9～1.2cm，截面边长约0.5～0.6cm，一端深入泥芯内，一端深入铜胎之中（图2-65；图版一二）。躯体的多个部位也发现深入铜胎的泥芯撑，但其截面边长较大，约为0.8～1cm（图2-66、图2-67）。

X射线照片显示，一颈部残块中间有一厚约0.5cm的铜隔档存在（图2-68）。该颈部残块的工业CT照片显示，其铜胎壁厚度不均，而且铜隔档与颈部胎壁为整体铸造而成，未见焊接或铸接应有的焊缝或界面（图2-69）。躯体底部亦有大量芯撑孔存在，大部分芯撑孔边长约为1cm，且成排分布迹象明显（图2-70）。尾部底面发现一较大长方形孔洞，长约2.5cm，宽约2cm，方孔内侧较为干净，并无泥芯存在，但方孔四周均有泥芯残留，而且残留泥芯在方孔处形成凹坑，距离方孔越远残留的泥芯就越厚，表明泥芯是通过该方孔被掏出的（图2-71；图版二六）。

该水禽双腿前伸贴于腹下，掌与躯体并未连接，而且掌背面与躯体之间缝隙狭小。交叉双翼与躯体之间也存在空腔，结构复杂。这些部位均难以直接翻范，也未见分铸痕迹（图 2-72）。

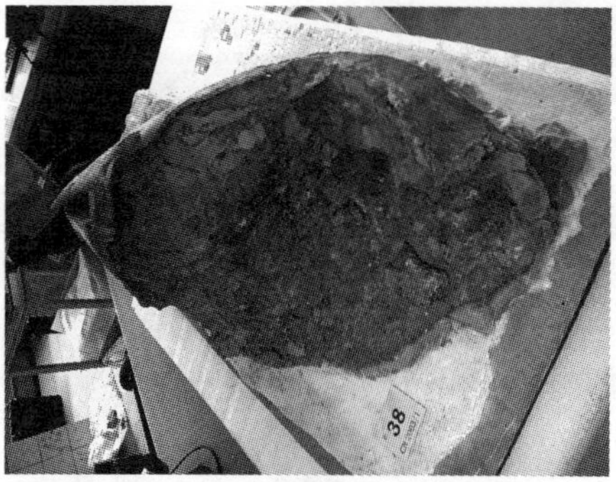

图 2-63　13 号彩绘青铜天鹅躯体

图 2-64　13 号彩绘青铜天鹅颈部泥芯中间分界线

图 2-65　13 号彩绘青铜天鹅颈部残块内泥芯撑

图 2-66　13 号彩绘青铜天鹅躯体部伸入铜胎的泥芯撑

图 2-67　13 号彩绘青铜天鹅躯体残块内壁残留的泥芯撑

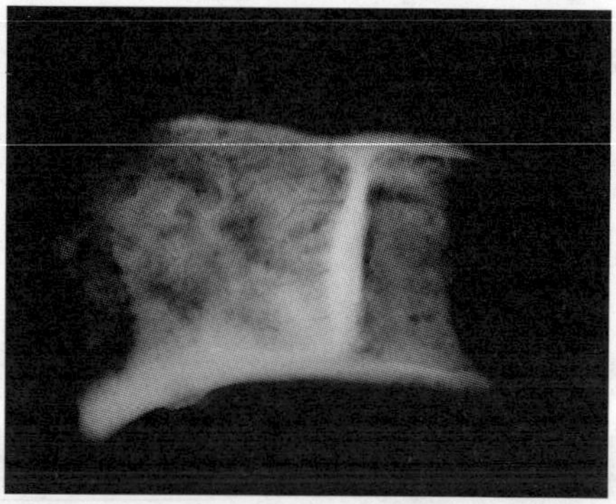

图 2-68　13 号彩绘青铜天鹅颈部与躯体部连接部铜隔档的 X 射线照片

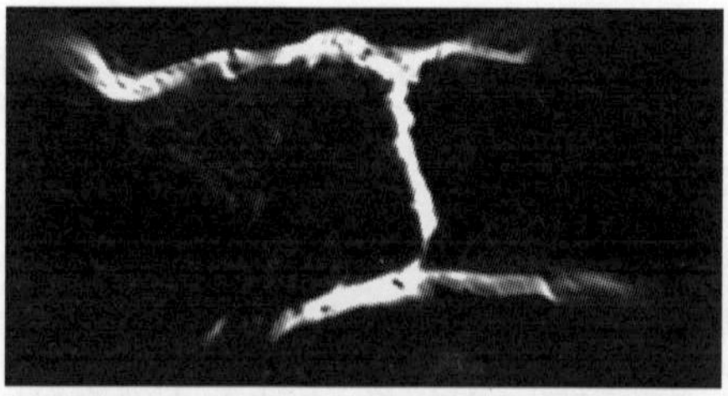

图 2-69　13 号彩绘青铜天鹅颈处与躯体部连接处铜隔档的工业 CT 扫描照片

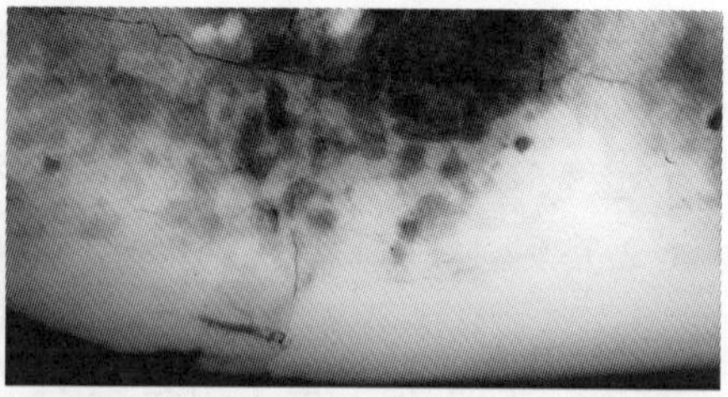

图 2-70　13 号彩绘青铜天鹅躯体部俯视 X 射线照片

图 2-71　13 号彩绘青铜天鹅尾部底面方孔内侧情况

图 2-72　13 号彩绘青铜天鹅掌部与躯体之间的间隙

（九）56 号彩绘青铜天鹅头部残件

该残件为一天鹅的头部和部分颈部，全长 36cm，其中头部长 26cm，宽 8cm，颈部长 31cm，直径约为 5cm，出土编号为 56 号（图 2-73）。X 射线照片显示，头部和颈部中有泥芯存在，但喙部为实心。头部和颈部之间有一厚约 0.4cm 的铜隔档。颈部末端也隐约可见铜隔档，但厚度较大，约 2～3cm。头、颈部均无芯骨存在，芯撑孔共有 17 个，大小较为均匀，包括正方形以及长方形两类，边长约 0.7cm，且呈排状分布（图 2-74）。

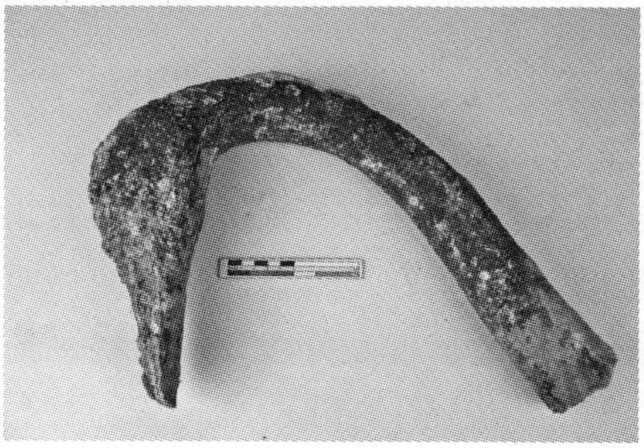

图 2-73　56 号彩绘青铜天鹅头颈残件

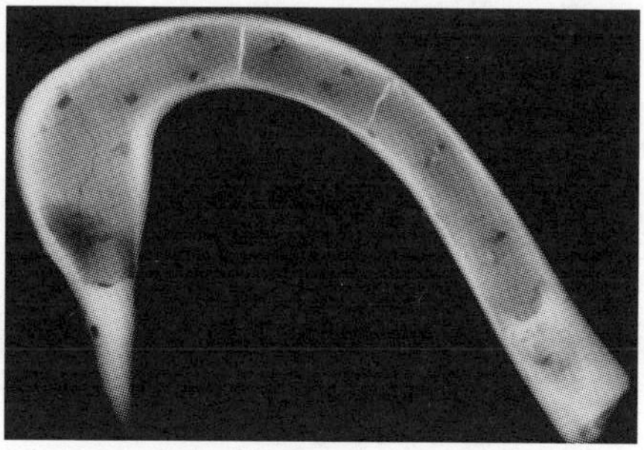

图 2-74　56 号彩绘青铜天鹅头颈部残件 X 射线照片显示的铜隔档及芯撑孔

（十）58号彩绘青铜天鹅头部残件

该残件为一天鹅头部，长约25cm，宽5～7cm，出土编号为58号（图2-75）。从断口观察，颈部泥芯为砖红色，质地细腻，孔隙较多。X射线照片显示其中并无芯骨存在，且喙部为实心。在该天鹅头部发现芯撑孔3～4个，均呈正方形，边长约1cm（图2-76）。颈部断口及X射线照片显示，其颈部铜胎厚度的一侧约为0.8cm，另一侧约为0.4cm，厚度差异较大。

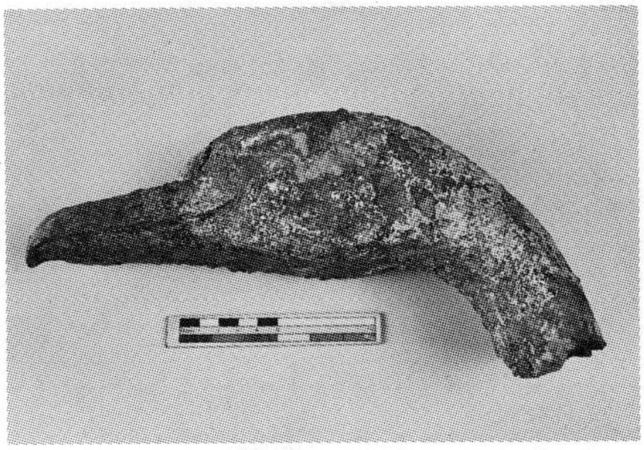

图2-75　58号彩绘青铜天鹅头部残件

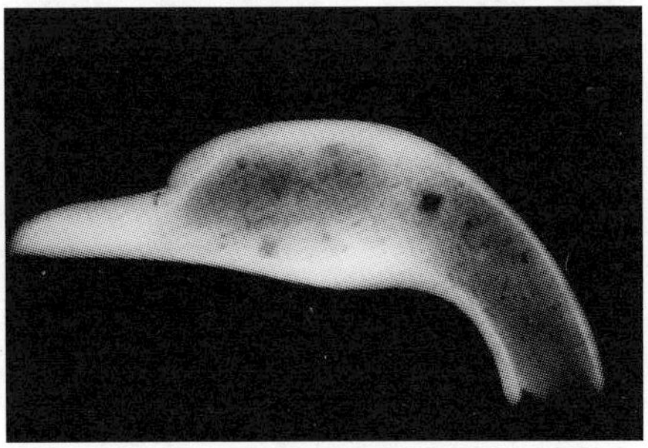

图2-76　58号彩绘青铜天鹅头部残件X射线照片显示的芯撑孔

（十一）60号彩绘青铜天鹅头部残件

该残件为一天鹅头颈部，头部长约17cm，宽约7cm，颈部长约25cm，直径约4.5cm，出土编号为60号（图2-77）。从断口观察，颈部内泥芯为青灰色，质地细腻，空隙较多。X射线照片显示，喙、头、颈部均有泥芯存在，但未发现芯骨。颈部断口附近有一厚约1cm的铜隔档（图2-78）。芯撑孔共发现4个，为长方形，长约0.8cm，宽约0.5cm。另外，头部右侧眼睛下部有一方形凸起，可能为补缀痕迹，但由于表面覆盖有颜料层，具体情况不明（图2-79）。表面曾经打磨处理，未见范线痕迹。

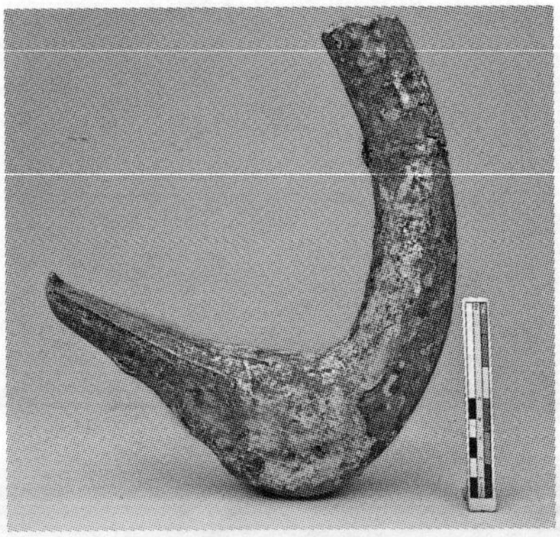

图2-77　60号彩绘青铜天鹅头颈部残件

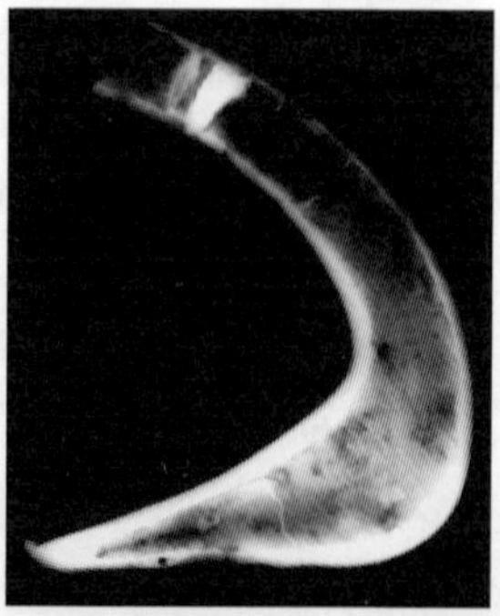

图 2-78　60 号彩绘青铜天鹅头颈部残件的 X 射线照片显示的铜隔档及芯撑孔

图 2-79　60 号彩绘青铜天鹅头部残件表面的方形补片痕迹

（十二）62 号彩绘青铜天鹅头部残件

该残件为一天鹅头部，头部长 12cm，宽 7.5～8cm，喙部长 11cm，宽 4～5.5cm，颈部长 13cm，出土编号为 62 号。出土时，喙部断裂，颈部被压扁，变形严重（图 2-80）。从喙部断口可看出，其内并无泥芯存在，整个喙部、头部以及颈部均为中空。X 射线照片显示，其头顶部存在一大块多余铜，而且该铜块并没有与头顶部的铜胎相连，中间有一宽约 1mm 的间隙，也未发现芯撑孔的存在（图 2-81）。从喙部断口观察，可见一“钉子”状铜条直立于头部内侧，应该为铜芯撑，铜条截面边长约 0.3cm（图 2-82；图版一四）。

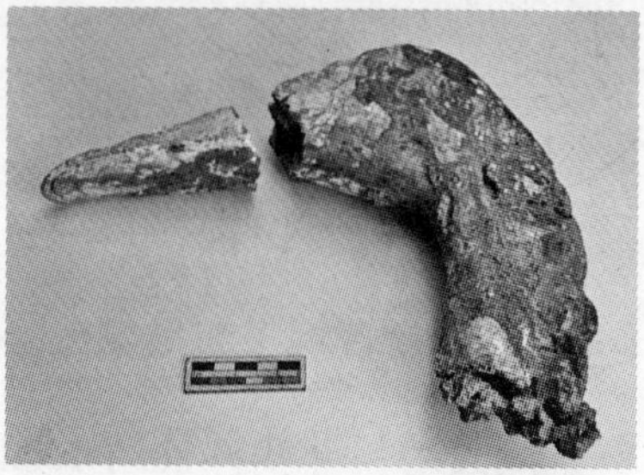

图 2-80　62 号彩绘青铜天鹅头部残件

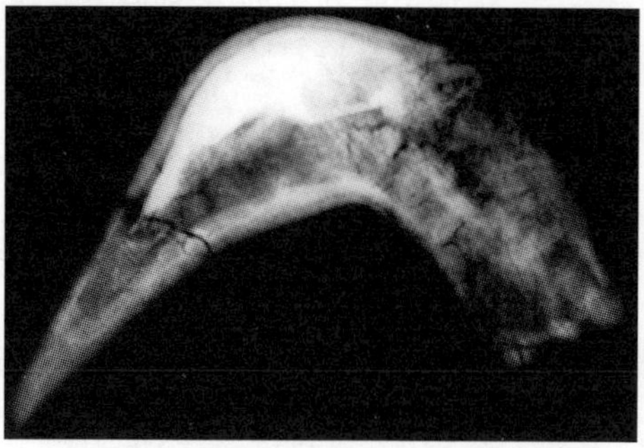

图 2-81　62 号彩绘青铜天鹅头部残件 X 射线照片显示头内的多余铜

图 2-82　62 号彩绘青铜天鹅头部残件内保留的铜芯撑

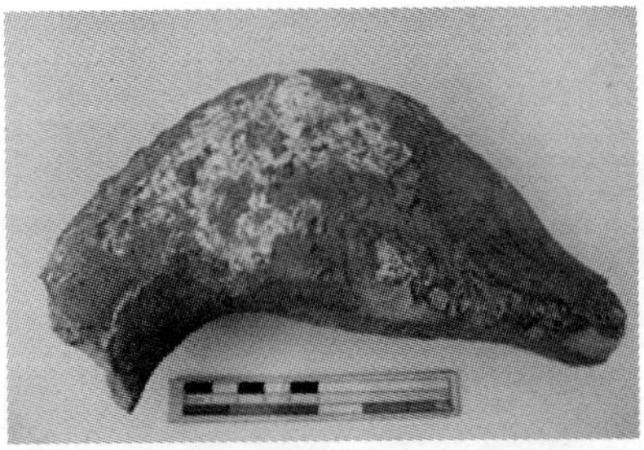

图 2-83　20 号彩绘青铜天鹅头部残件

（十三）20 号彩绘青铜天鹅头部残件

20 号彩绘青铜天鹅头部残件长约 18cm，宽约 11cm，喙部残断，内部有青灰色泥芯存在（图 2-83）。颈部断口以及喙部断口露出的泥芯中间均有一分界线，而且两端分界线方向一致，应该相互连通，说明该天鹅头部泥芯应该是分为两半制作而成，可能是利用芯模盒制作而成（图 2-84、图 2-85；图版一〇）。

图 2-84　20 号彩绘青铜天鹅头部残件
颈部断口泥芯的中间分界线

图 2-85　20 号彩绘青铜天鹅头部残件
喙部断口泥芯的中间分界线

（十四）彩绘青铜天鹅颈部残件 A

该天鹅颈部残件长约 16cm，直径约 6cm。出土时，残缺严重，其中部分区域铜胎已荡然无存，且从中间断为两部分（图 2-86）。残件内有青灰色泥芯存在，泥芯质地细腻，空隙较多。在其中间断裂面发现一个泥芯撑，但与其他水禽上发现芯撑的设置工艺不同。该芯撑是直接贴于泥芯表面，并没有插入（或埋入）泥芯内部，且芯撑与泥芯之间存在明显的分界线（图 2-87；图版一五）。另外，在一端铜胎内壁还发现了一个三角形芯撑孔，但泥芯及芯撑已不存在，芯撑的具体设置工艺不明（图 2-88）。X 射线照片显示，该残块两端各有一厚约 0.5cm 的铜隔档，但未见铜芯骨存在（图 2-89），其中较细端铜隔档的部分边缘并没有与颈部铜胎相互连接（图 2-90）。断裂处芯撑在 X 射线照片上显示为正方形孔洞，与其他水禽 X 射线照片上的芯撑孔一致。

为进一步了解铜隔档与颈部胎壁之间的关系，在该残件较细端经纵向切割，取得一个铜隔档和胎壁连接部位的断面样品（TGD1）。显微观察显示，铜隔档与两侧的颈壁连为一起，未发现任何二次浇铸或焊接的痕迹，而且无论是颈胎还是铜隔档的剖面均可见大量铸造缩孔（图2-91）。成分分析显示，颈部胎壁、胎壁与隔档连接区成分基本一致，主要元素均为Cu、Sn、O，其中Cu的含量在50%～60%之间，Sn的含量在23%～28%之间，O的含量在17%～21%之间（表2-1）。然而，可能由于锈蚀的原因，

图2-86　彩绘青铜天鹅颈部残件A

图2-87　彩绘青铜天鹅颈部残件A上的泥芯撑

图2-88　彩绘青铜天鹅颈部残件A铜胎内壁上残留的芯撑孔

图2-89　彩绘青铜天鹅颈部残件A上的铜隔档

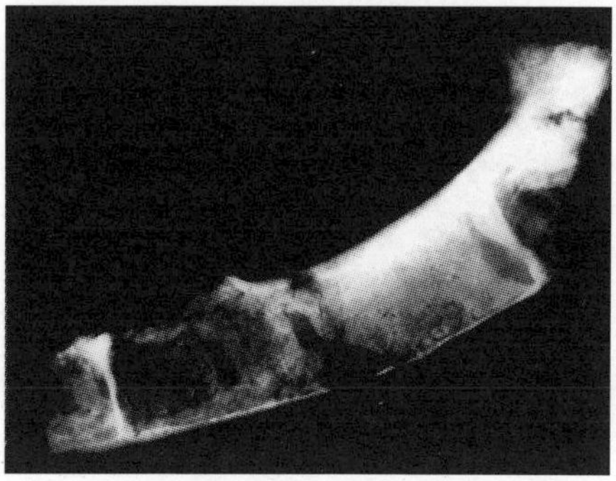

图2-90　彩绘青铜天鹅颈部残件A X射线照片显示的铜隔档

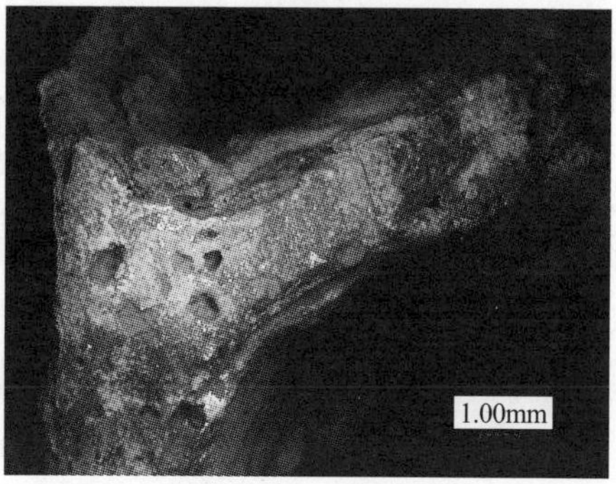

图2-91　彩绘青铜天鹅颈部残件A铜隔档样品（TGD1）的剖面显微照片

隔档区域含铜量相对较低，为 38.87%，而含锡量则相对较高，为 38.35%。由于该样品锈蚀较为严重，所以测得的成分并不能代表其原始合金成分。值得注意的是，该样品剖面中未锈蚀金属颗粒为铜锡二元合金，含 Cu 量约为 89%～91%，含 Sn 量约为 9%～10%。显微观察及成分分析证明，铜隔档与颈部胎壁应为整体铸造而成。

表 2-1 铜隔档样品（TGD1）SEM-EDS 成分分析结果

样品编号	分析部位	扫描方式	分析结果							
			Cu	Sn	O	Pb	Si	Fe	Bi	As
TGD1	连接区域	面扫	57.73	23.05	17.56	—	0.70	0.51	—	—
	颈部铜胎	面扫	54.94	24.85	19.04	—	0.70	0.47	—	—
	颈部铜胎	面扫	50.81	27.59	20.18	—	0.90	0.52	—	—
	颈部铜胎	面扫	52.92	26.23	19.57	—	0.80	0.47	—	—
	未锈蚀金属颗粒	面扫	90.80	9.20	—	—	—	—	—	—
	未锈蚀金属颗粒	面扫	89.68	9.74	0.58	—	—	—	—	—
	铅颗粒	点扫	12.49	—	2.41	49.99	—	—	32.15	2.96
	未锈蚀金属颗粒	面扫	90.78	8.97	0.25	—	—	—	—	—
	铜隔档	面扫	38.87	38.35	20.98	—	1.18	0.62	—	—

（十五）彩绘青铜天鹅颈部残件 B

该残块为水禽颈部残件，编号不明，长约 13cm，直径约 5cm，从中间部位断裂为两部分（图 2-92）。从断口观察，其内部有泥芯存在，成土黄色、质地细腻。X 射线照片显示其中间部位（断裂处）存在一铜隔档，但没有发现芯骨以及芯撑孔存在（图 2-93）。观察断裂部位，一侧泥芯表面平整光滑，应为人为有意加工而成，另一侧被铜隔档密封，铜隔档中心

图 2-92 彩绘青铜天鹅颈部残件 B

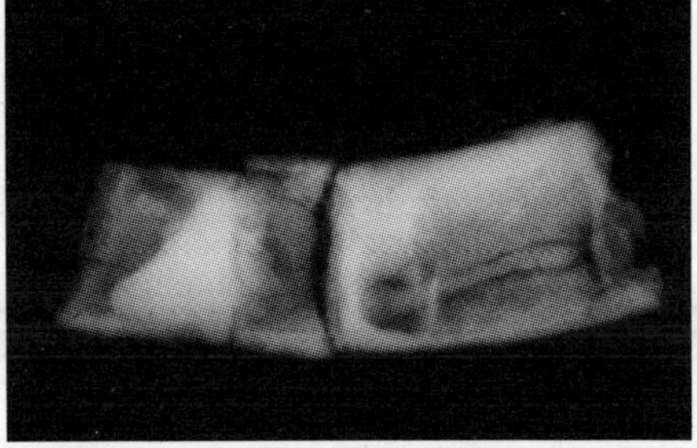

图 2-93 彩绘青铜天鹅颈部残件 B 的 X 射线照片

有一不规则孔洞（图 2-94；图版二三）。

为进一步了解铜隔档与颈部胎壁之间的关系，在该残件较细端经纵向切割，取得一个铜隔档和胎壁连接部位的断面样品（TGD2）。剖面显微观察显示，铜隔档与两侧的颈部胎壁连为一起，未发现任何二次浇铸或焊接的痕迹（图 2-95）。金相观察显示，无论是颈部胎壁还是铜隔档均为铜锡 α 固溶体等轴晶，铸造枝晶偏析已完全消失，为铸后受热组织（图 2-96～图 2-98；图版二四）。铜隔档与颈部胎壁连接区域，金相组织并没有任何异常，与胎壁以及隔档内金相组织一致。值得注意的是，秦始皇帝陵园出土二号铜车马轼与輢之间熔化焊接部位的金相分析表明，被焊金属与焊料之间存在一过渡层，而且青铜基体、焊料以及过渡层三个区域的金相组织也明显不同[①]。米

图 2-94　彩绘青铜天鹅颈部残件 B 断裂处泥芯及铜隔档中间的不规则孔洞

图 2-95　彩绘青铜天鹅颈部残件 B 铜隔档样品（TGD2）的剖面显微照片

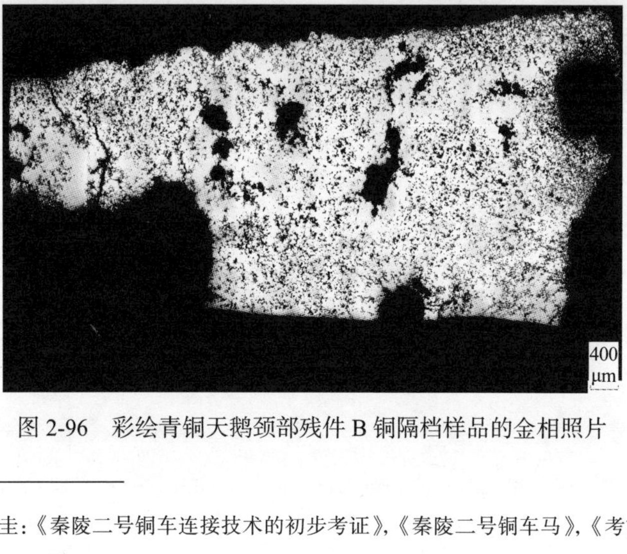

图 2-96　彩绘青铜天鹅颈部残件 B 铜隔档样品的金相照片

① 华自圭:《秦陵二号铜车连接技术的初步考证》,《秦陵二号铜车马》,《考古与文物》编辑部，第 120～135 页。

勒（Mille，B.）对法国叙利亚地区讷维（Neuvy-en-Sullias）出土的一件罗马时期铜马上熔化焊接（Flow Fusion Welding）部位的样品进行了金相分析，也得到了相似的结果①（图 2-99；图版二五）。另外，成分分析显示，颈部胎壁、胎壁和隔档连接区域以及铜隔档的成分也一致，均为铜锡二元合金，Cu 的含量在 89%～92% 之间，Sn 的含量在 8%～11% 之间（表 2-2）。该样品的科学分析进一步表明，铜隔档与颈部胎壁为整体铸造而成。

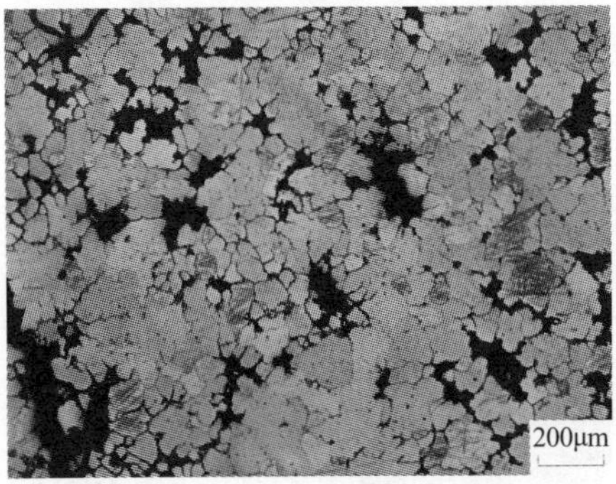

图 2-97 彩绘青铜天鹅颈部残件 B 铜隔档样品颈部胎壁金相照片

图 2-98 彩绘青铜天鹅颈部残件 B 铜隔档样品铜隔档区金相照片

图 2-99 法国叙利亚地区讷维出土罗马时期铜马熔化焊接部位的金相照片

① Mille, B., 2007: “Etude technique du cheval de bronze de Neuvy-en-Sullias”, in Gorget, C. and Guillaumet, J.P.（eds.）Le cheval et la danseuse, à la redécouverte du trésor de Neuvy-en- Sullias, Paris, Somogy, 264-265.

表 2-2　铜隔档样品（TGD2）成分分析结果

样品编号	分析部位	扫描方式	分析结果				
			Cu	Sn	O	Pb	Fe
TGD2	铜隔档	面扫	90.03	9.08	0.89	—	—
	铜隔档	面扫	91.64	8.21	0.16	—	—
	铜隔档	面扫	89.13	10.33	0.54	—	—
	颈部铜胎	面扫	90.14	9.16	0.27	—	0.44

（十六）彩绘青铜天鹅尾部残件

从形状来看，该残件应该为一天鹅尾部残块，铜胎较厚，约 1.5～2cm（图 2-100）。该残块表面有明显、较深的打磨痕迹，而且一侧有方孔及补缀凹槽的一边残留（图 2-101）。凹槽表面明显能够看到宽约 0.8mm 的凿痕，说明方孔四周的凹槽是经硬质工具錾凿加工而成的（图 2-102；图版三五）。

图 2-100　彩绘青铜天鹅尾部残件

图 2-101　彩绘青铜天鹅尾部残件上的凹槽

图 2-102　彩绘青铜天鹅尾部残件凹槽上的錾凿痕迹

二、彩绘青铜鸿雁及鸿雁残件

（一）30 号彩绘青铜鸿雁

30 号鸿雁为卧姿。喙微张，头颈部呈“S”形向右扭曲，右翼压左翼收于尾后，尾部未露出（图 2-103、图 2-104）。出土时从颈下部断裂为两部分，分别是头颈部和躯体部。颈部断茬显示其内有泥芯存在，呈灰黑色。由于躯体部分保存较完整，内部泥芯残存情况不详。

X 射线照片显示，泥芯从颈部延伸到喙部，头颈部无金属芯骨的存在。头部中央以及颈部与躯体连接处分别存在一铜隔档，厚度约为 0.5cm（图 2-105）。体腔内壁存在大量的流淌状多余铜痕迹，流淌方向应该是从背部向底部，但由于其躯体保存较为完整，具体情况并不明确，而且许多工艺信息也被其掩盖（图 2-106；图版四三）。尾部底端可见一个方孔，长约 4.5cm，宽约 3.7cm。躯体上隐约可见一两个芯撑孔，但实际数量及排列情况不明。

图 2-103　30 号彩绘青铜鸿雁躯体部

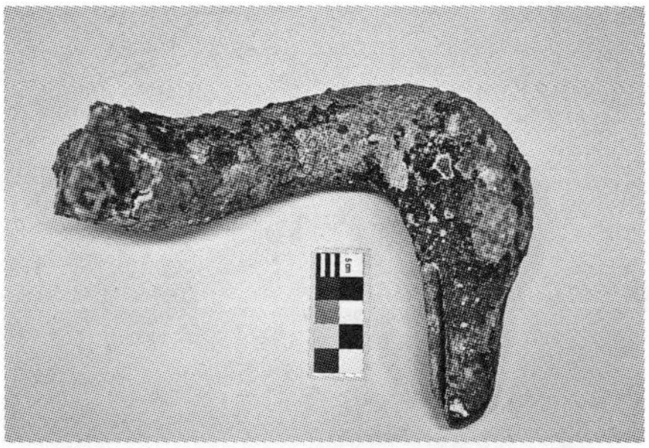

图 2-104　30 号彩绘青铜鸿雁头颈部

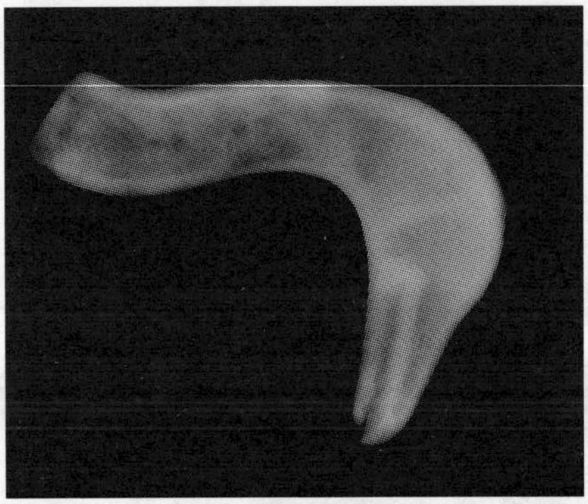

图 2-105　30 号彩绘青铜鸿雁头颈部 X 射线照片显示头部中央的铜隔档

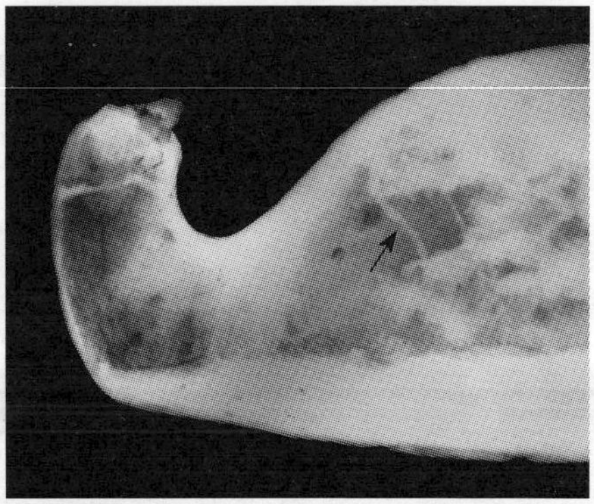

图 2-106　30 号彩绘青铜鸿雁躯体部 X 射线照片显示颈部铜隔档及体内流淌状多余铜

颈部残断处有一个长约2.3cm，宽约0.7cm，深约0.2cm的长方形凹槽，应为铸造缺陷修补痕迹。腿部与躯体无分铸迹象，应为整体铸造而成。两掌压于腹下，与躯体之间存在较小空隙，约0.3～0.4cm（图2-107）。底部可明显看到压于腹下部分掌部的轮廓，而且轮廓线条有叠压迹象，应为贴塑而成（图2-108）。交叉双翼与尾部形成一个空腔，长约4.0cm，高约2.5～3.5cm（图2-109）。另外，在保存状况较好的区域可见青铜基体表面的打磨痕迹（图2-110）。

图2-107　30号彩绘青铜鸿雁左掌部

图2-108　30号彩绘青铜鸿雁底部右掌轮廓线条

图2-109　30号彩绘青铜鸿雁交叉双翼与尾部之间的空腔

图2-110　30号彩绘青铜鸿雁表面打磨痕迹

（二）33号彩绘青铜鸿雁

33号鸿雁为卧姿，喙扁平短厚，头与颈作反“S”形上扬，右翼压左翼收于尾后（图2-111）。出土时断裂为三部分，断裂部位分别位于颈部与身体连接处以及喙部前梢。该鸿雁头颈部内有泥芯，呈青灰色，质地细腻但较为疏松，芯内未见金属芯骨存在。

该鸿雁躯体中空，仅尾部有少量残留（图2-112；图版二七）。X射线照片显示其头颈部应该为整体铸造而成。从躯体与脖颈连接处的断口观察，躯体内壁表面较为平整，没有发现连接痕迹以及毗缝，说明躯体为整体铸造且内部泥芯为一整块，并非多块拼接而成。颈部与躯体连接处泥芯呈凹窝状，而且泥芯表面有一厚约 0.2～0.3cm 的青铜层（图 2-113）。与之对应的躯体缺口内壁，可明显看到一宽约 1cm，长约 4cm 的凹陷，具体作用不明（图 2-114）。

图 2-111　33 号彩绘青铜鸿雁

图 2-112　33 号彩绘青铜鸿雁躯体内尾部残留泥芯及尾部方孔内侧

图 2-113　33 号彩绘青铜鸿雁颈部与躯体连接处凹窝状泥芯

图 2-114　33 号彩绘青铜鸿雁躯体断口处凹陷

从躯体断口观察内部，可见尾部底面以及胸部底面中央各有一个较大的方孔，其中尾部方孔长约 3cm，宽约 2cm，胸部方孔长约 5cm，宽约 4cm，方孔内侧平整，且均以铜片镶嵌法进行补缀。底面、两侧面以及顶面均分布有芯撑孔，共 23 个，其中 12 个中有泥质芯撑残留，芯撑呈青灰色。从芯撑孔的形状上看，部分芯撑为正方形，部分为长方形，边长在 0.5～1.5cm 之间不等。其中，顶面共 7 个，呈 3 排分布，中间一排共 3 个，左右两排各有 2 个（图 2-115）；左侧共 6 个，也呈三排分布，中间一排 3 个，上排 2 个，下排 1 个（图 2-116）；右侧共有 4 个，也分为 3 排，中间一排 2 个，上、下排各 1 个（图 2-117）；底面共 8 个，均沿底部边沿分布，其中左边 5 个，右边 3 个（图 2-118）。

该鸿雁交叉双翼与尾部之间存在空腔，难以直接翻范，且未见任何分铸痕迹（图 2-119）。虽然掌与腹部相连，但掌背面与腹部之间间隙较小，亦不具备直接翻范的条件，也未见分铸痕迹（图 2-120）。另外，底部也可隐约看出叠压于身体下的掌部轮廓。

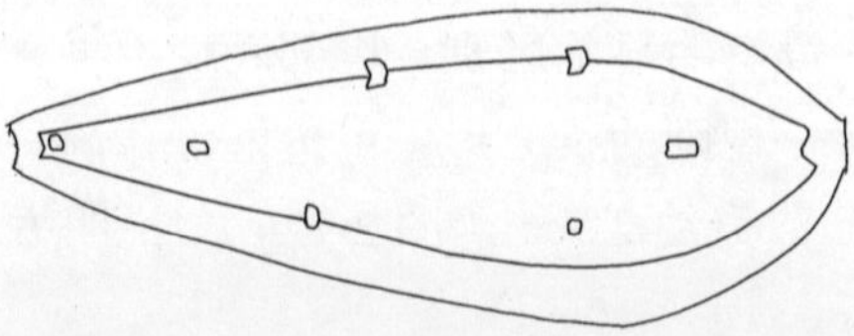

图 2-115　33 号彩绘青铜鸿雁躯体内顶部芯撑分布情况示意图

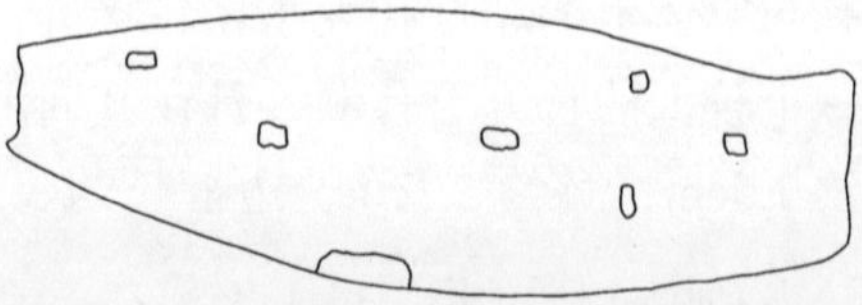

图 2-116　33 号彩绘青铜鸿雁躯体左侧面芯撑分布情况示意图

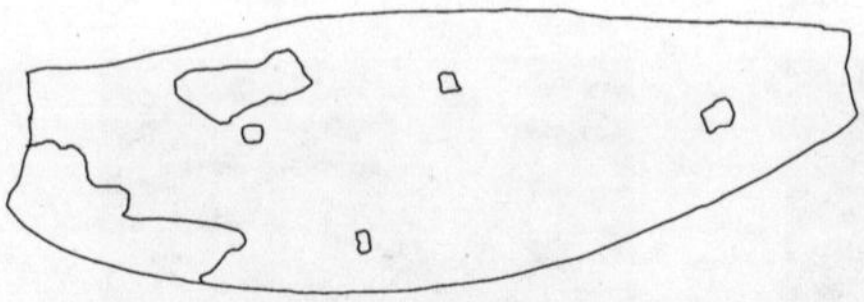

图 2-117　33 号彩绘青铜鸿雁躯体右侧面芯撑分布情况示意图

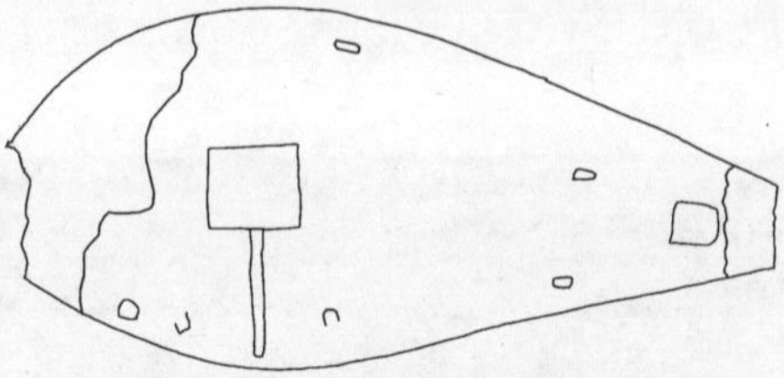

图 2-118　33 号彩绘青铜鸿雁躯体底部芯撑分布情况示意图

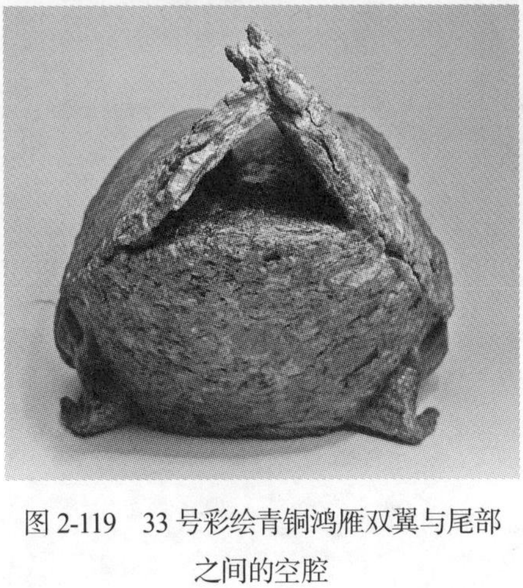

图 2-119　33 号彩绘青铜鸿雁双翼与尾部之间的空腔

图 2-120　33 号彩绘青铜鸿雁掌部与躯体之间的间隙

（三）35 号彩绘青铜鸿雁

35 号青铜鸿雁为卧姿。头颈部呈“S”形上扬，喙扁平、宽短，右翼压左翼收于尾后，出土时保存完整（图 2-121；图版六）。X 射线照片显示其头颈部内有泥芯存在，但并未发现金属芯骨。颈下部有一铜隔档，厚度约为 0.8cm（图 2-122）。头颈部及躯体上均分布有多个大小、形状不等的芯撑孔，包括方形和长方形两种，其中较小芯撑孔长、宽均约为 0.5cm，较大芯撑孔长约 0.9cm，宽约 0.6cm，而且躯体上的芯撑孔基本可以看出成排分布的迹象（图 2-123）。与其他水禽不同的是，该鸿雁头颈部的芯撑孔与躯体上的芯撑孔大小比较接近，并没有明显的区别。尾部底端中央有一个较大的长方形孔洞，且在其周围有一规则的长方形黑色边框，孔洞长约 2.5cm，宽约 2.1cm，边框长约 3.3cm，宽约 2.5cm（图 2-124），说明方孔是以铜片镶嵌法进行补缀。

工业 CT 多层水平扫描以及单次纵向扫描显示，颈部铜隔档两侧未见焊接或铸接应有的焊缝或界面，表明其与两侧颈部铜胎为整体铸造而成（图 2-125）。对于整个鸿雁而言，除个别芯撑存在部位水禽胎壁没相

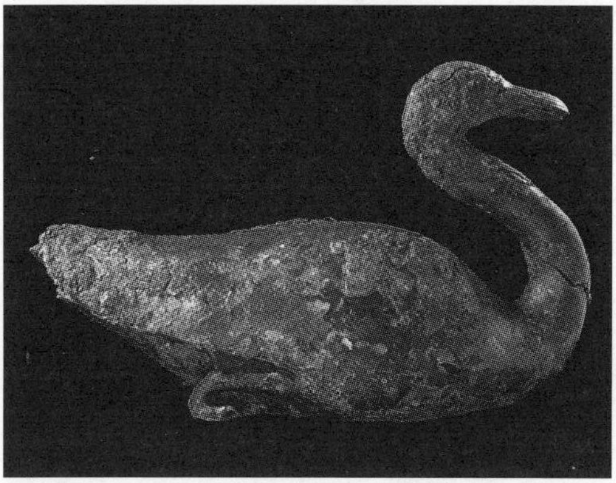

图 2-121　35 号彩绘青铜鸿雁

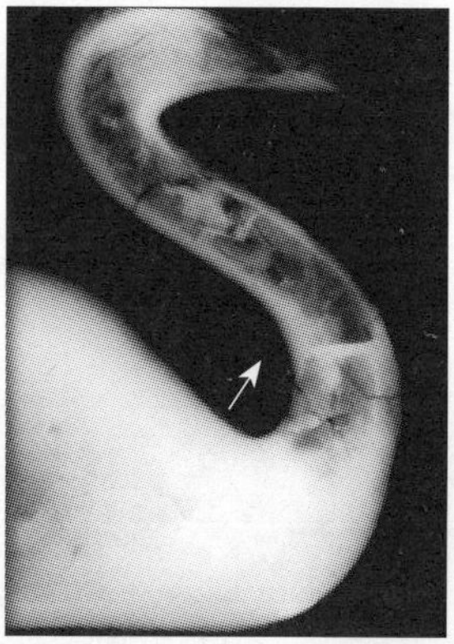

图 2-122　35 号彩绘青铜鸿雁头颈部 X 射线照片显示的铜隔档

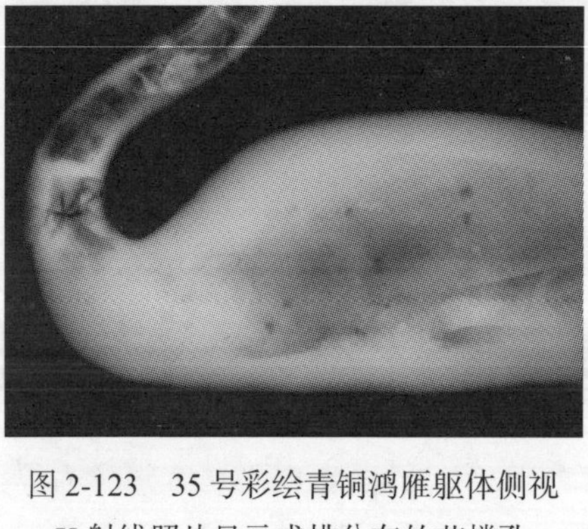

图 2-123　35 号彩绘青铜鸿雁躯体侧视 X 射线照片显示成排分布的芯撑孔

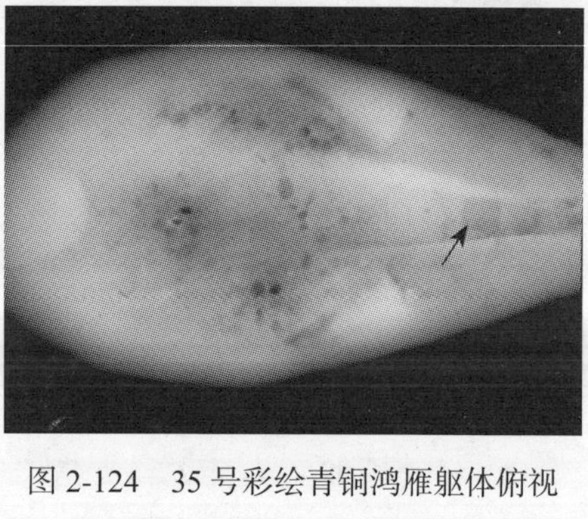

图 2-124　35 号彩绘青铜鸿雁躯体俯视 X 射线照片显示的底部方孔

互连接外，其他区域也未发现分铸或焊接的痕迹，说明其为整体铸造而成（图 2-126）。水禽内部大部分区域均有少量泥芯存在，而且与周边基体相较而言，尾部方孔部分青铜基体较薄，内壁无泥芯残留（图 2-127）。同样，其尾部双翼、掌部形状较为复杂，均难以直接翻范（图 2-128）。

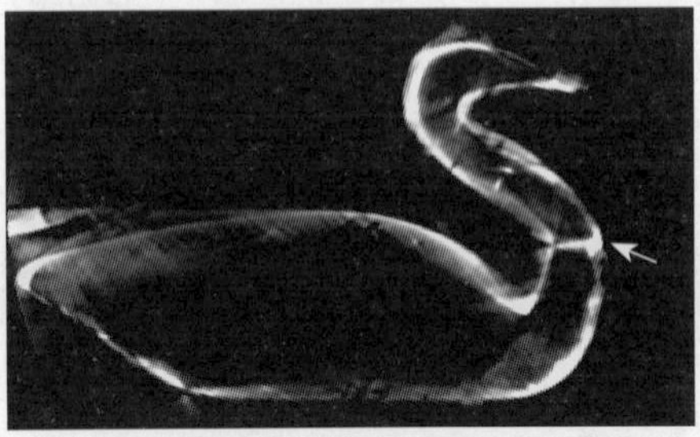

图 2-125 35 号彩绘青铜鸿雁纵向工业 CT 扫描照片

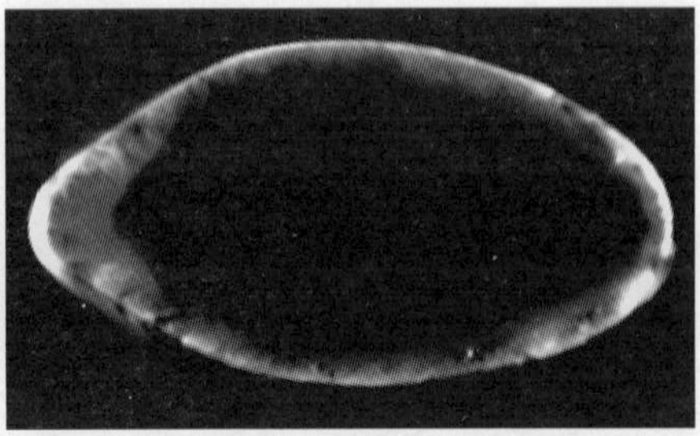

图 2-126 35 号彩绘青铜鸿雁水平向工业 CT 扫描照片

图 2-127 35 号彩绘青铜鸿雁双翼与尾部之间的空腔

图 2-128 35 号彩绘青铜鸿雁掌部与躯体之间的间隙

（四）36 号彩绘青铜鸿雁

36 号鸿雁为卧姿，保存较为完整。头颈作“S”形上扬，喙扁平短厚，右翼压左翼收于尾后，腿贴于腹下（图 2-129）。X 射线照片显示，该鸿雁头颈部内有泥芯存在，泥芯内有一金属芯骨，而且基本贯穿整个头颈部。颈部与躯体连接部有一铜隔档，厚度约为 0.6cm（图 2-130）。头颈以及躯体上均分布有多个大小、形状不等的芯撑孔，其中包括方形和长方形两种，且躯体上芯撑孔的尺寸较脖颈部芯撑孔稍大。头颈部较小芯撑孔的长、宽均约 0.4cm，而较大芯撑孔长约 0.8cm，宽约 0.7cm。躯体上较小的芯撑孔长、宽均约为 0.6cm，而较大者则长约 0.9cm，宽约 0.7cm。躯体上芯撑孔成排分布的规律并不明显。底面靠近颈部可见一长宽均约 3.2cm 的方形孔洞。方孔周围有一规则的长方形边框，长约 4.5cm，宽约 4cm，说明方孔是以铜片镶嵌法进行补缀（图 2-131）。底面可见四字铭文，均系錾刻而成（图 2-132）。双翼与尾部之间也存在一空腔；两掌部与躯体应为整体铸造，且存在细小间隙；这些部位结构复杂，难以直接翻范，也未使用分铸法铸造（图 2-133、图 2-134）。

图 2-129　36 号彩绘青铜鸿雁

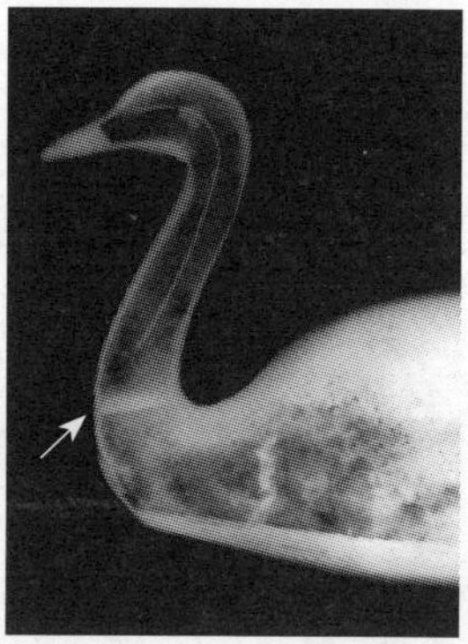

图 2-130　36 号彩绘青铜鸿雁头颈部 X 射线照片显示的芯骨及铜隔档

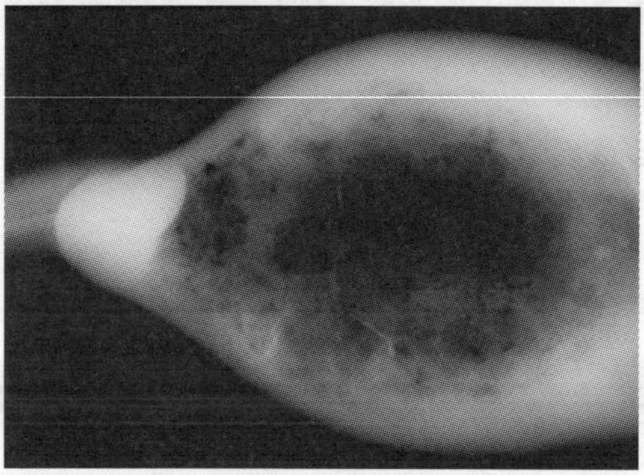

图 2-131　36 号彩绘青铜鸿雁底部 X 射线照片显示的底部方孔及其四周黑色线框

图 2-132　36 号彩绘青铜鸿雁底面錾刻的铭文

图 2-133　36 号彩绘青铜鸿雁双翼与尾部之间的空腔

图 2-134　36 号彩绘青铜鸿雁掌部与躯体之间的间隙

（五）42 号彩绘青铜鸿雁

42 号鸿雁为卧姿，头颈部作“S”形上扬，喙扁长，左翼压右翼收于尾后，尾部略露于翼外。出土时头颈连接处断裂，从断茬可见颈内有泥芯存在，为青灰色，但并无金属芯骨。断痕两侧铜胎表面可见大小不同的方形凹槽，长宽均约 0.5～0.8cm，深约 0.2cm，应为铸造缺陷的补缀痕迹，只是补片已经脱落（图 2-135；图版三三）。表面存在大量细密的打磨痕迹，说明整个表面曾经打磨处理（图 2-136）。

X 射线照片显示该鸿雁颈部与躯体连接处有一铜隔档存在，厚约 0.5cm（图 2-137）。头部、颈部以及躯体上均分布有大量大小、形状不等的芯撑孔。从尺寸上看，头颈上的芯撑孔较躯体上的略小。头颈部较小芯撑孔长约 0.5cm，宽约 0.4cm，而较大芯撑孔长、宽均约 0.8cm。躯体上较大的芯撑孔长、宽约为 1cm，较小的长、宽均约 0.5cm。躯体侧面、底面、顶面的芯撑孔成排分布迹象非常明显（图 2-138）。底面中心有一不规则长方形的孔洞，

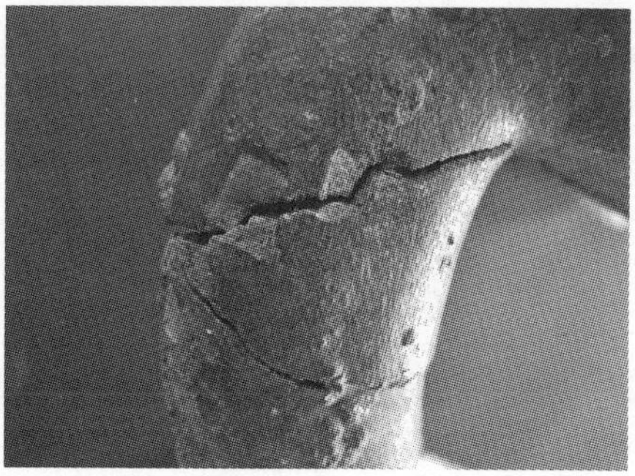

图 2-135　42 号彩绘青铜鸿雁颈部的两处补缀凹槽

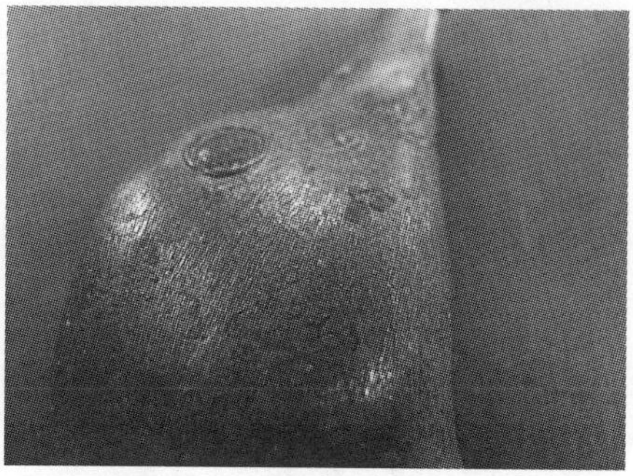

图 2-136　42 号彩绘青铜鸿雁头部表面的打磨痕迹

孔洞周围可见一规则的黑色长方形边框，边框长约 12.3cm，宽约 4.4cm。与其他水禽底部方孔情况类似，补缀方法应该为铜片镶嵌法。

该鸿雁交叉双翼与尾部所形成的空腔尺寸较小，两掌部与腹部之间的间隙也非常狭小，如果利用泥范法铸造，难以直接翻范，也未见使用分铸法的迹象（图 2-139、图 2-140）。

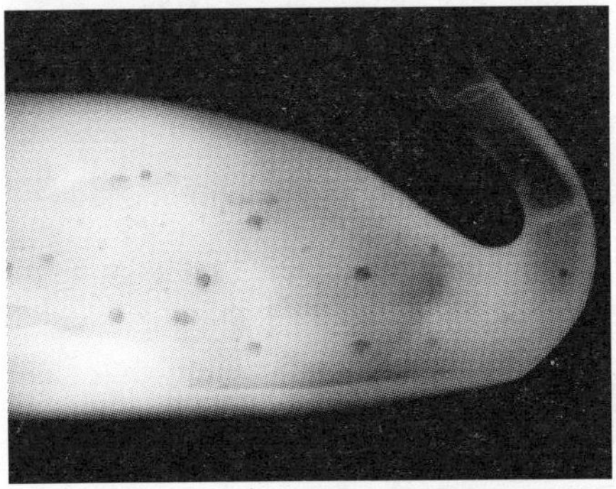

图 2-137　42 号彩绘青铜鸿雁躯体侧视 X 射线照片显示成排分布的芯撑孔

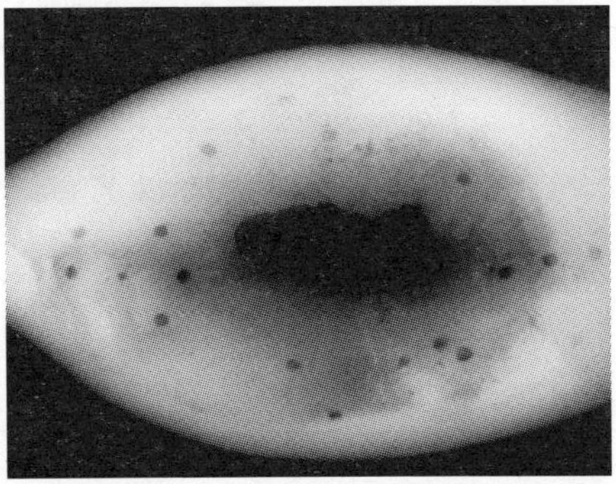

图 2-138　42 号彩绘青铜鸿雁躯体部俯视 X 射线照片显示的芯撑孔及底部方孔

图 2-139　42 号彩绘青铜鸿雁掌部与躯体之间的间隙

图 2-140　42 号彩绘青铜鸿雁双翼与尾部之间的空腔

（六）43 号彩绘青铜鸿雁

43 号鸿雁为卧姿。头颈呈“S”形上扬，左翼压右翼收于尾后，双腿向前弯曲，贴于腹下，趾间有蹼（图 2-141）。由于该鸿雁出土时保存较为完整，其内部泥芯保存情况并不明确。

X 射线照片显示，其颈内并无金属芯骨存在。头部中央和颈部中间部位分别有一铜隔档，厚度均约为 0.5cm（图 2-142）。躯体上分布有大量大小不等的芯撑孔，较大芯撑孔长、宽均约 1cm，较小芯撑孔长约 0.8cm，宽约 0.6cm。芯撑孔多为方形，而且成排分布迹象明显。胸部中央和尾部底端分别存在一个较大方孔，其中胸部方孔长约 5.5cm、宽约 4.5cm，尾部方孔长约 3.5cm、宽约 2.5cm。两个方孔周边均可见一黑色边框，胸部方孔四周边框长约 6.6cm、宽约 5.0cm，尾部方孔四周边框长约 4.5cm、宽约 3.5cm，说明两个方孔均是以铜片镶嵌法进行补缀（图 2-143）。

该鸿雁的掌部压于腹下，中趾与身体之间并未连接，存在 0.3～0.4cm 的狭小空隙。腿部、掌部与身体无分铸痕迹，为整体铸造而成。值得注意的是，部分掌部与躯体叠压在一起，但在底部可见叠压部分掌部的轮廓。从轮廓线条来看，与其他水禽一致，并非刻画而成，明显为贴塑的结果（图 2-144、图 2-145；图版五二、图版五三）。交叉双翼与尾部形成长约

图 2-141　43 号彩绘青铜鸿雁

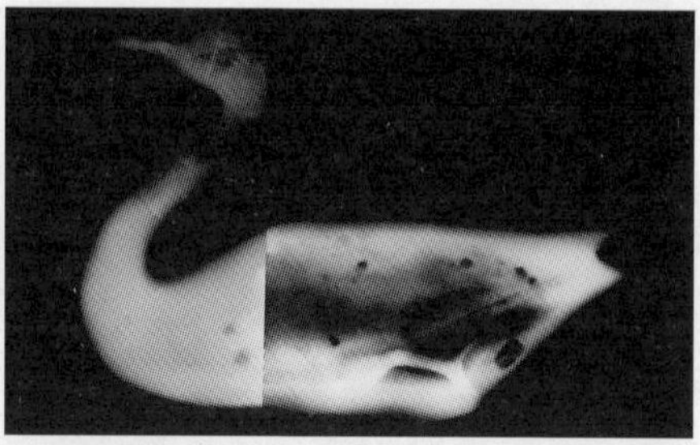

图 2-142　43 号彩绘青铜鸿雁侧视 X 射线照片显示的芯撑孔及铜隔档

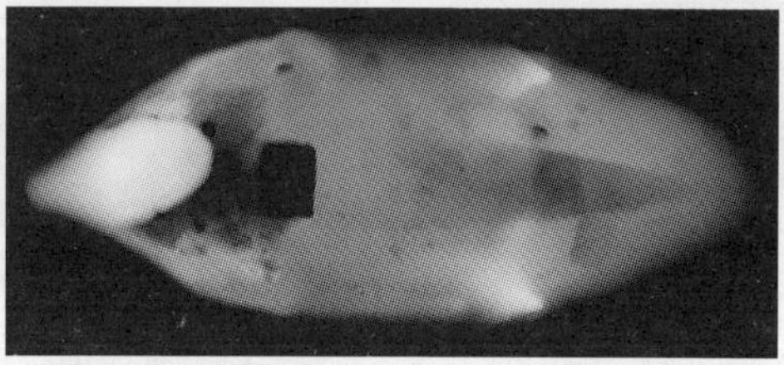

图 2-143　43 号彩绘青铜鸿雁俯视 X 射线照片显示的底部方孔

图 2-144　43 号彩绘青铜鸿雁底部右掌轮廓线条

图 2-145　43 号彩绘青铜鸿雁底部左掌轮廓线条

3.0cm、宽约4.0cm的空腔。另外，躯体表面可见大量打磨痕迹。

（七）44号彩绘青铜鸿雁

该青铜鸿雁为卧姿，头颈部分呈“S”形，平视前方，喙扁平、宽短，体型匀称，右翼压左翼收于尾后，双腿向前弯曲，贴于腹下，趾间有蹼（图2-146）。出土时，从喙部与头部连接处断裂为两部分。喙部断口可见青灰色泥芯，泥芯中有绿色铜锈存在。躯体内泥芯残存情况不明。

X射线照片显示，颈部泥芯中并无金属芯骨存在，颈部下端有一厚约0.6cm的铜隔档（图2-147）。头颈部以及躯体上均分布有多个大小不等的芯撑孔，多为方形。颈部芯撑孔长约0.8cm，宽约0.5cm，躯体上较小的芯撑孔长、宽均约为0.5cm，而较大者则长约0.8cm，宽约0.6cm。而且，躯体上的芯撑孔明显有成排分布的迹象。尾端底部以及颈根部底面均有一个方孔，其中尾部底端方孔长、宽均约为3.0cm，颈根部底面方孔长约4.0cm、宽约3.0cm，尾部底端方孔四周还可明显看到长约3.8cm、宽约3.4cm的黑色方框。方孔均以铜片镶嵌工艺进行补缀（图2-148）。

图2-146　44号彩绘青铜鸿雁

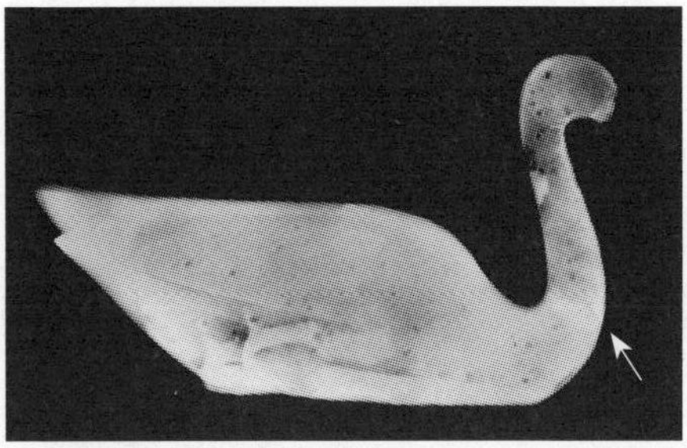

图2-147　44号彩绘青铜鸿雁侧视X射线照片显示的芯撑孔及铜隔档

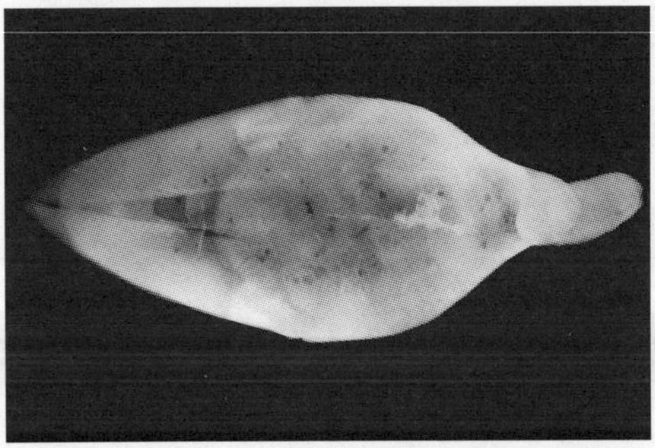

图2-148　44号彩绘青铜鸿雁俯视X射线照片显示的底部方孔和芯撑孔

图2-149　44号彩绘青铜鸿雁左掌部

掌部压于腹下，中趾与身体之间存在 0.3～0.4cm 的小空隙（图 2-149）。腿部与身体无分铸痕迹，表明掌部与身体为整体铸造而成。值得注意的是，该鸿雁部分掌部与躯体叠压在一起，但底部也可见叠压部分掌部的轮廓。左掌的轮廓线条明显为刻画而成，而右掌则可能为贴塑的结果（图 2-150、图 2-151）。双翼交叉与尾部形成长约 4.6cm、宽约 3.8cm 的空腔（图 2-152）。另外，底部可见 2 或 3 字的铭文，系錾刻而成（图 2-153）。

图 2-150　44 号彩绘青铜鸿雁底部左掌轮廓线条

图 2-151　44 号彩绘青铜鸿雁底部右掌轮廓线条

图 2-152　44 号彩绘青铜鸿雁双翼与尾部之间的空腔

图 2-153　44 号彩绘青铜鸿雁底部錾刻的铭文

（八）46 号彩绘青铜鸿雁

46 号鸿雁为卧姿。喙较短，上扁圆、下平直，头颈部作“S”形上扬，左翼压右翼收于尾后，尾部略露于翼外（图 2-154；图版七）。由于出土时整体保存完整，内部泥芯残留情况并不明确。

X 射线照片显示，头颈部无金属芯骨存在。头颈部以及躯体均有大量芯撑孔，头颈部芯撑孔明显较躯体上的小，而且躯体上的芯撑孔有成排分布的迹象（图 2-155）。底部双掌之间有一方孔，周围有一长方形边框，方孔长约 8cm，宽约 7.5cm，边框长约 8.5cm，宽约 7.7cm，说明该方孔的补缀方法为铜片镶嵌法（图 2-156、图 2-157；图版二九）。

工业 CT 纵向扫描照片显示，头部中央以及颈根部分别存在一铜隔档，厚约 0.7cm。除了底部中央大方孔以外，在靠近颈根部的底面上还发现一较小的方孔，边长约为 2cm。体腔内壁有泥芯残留，且距底部方孔越远，泥芯残留越多，说明泥芯应该是通过底部方孔掏出的（图 2-158）。工业 CT 水平向多层扫面照片显示，该鸿雁为整体铸造而成，未见任何二次铸造的迹象（图 2-159、图 2-160）。另外，表面未发现范线痕迹残留，而且其双翼与尾部、两掌与腹部之间间隙较小，难以直接翻范（图 2-161）。

图 2-154　46 号彩绘青铜鸿雁

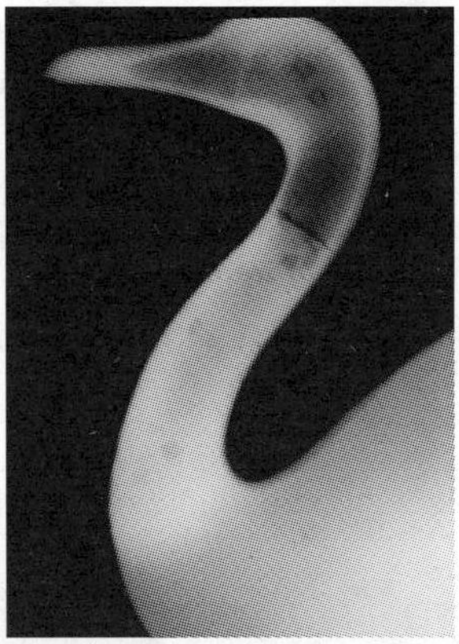

图 2-155　46 号彩绘青铜鸿雁头颈部 X 射线照片

图 2-156　46 号彩绘青铜鸿雁底部经补缀的方孔

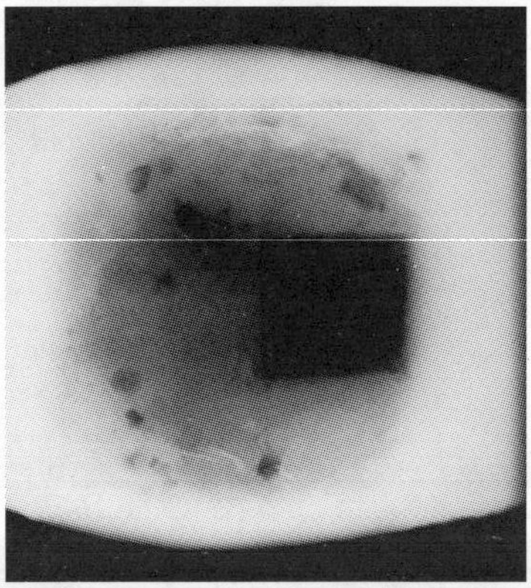

图 2-157　46 号彩绘青铜鸿雁底部方孔 X 射线照片

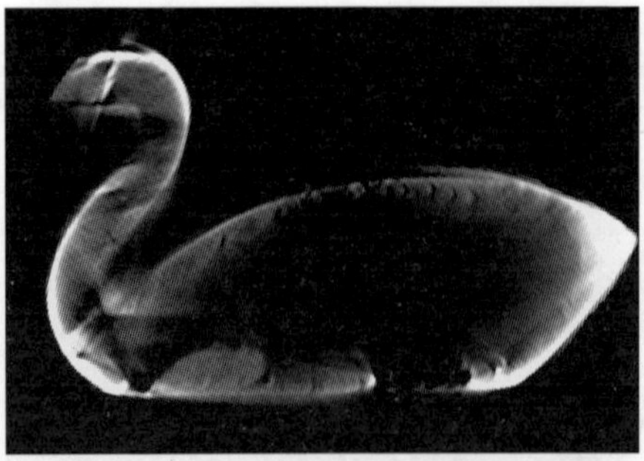

图 2-158　46 号彩绘青铜鸿雁纵向工业 CT 扫描照片

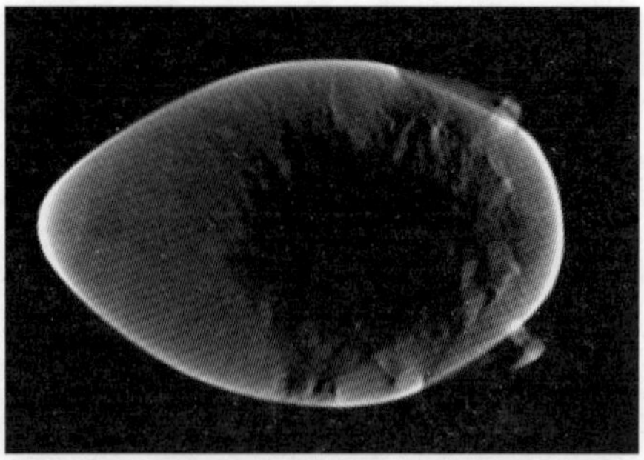

图 2-159　46 号彩绘青铜鸿雁水平向工业 CT 扫描照片 1

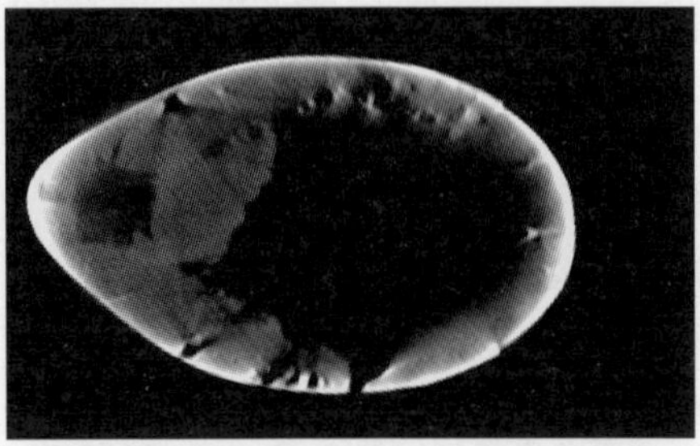

图 2-160　46 号彩绘青铜鸿雁水平向工业 CT 扫描照片 2

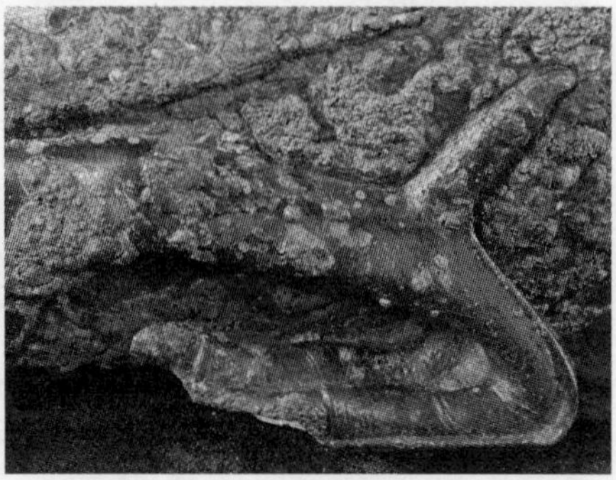

图 2-161　46 号彩绘青铜鸿雁掌部与躯体之间的间隙

（九）41 号彩绘青铜鸿雁踏板

41 号鸿雁踏板变形残损严重，长 31cm、宽 22.5cm、厚 1cm（图 2-162）。该踏板上立有两掌，其中一掌已脱落。从脱落的掌部来看，两掌与踏板应为分铸而成，且掌心有一卯，踏板相应部位有一铜榫，卯、榫的直径均约 0.5cm。与其他水禽踏板一样，榫卯的设置可能是出于定位或增强掌与踏板之间连接强度的目的（图 2-163；图版五四）。值得注意的是，掌部卯窝的四周有一不规则圆形凹陷，而相应的榫四周则有形状相同的一层多余铜。另外，在踏板正面变形部位可见多处长约 2～3cm、宽 0.2～0.3cm 的砍砸痕迹（图 2-164；图版五六）。砍砸痕迹的存在，可能与该陪葬坑历史上所遭受的人为破坏有关。

图 2-162　41 号彩绘青铜鸿雁踏板

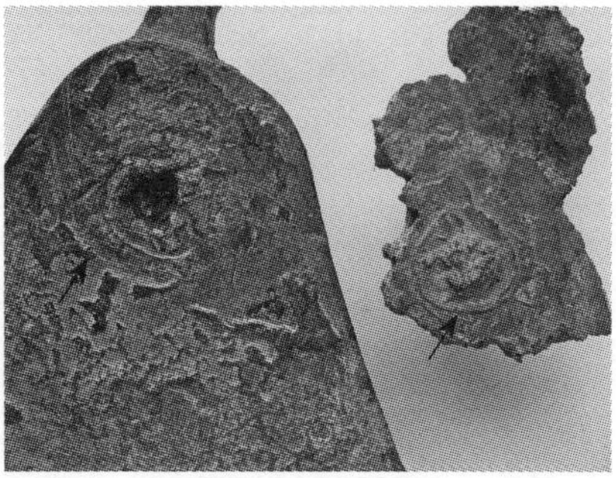

图 2-163　41 号彩绘青铜鸿雁踏板与掌部之间的榫卯

图 2-164　41 号彩绘青铜鸿雁踏板表面发现的砍砸痕迹

三、彩绘青铜仙鹤

由于客观原因，本章只考察了一件仙鹤，编号为 21 号。该仙鹤为立姿，颈弯曲上扬，双翼收于尾部，羽毛下垂叠压。出土时喙与头部连接处、头与颈部连接处、颈与身体连接处均断裂，腿部残断且大部分遗失，两掌位于踏板上，踏板残碎为十余块。从喙部断口可见，喙部内并无泥芯存在，为实心。颈部断口显示其内部有泥芯存在，呈灰黑色。颈部与体腔连接处泥芯呈凹窝状，泥芯表面有一层厚约 0.2cm 的青铜（图 2-165；图版一一）。体内为空心，仅尾部有少量泥芯残存。

X 射线照片显示，该仙鹤颈部有 5 个厚约 0.7cm 的铜隔档存在。各铜隔档之间的间距均约为 10cm，其中靠近颈根部的两个铜隔档之间可见一金属芯骨，长约 10cm（图 2-166）。颈部、躯体的 X 射线照片上均可见大量芯撑孔。芯撑孔为圆形，直径约 0.5cm，亦有成排分布的迹象（图 2-167）。该仙鹤底部有两个方孔，一个位于胸部底面中央，一个位于尾部底面中央，尺寸分别为 2 × 3cm 和 3 × 4cm。身体上可见有多处大小、形状不一的铸造缺陷。底部方孔与铸造缺陷均经铜片镶嵌法补缀。

仙鹤双翼表面可见一排铸造而成的阴文，勾勒出了羽毛的轮廓。尾部结构复杂，有 2～3 层长短不一、相互叠压的青铜羽毛，最长者可达 10cm，最短者约 3～4cm，每层之间间距约为 2～3mm（图 2-168），所有羽毛与身体均为整体铸造而成，未见分铸痕迹。部分上、下层铜羽毛根部之间夹有少量多余铜，可能与羽毛的制作工艺有关（图2-169；图版五七）。踏板与掌之间并没有见到焊接痕迹，从脱落的掌部来看应该为分铸而成，且掌心有一卯，踏板相应部位有一铜榫，榫卯的设置可能起到定位以及增强两者之间连接强度的作用（图2-170；图版五五）。

图2-165　21号彩绘青铜仙鹤颈根部凹窝状泥芯

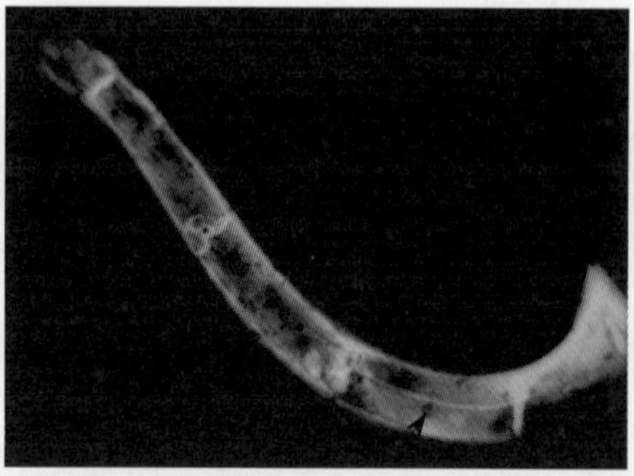

图2-166　21号彩绘青铜仙鹤颈部X光片射线照片显示的铜隔档及芯骨

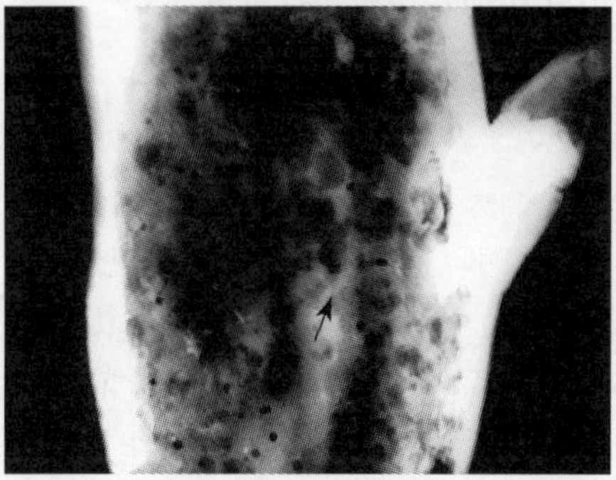

图2-167　21号彩绘青铜仙鹤躯体部侧视X射线照片

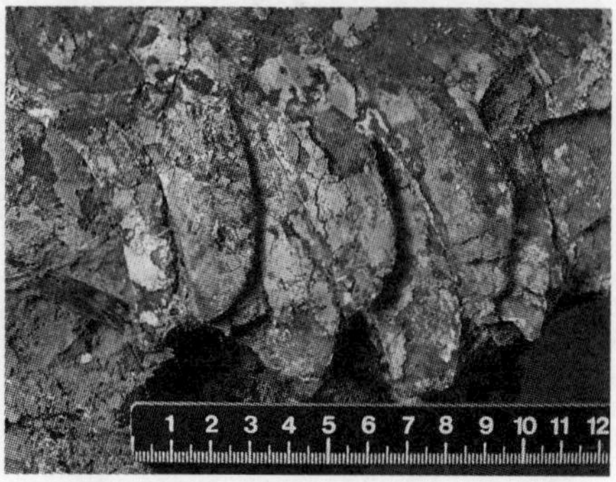

图2-168　21号彩绘青铜仙鹤尾部多层铜羽毛

图2-169　21号彩绘青铜仙鹤铜羽毛之间的多余铜

图2-170　21号彩绘青铜仙鹤踏板上残留的榫头

第三节 彩绘青铜水禽铸造工艺小结

根据前文对8件青铜天鹅和8件天鹅残件、8件青铜鸿雁和1件鸿雁踏板残件以及1件青铜仙鹤的铸造工艺考察结果，现将青铜水禽的铸造工艺小结如下：

所考察的青铜水禽均采用了空腔造型。空腔铸造既可减少铸件的重量、节省大量金属，又可减少其在铸造过程中因冷凝收缩而引起缺陷的形成。除62号天鹅头部残件以外，所有经考察的青铜水禽的头颈部均有泥芯存在，而躯体内的绝大部分泥芯均被掏出，仅有少量残留。13号青铜天鹅体内泥芯的残留状况以及46号青铜鸿雁的纵向工业CT扫描照片显示，水禽躯体内部泥芯应该是通过底部方孔掏出。部分水禽颈部残留泥芯中间的分界线表明，至少部分水禽头颈部的泥芯是由两部分制作而成，泥芯的制作很可能使用了模具。

工艺考察及工业CT扫描显示，除立姿水禽掌部与踏板之间为分铸以外，所有卧姿水禽以及立姿水禽除踏板以外的部分均为整体铸造而成，未发现任何分铸、焊接的痕迹。所有青铜水禽头颈部均发现了铜隔档存在，但铜隔档的数量及所处位置根据各水禽颈部长短、造型的不同而各异。一般而言，青铜鸿雁头颈部有1～2个铜隔档，青铜天鹅有2～3个铜隔档，而21号青铜仙鹤则有5个。而且，多种分析显示铜隔档与水禽颈部青铜胎壁为整体铸造而成，并非分铸或焊接的结果。另外，所有立姿青铜水禽均设有踏板，以解决其平衡问题。立姿水禽掌部与踏板均为分铸而成，两者之间通过设置榫卯进行连接，未见焊接工艺使用的迹象。榫卯连接的设置可能是出于定位以及增强两者之间连接强度的目的。

青铜水禽铸造过程中大量使用泥芯撑，成排分布迹象非常明显，然而金属芯撑的发现却很少，目前仅在62号天鹅头部残块内壁发现一个铜"钉子"，应为铜芯撑。从泥芯撑的设置工艺来看，青铜水禽上的泥质芯撑可分为两类：一种是单独制作长方体泥梗（芯撑），然后嵌入（或埋入）泥芯；另一种是直接在泥芯表面制作长方体芯撑，并未插入泥芯之中。从目前的发现情况来看，青铜水禽上泥芯撑的设置工艺以前一种为主，而后一种仅在一天鹅颈部残件上有所发现。部分泥芯撑穿过了青铜壁，后经表面补缀，但大部分泥芯撑则并未穿透青铜胎壁。青铜鸿雁和青铜天鹅上发现芯撑的截面多为方形，但天鹅上芯撑均较大，边长约为1cm，而鸿雁上芯撑则相对较小，约为0.5～0.8cm。青铜仙鹤上发现芯撑的截面均为圆形，直径约为 0.5cm。一般而言，青铜天鹅及鸿雁头颈部芯撑的尺寸较躯体部芯撑小，但是仙鹤颈部和躯体上的芯撑却大小相似。

青铜水禽上发现的芯骨均位于头、颈部，从材质上可分为铜芯骨和木芯骨两类。X 射线照片显示，铜芯骨分布的形态并不一致，有的贯穿于整个头颈部，有的仅分布于颈部的一部分；有的为单芯骨，有的则为双芯骨。而且，从部分青铜水禽颈部残断处露出的铜芯骨来看，芯骨的截面形状、尺寸各异，例如 8 号天鹅颈部芯骨截面为长方形，宽约 0.6cm、厚约 0.3cm，7 号天鹅颈部芯骨截面亦为长方形，宽约 1cm，厚约 0.2cm，而 3 号天鹅的芯骨则为方形，边长约为 0.4cm。由于木芯骨在 X 射线照片上无法显示，所以木芯骨的使用情况并不明确，目前仅在 10 号天鹅的颈部有所发现。

经考察的每件水禽底部均有 1～2 个表面经修补的方孔。水禽底部方孔的存在形式基本上可归为两类：一类是只有一个方孔，位于水禽底部的中央，有长方形及正方形两种，且尺寸较大，边长约在 5～10cm 之间，例如 46 号鸿雁及 10 号天鹅；另一类有两个方孔，一个位于尾部底面，一个位于颈根部附近的底面，多为方形，但尺寸较小，边长均介于 3～5cm 之间，例如 2 号天鹅及 21 号仙鹤等。

水禽表面的铸造缺陷、芯撑孔以及底部方孔均是以铜片镶嵌工艺进行补缀。铜片镶嵌补缀工艺是指在缺陷或孔洞四周加工出方形凹槽，以与凹槽大小、形状一致的薄铜片镶嵌于其中进行修补。修补后，水禽整个表面经过了打磨处理，表面留有大量打磨痕迹。打磨痕迹纹路长短不一，相互交错，显然是用手工打磨形成。部分水禽残件表面发现的砍砸痕迹应该与该陪葬坑历史上曾遭人为破坏有关。

大多数卧姿水禽的掌部部分区域叠压于身体底部，但在底部相应位置可见被叠压部分的掌部轮廓。从水禽底面掌部轮廓的线条来看，应该是贴塑或是刻画而成。而且，在部分水禽体腔内壁上还发现了大量毛刷痕迹和流淌状多余铜。另外，青铜水禽上的一些部位，包括部分天鹅及所有鸿雁尾部、大多数卧姿水禽双掌及青铜仙鹤尾部的多层青铜羽毛等，结构复杂，难以直接翻范。

整体而言，秦始皇帝陵园出土的青铜水禽在铸造、铸后加工工艺上不仅显示出了较大的相似性，而且已达到了很高的水平，各种工艺的应用也非常成熟。值得注意的是，青铜水禽上发现的铜隔档、泥梗嵌入式的芯撑设置工艺、芯骨的广泛使用、木芯骨的发现、铜片镶嵌补缀工艺的广泛使用、底部方孔的设置以及内壁的毛刷痕迹和流淌状多余铜等工艺措施或现象在以往中国先秦青铜器上很少看到，特征非常鲜明。

第三章　彩绘青铜水禽铸造工艺研究

前文通过对部分青铜水禽及水禽残件的铸造工艺考察，发现了包括整体铸造、颈部泥芯、铜隔档、芯撑、芯骨、底部方孔、铜片镶嵌补缀、毛刷痕迹、流淌状多余铜、卧姿水禽底面掌部轮廓等一系列重要的铸造工艺信息和工艺现象。为了深入探索青铜水禽上发现的各种工艺信息（或现象）之技术内涵，本章将在中、西古代青铜铸造工艺的视角下，对这些工艺信息和现象逐一进行分析和讨论，最终达到对青铜水禽铸造工艺及其特征的判断和阐释之目的。

第一节　古代青铜器铸造工艺简介

在世界范围内，纵观古代青铜器铸造的主要方法不外乎陶范铸造工艺、石范铸造工艺、直接失蜡铸造工艺和间接失蜡铸造工艺四种。鉴于石范铸造工艺主要用于简单器物的铸造（例如工具），且工艺流程相对较为简单，所以本节将根据已有研究，仅对古代陶范铸造、直接失蜡铸造和间接失蜡铸造三种铸造方法从工艺流程和技术措施方面分别进行简要的描述和介绍。

一、陶范铸造工艺

陶范铸造工艺是中国古代青铜器的主要铸造方法。自二里头时期开始使用，商周时期得到了广泛应用，技术也日趋成熟。截至目前，学者们通过对中国商周时期青铜器的考察以及铸铜作坊遗址出土陶范的研究，基本厘清了陶范铸造的工艺流程以及发展脉络。

陶范铸造按组成铸范的数量可分为单合范、双合范以及复合范。单合范是指用一块有型腔的范与另一块平面范组合成的铸型，主要用于铸造形制简单的器物。双合范是指由两块有型腔的范组合成的铸型，主要用于镞、矛、戈等兵器的铸造。复合范是指由三块以上外范及泥芯组合成的铸型，主要用以铸造形制复杂的青铜器。陶范铸造的工艺在商代早期或更早一些就已基本确立，其后变化并不是很大[①]。

单合范和双合范的铸造工艺流程相对较为简单，即先制作出与铸件相同的模子，模子可以用泥料、木材、石材等不同材料制作，然后在模子上翻出外范。外范经阴干并烘烤后组合在一起，而后可浇注铜液；待铜液冷却凝固后，打开外范，取出铸件，经修整加工即可得铸成品。复合范铸造工艺较为复杂，主要包括以下几个操作步骤[②]（图 3-1）：

制模子：利用塑性较好的泥料制作模子，模子的形状、大小均与想要得到的铸件相同。当然，模子也可以用木材、石材等其他材料制作，或直接用青铜器实物作为模子。

制外范：根据模子的形状，确定分范部位及数量后，用范料在模子上翻制若干外范。范料一般是以黏土和石英砂为原料，掺入少量植物质，用水调和均匀制成。外范一般可分为内层和外层，内层范料颗粒较细，而外层范料颗粒较粗。翻制外范时，常常还需要在每块外范的边缘做出用于组合外范的三角形或梯形榫卯，以便后期组合范时的定位。一般情况下，外范翻制完成后，还需对其进行加工修整。另外，对某些需要采用分铸的附件则是在外范相应的位置留空，在合范时，将提前铸造的附件嵌入范内以便与主

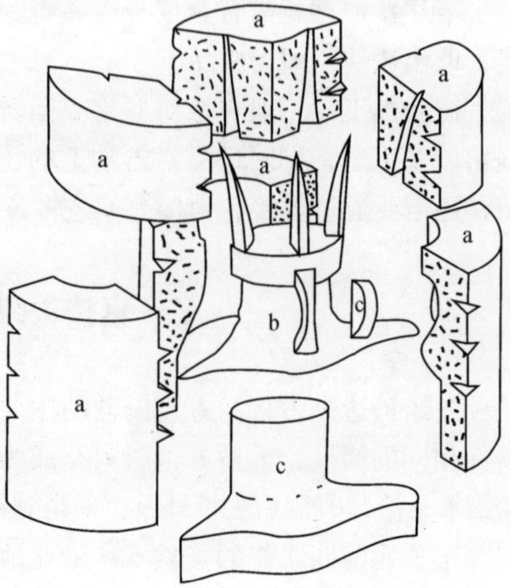

图 3-1　陶范铸造工艺示意图[③]

a. 外范；b. 铸件；c. 泥芯

［该示意图由查克·塞布拉（Chuck Szabla）先生绘制，克利夫兰艺术博物馆（Cleveland Museum of Art）授权本书使用］

---

① 孙淑云、李延祥：《中国古代冶金技术专论》，中国科学文化出版社，2003 年，第 212～220 页。

② 朱凤翰：《古代中国青铜器》，南开大学出版社，1995 年，第 528～534 页。

③ 引自 Wilson, J. K. Lithic Art in the Bronze Age: A Jade Dagger-Axe, The Bulletin of the Cleveland Museum of Art, Vol. 77, 1990 (1), 2-35, Figure7，并由周珊珊改绘。

体铸接在一起。

制泥芯：一种方法是将模子表面刮去一层而成，刮去的厚度也就是将来器物的厚度；另一种方法是用芯料单独制作泥芯。当然，根据器物的实际情况，泥芯也可能是多块拼合在一起组成。

合范：将制作好的外范和泥芯组合成型以备浇铸。为了固定芯、范之间的相对位置并保证铸件的壁厚，合范时普遍使用泥芯撑或铜垫片。泥芯撑一般是在泥芯表面直接制作的锥形或长方形突起物，而铜垫片则多为单独制作的方形铜片或直接使用铜器的小残片。而且，合范时铜垫片仅是夹于泥芯和外范之间，并没有插入两者任何一个之中。

焙烧：合好范后，将铸型放入窑内焙烧，以提高其耐火度、强度，同时减少发气量。焙烧温度一般在700～900℃左右。

浇注：根据所需合金成分熔炼青铜，浇入铸型，待完全冷却后打开型范，取出铸件，即得成品。

铸后加工：一般包括对器物表面清理、打磨，以去除器物表面的外范残留以及毛刺，同时还需对器物上的铸造缺陷进行补缀。另外，如果为分铸，还需要通过焊接、销接等工艺将各部分连为一体。

二、直接失蜡铸造工艺

失蜡铸造是古代西方青铜器的主要铸造方法，其原理是用蜡料制成与铸件相同的蜡模，外敷外范材料，成为整体铸型，干燥后将蜡融化，再浇铸铜液，冷却凝固后去掉外范，即得到铸件[①]。目前学界一般认为失蜡工艺起源于公元前四千纪的美索不达米亚地区，起初是铸造一些实心的小型神像或动物雕像[②]。美索不达米亚、古埃及以及古希腊的大量失蜡铸造铜器以及早期铸铜作坊遗址出土的用于失蜡铸造的外范和蜡模等遗物均证明了失蜡铸造是这些地区古代主要的铸造工艺并得到了广泛应用[③]。

对于空心铸件而言，西方古代失蜡铸造工艺根据蜡模制作方法的不同，分为直接失蜡铸造工艺和间接失蜡铸造工艺两种。其中，直接失蜡铸

---

① 孙淑云、李延祥：《中国古代冶金技术专论》，中国科学文化出版社，2003年，第221～227页。

② LB Hunt. The long history of lost wax casting. Gold bulletin, 1980, 13(2): 66-79.

③ 陈刚、渭雄、梅建军：《国外古代失蜡铸造工艺研究综述》，《南方文物》2009年第2期，第109～113页。

造工艺与我国传统失蜡铸造中的拔蜡工艺较为相似。对于大型铸件而言，其主要操作步骤包括[①]（图 3-2）：

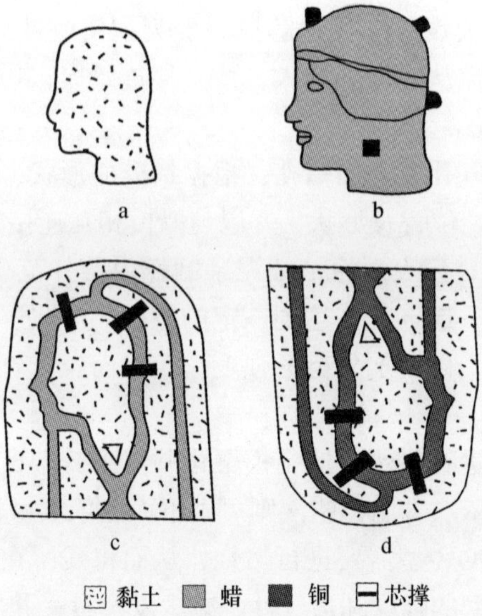

图 3-2　直接失蜡铸造工艺示意图[②]

a. 泥芯；b. 泥芯上制作的蜡模和设置的芯撑；

c. 蜡模外制作的外范以及浇口、通气孔和出蜡孔；d. 出蜡并浇注青铜

［该示意图由肖恩·海明威（Seān Hemingway）先生绘制，海明威先生授权本书出版使用］

制泥芯：以黏土为主要材料，加入适量的细砂和有机物质，通过手工捏塑或利用模具制作泥芯。为了提高泥芯的强度，常常在其中加入芯骨。在古代西方，芯骨一般为铁质。

制蜡模：待泥芯完全干燥后，将融化的蜡料涂刷于其表面直至铸件需要的厚度，或是直接将与铸件厚度一致的蜡片贴于其表面，然后再通过压、捏、拉、拔、塑、雕等手段制作出蜡模。蜡模的形状、大小与铸件相同，蜡料一般以蜂蜡为主。对于造型复杂的器物，为了便于操作，器物各

① CC Mattusch. Greek bronze statuary: from the beginnings through the fifth century B.C. American Journal of Archaeology, 1988, 99 (1): 16-19; Haynes, D. The Technique of Greek Bronze Statuary, Verlag Philipp von Zabern, Mainz, 1992: 24-26; Hemingway, S. The Horse and Jockey from Artemision, University of California Press, Berkeley and Los Angles, 2004: 4-6.

② 引自 Hemingway, S., 2004: The Horse and Jockey from Artemision. University of California Press, Berkeley and Los Angles, 5，并由周珊珊改绘。

部分的泥芯及其上蜡模也往往是分别制作而成，再通过焊蜡的方法将各部分组合在一起形成整体蜡模。

设置芯撑：为了保证蜡模融化后泥芯与外范之间的相对位置，在蜡模制作完成之后，需要设置芯撑。芯撑一般为铜质或铁质，截面多为方形。设置时，直接将芯撑从蜡模外插入，使其穿透蜡模，一端插入泥芯，另一端裸露于蜡模表面。

设置浇孔、通气孔以及出蜡孔：根据蜡模的形状，设计浇孔、通气孔以及出蜡孔的数量、位置及形状，并以与蜡模相互连接的蜡条制作。

制外范：先在蜡模表面涂挂细泥浆制作内层外范。泥浆是逐层涂挂，一层阴干后再涂下一层，且需达到一定的厚度。泥浆层阴干后，再敷外层料，加到一定厚度，以增加外范的强度。相对而言，外层范料的颗粒较为粗大。

出蜡：对铸型进行烘烤，使蜡模融化并流出铸型。出蜡时须注意加热顺序，即自下而上依次升温，蜡液则可由下而上依次融化流出。

焙烧：出蜡后的铸型需要进行焙烧，从而将残留在铸型型腔内的可燃物质烧除，提高铸型的强度和透气性，减少发气量，并保持一定的温度。

浇注：根据所需合金成分熔炼青铜，并从浇口浇注，待铜液凝固冷却后，取出铸件。

铸后加工：一般也包括铸件表面清理、打磨、掏取泥芯、去除芯撑以及对芯撑孔和铸造缺陷进行补缀等操作。

三、间接失蜡铸造工艺

间接失蜡铸造工艺是在直接失蜡铸造工艺的基础上发展而来的，自公元前 7 世纪出现以来，广泛应用于古代希腊大型青铜雕像的铸造。

西方古代间接失蜡铸造工艺与中国传统失蜡铸造工艺中的涮壳法较为相似，其主要操作步骤如下[①]（图 3-3）：

制母模：利用塑性较好的泥料制作母模，母模的形状与铸件相同或仅为铸件的雏形。当然，母模也可以用木材、石材等其他材料制作，或直接

---

① Mattusch, C. The fire of Hephaistos: Large Classical Bronzes from North American Collections, Harvard University Art Museum, Massachusetts, 1996: 20-26; Haynes, D. 1992: The Technique of Greek Bronze Statuary, Verlag Philipp von Zabern, Mainz, 27-30; Mattusch, C. 2005: The villa dei papiri at Herculaneum: life and afterlife of a sculpture collection, Paul Getty Trust Publications, Los Angeles, 133-135.

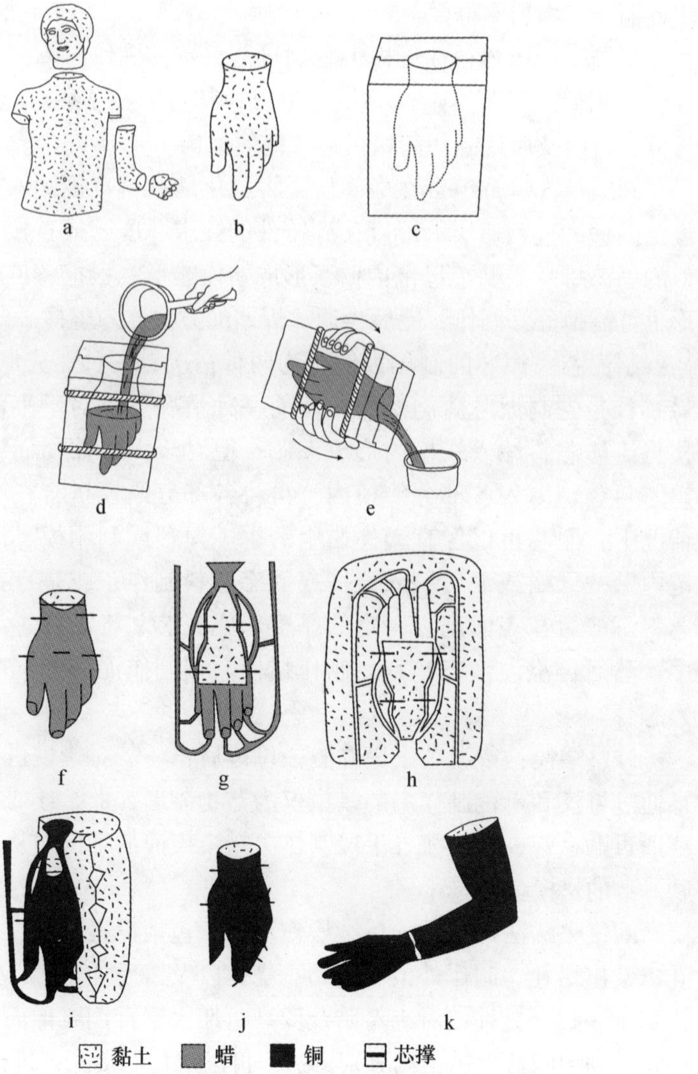

图 3-3　间接失蜡铸造工艺示意图①

a. 雕像母模；b. 手部母模；c. 从母模上翻制母范；d. 将融化的蜡料注入母范制作蜡模；e. 倒出多余的蜡料；f. 填入芯料、修整蜡模并设置芯撑；g. 设置浇孔、通气孔和出蜡孔；h. 制作外范并烘烤出蜡；i. 浇注青铜并取出铸件；j. 带有泥芯及芯撑的铸件；k. 修整后的手部铸件与臂部铸件以熔化焊接法进行连接

（该示意图由肖恩·海明威先生绘制，海明威先生授权本书出版使用）

---

① 引自 Hemingway, S. 2004: The Horse and Jockey from Artemision. University of California Press, Berkeley and Los Angles, 10-11，并由周珊珊改绘。

用青铜器实物当作母模。

制母范：用范料在母模上翻制母范，具体操作与陶范铸造中的制范过程较为相似。母范一般由多块范组成，其目的在于脱母范时不能对母模、母范自身以及后期制作的蜡模造成任何损伤。

制蜡模：母范组合在一起后，将融化的蜡料直接倒入或用毛刷涂刷于母范内壁，直到蜡层的厚度达到铸件的要求厚度，或直接将与铸件厚度相似的固态蜡片紧贴于母范内壁，形成蜡模雏形。根据铸件的需要，蜡模雏形也可能是分开制作，然后再通过焊蜡的方法连为整体。

制泥芯：泥芯的制作大体分为两种情况，一种是先制蜡模后制泥芯，另一种是先制泥芯后制蜡模。在前一种情况下，对于小件器物而言，直接将流体芯料注入蜡模内形成泥芯；但对于大件器物而言，一般是将固态芯料分别填入各部分蜡模内，再将各部分蜡模拼合在一起。在后一种情况下，泥芯可以像直接失蜡中的手工捏塑或利用模具制作，或是在母范内贴一层蜡或泥后填入流体或固态芯料制作；或是直接在母范内填入芯料，然后在表面刮去一定的厚度形成泥芯。将泥芯置入并固定于母范中，然后再浇注液态蜡料，制作蜡模。在制作泥芯的同时，根据需要加入芯骨。

修整蜡模：待泥芯干燥并脱去母范后，还需对蜡模进行加工修整。如果通过母模和母范制作出的蜡模仅为器物雏形，那么还需在其表面根据需要通过贴、塑、刻、雕等手段制作出蜡模表面的细部，从而得到与待铸器物一致的蜡模。

间接失蜡法铸造中的后续操作步骤，包括设置芯撑、设置浇孔、通气孔以及出蜡孔、制作外范、出蜡、浇铸以及铸后加工等，与直接失蜡法铸造基本一致。另外，对于希腊及罗马时期大型青铜雕像而言，各个部位一般均是利用间接失蜡工艺分别铸造，再以熔化焊接工艺进行连接的。

由于失蜡铸造过程中，蜡模会被熔失，所以直接失蜡铸造的主要局限性在于一个蜡模只能铸造一次，如果一次铸造不成功或需要铸造相同的器物，则需重新制作蜡模。但是，在间接失蜡铸造中，由于蜡模是利用母范制作而成，即使一次铸造失败或需要铸造相同的器物，则仅需利用母范再做一个蜡模即可，这不仅在很大程度上减少了工作量，而且还可以实现批量生产[①]。

---

① Mattusch, C. Greek Bronze Statuary: from the Beginnings through the Fifth Century B.C. Cornell University Press, New York, 1988: 19-22.

利用间接失蜡铸造工艺进行批量生产时，一般制作的母模和母范只是铸件的大体形状，并不包含表面细节。然后，利用母模和母范制作出蜡模雏形，再在其表面根据需要通过贴、塑、刻、雕等手段制作出蜡模表面的细部，完成蜡模的制作。因此，采用间接失蜡铸造工艺不仅可以实现批量生产，而且还可以比较容易地铸造出大体相似但在细节上有所区别的青铜器。

第二节　中、西方公元前一千纪青铜器铸造工艺研究概况

要深入研究秦始皇帝陵园出土彩绘青铜水禽铸造工艺特点及其内涵，必须先对同时期不同地区青铜器铸造工艺的基本情况有一定的了解和认识。本节将根据现有研究文献，对公元前一千纪中、西方相关青铜器铸造工艺进行简要的介绍，目的在于从具体技术措施的层面上进一步了解陶范铸造、直接失蜡铸造以及间接失蜡铸造三种工艺之间的区别以及在中、西方古代的使用情况，从而为深入研究青铜水禽铸造工艺及其所反映的文化交流提供一个工艺及技术背景。

一、西方古代青铜雕像铸造工艺研究

（一）埃及青铜雕像

在古代埃及，青铜雕像主要用于宗教或葬礼上的祭祀活动，在社会中占有重要地位，是研究各个时期物质生产及精神生活的重要实物资料。虽然铜在古代埃及的使用可追溯到公元前五千纪末期，但铜雕像的出现则相对较晚。现有资料显示，古埃及最早的铜雕像为锻制而成，出土于耶拉孔波利斯遗址（Hierakonpolis），年代为第六王朝时期（The Sixth Dynasty，2323～2150 B.C.）[①]。随后的第一中间期（The First Intermediate Period，2100～2040 B.C.）和中王国时期（The Middle Kingdom Period，2040～1650 B.C.），铜雕像数量较少，而且多为实心铸造的小型雕像。直到新王国时期（The New Kingdom Period，1550～1070 B.C.）以后，青铜

① Hill, M. “Charting metal statuary: the archaic period through the pre-thutmoside new kingdom (3100-1479B.C.)”, In Hill, M., Schorsch, D. (eds.), Gifts for the Gods: Images from Egyptian Temples, Yale university press, New York, 2007: 7-23.

才被广泛用于制作各种神像以及动物雕像。公元前一千纪，也就是古埃及历史上的第三中间期（The Third Intermediate Period，1070～664 B.C.）和后王国时期（Late Period，664～332 B.C.），是古埃及铜雕像蓬勃发展的一个重要时期。在这一时期，埃及铜像不仅在数量上明显增加，而且一些雕像在尺寸上明显增大，表面装饰也更加丰富①。

一般而言，古埃及小型青铜雕像均为实心铸造而成，而大型雕像则均为空心铸件。虽然空心铸造铜雕像最早在古埃及出现于第 12～13 王朝时期（1981～1650 B.C.），但直到公元前一千纪才得到了广泛使用②。空心铸造不仅可以节约铜料和燃料，还可以减少铸造缺陷，并使器物的重量减轻。另外，古埃及动物雕像采用空心铸造的另一个目的就是盛装动物的干尸，用以供奉神灵③。

对于埃及大型青铜雕像而言，铸造工艺研究工作开展相对较少，且均是对各地博物馆或收藏机构藏品的考察和研究。现有研究成果显示，绝大多数埃及大型青铜雕像均为空心铸造，但是也有少数雕像为实心铸件。例如现藏于开罗埃及博物馆（Egyptain Museum in Cairo）的一件残高为 44cm 的奥西里斯铜像（Osiris，1070～323 B.C.）就为实心铸件④。

在铸造工艺上，几乎所有古埃及青铜雕像均采用了直接失蜡铸造工艺，至今还未见使用陶范铸造工艺和间接失蜡铸造工艺的直接证据。一般情况下，造型较为复杂且体型较大的人形雕像多采用分铸法，分铸部位多集中在双臂部，而且各分铸部件之间的连接工艺几乎全为榫卯机械连接，焊接工艺则很少使用。造型相对简单且体型较小的青铜雕像，则多为整体铸造而成。法国卢浮宫（Louvre Museum）收藏的一件古埃及公元前 9 世纪的卡罗玛玛（Karomama）青铜雕像就是以直接失蜡法铸造而成，而且双臂以及踏板均采用了分铸法，并通过设置榫卯与身体相互连接

---

① Hill, M., Schorsch, D. “The gulbenkian torso of King Pedubaste: investigation into Egyptian large bronze statuary”, Metropolitan Museum Journal, Vol. 40, 2005: 163-195.

② Schorsch, D., Frantz, J. A Tale of Two Kitties. The Metropolitan Museum of Art Bulletin (3), 1998: 16-29.

③ Schorsch, D. “Technical examinations of ancient Egyptian theriomorphic hollow cast bronzes-some case studies”, InWatkins, S., Brown, C. (eds.), Conservation of Ancient Egyptian Materials, UKIC Archaeology Section, London, 1988: 41-50.

④ Ghoneim, M. “A bronze Osiris statuette from the Egyptian museum in Cairo: microstructural characterization and conservation”, Mediterranean Archaeology and Archaeometry, Vol. 14, No. 1, 2014: 37-49.

（图 3-4）[①]。大英博物馆（The British Museum）收藏的一件原大铜猫雕像（Gayer-Anderson Cat，500～600 B.C.）身体部可见较大空腔，两前腿、尾巴以及两耳均为实心，系直接失蜡法整体铸造而成（图 3-5）[②]。

图 3-4　卢浮宫藏卡罗玛玛雕像分铸的臂部

图 3-5　大英博物馆收藏的古埃及铜猫

对于整体铸造的雕像或分铸雕像上的较大部件而言，不同部位的泥芯以及蜡模往往是分别制作而成，再通过蜡焊的方式连为整体。蜡焊连接部位在浇注过程中被青铜取代，最终形成铜隔档。对于人形雕像而言，铜隔档多位于颈部、腿与身体连接部以及膝盖部。例如葡萄牙里斯本古尔班吉安博物馆（Gulbenkian Museum）收藏的一件古埃及第三中间期的陪杜巴斯特雕像（Pedubaste, 818～793 B.C.）残件为整体铸造而成，在其左腿与身体之间就有一铜隔档存在（图 3-6、图 3-7）[③]。美国大都会艺术博物

① Delange, E., Meyohas, M., Aucouturier, M. "The statue of Karomama: a testimony of the skill of Egyptian metallurgists in polychrome bronze statuary", Journal of Cultural Heritage (6), 2005: 99-113.

② Ambers, J., Hook, D., Spencer, N. "A new look at an old cat: a technical investigation of the Gayer-Anderson cat", The British Museum technical research bulletin (2), 2008: 1-12.

③ Hill, M., Schorsch, D. "The gulbenkian torso of King Pedubaste: investigation into Egyptian large bronze statuary", Metropolitan Museum Journal, Vol. 40, 2005: 163-195.

图 3-6　葡萄牙里斯本古尔班吉安博物馆收藏的陪杜巴斯特雕像残件

［该照片由巴雷特（B. Barrette）先生拍摄，玛莎・希尔（Marsha Hill）先生授权本书出版使用］

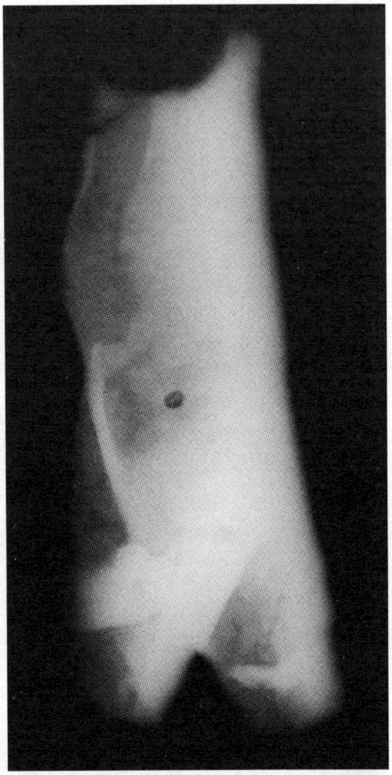

图 3-7　陪杜巴斯特雕像残件 X 射线照片上显示的腿与身体之间的铜隔档

［该照片由黛博拉・斯克丝克（Deborah Schorsch）先生拍摄，斯克丝克先生授权本书出版使用］

馆（The Metropolitan Museum of Art）收藏的一件铜猫雕像（330～30 B.C.）也为整体铸造而成，两前腿与身体连接部也发现了铜隔档的存在[①]（图 3-8、图 3-9）。

从失蜡铸造的工艺过程来看，芯撑的使用是必不可少的。对于埃及青铜雕像而言，早期基本上均使用铜芯撑，自第三中间期以后，铁芯撑才逐渐得到了应用。而且，无论是铜芯撑还是铁芯撑，其截面均为方形。如前所述的大英博物馆收藏的公元前 6 世纪前后的原大铜猫雕像上发现了多个

① Schorsch, D. “Technical examinations of ancient Egyptian theriomorphic hollow cast bronzes - some case studies”, In Watkins, S., Brown, C. (eds.). Conservation of Ancient Egyptian Materials. UKIC Archaeology Section, London, 1988: 41-50.

图 3-8　美国大都会艺术博物馆收藏的铜猫
（该照片属于美国大都会艺术博物馆所有，对外免费开放使用）

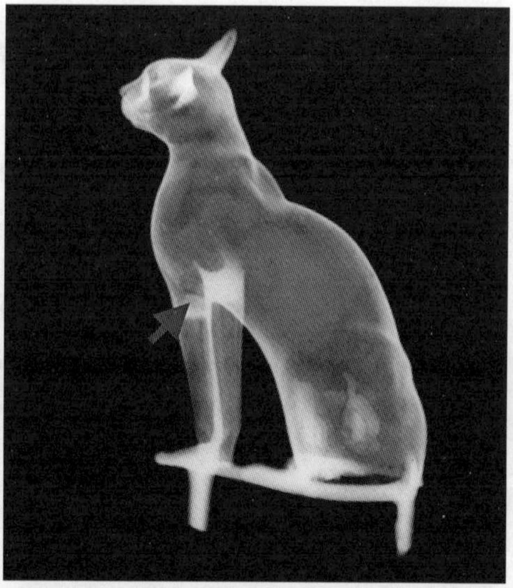

图 3-9　美国大都会艺术博物馆收藏的铜猫 X 射线照片上显示腿部与身体之间的铜隔档
（该照片由黛博拉·斯克丝克先生拍摄，斯克丝克先生授权本书出版使用）

截面为方形的铜芯撑（图 3-10）[①]，而葡萄牙里斯本古尔班吉安博物馆收藏的陪杜巴斯特雕像上发现的芯撑则均为铁芯撑，芯撑的截面也为方形[②]。

图 3-10　大英博物馆收藏古埃及铜猫上发现的铜芯撑

① Ambers, J., Hook, D., Spencer, N. “A new look at an old cat: a technical investigation of the Gayer-Anderson cat”, The British Museum technical research bulletin (2), 2008: 1-12.

② Hill, M., Schorsch, D. “The gulbenkian torso of King Pedubaste: investigation into Egyptian large bronze statuary”, Metropolitan Museum Journal, Vol. 40, 2005: 163-195.

在埃及青铜雕像中，铁芯骨的使用也非常普遍，目前在葡萄牙里斯本古尔班吉安博物馆收藏的陪杜巴斯特雕像、大英博物馆收藏的多件埃及青铜雕像、萨默斯岛（Samos）铸造作坊出土的多件青铜雕像身体残件、腿部残件等多件器物上均有发现[①]。芯骨的使用主要是为了增强泥芯的强度并在铸造过程中对泥芯起到支撑作用。现有证据显示，在古代埃及，铁芯骨的使用起始于第三中间期，且主要用于大型青铜雕像的铸造。

由于古埃及部分青铜动物雕像主要被用作盛装动物干尸的容器，所以大多数动物雕像底部均可见一较大的孔洞。美国马里兰州沃尔特艺术博物馆（Walters Art Museum）收藏的9件埃及青铜鹰雕像的底部均设有一个方形孔洞，其中部分敞开，部分则从外部进行了修补（图3-11）[②]。大英博物馆收藏的铜猫雕像的底部也可见一圆形孔洞（图3-12）[③]。目前认为，孔洞的设置主要是出于掏取雕像内部泥芯和置放动物干尸的目的。

图3-11　美国沃尔特艺术博物馆收藏古埃及铜鹰底部方孔[④]
（该照片版权属于沃尔特艺术博物馆，该馆授权本书出版使用）

图3-12　大英博物馆收藏铜猫底部圆形孔洞

埃及青铜雕像上发现的补缀现象相对较少。从补缀工艺的角度而言，包括熔补和铜片镶嵌补缀两种，其中熔补工艺主要用于早期青铜雕像，而

① Hill, M., Schorsch, D. "The gulbenkian torso of King Pedubaste: investigation into Egyptian Large bronze Statuary", Metropolitan Museum Journal, vol. 40, 2005: 163-195.

② Paul, J., Shelly, S., Terry, W. "A study of the Egyptian bronze falcon figures in the Walters art gallery", Studies in Conservation (3), 1985: 112-118.

③ Ambers, J., Hook, D., Spencer, N. "A new look at an old cat: a technical investigation of the Gayer-Anderson cat", The British Museum Technical Research Bulletin (2), 2008: 1-12.

④ 照片来自美国沃尔特艺术博物馆网站（http://art.thewalters.org/detail/3683/falcon-reliquary/）。

铜片镶嵌补缀工艺则多见于公元前一千纪后半叶的青铜雕像。目前发现铜片镶嵌补缀工艺的埃及青铜雕像包括葡萄牙里斯本古尔班吉安博物馆收藏的陪杜巴斯特雕像（图 3-13）、法国卢浮宫收藏的一件何露斯（Horus）神像[①]以及大英博物馆收藏的铜猫[②]等。从补缀对象来看，古埃及青铜雕像主要是补缀铸造缺陷以及动物雕像底部较大的孔洞，而对于芯撑仅是将伸出表面的部分截掉，并不对芯撑孔进行补缀。另外，铜片镶嵌工艺在早期使用较少，主要是因为铁质工具在埃及使用较晚，而在铁质工具使用之前，很难找到满足要求的其他工具。

在蜡模研究方面，诺布尔（Noble, V.J.）[③]曾对两件公元前 6 世纪左右的奥西里斯（Osiris）神像头部蜡模进行了考察和研究，发现两件蜡模均是在泥芯表面制作而成（即直接失蜡法），蜡模上的细节均为手塑或雕刻而成（图 3-14）。而且，红外光谱分析显示蜡模的材质为纯蜂蜡。

图 3-13　葡萄牙里斯本古尔班吉安博物馆收藏的陪杜巴斯特雕像表面铜片镶嵌补缀痕迹

（该照片由黛博拉·斯克丝克先生拍摄，斯克丝克先生授权本书出版使用）

图 3-14　公元前 6 世纪左右的奥西里斯神像头部蜡模

［该照片由约瑟夫·诺布尔（Joseph Noble）先生拍摄，美国考古杂志社（American Journal of Archaeology）授权本书出版使用］

① Hill, M., Schorsch, D. "The gulbenkian torso of King Pedubaste: investigation into Egyptian large bronze statuary", Metropolitan Museum Journal, Vol. 40, 2005: 163-195.

② Ambers, J., Hook, D., Spencer, N. "A new look at an old cat: a technical investigation of the Gayer-Anderson cat", The British Museum Technical Research Bulletin (2), 2008: 1-12.

③ Noble, J. "The wax of the lost wax process", American Journal of Archaeology (4), 1975: 368-369.

（二）希腊青铜雕像

在古代希腊，青铜雕像的出现相对较晚。目前所知最早的青铜雕像出现在公元前 10 世纪，且均为小型实心雕像①。随后，在公元前 9～8 世纪，受地中海东部地区青铜工艺的影响，出现了空心铸造的小型雕像②。虽然在公元前 8 世纪大型青铜雕像就已经出现，但早期的大型青铜雕像均为锻制而成③。铸造而成的大型青铜雕像出现于公元前 6 世纪中叶，说明希腊人在这个时期才掌握了大型青铜雕像的铸造技术④。从此以后直到罗马时期，铸造而成的大型青铜雕像在希腊得到了广泛使用，成为当时希腊青铜器的主角。现有证据表明⑤，希腊的大型青铜雕像的铸造技术是从埃及传入，而且萨默斯岛的居民在这一传播过程中发挥了重要的作用。

关于希腊青铜雕像的早期研究主要是集中在形制、年代以及功用等方面。自 20 世纪 70 年代以后，铸造工艺研究才逐渐得到重视，至今已开展了大量工作。希腊大型青铜雕像的现有研究成果主要建立在对现存青铜雕像自身的工艺考察和研究以及对一些陶器表面绘制的铸造工作场景的分析之上。

希腊早期的小型雕像与古埃及早期小型雕像在制作工艺上基本一致，均是以直接失蜡法铸造而成。但也有例外，萨默斯岛的赫拉女神庙（Samian Heraeum）出土的三件格里芬兽头像（Griffin Protome）表面可见非常明显的范线，应为范铸而成⑥。

现有研究显示，希腊大型青铜雕像均为失蜡法铸造而成的空心铸件，而且在铸造工艺上以间接失蜡法为主。这一认识是经过了不断的讨论、修

---

① Mattusch, C. Greek Bronze Statuary: from the Beginnings through the Fifth Century B.C., Cornell University Press, New York, 1988: 19-22.

② Kyrieleis, H. "Samos and some aspects of archaic Greek bronze casting", In True, M. and Podany, J. (eds.), Small Bronze Sculptures from the Ancient World, The J. Paul Getty Museum, California, 1990: 15-30.

③ Haynes, D. The Technique of Greek Bronze Statuary, Verlag Philipp von Zabern, Mainz, 11-23.

④ Hill, M., Schorsch, D. 2005: "The gulbenkian torso of King Pedubaste: investigation into Egyptian large bronze statuary", Metropolitan Museum Journal, Vol. 40, 1992: 163-195.

⑤ Mattusch, C. Greek Bronze Statuary: from the Beginnings through the Fifth Century B.C., Cornell University Press, New York, 1988: 19-22.

⑥ Haynes, D. The Technique of Greek Bronze Statuary, Verlag Philipp von Zabern, Mainz, 1992: 42-49.

正和探索才得以形成。例如美国大都会艺术博物馆收藏的一件希腊铜马（480～470 B.C.）曾被认为是砂范铸造而成[①]，后经莱弗茨（Lefferts, K.）等人的研究[②]，发现其为直接失蜡法整体铸造而成，同时指出实心铸造的腿部使用铁质芯骨是直接失蜡铸造的一个重要证据（图 3-15）。再如，美国盖蒂博物馆（The J. Paul Getty Museum）收藏的公元前 4 世纪晚期维多利亚青年雕像（Victoria Youth）曾被认为是直接失蜡法铸造而成[③]，这一结论后被普丹尼（Podany, J.）等人否定，并指出该雕像是以间接失蜡法铸造而成（图 3-16）[④]。

图 3-15 美国大都会艺术博物馆收藏的希腊铜马
（该照片属于美国大都会艺术博物馆所有，对外免费开放使用）

图 3-16 美国盖蒂博物馆收藏的维多利亚青年雕像
（该照片属于美国盖蒂博物馆所有，对外免费开放使用）

① Noble,V. “The forgery of our Greek bronze horse”, The Metropolitan Museum of Art Bulletin, 1968: 253-256.

② Lefferts, K., Majewski, J. “Technical examination of the classical bronze horse from the Metropolitan Museum of Art”, Journal of the American Institute for Conservation (1), 1981: 1-42.

③ Frel, J. The Getty Bronze, The J. Paul Getty Museum, California, 1982: 11-14.

④ Podany, J., Scott, D. “The Getty Victorious Youth reconsidered: initial report on the scientific and technical re-examination”, In C. Mattusch, A. Brauer and S. Knudesen (eds.), From the Parts to the Whole (Volume 1): Acta of the 13th International Bronze Congress, Held at Cambridge, Massachusetts, May 28 – June 1, 1996, Portsmouth, R. I., 2000: 179-191.

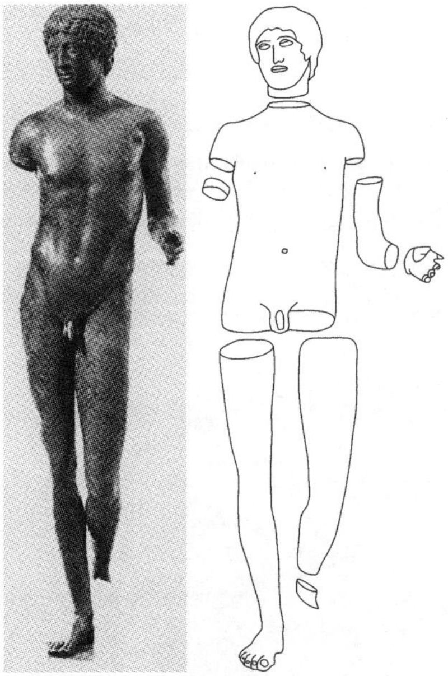

图 3-17　美国托雷多艺术博物馆收藏的青年铜像及其分铸情况示意图⑤

［该照片由卡萝尔·玛秋希（Carol Mattusch）先生拍摄或绘制，玛秋希先生授权本书出版使用］

希腊大型铜雕像广泛使用分铸法，而且对于人形雕像而言，分铸部件一般包括头部、双臂、身体以及双腿。意大利南部里亚切村（Riace）附近出土的公元前 5 世纪中期的两件青铜雕像（Riace bronze A and B）①、美国盖蒂博物馆收藏的维多利亚青年雕像②以及北美区收藏的数十件希腊晚期及罗马时期大型青铜雕像等均采用了分铸法铸造而成［如图 3-17 所示，美国托雷多艺术博物馆（Toledo Museum of Art）收藏的青年铜像（50～20 B.C.）］③。采用分铸法铸造希腊青铜雕像在柏林国立博物馆（Staatliche Museen zu Berlin）收藏的一件陶杯（Berlin Foundry Cup，470～460 B.C.）表面绘制的青铜铸造工作场景中也有体现（图 3-18）④。该场景中共展现了三个工作画面，第一个画面是一个铸工正在炉子中熔化用于焊接雕像各部分的焊料；第二个画面是一个铸工正在安装一个青铜雕像分铸而成的手部和头部，以备焊接；第三个画面是两个铸工一起对一件青铜雕像进行表面打磨、抛光等铸后加工处理。

① Henrichs, J. The Riace bronzes: a comparative study in the style and technique, Master thesis for University of West Florida-Pensacola, 2005: 11-32.

② Podany, J., Scott, D. “The Getty Victorious Youth reconsidered: initial report on the scientific and technical re-examination”, In C. Mattusch, A. Brauer and S. Knudesen (eds.) From the Parts to the Whole (Volume 1): Acta of the 13th International Bronze Congress, Held at Cambridge, Massachusetts, May 28 – June 1, 1996. Portsmouth, R. I., 2000: 179-191.

③ Mattusch, C.: The Fire of Hephaistos: Large Classical Bronze from North American Collections, Harvard University Art Museum, 1996: 178-352.

④ Mattusch, C. “The Berlin foundry cup: the casting of Greek bronze statuary in the early fifth century B.C.”, American Journal of Archaeology (4), 1980: 435-444.

⑤ 引自 Mattusch, C. The Fire of Hephaistos: Large Classical Bronze from North American Collections, Harvard University Art Museum, 1996: 234.

图 3-18　德国柏林国立博物馆收藏一件陶杯背面绘制青铜雕像铸造工作场景的线描图①
（该线描图由肖恩·海明威先生绘制，海明威先生授权本书出版使用）

希腊青铜雕像所采用的连接工艺包括熔化焊接工艺和镴焊工艺两种，其中以熔化焊接工艺为主，且广见于希腊大型青铜雕像上。例如美国大都会艺术博物馆收藏的希腊青年铜像身体残件和男性雕像长袍残块（500 B.C.）②，希腊比雷埃夫斯（Priaeus）出土的三件女性雕像（400 B.C.）③，法国阿格德角博物馆（Cap d'Agde Museum）收藏的青年铜像④等器物各分铸部件均是以熔化焊接工艺进行连接（图 3-19）。所谓熔化焊接，是在待连接的两个部件

① 引自 Hemingway, S. The Horse and Jockey from Artemision, University of California Press, Berkeley and Los Angles, 2004: 60.

② Steinberg, A. "Joining methods on large bronze statues: some experiments in ancient technology", In Young, J. (ed). Application of Science in Examination of Works of Art. Museum of Fine Arts, Boston, 1973: 103-138.

③ Lie, H. and Mattusch, C. "Introduction to the catalogue entries and technical observations", In Mattusch, C. (ed.), The Fire of Hephaistos: Large Classical Bronzes from North American Collections, Harvard University Art Museum, Massachusetts, 1996: 162-178.

④ Azema, A., Mille, B, et al. "An experimental study of the welding techniques used on large Greek and Roman bronze statues", Historical Metallurgy (2), 2011: 71-80.

图 3-19　法国阿格德角博物馆藏青年雕像颈部熔化焊接痕迹①

之间留出一定宽度（约为0.5～1cm）的空隙（焊缝），再在外部设置铸型，经预热后浇注熔融焊料填充焊缝，焊料与两边金属相互扩散而形成连接。熔化焊接所用的焊料多为铜锡二元合金，铅的含量很低（＜1%），而进入罗马时期以后，为了通过降低焊料的熔点而达到降低焊接操作难度之目的，焊料才多为铜锡铅三元合金，含铅量在11%～25%之间。鉴于间接失蜡铸造工艺和熔化焊接工艺在希腊大型青铜雕像上的广泛使用，国外学者将两者认为是希腊青铜雕像的基本成型工艺②。

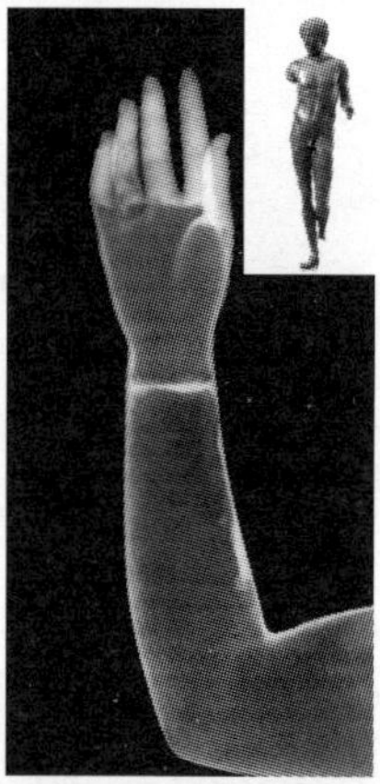

图 3-20　美国托雷多艺术博物馆藏青年铜像手、臂之间熔化焊接连接 X 射线照片（该照片由卡萝尔·玛秋希先生拍摄，玛秋希先生授权本书出版使用）

在操作工艺上，镴焊与熔化焊接基本相同，但所用的焊料却不同，镴焊所用的焊料主要为熔点较低的锡铅合金。由于镴焊所用焊料熔点远远低于熔化焊接所用焊料，所以镴焊在操作上较为简单。镴焊在希腊及罗马大型青铜雕像上也多有发现，例如现藏于美国麻省伍斯特艺术博物馆（Worcester Art Museum），出土于土耳其西南部的女性半身青铜像；出土于叙利亚的狄奥尼索斯（Dionysos）神像；现藏于美国托雷多艺术博物馆（Toledo Museum of Art），出土于西亚地区的青年铜像以及出土于土耳其艾柏克（Ibecik）地区的卢修斯·维鲁斯（Lucius Verus）铜像等器物上均发现了镴焊工艺的使用（图 3-20）③。

① 由 Mille, B. 先生提供。

② Mille, B. “The casting techniques of antique South Arabian large bronze statues”, In Jett, P., McCarthy, B. Douglas, G.J. (eds.), Scientific Research on Ancient Asian Metallurgy: Proceedings of the Fifth Forbes Symposium at the Freer Gallery of Art, Archetype Publication, London, 2012: 225-247.

③ Lie, H. and Mattusch, C. “Introduction to the catalogue entries and technical observations”, In Mattusch, C. (ed.), The Fire of Hephaistos: Large Classical Bronzes from North American Collections, Harvard University Art Museum, Massachusetts, 1996: 162-178.

在古希腊大型青铜雕像上，镴焊多用于连接强度要求不高的部位，例如足部与踏板的连接。但是，如果在连接强度要求较高的部位使用镴焊连接，经常以小铜片沿焊缝骑缝镶嵌于器物表面以增强连接强度，可见当时希腊工匠也认识到了镴焊强度较差的缺点（图 3-21）。

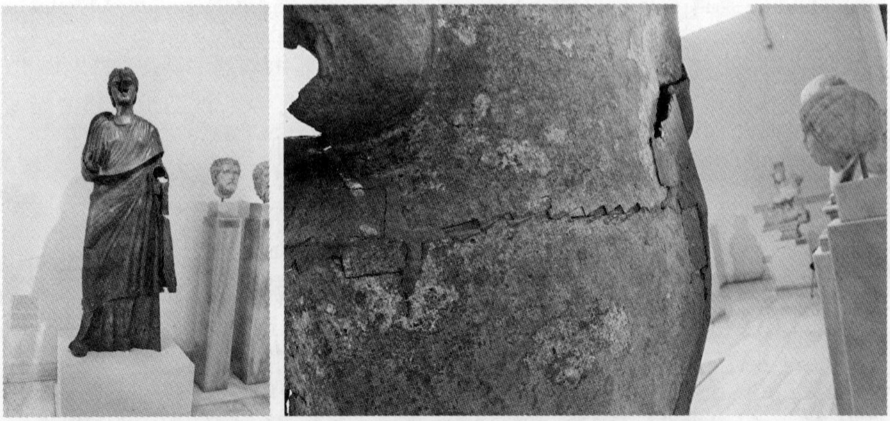

图 3-21　希腊国家考古博物馆藏茱莉娅·赛维拉皇后雕像（218～221A.D.）背面腰部表面沿焊缝骑缝镶嵌且成锯齿形排列的铜片[①]

芯撑在希腊青铜雕像上也大量发现，而且从材质来看，以铁质芯撑为主，而铜芯撑使用则较少。铁芯撑在意大利布林迪西（Brindisi）公元前 4 世纪的男性铜雕像头部残件[②]、美国大都会艺术博物馆收藏的铜马[③]、美国盖蒂博物馆收藏的维多利亚青年雕像[④]以及北美区收藏的数十件晚期大型青铜雕像等希腊铜像上均有发现[⑤]。然而，意大利南部里亚切村附近出土的两件青铜雕像

① 陈坤龙拍摄于希腊国家考古博物馆。

② Palma, G., Fiorentino, P. “Conserving and restoring the Brindsi bronzes”, Journal of Roman Archaeology – Supplementary Series 39 (2), In C. Mattusch, A., Brauer and S. Knudesen (eds.), From the Parts to the Whole: Acta of the 13th International Bronze Congress, Held at Cambridge, Massachusetts, May 28 – June 1, 1996. Portsmouth, R. I., 2000: 175-181.

③ Lefferts, K., Majewski, J. “Technical examination of the classical bronze horse from the Metropolitan Museum of Art”, Journal of the American Institute for Conservation (1), 1981: 1-42.

④ Frel, J. The Getty Bronze, The J. Paul Getty Museum, California, 1982: 11-14.

⑤ Mattusch, C. The Fire of Hephaistos: Large Classical Bronze from North American Collections, Harvard University Art Museum, 1996: 178-352.

上发现的芯撑却为铜质芯撑[①]。从设置工艺来看，一般认为芯撑是在泥芯干燥之后从外部穿过蜡模而插入泥芯，但也有例外，美国盖蒂博物馆收藏的维多利亚青年雕像上的铁芯撑则是先插入蜡模，然后再填入芯料制作泥芯[②]。

铁芯骨在希腊青铜雕像的铸造过程中也大量使用，而且在同一雕像内经常使用多根芯骨。例如美国大都会艺术博物馆收藏的希腊铜马内便发现了5根铁质芯骨，其中一根贯穿于整个身体部，其余四根则分别存在于四条腿内（图3-22、图3-23）[③]。意大利南部里亚切村附近出土的公元前5世纪中期的两件青铜雕像中也都发现了芯骨，且均为截面呈方形的空心铁芯骨，其中雕像A内发现了两根，雕像B内发现了三根（图3-24、图3-25）[④]。另外，土耳其

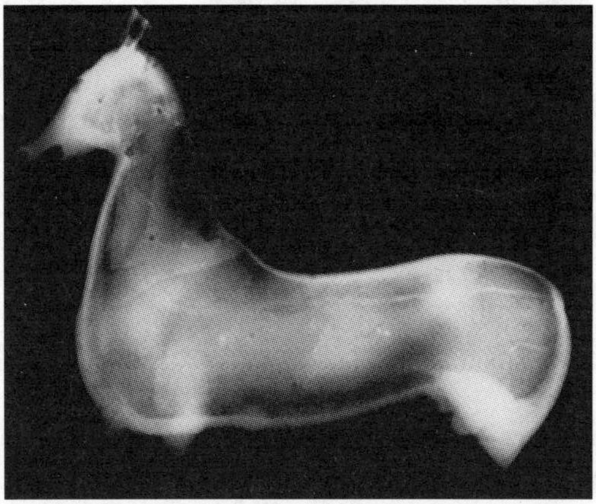

图3-22　美国大都会艺术博物馆收藏希腊铜马的X射线照片

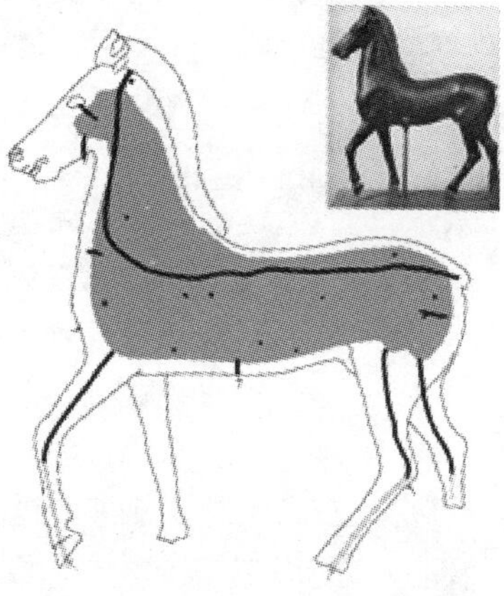

图3-23　美国大都会艺术博物馆收藏希腊铜马上芯骨和芯撑分布示意图

① Henrichs. J. The Riace bronzes: a comparative study in the style and technique, Master thesis for University of West Florida-Pensacola, 2005: 11-32; Formigli, Edilberto. La Tecnica di Construzione delle Statue di Riace，in Dui bronzi da Riace Riace: rinvenimento, restauro, analisi ed ipotesi di interpretazione. Bollettino d'Arte. Special Series; 3. Vol. 1. Roma: Istituto poligrafico e zecca dello Stato, 1984.

② Podany, J., Scott, D. "The Getty Victorious Youth reconsidered: initial report on the scientific and technical re-examination", In C. Mattusch, A. Brauer and S. Knudesen (eds.), From the Parts to the Whole (Volume 1): Acta of the 13th International Bronze Congress, Held at Cambridge, Massachusetts, May 28 – June 1, 1996. Portsmouth, R. I., 2000: 179-191.

③ Noble,V., 1968: "The forgery of our Greek bronze horse", The Metropolitan Museum of Art Bulletin, 253-256.

④ Henrichs. J. 2005: The Riace bronzes: a comparative study in the style and technique, Master thesis for University of West Florida-Pensacola, 11-32.

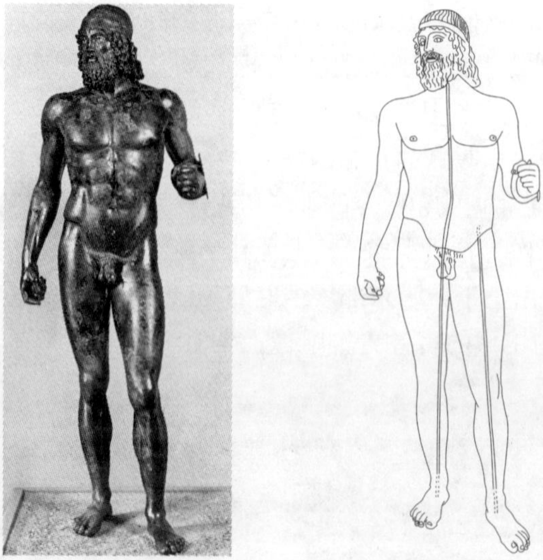

图 3-24 意大利南部里亚切村附近出土青铜雕像 A（Riace A）及其芯骨分布示意图

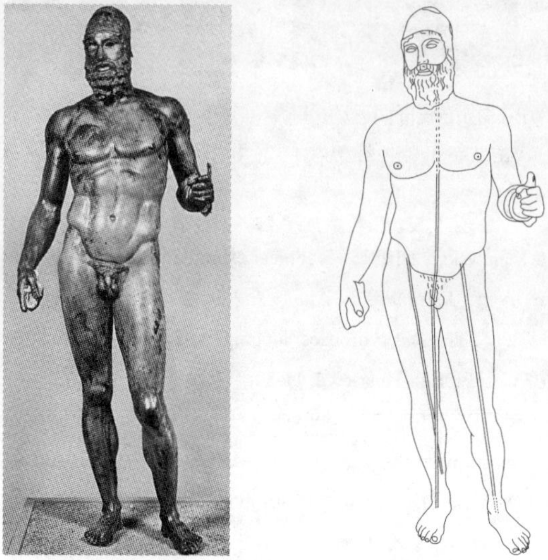

图 3-25 意大利南部里亚切村附近出土青铜雕像 B（Riace B）及其芯骨分布示意图

伊斯坦布尔考古博物馆（Istanbul Archaeological Museum）收藏的希腊德尔菲青铜三角祭坛上海蛇头残块内也发现了铁芯骨的使用[①]。一般认为在间接失蜡

① Lefferts, K., Majewski, J., 1981: "Technical examination of the classical bronze horse from the Metropolitan Museum of Art", Journal of the American Institute for Conservation (1), 1-42.

铸造中，芯骨是在蜡模内填入芯料制作泥芯的同时插入或埋入泥芯之中的。

希腊青铜雕像上的铸造缺陷和芯撑孔均是以铜片镶嵌工艺进行补缀，而包括熔补工艺在内的其他补缀工艺则很少使用。铜片镶嵌补缀工艺在美国大都会艺术博物馆收藏的希腊铜马①、意大利南部里亚切村出土的两件青铜雕像②、美国盖蒂博物馆收藏的维多利亚青年雕像③、北美区收藏的数十件晚期大型青铜雕像等希腊铜像④，土耳其小亚细亚半岛一件公元前4世纪女性雕像残件⑤、出土于希腊东部埃维厄岛（Euboia）的骑马铜雕像⑥以及希腊国家考古博物馆藏的多件青铜雕像上均有大量发现（图3-26、图3-27；图版三六、图版三七）⑦。

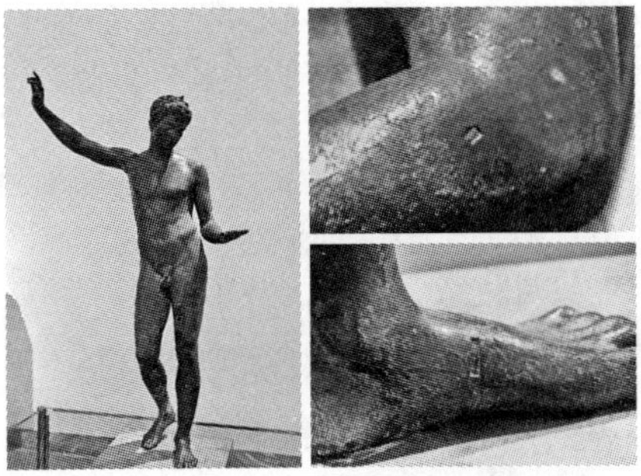

图3-26　希腊国家考古博物馆藏青铜运动员雕像（340～330 B.C.）及其表面的铜片补缀痕迹

图3-27　希腊国家考古博物馆藏青铜雕像（340～330 B.C.）芯撑孔表面的铜片补缀痕迹

---

① Lefferts, K., Majewski, J., 1981: "Technical examination of the classical bronze horse from the Metropolitan Museum of Art", Journal of the American Institute for Conservation (1), 1-42.

② Henrichs. J., 2005: The Riace bronzes: a comparative study in the style and technique, Master thesis for University of West Florida-Pensacola, 11-32.

③ Podany, J., Scott, D., 2000: "The Getty The Getty Victorious Youth reconsidered: initial report on the scientific and technical re-examination", In C. Mattusch, A. Brauer and S. Knudesen (eds.), From the Parts to the Whole (Volume 1): Acta of the 13th International Bronze Congress, Held at Cambridge, Massachusetts, May 28 – June 1, 1996, Portsmouth, R. I., 179-191.

④ Mattusch, C., 1996: The Fire of Hephaistos: Large Classical Bronze from North American Collections, Harvard University Art Museum, 178-352.

⑤ Ridgeway, B., 1967: "The lady from the sea: a Greek bronze in Turkey", American Journal of Archaeology (71), 329-334.

⑥ Henrichs. J., 2005: The Riace bronzes: a comparative study in the style and technique, Master thesis for University of West Florida-Pensacola, 57-82.

⑦ 陈坤龙在希腊国立考古博物馆观察到大量雕像表面均有铜片镶嵌补缀痕迹并拍摄了照片。

值得一提的是，在希腊青铜雕像的内壁，常常保留有大量流淌状多余铜以及毛刷痕迹。例如突尼斯马赫迪亚（Mahdia）出土的一件公元前 2 世纪的青年雕像左臂（图 3-28；图版四四）①、大英博物馆收藏的一件出土于法国兰斯（Rheims）罗马时期男雕像右前臂残件等器物的内壁均发现有大量流淌状多余铜的存在（图 3-29；图版四五）②；意大利佛罗伦萨考古博物馆（Archaeological Museum of Florence）所藏、出土于阿雷佐（Arrezo）的一件公元前 3 世纪的青铜女神像（Minerva，图 3-30；图版四一）③、波士顿艺术博物馆（Boston Museum of Art）所藏公元 2 世纪的男性雕像右腿残件、克利夫兰艺术博物馆（Cleveland Museum of Art）所藏公元前 50～25 年男性半身铜像等青铜雕像内壁均发现了毛刷痕迹及流淌状多余

图 3-28　突尼斯马赫迪亚出土的公元前 2 世纪青年雕像左臂内流铜痕迹

图 3-29　法国兰斯出土的罗马时期男性雕像右前臂残件内流铜痕迹

① Willer, F., 2000: "Conservation in 1994 of the so-called Agon, the life-size bronze statue from Mahdia", In Mattusch, C., Brauer, A., Knudsen, S. (eds.), From the parts to the whole (Volume 1): Acta of the 13th international bronze congress, May 28 – June 1, 1996, Portsmounth, 235-240.

② Oddy, A., 2002: "The technology and conservation of two fragment of life-size gilt bronze Roman statuary", In Mattusch, C., Brauer, A., Knudsen, S. (eds.), From the parts to the whole (Volume 2): Acta of the 13th international bronze congress, May 28 – June 1, 1996, Portsmounth, 98-103.

③ Siano, S., 2013: "The birth and second life of the Minerva of Arezzo", In Risser, E., Saunders, D.(eds.), The Restoration of Ancient Bronzes Naples and Beyond, The J.Paul Getty Museum. Los Angeles, 88-116.

图 3-30　意大利佛罗伦萨考古博物馆所藏出土于阿雷佐青铜女神像内部毛刷痕迹
［该照片由塞尔瓦托·思雅诺（Salvatore Siano）先生拍摄，思雅诺先生授权本书出版使用］

铜[①]。雕像内壁的毛刷痕迹和流淌状多余铜一般被认为是间接失蜡铸造中制作蜡模时刷蜡和焊蜡等操作留下的痕迹，而且是间接失蜡铸造的工艺特征[②]。

另外，对于一些大型的非雕像类青铜器，一般也为失蜡铸造而成。以色列海法（Haifa）南部出土的一件希腊化时期青铜船艏柱即为直接失蜡铸造而成，并使用了铁芯撑。而且，芯撑孔以及较小的铸造缺陷以铜片镶嵌法进行补缀，而较大的铸造缺陷则以熔补法进行补缀。

（三）其他地区

考古资料显示[③]，美索不达米亚地区早在公元前 3000 年就出现了小型青铜雕像。对于大型青铜雕像而言，文献记载该地区古代很多大型神像也为青铜铸造而成，而且在年代上远早于埃及和希腊的大型青铜雕像，至迟在公元前 1500 年就普遍出现在不同的庙宇之中。遗憾的是，绝大多数青铜神像在后期均被人为毁坏并重熔，用以铸造其他器物，而保存至今的却寥寥无几。法国卢浮宫收藏了两件出土于伊朗苏萨（Susa）艾克罗波雷斯（Acropolis）寺庙遗址的大型青铜雕像，一件为纳皮尔·阿苏女王铜像（Queen of Napir-

① Mattusch, C., 1996: The Fire of Hephaistos: Large Classical Bronze from North American Collections, Harvard University Art Museum, 178-352.

② Haynes, D., 1992: The Technique of Greek Bronze Statuary, Verlag Philipp von Zabern, Mainz, 11-23.

③ Happer, P., Azul, J. et al. (eds.), 1992: The Royal City of Susa: Ancient Near Eastern Treasures in the Louvre., The Metropolitan Museum of Art, New York, 80-158.

Asu，1400 B.C.），另一件为一青铜模型（Sit-Shamshi，1300 B.C.）（图 3-31、图 3-32）。工艺研究显示[①]，纳皮尔·阿苏女王铜像为直接失蜡法整体铸造而成，使用的芯撑为铜芯撑，而且表面的缺陷也以铜片镶嵌法进行补缀。青铜模型也为直接失蜡铸造而成，底板上的部分小雕像为空心铸造，部分为实心铸造，而且两个人形雕像与整个模型为分铸连接而成[②]。但是，由于研究工作开展很少，所以关于美索不达米亚地区古代大型青铜雕像的铸造工艺特征及与其他地区之间的相互关系目前并不清楚。

图 3-31　伊朗苏萨艾克罗波雷斯寺庙遗址出土的纳皮尔·阿苏女王铜像

图 3-32　伊朗苏萨艾克罗波雷斯寺庙遗址出土的青铜模型

① Peter, M., 2000: “The casting process of the statue of queen Napir-Asu in the Louvre”, In C. Mattusch, A. Brauer and S. Knudesen (eds.), From the Parts to the Whole (Volume 1): Acta of the 13th International Bronze Congress, Held at Cambridge, Massachusetts, May 28 – June 1, 1996, Portsmouth, R. I., 11-18.

② Happer, P., Azul, J. et al. (eds.), 1992: The Royal City of Susa: Ancient Near Eastern Treasures in the Louvre., The Metropolitan Museum of Art, New York, 137-141.

南阿拉伯地区（现在的也门）古代也有使用青铜雕像的传统，而且也有大量青铜雕像出土，但在铸造工艺研究方面也较为薄弱。米勒（Mille, B.）[①]对一批公元前7～3世纪的青铜雕像进行了研究，发现在铸造工艺上与希腊青铜雕像较为相似，均为间接失蜡法分铸而成，并以熔化焊接工艺进行连接（图3-33）。而且，雕像上的一些细节例如人形雕像的头发和辫子、动物雕像的铭文和牙齿均是在间接失蜡法制作的蜡模上加工而成。同时，在铸造工艺及技术传统上与希腊青铜雕像也有明显的区别，例如小型雕像也均为空心铸造；所有雕像的胎壁较薄，一般仅有2～3mm；雕像内的泥芯多为中空泥芯，而且未被掏出等。虽然希腊化时期南阿拉伯地区青铜雕像在形制上受到了希腊文化的影响，但这种影响在制作工艺上并没有得到体现。

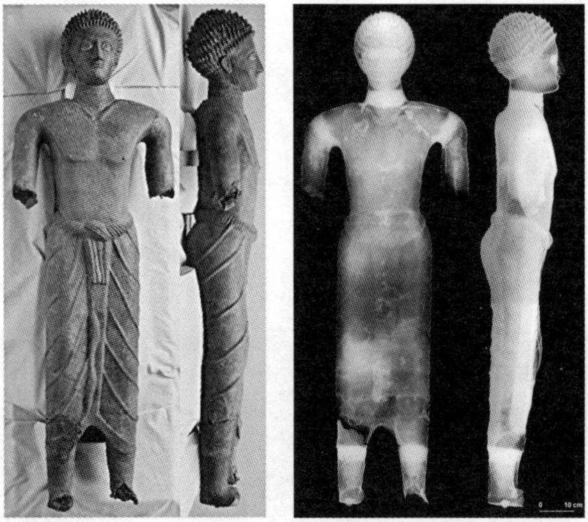

图3-33　也门贝达省（Al Bayda）出土的Hawtar'athat雕像及其X射线照片[②]

二、中国古代青铜器铸造工艺研究

（一）陶范铸造工艺研究

作为中国先秦时期青铜器的主要铸造工艺，陶范铸造工艺自二里头早期开始使用，商周时期得到了广泛应用，并日趋成熟，至春秋战国时期达

① Mille, B., 2012: "The casting techniques of antique South Arabian large bronze statues", In Jett, P., McCarthy, B. Douglas, G. J. (eds.), Scientific Research on Ancient Asian Metallurgy: Proceedings of the Fifth Forbes Symposium at the Freer Gallery of Art, Archetype Publication, London, 225-247.

② 由Mille, B. 先生提供。

到鼎盛[①]。春秋战国时期，随着周王室统治地位的沦丧，各诸侯国的青铜器不仅形制新颖，各具特色，完全打破了西周时期王室器物的统一规范，而且在铸造工艺和表面装饰方面也有较大的发展和创新[②]。

关于春秋战国时期青铜器铸造工艺的现有研究工作多集中在对不同墓葬及遗址出土青铜器的工艺考察上，包括辉县琉璃阁甲、乙墓出土的青铜器，郑州博物馆收藏的春秋时期尉氏青铜器，淅川和尚岭、徐家岭楚墓出土的青铜器，当阳赵家湖楚墓出土的部分青铜器，包山楚墓出土的青铜器，淅川下寺春秋晚期楚墓出土青铜器，太原晋国赵卿墓 M251 出土的青铜器，新郑郑国祭祀遗址出土的部分青铜礼器，以及曾国青铜器等[③]。通过对这些青铜器铸造工艺的研究，大体上勾勒出了春秋战国时期中国青铜器的铸造工艺特征。

现有研究显示，春秋战国时期的中国青铜器仍以陶范铸造为主，而锻造和失蜡铸造则使用很少，即使存在，也仅处于从属地位。在铸造工艺方面，除少数器形简单的青铜器采用浑铸法外，分铸法已得到了非常广泛的应用。虽然分铸工艺在殷商和西周时期已得到了应用，但均是解决铜器上一些形制比较复杂且浑铸难以实现部件的铸造问题，而对于能够以浑铸成形的器物尽量还是以浑铸法铸造。到春秋战国时期，即使非必须使用分铸法才能铸造的器物也以分铸法铸造，完全改变了商周青铜器浑铸成型的传统。例如河南汲县（今卫辉市）、辉县（今辉县市）春秋战国时期墓葬出土的 98 件铜鼎中，73 件为分铸而成，约占总数的 74%[④]。淅川和尚岭 M2、

---

① 苏荣誉：《中国古代青铜铸造技术研究：历史、现状与展望（1930-2000）》，《科学技术史研究五十年（1957-2007）》，中国科学院自然科学史研究所出版，2007 年，第 642～662 页。

② 韩汝玢、柯俊：《中国科学技术史·矿冶卷》，科学出版社，2007 年，第 239～258 页。

③ 王玮：《辉县琉璃阁甲乙二墓出土部分青铜器铸造工艺初探》，《辉县琉璃阁甲乙二墓（下，文集）》，大象出版社，2011 年，第 186～196 页；陈立信：《谈谈尉氏春秋青铜器的铸造工艺和焊接技术》，《中原文物》1988 年第 1 期，第 95～100 页；黄克映、李京华：《淅川和尚岭楚国青铜器与编钟的制造技术》，《中原古代冶金技术研究（第二集）》，中州古籍出版社，2003 年，第 106～133 页；吴坤仪：《当阳赵家湖楚墓铜器铸造工艺》，《中国冶金史论文集（二）》，人民教育出版社，1994 年，第 317～327 页；李京华：《包山楚墓青铜制造技术的初步考察》，《古代冶金技术研究》，中州古籍出版社，1994 年，第 39～43 页；赵世刚：《淅川下寺春秋楚墓青铜器的铸造工艺》，《淅川下寺春秋楚墓》，文物出版社，1991 年，第 379～388 页；吴坤仪：《太原晋国赵卿墓铜器制作技术》，《中国冶金史论文集（三·A）》，《北京科技大学学报》编辑部，2002 年，第 189～194 页；黄晓娟、李秀辉：《郑国祭祀遗址青铜器的分析鉴定报告》，《新郑郑国祭祀遗址（中）》，大象出版社，2004 年，第 1011～1037 页；张昌平：《曾国青铜器研究》，文物出版社，2009 年，第 162～181、253～282 页。

④ 朱凤翰：《古代中国青铜器》，南开大学出版社，1995 年，第 540 页。

徐家岭 M1、M3、M10 出土的 100 多件青铜器中，凡带有耳、纽、足及其他装饰物的铜器，均采用了分铸工艺①。分铸工艺的广泛使用在陶范的制作中也得到了体现。侯马铸造作坊遗址出土了大量鼎足、耳以及附件的单独模，甚至有的器身模型仅按器形弧度，只做出其中一段或一部分，表明器身与附件是单独制模、制范铸造而成的。分铸工艺的广泛使用，不仅使得复杂器形铜器的铸造难度大为降低，而且各部件的分别铸造，提高了工作效率，也使得青铜器的标准化以及大规模生产成为可能。

在分铸连接工艺方面，除继续沿用商周时期的铸接工艺之外，出现了铜焊、镴焊、销接等新技术。铸接工艺是指先将铜器的部分铸件铸成之后镶嵌于后铸铸件的外范内，再进行浇注，从而使各分铸部件连为一体。当阳赵家湖楚墓出土的铜盏（JM9：11）和两件铜鼎（JM9：9、JM9：10）的足部与器身、淅川楚墓出土的两件圆鼎（M7：6、M11：3）的足部和耳部与器身以及盖和纽、包山楚墓出土的多件铜鼎（M2：80、M5：13、M2：105、M2：109、M2：40）和卵缶（M2：289）等器物的耳、足等附件与器身均是以铸接工艺进行连接②。铜焊工艺与上述西方青铜雕像使用的熔化焊接工艺相似，是将熔融的铜合金浇注于分铸部件的结合处，使焊料与两边金属相互扩散而形成连接。从目前的发现情况来看，铜焊最晚在春秋晚期已得到使用，但使用规模相对较小。包山楚墓出土的迅缶（M2：426）盖和纽以及铺首衔环和器身、曾侯乙墓出土炉盘的耳纽与器体、匜鼎的三足与器体、尊盘的附饰与器体等均为铜焊连接而成③。相对而言，镴焊在中国古代出现的时间更早，应用也更为广泛。在操作工艺上，镴焊与铜焊基本相同，但所用的焊料却不同，镴焊所用的焊料主要为熔点较低的锡铅合金。由于镴焊所用焊料熔点远远低于铜焊焊料，所以镴焊在操作上较铜焊简单，但强度相对较低。淅川下寺楚墓出土两件铜鼎（M1：55、M2：34）的足部与器体、晋国赵卿墓出土方壶（M251：579）的耳部与器体④、北京

① 黄克映、李京华：《淅川和尚岭楚国青铜器与编钟的制造技术》，《中原古代冶金研究（第二集）》，中州古籍出版社，2003 年，第 106～133 页。

② 吴坤仪：《当阳赵家湖楚墓铜器铸造工艺》，《中国冶金史论文集（二）》，人民教育出版社，1994 年，第 317～327 页；赵世刚：《淅川下寺春秋楚墓青铜器的铸造工艺》，《淅川下寺春秋楚墓》，文物出版社，1991 年，第 379～388 页；李京华：《包山楚墓青铜制造技术的初步考察》，《中原古代冶金技术研究》，中州古籍出版社，1994 年，第 39～43 页。

③ 华觉明：《中国古代金属技术：铜和铁造就的文明》，大象出版社，1999 年，第 181～184 页。

④ 吴坤仪：《太原晋国赵卿墓铜器制作技术》，《中国冶金史论文集（三·A）》，《北京科技大学学报》编辑部，2002 年，第 189～194 页。

延庆军都山山戎文化墓地出土三件铜罍的耳部与器体、叶县许公宁墓出土的透空蟠螭纹青铜饰件与器体、湖北九连墩战国墓葬出土的多件铜器上的附件与器体均采用了镴焊工艺进行连接[①]。销接工艺是用销钉对器物的分铸部件进行连接固定。当阳赵家湖楚墓出土铜簋（M9：17）的两个耳部与簋体、晋国赵卿墓出土鸟尊（M251：600）上喙和下喙均是利用销接工艺进行连接[②]。另外，值得一提的是，在连接方法的选择上还出现了根据器物的用途以及连接部位强度要求的不同而选用不同的连接工艺的迹象。

在组合铸型时，为了确保泥芯与外范之间的间距及相对位置，泥芯撑和铜垫片被大量使用。而且，在整个先秦时期，中国铜器铸造所使用的芯撑或垫片无论在材质上还是在设置工艺上基本一致，变化不大。殷墟出土青铜器、汉中出土商代青铜器、北京琉璃河燕国墓地出土青铜器等器物的研究显示[③]，泥芯撑是在制作泥芯的同时直接制作出来的自带芯撑，而铜垫片则为单独制作且与器物厚度相当的方形铜片，在组合铸型时直接置于芯与范之间进行支撑（图 3-34、图 3-35；图版一六、图版一七）。作为一

图 3-34 安阳出土鼎足泥芯上的泥芯撑

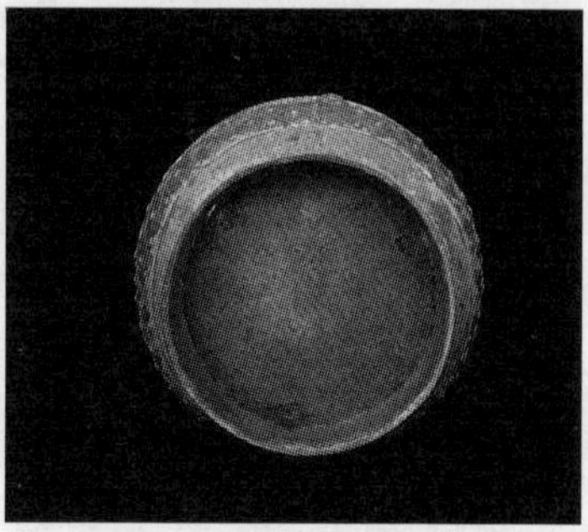

图 3-35 宝鸡石鼓山商周墓出土铜簋底部铜垫片

① 何堂坤：《中国古代焊接技术初步研究》，《华夏考古》2000 年第 1 期，第 61～65 页；孙淑云、梅建军：《中国古代铅锡焊料的分析》，《北京科技大学学报》2009 年第 1 期，第 54～61 页；金普军、秦颖等：《湖北九连墩楚墓出土青铜器钎焊材料的分析》，《焊接学报》2007 年第 11 期，第 37～40 页。

② 吴坤仪：《当阳赵家湖楚墓铜器铸造工艺》，《中国冶金史论文集（二）》，人民教育出版社，1994 年，第 317～327 页；吴坤仪：《太原晋国赵卿墓铜器制作技术》，《中国冶金史论文集（三・A）》，《北京科技大学学报》编辑部，2002 年，第 189～194 页。

③ 刘煜：《圈足上的镂孔：试论商代青铜器的泥芯撑技术》，《南方文物》2014 年第 3 期，第 110～116 页；陈坤龙、刘煜等：《城固龙头出土铜器的铸造技术及其相关问题》，《商周青铜器的陶范铸造技术研究》，文物出版社，2011 年，第 95～110 页；李秀辉、孙淑云等：《北京琉璃河燕国墓地出土铜器铸造工艺的考察》，《商周青铜器的陶范铸造技术研究》，文物出版社，2011 年，第 242～257 页。

项必不可少的工艺措施，泥芯撑和铜垫片在除兵器、工具等器形简单器物之外的所有青铜器上均有发现，而且泥芯撑和铜垫片常常并用于同一件器物上。一般而言，泥芯撑多用于器物的足部、耳部等附件上，而铜垫片则多用于器物的腹部和底部。苏荣誉等[①]将中国先秦铜器芯撑（或垫片）的使用分为“初始阶段”、“发展至成熟阶段”以及“持续阶段”三个阶段。“初始阶段”主要为二里冈时期，该时期铜器以铜垫片为主，而且二里冈周边区域垫片的使用较中心区域发达；“发展至成熟阶段”是指殷墟至西周时期，铜垫片和泥芯撑均得到了普遍应用；“持续时期”为西周中期至春秋中期，芯撑和垫片的使用与发展至成熟阶段几乎相同，并无创新，但趋于规整化，其中泥质芯撑与铜垫片平分秋色；春秋时期以后，由于分铸法的广泛使用，芯撑和垫片的使用明显减少。

在古代铸造青铜器中，因排气、青铜液流动性不好或浇注不足等原因会形成砂眼、缩孔等缺陷，往往需要进行修补。春秋战国时期青铜器上常见的补缀工艺包括熔补和铜片铆接两种。所谓熔补，是指在铜器需要修补的孔洞、裂隙区域设置铸型，再将熔融铜液直接注入铸型进行修补。熔补工艺早在商代就得到了广泛应用，并一直沿用到秦汉时期，是中国先秦青铜器补缀的主要工艺方法。例如新干大洋洲商代大墓出土青铜器、殷墟出土青铜器、汉中出土商代青铜器、美国弗列尔艺术馆（Freer Gallery of Art）收藏的中国商周青铜器、弓鱼国墓出土的铜器等器物上均有发现（图 3-36；图版三八）[②]。战国时期至汉代青铜器比较多见的另一种修补方法是铜片铆接法，即将适当大小的薄铜片用铜铆钉固定在器物需要修补的部位进行修补。图 3-37（图版三九）所示即是陕西宝鸡云塘汉墓所出一件铜釜上的补缀痕迹。铜片铆接工艺主要见于铜壶、铜钫、铜釜和铜鍪等薄壁青铜容器在使用过程中形成缺损的补缀。

---

① 苏荣誉、华觉明等：《中国上古金属技术》，山东科学技术出版社，1995 年，第 179～184 页。

② 苏荣誉、华觉明等：《新干商代大墓青铜器铸造工艺研究》，《新干商代大墓》，文物出版社，1997 年，第 257～300 页；刘煜、岳占伟：《复杂化生产：晚商青铜器的陶范铸造工艺流程》，《商周青铜器的陶范铸造技术研究》，文物出版社，2011 年，第 81～94 页；陈坤龙、刘煜等：《城固龙头出土铜器的铸造技术及其相关问题》，《商周青铜器的陶范铸造技术研究》，文物出版社，2011 年，第 95～110 页；Gettens, R. J., 1969: The Freer Chinese Bronzes (Vol. II Technical Studies), Smithsonian Institution, Washington, 77-83; 苏荣誉：《弓鱼国墓地青铜器铸造工艺考察和金属器物检测》，《宝鸡弓鱼国墓地》，文物出版社，1988 年，第 530～638 页。

图 3-36 汉中出土商代铜瓿器肩部的熔补痕迹

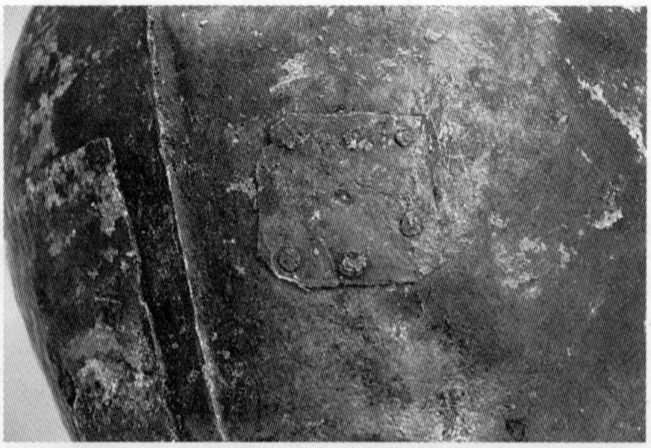

图 3-37 宝鸡云塘汉墓出土铜釜上的铜片铆接补缀痕迹

（二）失蜡铸造工艺研究及争论

关于中国先秦时期是否存在失蜡铸造工艺目前在学界存在激烈的争论，而这一争论的焦点集中于曾侯乙墓出土的尊盘、淅川下寺楚墓出土的铜禁和铜盏以及许灵公墓出土的蟠虬纹青铜饰件等包含有结构复杂的透空部件的铜器之上。

20 世纪 70 年代后期，华觉明等[①]对当时新出土的曾侯乙尊盘进行了工艺研究，发现尊盘上的透空附饰为锡青铜整体铸造而成，未见铸接和焊接的痕迹，并指出这种复杂的透空结构用陶范法铸造不可行，应为失蜡法铸造而成，从而认为失蜡法在战国时期已在中国使用（图 3-38）。随后，赵世刚、汤文兴[②]和任常中等[③]分别发表论文，指出淅川下寺春秋晚期楚墓出土的铜禁、铜盏等器物上的透空附饰也为失蜡法铸造而成，其判断依据与华觉明等对曾侯乙墓尊盘上透空附饰的判断依据几乎完全一致。从此，失蜡法在中国的起源被追溯到春秋时期。20 世纪 90 年代前期，谭德睿[④]对藏

① 华觉明、郭德维：《曾侯乙墓青铜器群的铸焊技术和失蜡法》，《文物》1979 年第 7 期，第 45～48 页；中国机械工程学会铸造学会：《曾侯乙墓青铜尊盘铸造工艺的鉴定》，《曾侯乙墓（上册）》，文物出版社，1989 年，第 646 页；华觉明、谭德睿：《中国失蜡法的研究、鉴定和著述纪略》，《中国文物报》2006 年 9 月 15 日第 7 版。

② 汤文兴：《淅川下寺一号墓青铜器的铸造技术》，《考古》1981 年第 2 期，第 174～176 页。

③ 任常中、王长青：《河南淅川下寺春秋云纹铜禁的铸造与修复》，《考古》1987 年第 5 期，第 474～478 页。

④ 谭德睿：《中国古代失蜡铸造起源诸问题的思考》，《文物保护与考古科学》1994 年第 2 期，第 43～47 页。

图 3-38 曾侯乙尊盘及其透空部件细部照片

于上海博物馆的商代晚期戈枭卣进行了工艺研究，根据该器的绳状提梁除双耳部有范缝且有细线捆扎痕迹外，其余部分均无范缝的特点，认为系焚失法铸造而成，并进一步指出失蜡法起源于焚失法。基于这一认识，他最终在《中国青铜时代陶范铸造技术研究》[①] 一文中提出“组合陶范法—焚失法—失蜡法，是一个继承发展的过程”。以上观点很快被学术界广泛接受，并在随后的数年内成为关于中国古代失蜡法问题的主流观点。

2006 年，周卫荣等 [②] 发表论文，提出了不同看法，认为淅川下寺出土的铜禁和曾侯乙尊盘上复杂的透空附件是以陶范铸造工艺分铸焊接而成，并指出中国先秦时期不存在失蜡法。周卫荣等人对中国春秋战国时期存在失蜡铸造工艺的否定，在科技史界和考古界引起了较大的反响。赵世刚 [③] 立即发文对周卫荣等人的观点逐一进行了反驳，重申了淅川下寺出土铜禁上的透空附件为失蜡铸造而成的观点，但似乎并没有给出比较有力的新证据。李元芝等 [④] 对许灵公墓出土的蟠虬纹青铜饰件进行了工业 CT 扫描检测，没有发现分铸、铸接、焊接、锻接的任何痕迹，证明了该器为整体铸

① 谭德睿等：《中国青铜时代陶范铸造技术研究》，《考古学报》1999 年第 2 期，第 211～250 页。

② 周卫荣、董亚巍等：《中国青铜时代不存在失蜡铸造工艺》，《江汉考古》2006 年第 2 期，第 80～85 页；周卫荣、董亚巍等：《失蜡工艺不是中国青铜时代的选择》，《中国文物报》2006 年 7 月 21 日。

③ 赵世刚：《春秋时期失蜡法铸造工艺问题探讨》，《中原文物》2006 年第 6 期，第 84～91 页。

④ 李元芝、张方涛等：《许公宁透空蟠虺纹青铜饰件：先秦失蜡法之一器例》，《中原文物》2007 年第 1 期，第 96～100 页。

造而成，从而支持了失蜡工艺铸造的观点。作为回应，周卫荣等[①]发表了《再论“失蜡工艺不是中国青铜时代的选择”》一文，一方面重申了自己的观点，另一方面指出谭德睿先生提出的焚失法并不存在，进而提出失蜡法是随着佛教在隋唐时期之前，由印度传入中国的看法。虽然关于中国先秦时期是否存在失蜡铸造的争论目前仍然存在，但似乎越来越多的学者更倾向于支持华觉明先生等学者的观点[②]。

另外，在中原之外的一些边远地区，也发现了使用失蜡铸造的迹象。艾玛·邦克（Bunker，E.）在内蒙古、宁夏等地出土的金牌饰背面发现了织纹印痕，认为这些牌饰为“失蜡—失织法”铸造而成[③]。李晓岑等[④]在古滇青铜扣饰上发现了捏蜡指纹印痕和使用蜡条的痕迹，从而认为这些器物均为失蜡铸造而成，并指出云南地区在战国中晚期就使用了失蜡铸造工艺。

三、秦始皇帝陵园出土相关青铜器铸造工艺的现有研究

前文提到，在过去近五十年的考古发掘中，秦始皇帝陵园出土了数以万计的青铜兵器。在制作工艺方面，兵器的形制简单，均为陶范法铸造而成。兵器的表面保存的大量加工痕迹表明[⑤]，在铸后还进行了锉磨、打磨以及抛光处理。其中，锉磨痕迹相互交错、长短不一，应为手工锉磨所致，而打磨及抛光痕迹非常细密且相互平行，可能为轮动装置机械的打磨结果（图 3-39、图 3-40）。另外，兵器表面的铭文均为錾刻而成（图 3-41）。

对于铜镞而言，大多数箭头与铤采用了分铸法，且两者连接部未见焊接痕迹。据此，有学者[⑥]认为箭头与镞铤分别铸造后，直接将镞铤插入箭

---

① 周卫荣、董亚巍等：《再论“失蜡工艺不是中国青铜时代的选择”》，《南方文物》2007 年第 2 期，第 41～46 页。

② 张昌平：《曾国青铜器研究》，文物出版社，2009 年，第 253～282 页。

③ Bunker, E., 1988: “Lost wax and lost textile: an unusual ancient technique for casting gold belt plaques”, In Maddin, R. (ed.), The Beginning Use of Metals and Alloys, The MIT Press, Cambridge, 222-227.

④ 李晓岑、韩汝玢：《古滇国金属技术研究》，科学出版社，2011 年，第 62～64 页。

⑤ 李秀珍、Martinón-Torres, M. 等：《扫描电镜下的秦青铜兵器铭文及加工痕迹》，《秦时期冶金考古国际学术研讨会论文集》，科学出版社，2014 年，第 47～57 页。

⑥ Martinón-Torres, M.、李秀珍等：《为秦始皇打造兵器：秦俑坑兵器的冶金考古学分析》，《秦时期冶金考古国际学术研讨会论文集》，科学出版社，2014 年，第 38～46 页。

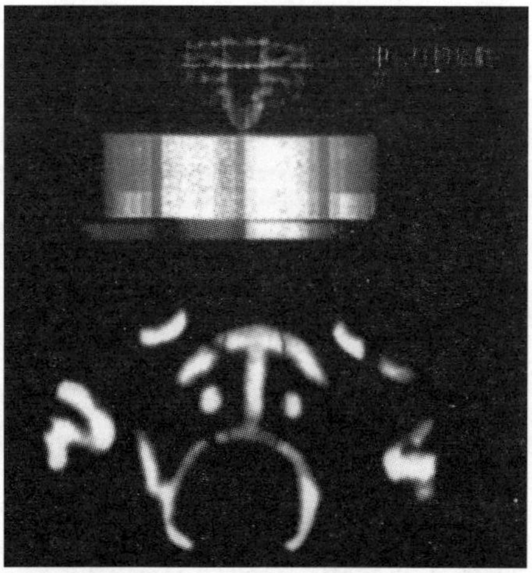

图 3-39　许灵公墓出土的蟠虬纹青铜饰件及其工业 CT 扫描照片

图 3-40　秦始皇帝陵园出土铜镞表面锉磨痕迹扫描电子显微镜照片

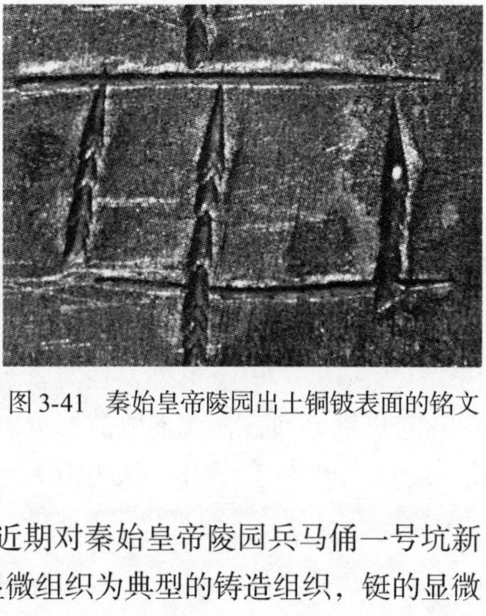

图 3-41　秦始皇帝陵园出土铜铍表面的铭文

头上预留的孔洞中制作而成。但是，近期对秦始皇帝陵园兵马俑一号坑新出土铜镞的工艺研究显示①，箭头的显微组织为典型的铸造组织，铤的显微组织为铸后受热组织，而且两者结合得非常紧密，未发现任何缝隙，明显是将预先制作的铤置入箭头的型腔内再浇注箭头的结果，而并非采用上述分别铸造后组装而成（图 3-42、图 3-43）。

《秦始皇陵铜车马发掘报告》分别从分铸情况、各部件的铸造工艺、连接工艺、芯撑、芯骨的使用情况等方面对两乘铜车马各部件的制作工

① 北京科技大学冶金与材料史研究所、秦始皇兵马俑博物馆：《秦始皇陵兵马俑坑一号坑新出土铜器的初步科学分析》，待刊。

图 3-42　秦始皇帝陵园一号坑出土铜镞表面加工痕迹

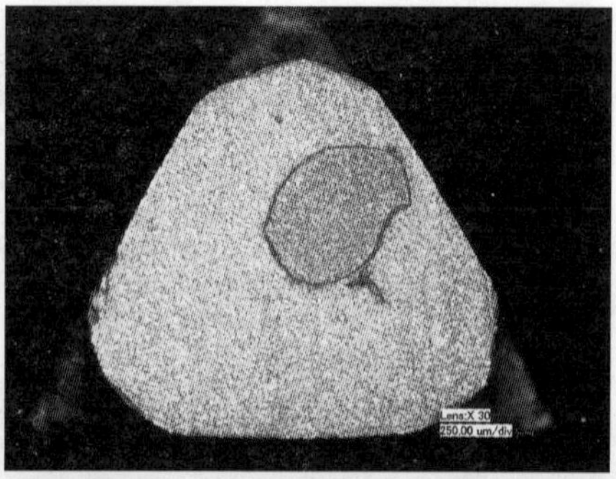

图 3-43　秦始皇帝陵园一号坑出土铜镞截面显示铤与箭头之间的关系

艺进行了详细的考察和研究，揭示了大量重要的工艺信息[①]：两乘铜车马各主体部件均是分别铸造成形，然后再利用嵌铸、焊接、包铸、铆接、套接、销接等多种连接工艺进行连接；铜车马的铸造过程中，大量使用了铁芯撑和铜芯撑，但并未提及泥芯撑的使用情况；一号车的车辀、车轸、伞杠、马腿以及二号车的车辀和马腿等长条状部件中均发现有铜芯骨或铁芯骨的存在，而且伞杠内还存在铁芯骨和铜芯骨并用的现象（图 3-44）；铜马、铜俑表面铸造缺陷均以铜片镶嵌法进行补缀。值得注意的是，铜车马上发现的许多工艺措施和现象在中国先秦青铜器上很少发现或不见，但可能受到时代的局限，这一现象至今也没有引起足够的重视。而且，该报告最终依据多个部件内有泥芯残留，认为两乘铜车马是以陶范法铸造而成，证据明显不够充分。

四、小　结

在过去的数十年中，中、西方青铜器制作工艺研究均取得了丰富的成果。中国青铜技术自二里头时期就形成了组合陶范铸造青铜器的工艺传统，与西方古代以失蜡铸造为主的工艺传统明显有别。虽然西方古代大型青铜雕像均以失蜡工艺铸造而成，分铸法也得到了广泛的应用，但不同地区在具体工艺上却有明显的区别。如前所述，古代埃及的青铜雕像主要以直接失蜡法铸造而成，而希腊的古代青铜雕像则主要以间接失蜡法铸造而

① 秦始皇兵马俑博物馆、陕西省考古研究所：《秦始皇陵铜车马发掘报告》，文物出版社，1998 年，第 244～322 页。

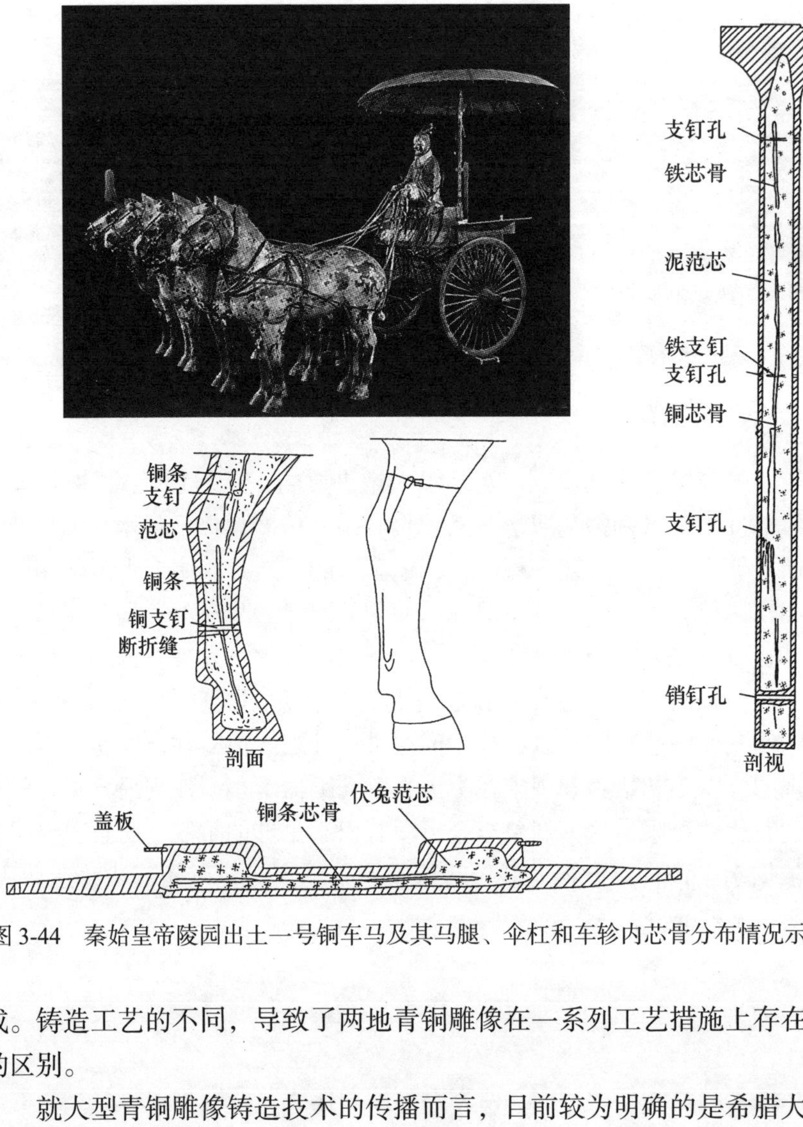

图 3-44　秦始皇帝陵园出土一号铜车马及其马腿、伞杠和车轸内芯骨分布情况示意图

成。铸造工艺的不同，导致了两地青铜雕像在一系列工艺措施上存在明显的区别。

就大型青铜雕像铸造技术的传播而言，目前较为明确的是希腊大型青铜雕像铸造技术的出现是受到了埃及的影响。但是，埃及大型青铜雕像的铸造技术又来自何方？而且，既然希腊大型青铜雕像铸造技术来源于埃及，那么为什么两地在铸造工艺上却存在明显区别？由于美索不达米亚地区和南阿拉伯地区大型青铜雕像铸造技术的现有研究成果较少，整体状况仍不清楚，所以这两个地区大型青铜雕像铸造技术与埃及、希腊之间的关系亦不清楚。南阿拉伯地区青铜工艺虽然与希腊相似，但也有明显的地域特征，而且在年代上与希腊大型铜雕像相近，很难说两者在技术上存在继承关系。目前，学界公认失蜡铸造工艺最早起源于美索不达米亚地区，埃及、希腊等地早期失蜡铸造工艺的出现均是受到了该地区的影响。而且，现有考古证据显示，大型青铜雕像也最早出现并使用于美索不达米亚地区，那么大型青铜雕像的铸造技术在传播上是不是存在与早期失蜡铸造工艺传播相似的情况？对于这一系列问题，现有的研究并不足以给出答案，有待于将来更多研究的开展。

春秋战国时期，中国青铜器仍以陶范铸造占统治地位。分铸法的广泛使用、多种连接工艺的出现以及与分铸法的综合使用，成了这一时期中国青铜器在铸造工艺上的特征。目前，中国境内发现先秦时期使用失蜡铸造工艺较为有力的证据当属西北地区出土牌饰背面的织物印痕以及云南扣饰背面的指纹印痕和使用蜡条的痕迹。然而，关于中原地区先秦时期是否存在失蜡铸造的问题还没有形成统一认识，争论依旧激烈。早期对曾侯乙尊盘、淅川下寺铜禁等器物为失蜡铸造而成的论述，受到时代的局限，过程较为简略，而且证据也并不充分，受到质疑是可以理解的，也有助于问题的早日澄清。值得一提的是，在这一争论中，对同一件器物上相同的工艺痕迹，争论双方却得出了截然不同的结论。这一现象一方面表明目前学界对古代失蜡铸造工艺自身的了解较为有限，另一方面表明在鉴别失蜡铸造工艺与陶范铸造工艺上并没形成一个统一的标准。

另外，在秦始皇帝陵园出土青铜器铸造工艺的研究方面，近期对青铜兵器的研究取得了重要的进展，也使一些问题得到了澄清。当年对两乘彩绘铜车马铸造工艺的研究，虽然揭示了大量重要的工艺信息，但受时代的局限，判断其为陶范铸造而成的证据明显不足，其上发现的一些工艺措施和现象在将来可能需要重新审视。

第三节　中、西方古代青铜工艺视野下的彩绘青铜水禽铸造工艺——兼论古代失蜡铸造工艺的技术特征

虽然在公元前一千纪青铜器铸造工艺研究方面，中、西方学者均开展了大量工作，大体上也归纳出了各地区古代青铜器铸造工艺的技术特征。但是，由于古代中、西方在青铜器铸造工艺传统上存在明显的区别，西方学者对中国古代陶范铸造工艺缺乏深刻的认识，而中国学者则对西方古代失蜡铸造工艺了解较少，从而导致了古代失蜡铸造和陶范铸造工艺的对比研究较为薄弱。本节将以青铜水禽上发现的多种工艺措施或现象为基础，通过与古代中、西方相关青铜工艺的对比研究，从铸造工艺

角度进行分析和讨论，从而总结青铜水禽的铸造工艺特征，同时对其铸造工艺作出判断。

一、关于整体铸造

青铜水禽的工艺考察显示，除立姿水禽掌部与踏板之间为分铸以外，所有卧姿水禽以及立姿水禽除踏板以外的部分均为整体铸造而成，未发现任何的分铸、焊接的痕迹。值得一提的是，在公元前一千纪时期，无论在以陶范铸造为传统的中国还是以失蜡铸造为传统的西方，分铸工艺在青铜器铸造中均得到了非常广泛的应用。分铸工艺的使用，既可以解决形制复杂铜器以及大型青铜器的铸造问题，也降低了铸造难度。

从理论上来看，对于青铜水禽这样的大型青铜器而言，如果采用分铸工艺铸造，可以在很大程度上降低铸造工艺难度、减少铸造缺陷。同时，相对于整体铸造而言，如果由于操作失误或合金的液态收缩和凝固收缩导致浇注不足等因素的影响而出现废件时，并不需要对整个水禽进行重铸，仅需要对废件部位进行重铸即可，这无疑在很大程度上降低了重铸的工作量，提高了工作效率。但是，在中、西方青铜器广泛使用分铸工艺的背景下，青铜水禽却多为整体铸造而成，几乎没有使用分铸工艺，是一个值得注意的现象。

另外，工艺考察部分提到，所有青铜水禽上均发现有形制较为复杂的部位，例如卧姿水禽的掌部、部分水禽交叉双翼与尾部之间形成的空腔、青铜仙鹤尾部多层铜羽毛等，如果以陶范法进行铸造，虽然从理论上可能能够实现，但难度极大，在当时中国范铸铜器广泛使用分铸、焊接工艺的背景下，这些部位仍为浑铸而成令人费解。反而，如果以失蜡工艺铸造，相对陶范铸造而言，整体铸造的难度将大为降低，可能更容易解释这些复杂部位均为浑铸这一现象。

二、颈部铜隔档

青铜水禽的工艺考察发现，所有水禽的颈部均有铜隔档存在，但由于各水禽颈部的长短、造型不同，不同水禽颈部铜隔档的数量以及其所处的位置也各异。一般而言，青铜鸿雁头颈部有1～2个铜隔档，青铜天鹅颈部有2～3个，青铜仙鹤则有5个。而且，青铜水禽颈部铜隔档的X射线拍照、工业CT扫描、金相和成分分析均显示，铜隔档与水禽头颈部铜胎为整体铸造而成，并非分铸或焊接的结果。青铜水禽颈部铜隔档的存在是一个普遍现象，应该与水禽的制作工艺有关，而且青铜水禽颈部一般较为细长，铜隔档的设置在一定程度上可能也起到颈部加强筋的作用。

从铸造工艺角度来看，既然铜隔档与胎壁是整体铸造，那么无论采用陶范铸造还是失蜡铸造，水禽颈部的外范应该为整范（如果以陶范铸造，可能为纵向二分范），而泥芯则是由多段组成，而且各段泥芯之间并未相互连接。在对铸型烘烤之前，铜隔档以及水禽头颈部铜胎所处部位在陶范铸造中应为空腔，而在失蜡铸造中则为蜡料所填充。如果以陶范法铸造，完全可以将水禽的泥芯做成一个整体，而没有分段制作的必要。而且，多段泥芯置入同一外范内，在浇注过程中还要保证各段泥芯的相对位置不发生变化，仅靠不插入外范的泥芯撑固定难度较大，在操作上也很难实现。因此，类似迹象在陶范铸造的青铜器中几乎不见。

如果以失蜡法铸造，头颈部泥芯及外部蜡模均为分段制作，然后再通过蜡焊的方法将头颈部各段连接在一起，形成整体蜡模，而铜隔档所处的位置则应该是蜡焊连接部位。由于泥芯在焙烧之前强度较低，特别是对于水禽颈部这类长条形部件而言，分段制作泥芯及其表面的蜡模可以降低操作难度，并减少失误率。而且，从操作层面来看，通过焊蜡将各部分连接在一起形成完整的蜡模也比较容易实现。另外，在烘烤失去蜡模后，各段泥芯完全可以由伸入外范中的芯撑（至少部分芯撑）固定于外范之内。

前文提到，类似的铜隔档在古埃及铜像中也较为常见，但隔档的位置却根据器物造型的不同而各异。前文提到的葡萄牙里斯本古尔班吉安博物馆收藏的陪杜巴斯特雕像残件、美国大都会艺术博物馆收藏的铜猫雕像上均发现有铜隔档存在①。而且，西方学者认为铜隔档的位置原为连接各部分蜡模的蜡焊部位，在浇注过程中被青铜所取代，形成了铜隔档。可以看出，水禽颈部铜隔档的形成，应该与古埃及铜雕像上发现的铜隔档一致，为失蜡铸造中焊蜡的结果。综前所述，这类迹象或许可以看作是失蜡铸造铜器的一个特征。

① Hill, M., Schorsch, D., 2005: “The gulbenkian torso of King Pedubaste: investigation into Egyptian large bronze statuary”, Metropolitan Museum Journal Vol 40, 163-195; Schorsch, D. 1988: “Technical examinations of ancient Egyptian theriomorphic hollow cast bronzes-some case studies”, InWatkins, S., Brown, C. (eds.), Conservation of Ancient Egyptian Materials, UKIC Archaeology Section, London, 41-50.

三、关于头颈部泥芯的制作

工艺考察发现，除 62 号天鹅头部残件以外，所有经考察青铜水禽的头颈部均有泥芯存在，但躯体内的绝大部分泥芯被人为掏出，仅有少量残留。由于躯体内泥芯已所剩无几，其制作工艺现已很难考证。

对水禽头颈部泥芯而言，除少数青铜鸿雁为整体制作以外，大多数水禽均为分段制作而成，而且各段泥芯之间以铜隔档分开。从泥芯的颜色和质地来看，不仅不同水禽颈部泥芯之间区别较大，而且同一水禽颈部各段泥芯之间也有明显的区别，但每段泥芯内部材质均匀，未见材质不均匀或分层的现象。从部分残件露出的泥芯来看，泥芯表面平整，未见任何捏、塑的痕迹。多件水禽颈部泥芯的剖面中间可见一明显分界线，表明其分为两部分制作而成。值得注意的是，在同一件水禽颈部的各段泥芯中，有的剖面中间存在分界线，而有的则为一个整体，未见分界线存在。另外，部分水禽的颈部还有芯骨存在。

对于空心青铜铸件而言，无论是以陶范铸造还是以失蜡铸造，泥芯的使用是必不可少的。如前所述，在陶范铸造以及直接失蜡铸造中，泥芯是以固态芯料通过手工捏塑或模具（芯模盒）制作而成，或是直接将泥模表面刮去一定的厚度而形成，而在间接失蜡铸造中，泥芯的制作则相对较为复杂，存在多种可能性，既可以在制作蜡模之前制作，也可以在制作蜡模之后制作，而且制作泥芯时所用的芯料也有流体和固体之分。

就目前青铜水禽颈部泥芯上发现的工艺信息来看，基本上可以排除像间接失蜡法中以流体芯料制作泥芯的可能性。首先，如果使用流体芯料制作水禽颈部泥芯，泥芯剖面的中间不可能出现明显的分界线。其次，以流体芯料制作泥芯，一般是在蜡模、母范或铺有一层蜡（或泥）的母范内注入芯料，这在很大程度上限制了设置芯骨的操作空间，从而不可能设置具有较大弧度的芯骨。但是，与此相矛盾的是，多件水禽泥芯内的铜芯骨与水禽头颈部造型相似，存在较大的弧度，例如 3 号天鹅、7 号天鹅、8 号天鹅以及 36 号鸿雁等。再次，虽然青铜水禽上发现的绝大多数芯撑是单独制作且嵌入（或埋入）泥芯中设置而成的，但也发现了个别芯撑是直接在泥芯表面制作而成，并未嵌入（或埋入）泥芯，而且芯撑与泥芯之间还存在明显的分界线。这种在泥芯表面直接制作芯撑的设置工艺，在以流体芯料制作泥芯情况下也是无法实现的。

如果以固体芯料通过手工捏塑或者是将泥模刮去一定厚度来制作泥

芯，那么泥芯表面应该存在手工捏塑的痕迹或者是刮削的痕迹。但是，如前所述，颈部泥芯的表面并没有发现这类痕迹的存在，这样也就基本排除了这两种制作方法的可能性。所以从现有的证据来看，青铜水禽头颈部泥芯很可能是以固体芯料利用芯盒制作而成，或者是像间接失蜡铸造中先将蜡模分块制作，并将固体芯料填入后，再将蜡模通过焊蜡的方法组合在一起而形成完整的泥芯。

四、芯撑的材质及设置工艺

对于青铜水禽这样的中空铸件而言，要保证铸造时泥芯和外范之间的相对位置，芯撑的使用是必不可少的。在铸造工艺考察部分已提到，所考察的青铜水禽及水禽残块上均发现了大量芯撑，而且多件水禽躯体部的芯撑成排分布迹象非常明显。从芯撑的材质来看，除62号天鹅头部发现一枚铜芯撑外，其他水禽及水禽残块上使用的芯撑均为泥芯撑。从芯撑的设置工艺来看，除不明天鹅颈部残件A上发现一个直接在泥芯表面制作的泥芯撑外，水禽上发现的芯撑均是将单独制作的泥梗嵌入（或埋入）泥芯中设置而成的。

虽然芯撑（或垫片）在陶范铸造和失蜡铸造中均有使用，但芯撑（或垫片）的材质以及设置的方法却有明显的区别。如前所述，古代陶范铸造一般使用的是泥芯撑和铜垫片，其中，泥芯撑一般用于器物腿部和耳部的盲芯上，而铜垫片则多用于器物的腹部和底部。失蜡铸造中使用的芯撑一般是截面为方形的金属芯撑，材质包括铁芯撑和铜芯撑两种，但以铁芯撑为主。从芯撑（或垫片）的设置工艺来看，陶范铸造中的泥芯撑是直接在泥芯上制作的自带芯撑，而铜垫片则是在组合泥芯和外范形成铸型时直接将单独制作的方形小铜片（或直接利用铜器残片）置于泥芯和外范之间，而并不插入两者任何一个之中。失蜡铸造中的芯撑则是在泥芯和蜡模制作完成之后，将芯撑从蜡模表面插入，使其穿透蜡模，一端深入泥芯，另一端则裸露于蜡模外，最终嵌入外范内。值得一提的是，秦始皇帝陵园出土两乘彩绘铜车马上发现的芯撑为铜芯撑和铁芯撑，而且在设置工艺上与西方青铜雕像极为相似，但并没有提及泥芯撑的使用情况[①]。从目前的发现情况来看，青铜水禽所使用的芯撑，无论在材质上还是在设置工艺上与其他中、西方古代青铜器上发现的芯撑（或垫片）均存在明显的差异，显

---

① 秦始皇兵马俑博物馆、陕西省考古研究所：《秦始皇陵铜车马发掘报告》，文物出版社，1998年，第244～322页。

示出了鲜明的特征，可能也暗示了其设置工艺与以往发现的芯撑并不完全相同。

青铜水禽上发现的绝大多数芯撑为泥质芯撑，强度较小，而且深入泥芯的一端截面为方形。如果要将这样的芯撑像失蜡铸造中设置金属芯撑一样，插入蜡模以及已经干燥的泥芯内，困难较大，几乎不可行。退一步讲，即使泥芯撑能够通过蜡模并插入泥芯中，芯撑的另一端也应该裸露于蜡模之外。也就是说，青铜水禽最终铸造成型后，绝大部分芯撑的一端应该是伸出水禽青铜胎壁，从而在表面形成孔洞。但是，青铜水禽上发现的泥芯撑，仅有少部分露在铜胎表面，后经铜片补缀，而大多数芯撑并没有漏出铜胎表面（图 3-45、图 3-46）。所以，对于水禽上的芯撑而言，应该是在制作泥芯的同时，将预先单独制作好的泥芯撑埋入泥芯，而并非像失蜡铸造中的金属芯撑一样在泥芯和蜡模制作完成之后，从蜡模外部插入。

图 3-45　13 号彩绘青铜天鹅身体部未露出的泥芯撑

图 3-46　1 号彩绘青铜天鹅身体部未露出的泥芯撑

如果使用泥质芯撑，在陶范铸造或直接失蜡铸造过程中完全可以在泥芯表面直接制作芯撑，而完全没有必要先单独制作泥梗，再在制作泥芯的过程中将其插入（或埋入）泥芯，因为较前者，后者不仅工艺复杂，所需的工序也较多。而且，如果在制作泥芯的同时插入或埋入预先制作的泥芯撑，那么泥芯应该是以手工捏塑而成，这又与前文分析泥芯为模具（芯盒）制作而成的认识相互矛盾。换言之，在陶范铸造和直接失蜡铸造中，单独制作泥芯撑的“嵌入”式设置工艺似乎既不合理也不可行。

如果从间接失蜡铸造的角度来解释这种单独制作泥芯撑“嵌入”式设置的现象似乎更为合理。在间接失蜡铸造中，蜡模制作（至少是粗模）完成之后，将预先制作好的泥芯撑从蜡模的内表面插入蜡胎中，然后再在蜡模中填入芯料制作泥芯。至于多数芯撑未能伸出铜胎外表面，一方面可能是从内表面设置时，芯撑本来就没有穿透蜡模的胎壁，另一方面可能是待泥芯干燥后，对蜡模进行修整或二次加工时，使得蜡模胎壁增厚，从而覆盖了露出的芯撑。所以，从芯撑设置的角度来看，青铜水禽以间接失蜡法铸造的可能性较大。

五、芯骨的材质及作用

目前，共在7件青铜水禽上发现了芯骨，而且所有芯骨均分布于头颈部。青铜水禽芯骨的发现情况详见表3-1。从表3-1可以看出，除10号天鹅颈部芯骨为木质以外，其他水禽的芯骨均为青铜质。从X射线照片来看，不同水禽颈部发现的青铜芯骨在分布形态上差别较大：部分水禽芯骨贯穿于整个头颈部，而部分却仅分布于颈部的一部分；部分水禽为单根芯骨，而部分为双芯骨；双芯骨也可分为单独存在于颈部不同部分以及并存于颈部同一部分两种不同情况。从部分水禽颈部断口露出的芯骨来看，青铜芯骨的截面多为方形或长方形，而且截面尺寸各有不同。另外，木芯骨在本研究之前从未见到报道，10号天鹅颈部发现的木芯骨为首次发现，但是由于在X射线照片上无法显示，所以木芯骨在青铜水禽上整体的使用情况并不明确。

表3-1　秦始皇帝陵园出土部分彩绘青铜水禽芯骨设置情况统计表

水禽编号	芯骨部位	长度(cm)	芯骨材质	形态描述	图号
2号天鹅	颈部中段	15	青铜	位于颈中部较为平直部分	图2-3
3号天鹅	头颈部	37	青铜	两条芯骨并存，芯骨截面为方形，边长约0.4cm	图2-12 图2-13
7号天鹅	头颈部	26	青铜	两条长约15cm的芯骨组成，在头部中间部位相互重叠，重叠部分长约4cm，截面宽约0.6cm，厚约0.3cm	图2-25 图2-26
8号天鹅	头部	18	青铜	两根芯骨分别位于头部和颈部，并未相互连接，中间以铜隔档分开；芯骨截面宽约1cm、厚约0.2cm	图2-31 图2-32
	颈部上端	21	青铜		
10号天鹅	颈部	15	木质	已完全炭化，直径约1.5cm	图2-42
21号仙鹤	颈部	10	青铜	靠近颈部的两个连接痕迹之间	图2-166
36号鸿雁	头颈部	24	青铜	贯穿于整个头、颈部	图2-130

中国先秦青铜器上很少发现芯骨的使用。除新干大洋洲出土的一件铜甗（编号为 13907）耳部兽身①，秦始皇帝陵园出土铜车马一号车的车辀、车轸、伞撑、马腿以及二号车的车辀和马腿内曾发现芯骨以外，其他中国先秦青铜器至今还没有见到使用芯骨的情况②。然而，芯骨在西方古代大型青铜雕像上的使用却非常广泛，而且几乎全为铁芯骨。如前所述，芯骨在葡萄牙里斯本古尔班吉安博物馆收藏的埃及陪杜巴斯特雕像、大英博物馆收藏的多件埃及青铜雕像、萨默斯岛铸造作坊出土的多件青铜雕像身体及腿部残件、美国大都会艺术博物馆收藏的希腊铜马、意大利南部里亚切村附近出土的两件希腊青铜雕像等器物上均有发现③。可能是由于芯骨在西方古代青铜雕像上多有发现，而且西方古代铜像均为失蜡铸造而成，玛秋希④（Mattusch, C.）指出芯骨的使用是失蜡法铸造青铜器的一个工艺特征，但并未从工艺的角度进行论证。

青铜水禽上发现的芯骨包括铜芯骨及木芯骨两种，虽然在材质上与西方雕像上发现的芯骨有所不同，但其作用应该是一致的，均是增加泥芯的强度。而且，10 号天鹅上发现的木芯骨穿过了其颈部与身体连接部位的铜隔档，说明还被作为连接两部分泥芯之间的暗榫使用。从上述青铜水禽芯骨的发现情况来看，无论是芯骨材质，还是芯骨与水禽种类、颈部造型均无规律可言，再结合铜车马上发现铜芯骨、铁芯骨的使用以及一号铜车马伞杠内铁芯骨和铜芯骨并用的现象，似乎表明当时在制作青铜水禽和铜车马时，在芯骨材质的选择上存在一定的随意性，并没有特定的规定或要求。

前文提到，对于青铜水禽这样的空腔铸件而言，无论在陶范铸造还是在失蜡铸造中，泥芯的使用是必不可少的。但是，从陶范铸造和失蜡铸造

---

① 胡东波：《青铜文物 X 光成像研究》，《商周青铜器的范铸技术研究》，文物出版社，2011 年，第 306～319 页。

② 秦始皇兵马俑博物馆、陕西省考古研究所：《秦始皇陵铜车马发掘报告》，文物出版社，1998 年，第 244～322 页。

③ Hill, M., Schorsch, D., 2005: "The gulbenkian torso of King Pedubaste: investigation into Egyptian large bronze statuary", Metropolitan Museum Journal Vol. 40, 163-195; Noble,V., 1968: "The forgery of our Greek bronze horse", The Metropolitan Museum of Art Bulletin, 253-256; Henrichs, J., 2005: The Riace bronzes: a comparative study in the style and technique, Master thesis for University of West Florida-Pensacola,11-32.

④ Mattusch, C., 1988: Greek Bronze Statuary: from the Beginning to the Fifth Century B.C., Cronell University Press, New York, 219-240.

的操作过程及工艺流程来看，两者对泥芯焙烧前强度的要求则明显不同。在陶范铸造中，泥芯与外范均为分别制作，且在制作完成之后，只需将其阴干，再组合成铸型进行烘烤后即可进行浇注。也就是说，在陶范铸造中，泥芯在制作完成之后到与外范组合烘烤之前这段时间内，基本上不会在其上进行其他操作。然而，在失蜡铸造中，无论是直接失蜡还是间接失蜡，泥芯在制作完成并阴干后，需要在其表面通过刷蜡、贴蜡以及雕、塑等手段制作蜡模，以及进行设置芯撑、制作外范等一系列操作。制作蜡模、设置芯撑以及制作外范等操作很容易对泥芯造成损伤，所以相对于陶范铸造，特别是对于像青铜水禽颈部这样的长条形铸件而言，失蜡铸造对泥芯的强度要求应该更高。在古代的技术水平之下，提高泥芯强度的唯一方法就是通过设置芯骨来实现。从这一点来看，芯骨的设置很可能是顺应失蜡铸造的工艺要求而产生的一项技术措施，所以可视之为失蜡铸造铜器的另一个技术特征。这可能也就是截至目前芯骨几乎全部发现于失蜡铸造的铜器内，而很少见于陶范铸造铜器之上的原因。另外，关于芯骨的作用，海耶斯[①]（Haynes, D.）认为对于一些铸件，尤其是大型铸件，除了提高泥芯强度之外，芯骨的另一个作用是支撑泥芯，以便于蜡模和外范的制作，同时在浇铸时确保泥芯和外范之间的相对位置。

泥芯经焙烧之后，其自身强度增加，而且也无须在其上进行其他操作，所以芯骨的使用主要是提高泥芯在焙烧前的强度，使其能够承受制作蜡模和外范过程中的一系列操作。这一点也可以从青铜水禽上木芯骨的使用得以证明，因为泥芯焙烧过程中，木芯骨将由于炭化而失去原有的强度，再也不能起到增加泥芯强度的作用。从理论上来讲，木芯骨和金属芯骨均能满足增加泥芯焙烧前强度的要求，但是木芯骨的缺陷在于不能弯曲，不能用于有较大弧度的泥芯中，而金属芯骨则能够满足这一点。这大概也就是，水禽上发现的绝大多数金属芯骨均是处于头颈部弯曲弧度较大的部位，而10号天鹅上发现的木芯骨则位于其颈部平直部位的原因。

六、底部方孔的功能与作用

经考察的所有青铜水禽底部均有1～2个表面经铜片修补的方孔。各青铜水禽底部方孔详细情况详见表3-2。从表3-2可以看出，从存在形式

① Haynes, D., 1992: The Technique of Greek Bronze Statuary, Verlag Philipp von Zabern, Mainz, 24-29.

上来看，水禽的底部方孔基本上可归为两类：一类是只有一个方孔，位于水禽底部的中央，有长方形和正方形两种，且尺寸较大，边长约在 5～12cm 之间，例如 42 号鸿雁及 10 号天鹅；另一类有两个方孔，一个位于尾部底面，一个位于脖颈根部或胸部的底面，多为方形，但尺寸较小，边长多介于 3～5cm 之间，例如 2 号天鹅、21 号仙鹤、44 号鸿雁等。虽然不同青铜水禽底部方孔的存在形式、尺寸各不相同，但方孔的存在却是一个普遍现象，说明其与青铜水禽的制作工艺有关。而且，工艺考察显示底部方口的四周均为原铸造面，未发现任何錾凿、加工的痕迹，说明方孔是铸造过程中形成的，而并非后期加工所致。

表 3-2　秦始皇帝陵园出土部分彩绘青铜水禽底部方孔统计表

水禽编号	方孔数量（个）	方孔位置	尺寸（cm）	备注
2 号天鹅	2	胸部底面	3.0 × 3.0	
		尾部底面	3.0 × 3.0	
3 号天鹅	1	底部中央	7.5 × 6.0	
6 号天鹅	1	尾部底面	2.6 × 2.2	颈根附近底面方孔情况不明
7 号天鹅	1	尾部底面	不详	未拍摄 X 光片，仅尾部底面发现一个
8 号天鹅	2	胸部底面	6.0 × 8.5	
		尾部底面	5.0 × 5.5	
10 号天鹅	1	底部中央	10.0 × 10.0	
11 号天鹅	1	胸底面前端	4.0 × 4.0	水禽残损严重，尾部不存
13 号天鹅	1	尾部底面	2.5 × 2.0	残损严重，颈根部不存
21 号仙鹤	2	胸部底面	2.0 × 3.0	
		尾部底面	3.0 × 4.0	
29 号鸿雁	1	尾部底面	4.5 × 4.0	体腔内部存在大量的流淌状多余铜痕迹，许多工艺信息可能被其掩盖
33 号鸿雁	2	胸部底面	4.0 × 5.0	
		尾部底面	3.0 × 2.0	
35 号鸿雁	1	尾部底面	2.5 × 2.1	身体前端铜胎较厚，X 射线照片不清晰
36 号鸿雁	1	胸部底面	4.5 × 4.0	尾部未拍摄 X 光片
42 号鸿雁	1	底部中央	12.0 × 4.5	

续表

水禽编号	方孔数量（个）	方孔位置	尺寸（cm）	备注
43 号鸿雁	2	胸部底面	5.5 × 4.5	
		尾部底面	3.5 × 2.5	
44 号鸿雁	2	脖颈根部	4.0 × 3.0	
		尾部底面	3.0 × 3.0	
46 号鸿雁	2	胸部底面	8.0 × 7.5	
		尾部底面	3.0 × 4.0	

从目前的发现情况来看，虽然类似的孔洞在中国商周时期一些动物形青铜尊的背部也有发现（图 3-47），但似乎在古代失蜡铸造的青铜器上更为多见。前文提到，美国马里兰州沃尔特艺术博物馆收藏的 9 件埃及青铜鹰雕像、大英博物馆收藏的铜猫雕像等器物的底部上均发现了类似的孔洞[①]。甘肃武威雷台汉墓出土马踏飞燕被认为是失蜡铸造而成，马的腹部中央也有一孔洞存在[②]。另外，类似的方孔在一些晚期失蜡铸造的青铜佛像上也较为常见，例如美国大都会艺术博物馆收藏的公元 7 世纪青铜佛像（700A.D.）以及公元 12 世纪大理国的青铜佛像（1200A.D.）上也发现了方形孔洞的存在（图 3-48、

图 3-47　宝鸡石鼓山商周墓出土西周早期鹿尊

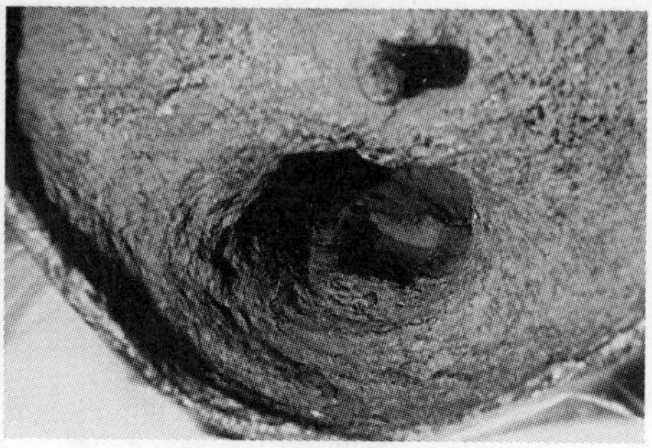

图 3-48　美国大都会艺术博物馆藏青铜佛像经铜片补缀的方孔内部

［该照片由唐娜·斯特拉恩（Donna Strahan）女士拍摄，斯特拉恩女士授权本书出版使用］

① Paul, J., Shelly, S., Terry, W., 1985: “A study of the Egyptian bronze falcon figures in the Walters art gallery”, Studies in Conservation (3), 112-118; Ambers, J., Hook, D., Spencer, N., 2008: “A new look at an old cat: a technical investigation of the Gayer-Anderson cat”, The British Museum Technical Research Bulletin (2), 1-12.

② 华觉明：《失蜡法在中国的起源和发展》，《中国冶铸史论集》，文物出版社，1986 年，第 226～246 页。

图 3-49）[①]。

图 3-49　大理国铜佛像背部方孔
（该照片由唐娜·斯特拉恩女士拍摄，
斯特拉恩女士授权本书出版使用）

有类似孔洞存在的青铜器，无论是中国商周时期动物形青铜尊还是失蜡铸造而成的青铜雕像，在造型上有一个共同的特点，即均为圆雕形的空腔青铜器。对于这类青铜器而言，从铸造工艺的角度来看，无论是在陶范铸造中还是在失蜡铸造中，泥芯将完全包裹于外范之中。也就是说，在青铜器铸成后，泥芯将完全包裹于铜器之内，成为盲芯。但是，中国商周时期的动物形青铜尊和古埃及的动物雕像等器物均作为容器使用，这就要求在器物铸成之后还需将内部的泥芯掏出，所以孔洞的设置是必不可少的。要在器物上预留孔洞，无论是陶范铸造还是失蜡铸造中，预留孔洞位置的泥芯与外范应该是相互连为一体的。这一连接不仅可以确保形成需要的孔洞，还可以起到大型芯撑的作用，保证泥芯和外范之间的相对位置。对于青铜水禽而言，13 号青铜天鹅尾部方孔四周的泥芯残留情况以及 35 号和 46 号鸿雁的工业 CT 扫描照片均显示其内部泥芯是通过底部方孔掏出。同时，青铜水禽底部大型芯撑的存在，在很大程度上削弱了小芯撑的作用，所以很多小芯撑并没有伸出铜胎表面，起到芯撑应有的作用。另外，如果以上分析与推理成立的话，那么底部大方孔的存在或许可成为水禽躯体部位正立浇注的一个有力证据。

对于作为容器的青铜器而言，预留孔洞的主要着眼点是掏取内部泥芯，从而得到内部空腔。但是，类似的方孔在一些失蜡铸造的非容器类青铜器上也经常看到，难道也仅仅是为了固定或掏取内部泥芯吗？从直接失蜡铸造的工艺流程来看，在泥芯制作完成之后，需要在泥芯表面进行蜡模制作、芯撑设置以及外范制作等多项操作。虽然间接失蜡铸造中，蜡模主要是以母范制作而成，但在蜡模雏形及其内部泥芯制作完成之后

① Strahan, D., 2012: “An enlightened journey: transitions in casting of Chinese buddhist images”, In Douglas, J., Jett, P., Winter, J.(eds.), Scientific Research in the Field of Asian Art., Archetype Publications, London, 73-82.

也需要在蜡模的表面进行修整蜡模、设置芯撑和制作外范等操作。对于像青铜水禽这样整体铸造且泥芯处于完全封闭状态的铸件而言，为了保证泥芯的各个部位，尤其是底部，在后续制作蜡模、设置芯撑以及制作外范等操作的顺利进行，则需要将泥芯支撑至一定的高度，从而使泥芯底部与工作台之间的空间可以满足开展这一系列操作的需要。所以，利用失蜡法铸造泥芯处于完全封闭状态的铸件，将泥芯支撑到一定的高度是一项必不可少的工艺措施。而且所用的支撑，将在青铜器上留下相应的孔洞。

与失蜡铸造不同，陶范铸造中的泥芯与外范为分别单独制作后再组合成铸型。也就是说，陶范是在模上翻制而成，并不需要在泥芯上制作，所以就没有必要像失蜡铸造中将泥芯支撑到一定的高度为外范的制作提供操作空间。再者，将泥芯与外范进行组合形成铸型时，如果仅是为了保证泥芯与外范之间的空腔，完全可以通过设置体积较小的铜垫片来实现，而没有必要设置尺寸较大的泥芯撑。由此可见，较大孔洞的存在应该是失蜡铸造过程的一个必需的工艺设置，是失蜡法整体铸造空腔铜器的一个特征，这也就是失蜡铸件上经常可看到较大方孔的原因。但是，对于希腊大型青铜雕像而言，由于分铸法的广泛使用，分别铸造的雕像各部分并非一个封闭系统，泥芯完全可以通过裸露的截面进行支撑，所以很少发现类似的孔洞。

七、铜片镶嵌补缀工艺

青铜水禽工艺考察过程中，在表面发现了大量补缀痕迹。现将部分水禽的补缀痕迹发现情况统计于表 3-3。从表 3-3 来看，12 件青铜水禽上共发现补缀痕迹 30 处，其中 16 处是对底部方孔的补缀，6 处是对芯撑孔的补缀，8 处是对砂眼、缩孔以及孔洞等缺陷的补缀。补片尺寸完全由补缀对象的大小所决定，一般而言，底部方孔、芯撑孔及孔洞性缺陷表面的补片较大（大于 2×2cm），而砂眼补片则较小（小于 2×2cm）。而且，青铜水禽表面所见的补缀均为铜片镶嵌法，未见包括熔补法在内的其他补缀工艺。在所考察的青铜水禽上，铜片补缀痕迹少则一两处，多则五六处，说明补缀应该是青铜水禽制作过程中的一个重要环节。需要说明的是，由于水禽锈蚀严重，再加上很多区域表面均有颜料层残留，现有的统计难免存有遗漏。

表 3-3 秦始皇帝陵园出土部分彩绘青铜水禽表面补缀痕迹不完全统计表

补缀对象	水禽编号	位置	尺寸（cm）	备注
底部方孔	2 号天鹅	胸部底面	4.0 × 4.0	
		尾部底面	4.0 × 4.0	
	7 号天鹅	尾部底面	3.0 × 3.5	
	8 号天鹅	胸部底面	6.0 × 8.5	铜片略有变形
		尾部底面	5.0 × 5.5	
	10 号天鹅	腹部底面	10.0 × 10.3	铜片变形、部分脱落
	13 号天鹅	尾部底面	2.0 × 2.5	水禽残损严重
	20 号天鹅	尾部底面	不详	残损严重
	21 号仙鹤	胸部底面	2.0 × 3.5	
		尾部底面	4.0 × 4.5	
	33 号鸿雁	胸部底面	4.0 × 5.0	
		尾部底面	2.0 × 3.0	
	35 号鸿雁	尾部底面	2.1 × 2.5	
	36 号鸿雁	胸部底面	3.2 × 3.2	
	42 号鸿雁	腹部底面	4.4 × 12.3	
	46 号鸿雁	腹部底面	8.5 × 7.7	
芯撑孔	2 号天鹅	腹部侧面	0.5 × 1.5	铜片已脱落
	10 号天鹅	腹部底面	2.0 × 2.3	
		腹部底面	2.2 × 2.2	
		腹部底面	2.0 × 2.7	
		腹部底面	2.0 × 2.5	铜片已脱落
	20 号天鹅	身体侧面	2.0 × 2.1	
砂眼、缩孔	8 号天鹅	颈部中部	1.5 × 2.0	铜片已脱落
		右腿部侧面	2.0 × 3.0	
		两腿之间	2.3 × 2.5	
		左腿根部	4.5 × 7.0	
	21 号仙鹤	颈部根部	1.5 × 1.5	
	42 号鸿雁	颈部	0.5 × 0.4	铜片已脱落
		颈部	0.5 × 0.5	铜片已脱落
		颈部	0.5 × 1.0	铜片已脱落

如前所述，中国先秦时期青铜器的补缀工艺包括熔补和铜片铆接两种，而且以熔补为主。铜片镶嵌补缀工艺除在秦始皇帝陵园出土的两乘铜车马的铜马和铜俑上曾有发现以外，其他先秦青铜器上还未见使用①。然而，对于西方失蜡铸造的青铜雕像而言，情况却截然不同。虽然早期埃及青铜雕像的补缀工艺也以熔补为主，但铜片镶嵌补缀工艺最晚于公元前6～5世纪在埃及青铜雕像以及希腊青铜雕像上均得到了非常广泛的应用。例如前文提到的葡萄牙里斯本古尔班吉安博物馆收藏的古埃及陪杜巴斯特雕像残件、大英博物馆收藏的埃及铜猫、美国大都会艺术博物馆收藏的希腊铜马、意大利南部里亚切村出土两件青铜雕像、美国盖蒂博物馆收藏的维多利亚青年雕像等器物上均有大量发现②。另外，现有资料显示③，铜片镶嵌补缀工艺最早见于伊朗苏萨艾克罗波雷斯寺庙遗址出土的纳皮尔·阿苏女王铜像上，很可能表明这一工艺源于这一地区。

铜片镶嵌补缀工艺之所以在先秦时期的范铸铜器上几乎不见，而广泛发现于西方失蜡铸造的大型青铜雕像之上，很可能是由于熔补法和铜片铆接法不可行或达不到失蜡铸造器物缺陷补缀的要求。对于孔洞性缺陷而言，熔补工艺需要在缺陷的一侧设置陶范，然后从另一侧浇注铜液进行补缀，而铜片铆接工艺则需要在器物内壁固定铆钉。但是，对于西方失蜡铸

① 侯介仁：《秦陵铜车马中镶嵌工艺的使用》，《西北农业大学学报》（自然科学版）1995年增刊，第85～88页。

② Hill, M., Schorsch, D., 2005: "The gulbenkian torso of King Pedubaste: investigation into Egyptian large bronze statuary", Metropolitan Museum Journal Vol. 40, 163-195; Delange, E., Meyohas, M., Aucouturier, M., 2005: "The statue of Karomama: a testimony of the skill of Egyptian metallurgists in polychrome bronze statuary", Journal of Cultural Heritage (6), 99-113; Lefferts, K., Majewski, J., 1981: "Technical examination of the classical bronze horse from the Metropolitan Museum of Art", Journal of the American Institute for Conservation (1), 1-42; Henrichs. J., 2005: The Riace bronzes: a comparative study in the style and technique, Master thesis for University of West Florida-Pensacola.11-32. Podany, J., Scott, D., 2000: "The Getty The Getty Victorious Youth reconsidered: initial report on the scientific and technical re-examination", In C. Mattusch, A. Brauer and S. Knudesen (eds.), From the Parts to the Whole (Volume 1): Acta of the 13th International Bronze Congress, Held at Cambridge, Massachusetts, May 28 – June 1, 1996, Portsmouth, R. I., 179-191.

③ Peter, M., 2000: "The casting process of the statue of queen Napir-Asu in the Louvre", In C. Mattusch, A. Brauer and S. Knudesen (eds.), From the Parts to the Whole (Volume 1): Acta of the 13th International Bronze Congress, Held at Cambridge, Massachusetts, May 28 – June 1, 1996, Portsmouth, R. I., 11-18.

造的青铜雕像而言，在内部泥芯被掏出后，雕像将形成中空且封闭的系统，由于操作空间的限制，在孔洞性缺陷的内侧设置泥范以及固定铆钉在操作上均有较大的难度或不可行。而且，熔补工艺和铜片铆接工艺也很难达到雕像外表的审美要求，所以铜片镶嵌补缀工艺便应运而生。虽然铜片镶嵌工艺并非失蜡铸造之必然，但与失蜡铸造工艺的广泛共存，表明二者之间存在某种关联。

青铜水禽及铜车马是迄今所知铜片镶嵌补缀工艺在中国最早的应用实例，表明该工艺可能是战国晚期或秦代才出现的新工艺。秦代之前，铜片镶嵌补缀工艺使用较少，究其原因应该至少有两个方面：一方面可能是由于前期青铜器多为礼容器、兵器等非圆雕形青铜器，补缀时很容易在缺陷部位设置内外泥范并浇注铜液进行补缀或直接将薄铜片用铜铆钉固定在器物需要修补的部位。从工艺角度而言，相对于铜片镶嵌工艺，熔补法及铜片铆接法较为简单且易操作，所以并没有使用铜片镶嵌工艺的需求。另一方面，使用铜片镶嵌补缀工艺，需在缺陷或孔洞四周錾凿出一定深度的凹槽，这就需要硬度较大的錾凿工具，而在铁器出现之前，很难找到能够满足这一需求的工具，这可能也是限制铜片镶嵌补缀工艺出现的另一原因。春秋时期至秦代，随着冶铁技术的逐步提高，铁质工具在硬度、强度方面均有了明显的改善，为铜片镶嵌工艺的出现提供了物质条件。现有的考古发掘资料显示[①]，战国时期至秦代的铁质工具、农具、兵器均有大量出土，而且秦始皇帝陵园内也有大量铁质工具、刑具出土，说明铁质工具在这一时期得到了非常广泛的应用。李秀珍等[②]对秦始皇帝陵园一号兵马俑坑出土青铜兵器表面的加工痕迹进行了系统研究，认为其表面的铭文以及部分加工痕迹是使用铁质工具加工的结果。另外，秦始皇帝陵园出土铜车马俑体和马体上的一些细部，例如马腿部的细小皱纹、马立鬃顶部的圆环纹、俑的眉丝和胡丝等，均为錾凿而成。青铜水禽在合金成分上与铜马、铜俑均较为接近（详见第四章），说明当时应该有能够满足对水禽缺陷四周进行錾凿加工的工具。或许可以认为，铜片镶嵌补缀工艺的出现是大型圆雕青铜器表面缺陷补缀的工艺需求以及铁质工具广泛使用两方面因素综合导致的结果。

---

① 韩汝玢、柯俊：《中国科学技术史 · 矿冶卷》，科学出版社，2016 年，第 390～444 页。

② Li, X. Martinón-Torres, M., Meeks, D., 2001: “Inscriptions, filing, grinding and polishing markson the bronze weapons from the Qin Terracotta Army in China”, Journal of Archaeological Science (38), 492-501.

铜片镶嵌补缀工艺在西方出现的时间明显早于中国，应用也更为广泛。考虑到铜片镶嵌补缀工艺在中国先秦时期铜器上尚无发现，以及青铜水禽上所见的铜片镶嵌补缀工艺已非常成熟，而且，从操作工艺的角度来看，铜片镶嵌补缀工艺与中国先秦时期常用的熔补工艺以及铜片铆接工艺存在明显的区别，并不存在任何技术上的传承关系，所以该工艺在中国的出现及应用应该是受到了西方青铜工艺的影响。

八、流淌状多余铜和毛刷痕迹

青铜水禽铸造工艺考察部分提到，10 号天鹅躯体内壁以及 29 号鸿雁躯体内壁均发现有大量流淌状多余铜，而且 10 号天鹅躯体内壁还存在大量成组出现的毛刷痕迹。但是，由于大部分青铜水禽躯体部保存较为完整，所以流淌状多余铜和毛刷痕迹在其他青铜水禽内壁的存在情况目前并不清楚。迄今为止，在先秦时期范铸青铜器上还未发现类似于这样的流淌状多余铜和毛刷痕迹的相关报道，但在西方失蜡铸造的青铜雕像内壁却大量发现。例如前文提到的突尼斯马赫迪亚出土的一件公元前 2 世纪的青年雕像左臂、佛罗伦萨考古博物馆所藏的一件公元前 3 世纪的青铜女神像、波士顿艺术博物馆所藏的一件公元 2 世纪的男性雕像右腿残件等器物内壁均发现了流淌状多余铜和毛刷痕迹[①]。

青铜器内壁流淌状多余铜和毛刷痕迹的形成，与其铸造工艺关系密切。从古代青铜器的铸造过程来看，无论在泥范铸造还是在失蜡铸造中，青铜器均是将熔化的青铜浇注于泥芯和外范之间的空腔而形成。也就是说，除去铸后加工所形成或留下的痕迹以外，青铜器的形状、胎壁厚度、表面铸纹等均与泥芯和外范之间的空腔是相对应的。那么，青铜器内部流淌状多余铜和毛刷痕迹的存在表明其泥芯表面的相应部位应该存在与流淌

---

① Willer, F., 2000: “Conservation in 1994 of the so-called Agon, the life-size bronze statue from Mahdia”, In Mattusch, C., Brauer, A., Knudsen, S. (eds.), From the parts to the whole (Volume 1): Acta of the 13th international bronze congress, May 28-June 1, 1996, Portsmounth, 235-240; Oddy, A., 2002: “The technology and conservation of two fragment of life-size gilt bronze Roman statuary”, In Mattusch, C., Brauer, A., Knudsen, S. (eds.), From the parts to the whole (Volume 2): Acta of the 13th international bronze congress, May 28-June 1, 1996, Portsmounth, 98-103; Siano, S., 2013: “The birth and second life of the Minerva of Arezzo”, In Risser, E., Saunders, D.(eds.), The Restoration of Ancient Bronzes Naples and Beyond, The J.Paul Getty Museum, Los Angeles, 88-116.

状多余铜、毛刷痕迹形状一致的凹陷，否则，流淌状多余铜和毛刷痕迹是不可能出现的。前面提到，在陶范铸造和直接失蜡铸造中，泥芯均是通过手工捏塑或利用芯盒制作而成，那么在泥芯表面既没有必要也不可能制作出呈自然流淌状多余铜的凹陷以及毛刷痕迹。

要在青铜器泥芯上形成这样的凹陷，只能是间接失蜡铸造的结果。间接失蜡铸造一般是先制作蜡模，再在蜡模内填充芯料形成泥芯。制作蜡模过程中的刷蜡和焊蜡等操作经常会在蜡模内壁留下流淌状的多余蜡以及毛刷痕迹，填入芯料后，这些痕迹就印在了泥芯表面。铸造时，蜡被融化后，熔融的青铜将填充原来由蜡填充的空间，从而青铜器内壁也将出现流淌状多余铜和毛刷痕迹。可以看出，青铜器内壁的流淌状多余铜和毛刷痕迹应该是间接失蜡铸造工艺的一个特征。也是出于这个原因，毛刷痕迹和流淌状多余铜常常被西方学者视为区分直接失蜡铸造和间接失蜡铸造的标志性证据①。青铜水禽身体内壁毛刷痕迹以及流铜痕迹的存在，表明其为间接失蜡法铸造而成。

九、立姿水禽掌部与踏板的连接

与卧姿水禽不同，所有立姿水禽均设置有踏板，以解决其平衡的问题。工艺考察发现，所有立姿水禽的踏板与掌部均为分铸而成，而且水禽掌与踏板之间均设置有榫卯结构。其中，8 号天鹅的掌部设置榫头，踏板设置卯窝，而 21 号青铜仙鹤、40 号鸿雁则恰好相反，掌部设置卯窝，踏板设置榫头。

由于青铜水禽掌部与踏板之间的连接，除设置有榫卯之外再没有发现其他工艺的迹象，而且无论铜榫是在掌上还是在踏板上，榫与掌（或踏板）均为整体铸造而成。另外，40 号鸿雁掌部卯窝的四周有一不规则圆形凹陷，踏板上相应的榫四周则有形状相同的一层多余铜。这些迹象表明，水禽的身体部与踏板并非分别铸造后再组合在一起，而应该是先铸造出踏板（或水禽掌部），再将其镶嵌于后铸的水禽掌部（或踏板）的铸型内再铸后者。

十、卧姿水禽底面掌部轮廓

工艺考察发现，卧姿水禽的腿、掌部与身体为整体铸造而成。部分卧

① Haynes, D., 1992: The Technique of Greek Bronze Statuary, Verlag Philipp von Zabern, Mainz, 11-23.

姿水禽掌部约三分之一区域压于躯体之下，但在水禽底部的相应位置仍然能看见掌部被叠压部分的轮廓。例如在3号青铜天鹅、9号青铜天鹅、29号青铜鸿雁、43号青铜鸿雁、44号青铜鸿雁底部的相应位置均有发现。从水禽底面掌部轮廓的线条来看，除44号鸿雁左掌轮廓为刻画而成以外，44号鸿雁右掌和其他水禽双掌的轮廓线条可明显看出掌部叠压与水禽底面之上，应为贴塑而成（图3-50、图3-51；图版五一）。这样的轮廓线条，尤其是明显具有叠压迹象的贴塑线条，在陶范铸造中几乎不可能实现，更像失蜡铸造中贴蜡塑型的结果。

图3-50　9号彩绘青铜天鹅底部右掌叠压部分轮廓线条

图3-51　43号彩绘青铜鸿雁底部右掌叠压部分轮廓线条

十一、彩绘青铜水禽铸造工艺的判断及其特征

从古代陶范铸造和失蜡铸造工艺流程及要求的分析和讨论可以看出，铜隔档、芯骨、底部方孔、铜片镶嵌补缀工艺、流淌状多余铜、毛刷痕迹以及卧姿水禽底面掌部轮廓的贴塑痕迹，均为失蜡铸造的工艺措施或特征，而在陶范铸造中没有必要使用或无法形成。这一系列工艺措施或现象在青铜水禽上的集中出现，基本可以说明青铜水禽是以失蜡铸造而成。另外，工艺考察中发现青铜水禽上的一些复杂部位，包括卧姿水禽掌部与身体之间、交叉双翼与尾部形成的空腔、青铜仙鹤尾部的多层铜羽毛等形制复杂的部位，均难以直接翻范，也未见分铸迹象，从侧面也印证了青铜水禽是以失蜡法铸造而成。

前文通过对青铜水禽上发现的一系列工艺措施和现象在中、西方古代青铜工艺的视角下的分析与讨论，发现青铜水禽在铸造工艺上特征鲜明。首先，所有卧姿青铜水禽以及除踏板之外的立姿青铜水禽均为整体铸造而成，明显有别于公元前一千纪时期中、西方广泛使用分铸工艺的其他青铜器。其次，青铜水禽在芯撑的材质和设置工艺上也与中、西方同时期青铜器有所区别，显示出了明显的特征。再次，青铜水禽上发现的铜隔档、芯骨的使用，底部方孔、铜片镶嵌补缀工艺、流淌状多余铜、毛刷痕迹以及底面掌部轮廓的贴塑痕迹等工艺措施或现象，在中国先秦陶范铸造的铜器上非常少见或不见，但与西方古埃及、古希腊以失蜡法铸造大型青铜雕像上发现的相应工艺信息较为接近甚至相同。

第四节 彩绘青铜水禽的铸造工艺及其所反映的中、西方文化交流

一、彩绘青铜水禽铸造工艺蠡测

经过上一节的分析和讨论，基本上可以确定青铜水禽为失蜡铸造而成。如前所述，间接失蜡铸造和直接失蜡铸造的主要区别在于蜡模的制作工艺不同。而且，间接失蜡铸造工艺的主要优点在于批量生产，所生产的青铜器在整体形状及尺寸上存在较大的相似性，仅在细节上有所不同。

虽然各青铜水禽在颈部的造型和尺寸上差异较大，但对于躯体部而言，却存在多件水禽整体造型相似、尺寸相近的情况。现将保存较为完整的青铜水禽身体部尺寸统计于表 3-4。从表 3-4 可以看出，1 号、2 号、4 号、6 号、10 号、17 号天鹅身体部的长度均在 60cm 左右、宽度多在 30cm 左右，高度约 23～25cm；3 号、5 号、7 号、9 号天鹅身体部尺寸相对较小，长约 45～50cm，宽约 25～30cm，高约 20cm；5 件铜鹤中，有 4 件身体部的尺寸均较为接近，长约 60～62cm，宽约 20～23cm；而鸿雁的尺寸则可分为 3 类，一类体长在 60cm 左右，宽约 23～27cm，包括 27 号和 46 号鸿雁；一类体长约 45～50cm，宽约 18～22cm，高约 16～20cm，包括 28 号、30 号、31 号、32 号、33 号、38 号、39 号、41 号、42 号、43 号以及 45 号鸿雁；最小的一类体长在 35～40cm 之间，宽在 20cm 左右，高多在 16cm 左右，包括 29 号、34 号、37 号以及 44 号鸿雁。

表 3-4 彩绘青铜水禽躯体部尺寸统计表

水禽编号	水禽种类	躯体部尺寸（cm）		
		长	宽	高
1 号	立姿天鹅	62.0	30.0	23.0
2 号	立姿天鹅	60.0	30.0	—

续表

水禽编号	水禽种类	躯体部尺寸（cm）		
		长	宽	高
3 号	卧姿天鹅	48.0	26.0	18.0
4 号	卧姿天鹅	59.0	30.0	25.5
5 号	卧姿天鹅	45.0	26.0	20.0
6 号	卧姿天鹅	57.0	29.0	25.0
7 号	卧姿天鹅	48.0	28.0	20.0
8 号	立姿天鹅	63.0	28.0	28.0
9 号	卧姿天鹅	48.0	28.0	20.0
10 号	卧姿天鹅	60.0	36.0	25.0
17 号	卧姿天鹅	63.0	36.0	—
21 号	立姿仙鹤	62.0	20.0	—
22 号	立姿仙鹤	62.0	22.0	—
23 号	立姿仙鹤	62.5	20.0	9.0
24 号	立姿仙鹤	68.0	21.0	—
25 号	立姿仙鹤	60.5	23.0	16.4
27 号	卧姿鸿雁	61.0	27.0	—
28 号	立姿鸿雁	50.0	18.0	20.0
29 号	立姿鸿雁	40.0	18.0	35.0
30 号	立姿鸿雁	48.0	20.0	—
31 号	卧姿鸿雁	48.0	22.0	17.0
32 号	卧姿鸿雁	44.0	21.5	16.0
33 号	卧姿鸿雁	48.0	20.0	28.0
34 号	卧姿鸿雁	35.0	19.0	16.0
37 号	卧姿鸿雁	40.0	20.0	15.0
38 号	卧姿鸿雁	44.0	22.0	16.0
39 号	卧姿鸿雁	46.0	18.5	14.0
41 号	卧姿鸿雁	49.0	21.0	21.0
42 号	卧姿鸿雁	48.0	25.0	17.0
43 号	卧姿鸿雁	47.0	21.0	18.0
44 号	卧姿鸿雁	41.0	22.5	16.0
45 号	卧姿鸿雁	48.0	22.0	17.0
46 号	卧姿鸿雁	60.0	23.0	17.0

前文提到的水禽泥芯撑的设置以及内壁流淌状多余铜和毛刷痕迹的存在，再结合多件水禽身体部整体造型、尺寸相似的情况，表明青铜水禽在具体方法上很可能是以间接失蜡工艺制作而成。另外，各青铜水禽在细节上的差异性又表明，利用间接失蜡法制作的很可能只是蜡模雏形，而表面的一些细节，例如腿掌部、眼睛、天鹅和鸿雁交叉的两翼以及仙鹤尾部羽毛等，则可能是在蜡模雏形表面通过贴、塑、雕、刻等操作制作而成。

现以青铜水禽上发现的工艺措施及现象，再结合古代西方失蜡铸造工艺的基本操作流程，对青铜水禽的铸造工艺及流程进行初步的推测。

制母模：由于青铜水禽各部分内部泥芯及其表面蜡模为分别制作，并非整体，所以为保证每件水禽中的各部分泥芯以及表面蜡模能够在后期顺利组合并形成相应的造型。同时，还需要翻制母范，以制作蜡模。所以，首先应该制作出水禽的母模。母模可能是由泥料、木材或石材制作而成，而且可能仅为各水禽的大体形态，而并不包括表面的工艺细节。另外，身体部造型、尺寸相似的水禽，很可能使用了同一躯体母模。

制母范：母模制作完成之后，根据各母模的造型，翻制出母范若干。考虑到中国商周时期的陶范铸造传统，母范可能以黏土制作而成。

制蜡模：待母范干燥后，将水禽各部位的母范分别组合在一起，并在内侧通过刷蜡或贴蜡片的方法制作各部位的蜡模雏形。一般而言，制作蜡模雏形时，为给贴蜡（或刷蜡）以及后面设置芯撑、填充芯料、置放芯骨等操作提供足够的操作空间，蜡模雏形起初也为分块制作，例如头颈部各部分蜡模应该是分为两半分别制作。

设置芯撑：将预先制作好的泥芯撑，从蜡模的内壁插入蜡层内，并在蜡模内壁成排分布。

制作泥芯：对于泥芯存在中间分界线的头颈部，应该是先将固态芯料分别填入分两半制作且内壁带有泥芯撑的蜡模内，再将两部分蜡模合并通过焊蜡将其连为一体。对于泥芯没有中间分界线的头颈部，应该是先将两半内壁带有泥芯撑的蜡模通过焊蜡的方法连为一体，再在蜡模中间的空腔内填充芯料制作泥芯。对于水禽身体部而言，流淌状多余铜及毛刷痕迹的存在，表明其身体部泥芯的制作应该晚于蜡模的制作，所以水禽身体部泥芯应该是先将芯料填入内壁带有泥芯撑的蜡模内，在芯料未干燥之前，再将内壁带有泥芯撑的底部蜡模通过焊蜡的方法与身体部蜡模相连接。

设置芯骨和底部支撑：水禽头颈部芯骨的设置应该是在制作泥芯的同时埋入其中。对于弧度较小的芯骨，可以在合并两半蜡模之前埋入芯骨，也可以在合并之后先置入芯骨，再填芯料。而对于弧度较大的芯骨，只能是在合并两半蜡模之前埋入泥芯。底部支撑（即底部方孔的位置）应该是在制作躯体部泥芯的同时制作设置而成的。支撑主要的材料可能与泥芯一样，为了增强其强度，还可能在其内部置入铜条或木条。

修整蜡模：待蜡模内泥芯干燥后，将水禽身体部利用底部支撑撑至一定的高度，为后续步骤提供足够的操作空间。再将水禽各部分利用焊蜡的方法连接在一起。然后，通过贴、塑、雕、刻等手段在蜡模雏形的表面加工出眼睛、腿部、尾部等细节，最终完成蜡模的制作。完成后的蜡模与铸造出的青铜水禽形状一致。

设置浇注系统：根据各水禽的造型和需要，设计浇孔、通气孔以及出蜡孔的数量、位置及形状，并以蜡条制作。

制作外范：通过涂挂细泥浆制作内层外范。泥浆需逐层涂挂，一层干后再涂另一层，直至一定的厚度。待内层外范阴干后，再敷外层料，加到一定厚度，以增加外范强度。

出蜡烘烤：待外范阴干后，对整个铸型进行烘烤，使蜡料融化流出铸型。然后再进行焙烧，从而将残留在铸型型腔内的可燃物质烧除，提高铸型的强度和透气性，减少发气量，并保持一定的温度。

浇注：将含锡量约为10%的熔融青铜合金（合金成分详见第四章）通过浇口注入铸型，完成浇注。待整个铸型冷却后，取出铸件，利用底部方孔掏出水禽躯体部泥芯。

铸后加工：将表面清理后，对芯撑孔、底部方孔以及铸造缺陷利用铜片镶嵌工艺进行补缀，最后再进行通体打磨处理。

二、彩绘青铜水禽铸造工艺所反映的中、西方文化交流

如前所述，在过去的数十年中，中、西方青铜器制作工艺研究均取得了丰富的成果。中国青铜器制作自二里头时期就形成了陶范铸造的工艺传统，与西方古代以失蜡铸造为主的工艺传统明显有别。近年来，古代失蜡铸造工艺已成为学术界较为关注的热点问题，关于其在中国的出现和早期发展等尚存争议。值得注意的是，迄今为止关于早期中、西方青铜工艺相互交流和影响的直接证据发现较少，这方面的研究也相对显得比较薄弱。

前文将青铜水禽上所见的工艺信息分别与公元前一千纪时期中、西方青铜器上发现的相关工艺信息进行了比较，发现青铜水禽上的多项工艺信息包括铜隔档、芯撑的设置、芯骨的使用、底部方孔、铜片镶嵌补缀工

艺、流淌状多余铜、毛刷痕迹等工艺措施或现象，均与西方古埃及、古希腊以及罗马时期的大型青铜雕像上发现的相关工艺或现象较为接近，而在除秦始皇帝陵园出土的两乘铜车马之外的中国陶范铸造青铜器上却较为少见或不见。失蜡铸造大型青铜雕像一直为古代西方的传统，而在先秦时期以陶范铸造占统治地位的中国迄今也很少发现，从时代上来看，青铜水禽应为目前所见中国最早的失蜡铸造青铜雕像。这一系列工艺措施或现象在青铜水禽上集中、突然的出现，而且相关工艺措施已非常成熟，同时这些工艺措施或现象在先秦时期的地中海地区使用频率较高，出现的时间更早，应用也更为广泛。所以，有理由相信，青铜水禽在制作工艺上受到了西方青铜工艺的影响。

在希腊古代大型青铜雕像上，常常可以看到沿焊缝骑缝镶嵌且呈锯齿状连续排列的铜片，西方学者认为其主要功能并不是修补缺陷，而是隐藏焊接痕迹，同时增强焊缝的连接强度①。虽然以镶嵌铜片来增强焊缝连接强度的做法在青铜水禽上目前并没有发现，但类似工艺在秦始皇帝陵园出土的两乘铜车上却有发现。在一号铜车左右较与左右栏板的连接以及二号铜车的轼与前侧栏板之间的连接均沿焊缝等距离骑缝镶嵌了若干铜片“来增强焊缝的连接强度”（图 3-52、图 3-53）②。虽然铜车上发现的镶嵌铜片的

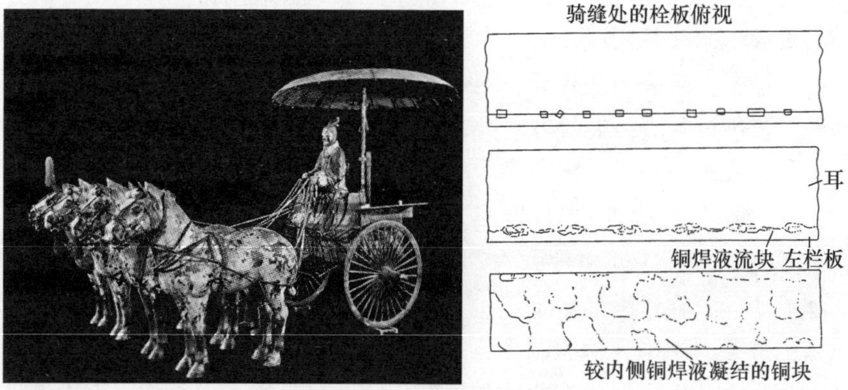

图 3-52 秦始皇帝陵园出土一号铜车马左侧较与栏板焊缝及骑缝镶嵌铜片示意图

① Lie, H., Mattusch, C., 1996: “Introduction to the catalogue entries and technical observations”, In Mattusch,C. (ed.), The Fire of Hephaistos: Large Classical Bronzes from North American Collections, Harvard University Art Museum, Massachusetts, 162-178.

② 秦始皇兵马俑博物馆、陕西省考古研究所：《秦始皇陵铜车马发掘报告》，文物出版社，1998 年，第 244～322 页。

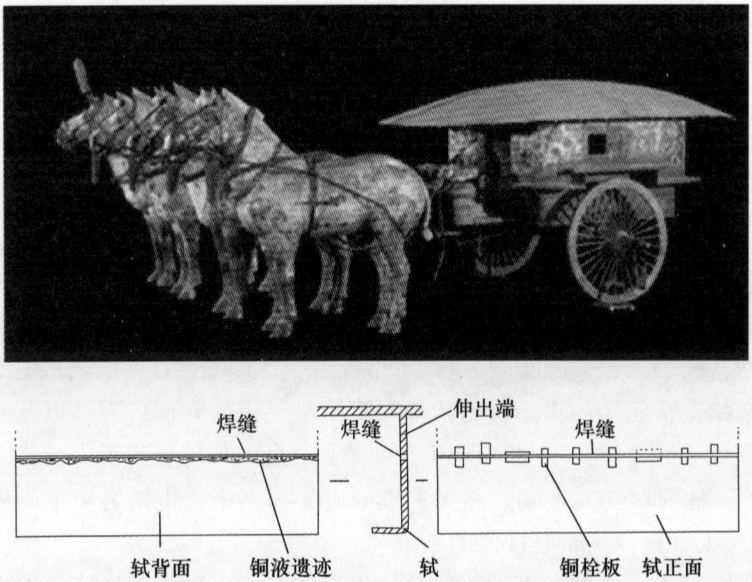

图 3-53　二号铜车马车轼与前侧栏板之间沿焊缝及骑缝镶嵌铜片示意图

分布情况与西方古代青铜雕像有所不同，但其作用和功能是一致的。这一工艺在中国先秦铜器上亦未发现，可能是地中海地区古文化青铜工艺对中国青铜工艺影响的又一证据。

事实上，中国先秦时期的冶金技术受到西方的影响，还反映在其他的一些方面。例如陈建立[①]对中国铸铜遗址出土的陶管、金珠工艺以及青铜器表面的镀锡工艺进行了系统的研究与分析，认为这些器物或技术在中国的出现是受到了西方的影响，并将其命名为“中国早期冶金术中的西方因素”。黄维等[②]对甘肃张家川马家塬战国墓地出土的金管饰进行了深入研究，认为其表面焊接金珠的装饰风格和工艺受到了地中海文明的影响，并指出这种影响可能是通过欧亚草原到达中国北方地区。

另外，考古资料证明中、西方之间早在史前时期就存在文化交流。甘肃河西走廊地区出土了中国境内最早的麦类作物和权杖头，李水城认为麦类作物和权杖头在中国的出现应该是来自西方，因为在全球范围内麦类作

① 陈建立：《中国古代金属冶铸文明新探》，科学出版社，2014 年，第 442～460 页。

② 黄维、吴小红等：《张家川马家塬墓地出土金管饰的研究》，《文物》2009 年第 10 期，第 78～84 页。

物最早是在西亚被驯化，而权杖头则最早使用于地中海地区①。动物考古研究表明，绵羊、山羊、牛、马、骆驼等食草类动物是在西亚、中亚一带率先被驯化，后经新疆传入中原地区②。至春秋战国时期，西来文化对中国的影响则更为明显。段清波认为不仅秦文化中所见到的兵马俑、铜车马、陵墓封土内高台建筑、条形砖、槽型板瓦、茧形壶、石刻等文化因素并非从中国固有文化中发展而来的，是由西亚通过丝绸之路传播而来，而且秦国统一全国后推行的一系列政治经济文化等方面的改革制度，包括三公九卿制、郡县制、统一税制、统一货币、统一文字等，也直接受到了波斯帝国以及马其顿帝国相关制度的影响③。倪克鲁（Nickel，L.）从艺术史的角度提出秦始皇帝陵园内出土具有浓郁写实主义风格的陶俑、陶马以及文献中记载秦统一后"收天下兵"所铸造的"十二金人"均受到了古希腊文化的影响④。林梅村在《丝绸之路考古十五讲》一书中，也认为文献中记载的"十二金人"是模仿希腊神像的结果⑤。

如前所述，大型的青铜雕像最早出现在美索不达米亚地区，但由于保存下来的极少，所以目前关于该地区古代大型青铜雕像的铸造工艺及其与埃及、希腊和南阿拉伯地区大型青铜雕像的铸造工艺之间的关系目前并不清楚。而且，中亚及欧亚草原地区古代大型青铜雕像的使用情况以及铸造工艺目前也不清楚。受制于这一研究现状，虽然青铜水禽上发现的多种工艺措施或现象显示其铸造工艺受到了西方青铜工艺的影响，但关于其技术来源目前还很难厘清。青铜水禽的铸造工艺究竟是受到了美索不达米亚、埃及还是希腊，或是其他地方的影响，以及大型青铜雕像铸造技术在古代

① 李水城：《中国境内考古所见早期麦类作物》，《亚洲文明（第四集）》，三秦出版社，2008年，第50～72页；北京大学考古文博学院、甘肃省文物考古研究所：《河西走廊史前考古调查报告》，文物出版社，2011年，第436、437页。

② Flad, K. Yuan, J. 2007: "Zooarchaeological evidence for animal domestication in northwest China", In Madson, D., Chen, F., Gao, X. (eds), Late Quantery Climate Change and Human Adaptation in Arid China, Elsevier, London, 167-203.

③ 段清波：《从秦始皇陵考古看中西文化交流（一）》，《西北大学学报》（哲学社会科学版）2015年第1期，第8～15页；段清波：《从秦始皇陵考古看中西文化交流（二）》，《西北大学学报》（哲学社会科学版）2015第2期，第8～14页；段清波：《从秦始皇陵考古看中西文化交流（三）》，《西北大学学报》（哲学社会科学版）2015年3期，第8～13页。

④ 倪克鲁（Nickel, L.）：《亚洲视野中的秦兵马俑》，《古代墓葬美术研究（第一辑）》，文物出版社，2011年，第23～40页。

⑤ 林梅村：《丝绸之路考古十五讲》，北京大学出版社，2006年，第87～89页。

的传播情况，均是将来需进一步关注的研究课题。

从影响方式来看，青铜水禽在铸造工艺上明显存在西方青铜工艺特征这一现象的形成，存在三种可能性：第一种可能性是青铜水禽为西方舶来品，即在西方制作后，将成品直接运到秦国；第二种可能性是由西方工匠在秦国境内制作，或是在西方工匠的帮助和指导下，由秦国工匠制作而成；第三种可能是秦国工匠在西方学习并掌握了大型青铜雕像的铸造技术后，在秦国制作而成。青铜水禽基体金属的铅同位素及微量元素分析显示，其矿料来源与早期秦文化铜器的矿料相同或相近（详见第四章）。从这一点来看，基本上可以排除第一种可能性，因为如果青铜水禽为西方舶来品，那么其所使用的铜矿应该不会与早期秦文化铜器所用铜矿相同。而且，虽然上述工艺措施或现象表明青铜水禽在铸造工艺明显受到了西方青铜工艺的影响，但在整体铸造、芯撑的材质、芯骨的材质等方面也存在明显的区别，表明青铜水禽的铸造工艺还有本地化特征。对于后两种可能性而言，目前的证据还无法确定，但考虑到青铜水禽上多种新的工艺措施或现象在中国同时、突然出现以及在铸造工艺上的本地化特征，第二种可能性的概率应该更大。

第五节　小　结

在第二章对部分典型青铜水禽及水禽残件进行工艺考察的基础上，本章在中西方古代青铜铸造工艺的背景下对青铜水禽上发现的一系列工艺措施或工艺现象进行了综合的分析和讨论，多重证据表明青铜水禽应为失蜡工艺铸造而成，而且在具体工艺上采用了间接失蜡铸造工艺。

青铜水禽上发现的铜隔档、芯撑的设置工艺、芯骨、底部方孔、铜片镶嵌补缀工艺、流淌状多余铜、毛刷痕迹等工艺措施或现象，与西方古埃及、古希腊的大型青铜雕像上发现的相关工艺较为接近，而在除秦始皇帝陵园出土的两乘铜车马之外的中国先秦青铜器上却较为少见。而且，相对于中国，这一系列工艺措施或现象在西方古代大型青铜雕像上出现的时间较早，应用较为广泛，表明青铜水禽在工艺上受到了西方的影响，但在整体铸造、芯撑材质以及芯骨材质等方面又与西方古代大型青铜雕像存在着明显的区别，可能表明其在铸造工艺上又存在本地化特征。另外，受制于当前的研究现状，关于青铜水禽铸造技术的来源目前并不清楚，有待于将来更多研究工作的开展。

第四章　彩绘青铜水禽合金工艺及矿料来源研究

合金工艺和矿料来源研究是古代青铜器研究的两个重要方面。前者可以反映古代不同时期铜器的材质特征以及人们对青铜合金性能的认识水平，后者则可以帮助我们了解各时期不同地区青铜器矿料的供应和流通情况，进而为探索古代各地区的经济、生产状况以及不同地区之间的技术、文化交流等问题提供线索。本章将对青铜水禽的合金工艺和矿料来源进行分析研究，在揭示其材质特征的同时，探索其矿料来源，以期为全面了解战国晚期秦国乃至秦代的青铜冶铸技术水平提供有益信息。

第一节　中、西方公元前一千纪青铜器合金工艺研究概况

要深入理解秦始皇帝陵园出土彩绘青铜水禽的合金工艺特征，必须先对同时期各地区出土相关青铜器合金工艺的整体状况有一定的了解。本节将根据现有文献，对公元前一千纪中、西方相关青铜器的合金工艺及其演变情况进行简要的介绍，从而为青铜水禽合金工艺及其特征的研究提供一个技术背景。

一、西方青铜雕像的合金工艺

（一）埃及青铜雕像

整体而言，埃及早期铜器多以红铜制作而成。自旧王国时期（Old Kingdom Period，2580～2130 B.C.）开始，砷铜出现并与红铜并用。中王国时期锡青铜出现，与砷铜、红铜并用。铅锡青铜出现于新王国晚期，但直到第三中间期和后王国时期才逐渐得到了广泛应用，而且铅的含量也逐渐升高，逐步替代了锡青铜[①]。

---

① Nicholson, P., Shaw, I., 2000: “Ancient Egyptian Materials and Technology”, Cambridge University Press, 148-176.

对公元前一千纪埃及青铜雕像而言，虽然目前在合金工艺方面的研究工作开展较少，但现有研究大体上也能反映出其材质的变化情况以及各时期的材质特征。从现有成果来看，第三中间期的青铜雕像在合金成分上多为铜锡二元合金。开罗埃及博物馆收藏的两件第二十一王朝（1070～945B.C.）青铜雕像经分析为铜锡二元合金，含锡量约为3%左右[①]。卢浮宫收藏的一件古埃及公元前9世纪的卡罗玛玛青铜雕像除头饰为红铜以外，其他部位均为锡青铜，含锡量在4%～12%之间[②]。葡萄牙古尔班吉安博物馆陪杜巴斯特雕像残件也为铜锡二元合金，含锡量为4%左右[③]。

后王国时期的埃及青铜雕像在成分上发生了较大的变化，铜锡铅三元合金逐渐被大量用于雕像的制作，但也有少量雕像继续沿用了铜锡二元合金。埃及萨哈杰尔（Sa el-Hagar）出土的一件公元前7～6世纪的奥西里斯神像为铅锡青铜，含铅量在9%左右[④]。大英博物馆藏的一件公元前6世纪前后原大铜猫雕像则为铜锡砷合金，其中锡、砷含量分别为13%和2.1%[⑤]。埃及孟菲斯（Memphis）出土的5件公元前6世纪的青铜雕像中，2件为铜锡二元合金，含锡量在3%～7%之间；另外3件为铜锡铅三元合金，含锡量在1.5%～3%之间，含铅量在8%～32%之间[⑥]。开罗埃及博物馆收藏的一组晚期铜雕像为铜锡铅三元合金，含锡量在2.5%～10.67%之间，含铅量在3.43%～20.84%之间[⑦]。

① Ghoneim, M., 2014: "An Egyptian partially gilded bronze group statue: examination and analysis", Archaeometry (1), 1-15.

② Delange, E., Meyohas, M., Aucouturier, M., 2005: "The statue of Karomama: a testimony of the skill of Egyptian metallurgists in polychrome bronze statuary", Journal of Cultural Heritage (6), 99-113.

③ Hill, M., Schorsch, D., 2005: "The Gulbenkian torso of King Pedubaste: investigation into Egyptian large bronze statuary", Metropolitan Museum Journal Vol. 40, 163-195.

④ Ghoneim, M., 2014: "A bronze Osiris statuette from the Egyptian museum in Cairo: microstructural characterization and conservation", Mediterranean Archaeology and Archaeometry Vol. 14, No. 1, 37-49.

⑤ Ambers, J., Hook, D., Spencer, N., 2008: "A new look at an old cat: a technical investigation of the Gayer-Anderson cat", The British Museum technical research bulletin (2), 1-12.

⑥ Wang, Q., Huang, H., Shearman, F., 2009: " Bronzes from the Sacred Animal Necropolis at Saqqara, Egypt: a study of the metals and corrosion", The British Museum Technical Bulletin (3), 73-82.

⑦ Gouda, K., Youssef, I., 2012: "Abdel-Ghany. A.Characterizationof Egyptian bronzearchaeological artifacts", Surface and Interface Analysis (44), 1338-1345.

（二）希腊青铜雕像

与古埃及相似，古希腊的青铜器在合金成分上也经历了“红铜—砷铜—锡青铜—铅锡青铜”的变化过程①。公元前二千纪以前的希腊铜器基本均由红铜和砷铜制作而成，而青铜则出现于公元前二千纪前半叶，并于青铜时代晚期（1600～1100B.C.）得到广泛应用。铅锡青铜虽然在青铜时代晚期就已出现，但进入公元前一千纪后才逐渐得到了广泛的应用。就希腊青铜雕像而言，目前在合金工艺研究方面已开展了大量工作，基本上厘清了各时期雕像的材质特征以及变化规律。而且，现有研究成果显示，希腊各时期小型青铜雕像和大型青铜雕像在材质上并不同步，存在明显的区别。

希腊不同时期小型青铜雕像的材质特征以及变化情况从克拉多克（Craddock, P.）的研究工作中可见一斑②。他对大批古希腊小型雕像进行了成分分析，发现73件黑暗时代后期（Dark Age，900～700 B.C.）小型青铜雕像中，68件为铜锡二元合金，含锡量在1%～13.7%之间；3件为红铜；1件为铜锑二元合金，含锑量为7.8%。62件古风时代（Archaic Period，700～480 B.C.）的小型青铜雕像中，14件为铜锡二元合金，48件为铜锡铅三元合金；所有雕像的含锡量在1%～16.5%之间，而大多数铅青铜的含铅量均小于10%。38件古典时期（Classical Period,480～323 B.C.）的小型雕像中，除去1件为红铜、5件为铜锡二元合金外，其余雕像均为铜锡铅三元合金，含锡量在2.35%～12.8%之间，含铅量在1%～20.5%之间。36件希腊化时期（Hellenistic Period,300～146 B.C.）小型雕像中，除3件为锡青铜外，其他均为铜锡铅三元合金，含锡量在2%～13.8%之间，含铅量在2%～30.5%之间。可以看出，至迟自古风时期，铜锡铅三元合金已取代铜锡二元合金成为古代希腊小型青铜雕像的主要合金成分，而且随着时间的推移，铅的含量也有逐渐增高的趋势。

---

① Scott, D., Podany, J., 1989: “Ancient copper alloys: some metallurgical and technological studies of Greek and Roman bronzes”, In the J. Paul Getty Museum (ed.), Small bronze sculpture from the ancient world. J.Paul Getty Museum, California, 31-60.

② Craddock, P., 1976: “The composition of the copper alloys used by the Greeks, Etruscan and Roman civilization: 1 the Greeks before the Archaic period”, Journal of Archaeological Science (3), 93-113; Craddock, P. 1977: “The composition of the copper alloys used by the Greeks, Etruscan and Roman civilization: 2 the Archaic, Classic and Hellenistic Greeks”, Journal of Archaeological Science (4), 103-123.

虽然小型青铜雕像很早就使用铜锡铅三元合金铸造，但希腊化时期以前的大型青铜雕像却均为铜锡二元合金，几乎未发现铜锡铅三元合金的使用，而且合金成分非常稳定，含锡量均在10%左右。例如希腊国家博物馆收藏的一件出于比雷埃夫斯港的阿波罗（Apollo）神像（600B.C.）①、大英博物馆收藏的多件公元前6～5世纪的大型雕像残件②、美国大都会艺术博物馆收藏的一件希腊铜马（480～470 B.C.）③、意大利南部里亚切村附近出土的两件青铜雕像④、美国盖蒂博物馆收藏的维多利亚青年雕像等均为铜锡二元合金，含锡量均在8%～12%之间⑤。

进入希腊化时期以后，希腊大型青铜雕像在合金成分上发生了明显的变化，铜锡铅三元合金逐渐取代了铜锡二元合金成为主要合金成分，而到罗马时期，大型青铜雕像几乎全为铜锡铅三元合金。北美地区收藏的50余件希腊晚期及罗马时期大型青铜器的合金成分分析显示，大部分器物的材质为铜锡铅三元合金，锡含量在1.5%～14%，铅含量在0.5%～20%之间⑥。意大利赫库兰尼姆（Herculaneum）戴帕皮里（Villa dei Papiri）遗址出土的53件罗马时期大型人形或动物形青铜雕像在成分上均为铜锡铅三元合金，其中大多数雕像锡含量集中在4%～8%之间，铅含量均大于10%⑦。

---

① Varoufakis, G., Stathis, C., 1971: "A contribution to the study of the corrosion of ancient bronzes", Metallurgia, 141-144.

② Craddock, P., 1977: "The composition of the copper alloys used by the Greeks, Etruscan and Roman civilization: the Archaic, Classic and Hellenistic Greeks", Journal of Archaeological Science (4), 103-123.

③ Noble, V., 1968: "The Forgery of our Greek bronze horse", The Metropolitan Museum of Art Bulletin, 253-256.

④ Mattusch, C., 1988: Greek Bronze Statuary: from the beginning to the fifth century B.C., Cornell University Press, New York, 14.

⑤ Podany, J., Scott, D., 2000: "The Getty The Getty Victorious Youth reconsidered: initial report on the scientific and technical re-examination", Journal of Roman Archaeology – Supplementary Series 39(1). In C. Mattusch, A. Brauer and S. Knudesen (eds.), From the Parts to the Whole: Acta of the 13th International Bronze Congress, Held at Cambridge, Massachusetts, May 28 – June 1, 1996. Portsmouth, R. I., 179-191.

⑥ Lie, H. and Mattusch, C., 1996: "Introduction to the catalogue entries and technical observations", In Mattusch, C. (ed.), The fire of Hephaistos: Large Classical Bronzes from North American Collections, Harvard University Art Museum, Massachusetts, 162-178.

⑦ Mattusch, C., 2005: The Villa dei Papiri at Herculaneum: Life and Afterlife of a Sculpture Collection, Paul Getty Trust Publications, Los Angeles, 136-139.

二、中国春秋战国时期青铜器的合金工艺

在中国，冶铜技术在仰韶文化晚期可能就已出现。中国早期青铜器合金材质复杂多样，不仅有红铜、砷铜、锡青铜、铅青铜、铅锡青铜，还有锡砷青铜、铅砷青铜、铅砷锡青铜等多种材质[①]。自商代以后的整个先秦时期，锡青铜和铅锡青铜成为了中国青铜器的主要材质，而且就整体而言，随着时代的发展，铅锡青铜所占的比例越来越大，铅的含量也有逐渐升高的趋势[②]。

在过去的五十年中，中国春秋战国时期青铜器合金工艺研究取得了丰硕的成果。目前已经分析检测的青铜器包括[③]：礼县大堡子山秦公墓出土青铜器、甘肃东部及陕西西部出土早期秦文化青铜器、太原晋国赵卿墓出土青铜器、天马—曲村晋侯墓地出土青铜器、陕西梁带村两周墓地出土青铜器、郑

① 韩汝玢、柯俊：《中国科学技术史·矿冶卷》，科学出版社，2007年，第213～215页。

② 华觉明：《中国古代金属技术：铜和铁造就的文明》，大象出版社，1999年，第251～280页。

③ 潜伟：《甘肃礼县大堡子山秦公墓几件青铜器的显微分析》，《考古与文物先秦增刊》2002年，第371～376页；邵安定、孙淑云等：《甘肃礼县大堡子山秦公墓出土金属器的科学分析与研究》，《文物》2015年第10期，第69、86～96页；贾腊江：《秦早期青铜器科技考古学研究》，科学出版社，2011年，第25～83页；孙淑云：《太原晋国赵卿墓青铜器的分析鉴定》，《太原晋国赵卿墓》，文物出版社，1996年，第253～268页；Wang, Q., 2002: Metalworking Technology and Deterioration of Jin Bronzes from the Tianma-Qucun Site, Shanxi, China. Basingstoke Press, Oxford, 9-40；陈坤龙、梅建军等：《梁带村两周墓地出土青铜器初步检测分析》，《考古与文物》2009年第6期，第91～95页；黄晓娟、李秀辉：《郑国祭祀遗址青铜器的分析鉴定报告》，《新郑郑国祭祀遗址（中）》，大象出版社，2004年，第1011～1037页；韩炳华、崔剑锋：《山西长治分水岭东周墓地出土青铜器的科学分析》，《考古》2009年第7期，第80～88页；陈坤龙、梅建军：《辉县琉璃阁甲乙墓出土铜器的科学分析研究》，《辉县琉璃阁甲乙二墓（下）》，大象出版社，2011年，第205～212页；孙淑云：《当阳赵家湖楚墓金属器的鉴定》，《中国冶金史论文集（二）》，人民教育出版社，1994年，第303～316页；李敏生：《淅川下寺春秋楚墓部分金属成分测定》，《淅川下寺春秋楚墓》，文物出版社，1991年，第455～457页；李仲达等：《淅川下寺春秋楚墓青铜试样分析报告》，《淅川下寺春秋楚墓》，文物出版社，1991年，第458～460页；贾云福：《曾侯乙墓部分青铜器及金属弹簧的化学成分检测》，《曾侯乙墓（上）》，文物出版社，1989年，第618～620页；李敏生：《陕县东周墓出土部分铜器的成分分析》，《陕县东周秦汉墓》，科学出版社，1994年，第222、223页；罗武干、秦颍等：《左冢楚墓群出土金属器研究》，《荆门左冢楚墓》，文物出版社，2006年，第242～251页；孙淑云、王金潮等：《淮阴高庄战国墓出土铜器的分析研究》，《考古》2009年第2期，第75～86页。

国祭祀遗址出土的青铜礼容器、山西长治分水岭东周墓出土青铜器、河南辉县琉璃阁甲乙墓出土青铜器、湖北当阳赵家湖楚墓出土青铜器、淅川下寺春秋晚期楚墓出土青铜器、曾侯乙墓出土青铜器、河南陕县东周墓出土铜器、湖北荆门战国中晚期左冢楚墓出土青铜器、淮阴高庄战国墓出土青铜器等。这些研究成果的积累，是我们认识中国春秋战国时期青铜器合金工艺的基础。

从现有研究成果来看，中国春秋战国时期青铜器的主要材质为铜锡铅三元合金，而且含铅量普遍较高。例如经分析检测的20件晋国赵卿墓青铜礼器均为铜锡铅三元合金，且绝大多数含锡量在10%～17%之间，含铅量在7%～28%之间[①]。礼县秦公墓出土的绝大多数礼容器和铜泡的含锡量在14%～22%之间，含铅量在5%～22%之间[②]。

在青铜器材质的选择上，可明显看出根据器物的种类、性能等方面的要求而进行选择的迹象。一般而言，兵器和工具要求具有较高的机械强度，故多以铜锡二元合金或低铅的铜锡铅三元合金制作，而礼容器、饰件等对机械强度没有特别要求的器物则多以含铅量较高的铜锡铅三元合金制作。淅川下寺春秋晚期楚墓出土青铜器的分析结果显示，大多数兵器为铜锡二元合金，含锡量在15%～22%之间，而所有礼容器及车马器均为铜锡铅三元合金，含锡量多在10%～15%之间，含铅量在6%～25%之间，为高铅青铜[③]。湖北当阳赵家湖楚墓出土铜剑和削刀的刃部为铜锡二元合金，含锡量分别为21.46%和18.27%，而剑柄和刀柄均为铜锡铅三元合金，含锡量在15%左右，含铅量在16%左右[④]。

在一些墓葬出土青铜器中，还可看出根据墓主身份地位选择青铜器合金成分的现象。天马—曲村晋侯墓地出土青铜器的分析结果显示[⑤]，贵族墓

---

① 孙淑云：《太原晋国赵卿墓铜器的分析鉴定》，《太原晋国赵卿墓》，文物出版社，1996年，第253～268页。

② 潜伟：《甘肃礼县大堡子山秦公墓几件青铜器的显微分析》，《考古与文物先秦增刊》2002年，第371～376页；邵安定、孙淑云等：《礼县大堡子山秦公墓出土金属器的科学分析与研究》，《文物》2015年第10期，第69页、86～96页。

③ 李敏生：《淅川下寺春秋楚墓部分金属成分测定》，《淅川下寺春秋楚墓》，文物出版社，1991年，第455～457页；李仲达等：《淅川下寺春秋楚墓青铜试样分析报告》，《淅川下寺春秋楚墓》，文物出版社，1991年，第458～460页。

④ 孙淑云：《当阳赵家湖楚墓金属器的鉴定》，《中国冶金史论文集（二）》，人民教育出版社，1994年，第303～316页。

⑤ Wang Quanyu. Metalworking Technology and Deterioration of Jin Bronzes from the Tianma-Qucun Site, Shanxi, China, Basingstoke Press, Oxford, 2002: 63-80.

葬出土铜器多为铜锡二元合金，而平民墓葬则多为铜锡铅三元合金。曾侯乙墓出土青铜器均为含铅量较低的铜锡铅三元合金，含锡量在 11%～17% 之间，含铅量均小于 6%。关于这一现象，有学者认为可能与曾侯乙的诸侯身份有关，其所铸礼器会因此而不惜成本①。

另外，器物合金成分与制作工艺之间也存在一定的关系。锻造成型的青铜容器一般为铜锡二元合金或含铅量较低的铜锡铅三元合金，而铸造成型的青铜容器则多为含铅量较高的铜锡铅三元合金。比如陕县东周墓经分析检测的 18 件铜器中，热锻成型的一件盘和一件匜的材质为含锡 13% 左右的铜锡二元合金，而其余 16 件铸造而成的青铜器均为铜锡铅三元合金，含锡量在 5%～15% 之间，含铅量在 12%～31% 之间，为高铅青铜②。类似的情况在淮阴高庄战国墓出土青铜器③中也有发现。

三、秦始皇帝陵园出土青铜器的合金工艺

在过去四十余年的考古发掘中，秦始皇帝陵园内出土了大量青铜器，从种类上来看，包括兵器、车马器、铜车马、青铜水禽、工具、石铠甲上的青铜卡缀以及铜饰件等，其中以兵器的数量最多。遗憾的是，秦始皇帝陵园出土青铜器的合金工艺研究以往并没有得到应有的重视，工作开展相应也较少。就现有成果而言，除两乘铜车马的研究较为全面、深入以外，其他器类虽均有涉及，但分析的样品都非常有限。由于前期的分析结果较为零散，而且部分早期文献也不易查阅，为便于论述以及后期的对比研究，现将已发表的数据根据器类汇总于表 4-1。

从表 4-1 可以看出，除个别铜镞、铜剑、铜车马和鸭嘴形带钩为含铅量较低的铜锡铅三元合金外，所有铜器均为铜锡二元合金，含铅量均小于 2%。对于兵器而言，出于对机械性能的要求，使用铜锡二元合金是常见的现象。但是，出乎预料的是铜车马、车马器、石铠甲铜卡缀以及带钩等对机械性能并没有特别要求的非兵器类铜器，也均以铜锡二元合金制作。另外，在材质选择上也可以看出根据器物种类、性能要求选择锡含量的迹

① 朱凤瀚：《中国青铜器综论》，上海古籍出版社，2009 年，第 724 页。

② 李敏生：《陕县东周墓出土部分铜器的成分分析》，《陕县东周秦汉墓》，科学出版社，1994 年，第 222、223 页。

③ 孙淑云、王金潮等：《淮阴高庄战国墓出土铜器的分析研究》，《考古》2009 年第 2 期，第 75～86 页。

象。例如箭镞的箭头部锡含量较高，多在10%以上，而镞铤的含锡量则较低，多集中在4%～9%之间。

表4-1　秦始皇帝陵园出土铜器成分分析结果汇总表

名称	部位	主要成分含量（w%）			分析方法	数据来源
		Cu	Sn	Pb		
铜镞	箭头	余量	11.10	7.71	光谱定性	①
	箭头	78.88	14.04	5.88	化学定量	
	箭头	87.72	11.80	0.21	电子探针	
	镞铤	75.55	19.85	3.80	扫描电镜	②
	镞铤	87.45	9.50	1.70		
	镞铤	91.75	6.40	1.15		
	镞铤	89.70	6.15	0.95		
	镞铤	90.75	4.90	0.90		
	箭头	87.92	9.80	1.07	扫描电镜	③
	镞铤	94.25	6.28	1.69		
	箭头	85.93	11.30	0.54		
	镞铤	93.72	4.12	0.72		
	箭头	84.05	10.22	4.63		
	镞铤	80.11	8.75	—		
	镞铤	94.09	5.29	—		
铜剑	刃部	余量	21.38	2.18	光谱定性	①
	刃部	76.32	18.02	0.17	化学定量	
	刃部	73.00	21.40	0.63	电子探针	
	剑柄	79.93	19.08	0.17	扫描电镜	③
	剑柄	80.95	17.86	1.19		
	剑柄	79.60	19.78	—		
	剑柄	81.57	18.11	—		

① 陕西省考古研究所、始皇陵秦俑坑考古发掘队：《秦始皇陵兵马俑坑一号坑发掘报告（1974～1984）》，文物出版社，1988年，第341～348页。

② 夏寅、李秀珍、Martinón-Torres, M. 等：《秦俑坑出土铜镞铤的金相及电镜能谱初步分析》，《秦时期冶金考古国际学术研讨会论文集》，科学出版社，2014年，第58～64页。

③ 北京科技大学冶金与材料史研究所、秦始皇兵马俑博物馆：《秦始皇陵兵马俑坑一号坑新出土铜器的初步科学分析》，待刊。

续表

名称	部位	主要成分含量（w%）			分析方法	数据来源
		Cu	Sn	Pb		
铜矛		79.42	13.60	0.75	化学定量	①
弩机	销钉	92.28	6.50	1.22	扫描电镜	②
车马器	络饰管（一）	83.89	14.97	0.56	扫描电镜	
	络饰管（二）	83.95	14.41	1.63		
	络饰管（三）	91.75	8.01	—		
	络饰管（四）	90.77	8.70	—		
	络饰管（五）	83.87	13.70	1.88		
	节约 纽边缘	85.55	11.15	1.26		
	节约 环体边缘	81.61	10.41	1.55		
	不明铜车器	76.28	12.76	0.35		
石铠甲铜卡缀	卡缀（一）	92.17	4.46	0.24		③
	卡缀（二）	92.22	4.84	0.20		
杂器	铜带扣	81.32	10.34	1.56		②
	鸭嘴型带钩	83.63	12.52	3.21		
一号铜车马	左骖马左前腿	83.02	15.16	0.91	电子探针	④
	左骖马左后腿	88.95	10.43	—		
	右服马左前腿	87.26	11.68	0.32		
	左服马右后腿	87.41	11.92	—		
	右服马右后腿	89.28	10.97	—		
	左轮牙	95.45	5.29	—		

① 陕西省考古研究所、始皇陵秦俑坑考古发掘队:《秦始皇陵兵马俑坑一号坑发掘报告（1974～1984）》，文物出版社，1988年，第341～348页。

② 北京科技大学冶金与材料史研究所、秦始皇兵马俑博物馆:《秦始皇陵兵马俑坑一号坑新出土铜器的初步科学分析》，待刊。

③ 陕西省考古研究所、秦始皇兵马俑博物馆:《秦始皇帝陵园考古报告（1999）》，科学出版社，2000年，第238～240页。

④ 秦始皇兵马俑博物馆、陕西省考古研究所:《秦始皇陵铜车马发掘报告》，文物出版社，1998年，第240～243页。

续表

名称	部位	主要成分含量（w%）			分析方法	数据来源
		Cu	Sn	Pb		
一号铜车马	右轮牙	88.66	11.15	—	光谱分析和化学分析	
	右轮辐	86.53	13.63	—		
	车軜	90.38	9.48	—		
	舆底	91.08	8.50	—		
	左栏板	87.56	12.48	—		
	伞盖	88.93	10.82	1.25		
	车轴	93.98	6.85	0.06		
	靷绳	91.89	7.63	—		
	弓背	93.03	7.37	—		
	盾	93.29	6.15	—		
	弩辙铜座	96.93	3.30	0.11		
	缨络铜丝	90.20	8.27	1.53		
	轼	87.98	9.98	2.04		
	轸	88.11	10.19	1.70		
	前轸焊料	88.26	10.55	1.19		
	前栏板焊料	85.58	12.96	1.46		
	伞盖残片	87.93	9.58	0.67		
	靷绳	83.86	13.14	0.59		
	弓弦	86.75	10.03	0.46		
	右服马左前腿	87.75	12.34	0.51		
	缨络残丝	89.85	7.60	0.55		
	缨络残钉	91.10	6.49	0.50		
	骖马耳后链条	90.01	9.24	0.55		
	铜镞	85.42	13.79	0.79		
二号铜车马	右骖马	余量	6.00	<1	直读光谱仪半定量分析	
	左骖马	余量	6.00	<1		
	马缰	余量	5.00	<1		
	马辔	余量	6.00	0.05		
	马靷	余量	8.00	1		
	马鞥	余量	6.00	<1		

续表

<table>
<tr><th rowspan="2">名称</th><th rowspan="2" colspan="2">部位</th><th colspan="3">主要成分含量（w%）</th><th rowspan="2">分析方法</th><th rowspan="2">数据来源</th></tr>
<tr><th>Cu</th><th>Sn</th><th>Pb</th></tr>
<tr><td rowspan="19">二号铜车马</td><td colspan="2">车衡</td><td>83.80</td><td>11.05</td><td>0.55</td><td>滴定法化学分析</td><td rowspan="19">①</td></tr>
<tr><td colspan="2">轮牙</td><td>84.45</td><td>9.17</td><td>0.12</td><td rowspan="2">原子吸收光谱</td></tr>
<tr><td colspan="2">轮辐（一）</td><td>86.01</td><td>9.21</td><td>0.37</td></tr>
<tr><td colspan="2">轮辐（二）</td><td>84.12</td><td>13.57</td><td>0.70</td><td>滴定法化学分析</td></tr>
<tr><td colspan="2">轮毂</td><td>83.77</td><td>8.32</td><td>0.54</td><td>原子吸收光谱</td></tr>
<tr><td colspan="2">蓬盖</td><td>—</td><td>10.73</td><td>—</td><td rowspan="3">滴定法化学分析</td></tr>
<tr><td rowspan="6">车輈</td><td>脊头</td><td>86.05</td><td>10.89</td><td>1.50</td></tr>
<tr><td>脊中</td><td>85.72</td><td>11.05</td><td>1.20</td></tr>
<tr><td>弓（一）</td><td>83.16</td><td>6.47</td><td>3.76</td><td>原子吸收光谱</td></tr>
<tr><td>弓（二）</td><td>85.70</td><td>11.68</td><td>—</td><td rowspan="4">滴定法化学分析</td></tr>
<tr><td>弓（三）</td><td>86.05</td><td>10.74</td><td>1.50</td></tr>
<tr><td>榑</td><td>82.00</td><td>8.60</td><td>2.80</td></tr>
<tr><td colspan="2">栏板</td><td>82.70</td><td>13.57</td><td>—</td></tr>
<tr><td colspan="2">车撑</td><td>余量</td><td>20.00</td><td>2.00</td><td>直读光谱仪半定量分析</td></tr>
<tr><td colspan="2" rowspan="2">轼与栏板结合处的流出物</td><td>81.70</td><td>8.60</td><td>2.81</td><td>原子吸收光谱</td></tr>
<tr><td>81.78</td><td>12.00</td><td>1.43</td><td>滴定法化学分析</td></tr>
<tr><td colspan="2">铜折巾</td><td>89.05</td><td>8.02</td><td>0.86</td><td>原子吸收光谱</td></tr>
<tr><td rowspan="4">青铜水禽</td><td rowspan="3">24 号铜鹤</td><td>颈部内腔</td><td>92.00</td><td>8.00</td><td>0.30</td><td rowspan="4">能量弥散 X 射线荧光</td><td rowspan="4">②</td></tr>
<tr><td>颈部胎壁</td><td>91.70</td><td>7.65</td><td>0.45</td></tr>
<tr><td>颈部胎壁</td><td>93.00</td><td>6.64</td><td>—</td></tr>
<tr><td>26 号铜鹤</td><td>颈部内腔</td><td>90.40</td><td>8.67</td><td>0.43</td></tr>
</table>

① 秦始皇兵马俑博物馆、陕西省考古研究所:《秦始皇陵铜车马发掘报告》，文物出版社，1998 年，第 240～243 页。

② 容波、兰德省等:《秦陵 7 号坑严重锈蚀青铜水禽分析研究》,《青铜文化研究（第四辑）》，黄山出版社，2008 年，第 126～131 页。

值得一提的是，容波等首次对取自2件青铜鹤颈部的4个金属样品进行了成分分析，结果显示铜含量为90%～93%，锡含量为7%～9%，铅含量低于1%。该研究虽然样品数量较为有限，但对本章的研究却有重要的参考价值。

四、小　结

虽然冶铜技术在不同地区出现的早晚各有不同，但中、西方早期铜器在材质上似乎都经历了“红铜—砷铜—锡青铜—铅锡青铜”的变化过程，而且至公元前一千纪，中、西方青铜器均以铜锡二元合金或铜锡铅三元合金为主要材质。

埃及青铜雕像的合金工艺在后王国时期发生了较大的变化，从铜锡二元合金逐渐转变为铜锡铅三元合金。对于希腊雕像而言，小型雕像在材质上以铜锡铅三元合金为主，而大型雕像均为含锡量在10%左右的铜锡二元合金，且成分较为稳定，直到希腊化时期以后，才逐渐从铜锡二元合金转变为铜锡铅三元合金。中国春秋战国时期青铜器在材质上，除少量兵器以及工具为铜锡二元合金或含铅量较低的铜锡铅三元合金外，主要为铜锡铅三元合金，含铅量普遍较高，而且可以明显看出合金的配比有根据器物的种类、性能、墓主身份、加工工艺等方面要求而进行选择的迹象。

秦始皇帝陵园内出土青铜器在材质上均为铜锡二元合金，而铜锡铅三元合金则极少使用，在材质上明显有别于同时期其他遗址出土的青铜器，特征鲜明。对于青铜水禽而言，前期的合金成分分析检测虽然揭示了重要的信息，但无论是样品数量还是水禽的种类都非常有限，要全面了解其合金工艺特征，进一步的研究显然是非常必要的。

第二节　青铜器矿料来源研究简介

在青铜器矿料来源研究方面，学界目前最常用的方法为铅同位素示踪法和微量元素示踪法，而且两者经常结合使用。现对这两种方法及相关研究情况分别作以简单介绍：

一、铅同位素示踪法

自然界的铅存在四种同位素，即^{204}Pb、^{206}Pb、^{207}Pb和^{208}Pb，其中

^{204}Pb为非放射性成因同位素，其总量是恒定的，不随时间发生变化，而^{206}Pb、^{207}Pb和^{208}Pb均为放射性成因同位素，分别为^{238}U、^{235}U和^{232}Th的衰变产物，它们的总量随时间的推进而不断增加。地球形成初期的铅为“原始铅”，其同位素组成是固定的，一般以陨铁所含铅的同位素组成作为原始铅的同位素组成，因为陨铁与地球同时生成，而且基本不含铀（U）和钍（Th）。铅矿石形成时，铅和铀、钍发生分离，放射性成因铅的积累也就此停止，由于矿床成矿年龄不同，所以各矿床所增加积累的放射性成因铅同位素的量也就不同，从而各矿床的铅同位素组成也就不同。这就是铅同位素可以用来进行矿料来源研究的基本原理[①]。

铅同位素示踪法自20世纪60年代被引入考古研究以来，国内外学者开展了大量研究工作，对不同地区古代青铜器的矿料来源进行了积极探索，并取得了许多重要的研究成果。例如盖尔[②]（Gale, H.）等对地中海地区大量青铜时代青铜器以及大部分铜矿、铅矿进行了铅同位素比值分析研究，基本厘清了青铜时代晚期地中海沿岸铜矿料的贸易路线。20世纪晚期，自金正耀[③]首先将铅同位素示踪法用于殷墟青铜器矿料来源研究以来，中国学者围绕着探索夏商周三代青铜器矿料来源问题，分析了包括新干大洋洲商墓[④]、盘龙城遗址[⑤]、三星堆遗址[⑥]、宝鸡強国墓地[⑦]等遗址出土的大量青铜器铅同位素数据，推进了铅同位素考古在中国的发展。近年来，部分学者还通过铅同位素比值示踪法对云南青铜时代早期铜器和滇文化青铜器[⑧]、

---

① 陈铁梅：《科技考古学》，北京大学出版社，2008年，第126页。

② 崔剑锋、吴小红：《铅同位素考古研究——以中国云南和越南出土青铜器为例》，文物出版社，2008年，第6、7页。

③ 金正耀：《晚商中原青铜的矿料来源》，《第三届国际中国科学史讨论会论文集》，科学出版社，1990年，第287～291页。

④ 金正耀、Chase, T.、平尾良光等：《江西新干大洋州商墓青铜器的铅同位素比值研究》，《考古》1994年第8期，第744～747页。

⑤ 孙淑云、韩汝玢、陈铁梅等：《盘龙城出土青铜器的铅同位素比测定报告》，《盘龙城》，文物出版社，2001年，第545～551页。

⑥ 金正耀、马渊久夫、Chase, T. 等：《广汉三星堆遗物坑青铜器的铅同位素比值研究》，《文物》1995年第2期，第80～85页。

⑦ 彭子成、胡智生等：《強国墓地金属器物铅同位素比值测定》，《宝鸡強国墓地》，文物出版社，1988年，第639～645页。

⑧ 崔剑锋、吴小红：《铅同位素考古研究——以中国云南和越南出土青铜器为例》，文物出版社，2008年，第60～115页。

早期秦文化青铜器[①]的矿料来源进行了研究，也分别取得了较为重要的成果。

随着研究的深入，铅同位素示踪法的一些问题包括“分馏效应”“重熔效应”“重叠效应”等也逐渐暴露出来。所谓“分馏效应”是指铅同位素比值在冶炼过程中由于铅或氧化铅的挥发，导致铅同位素发生分馏、比值发生改变。这一问题曾在西方学界发生了激烈的讨论，最终经过多次的冶炼模拟实验，证明了铅同位素比值在冶炼过程中分馏极小，可以完全忽略不计，并不影响对结果的判断[②]。

“重熔效应”是指古代青铜器同时使用两种或两种以上的含铅矿源，或者是多件废旧青铜器重熔铸造而成，从而导致铅同位素比值为多个矿源比值的加权平均，难以与特定矿源的铅同位素组成相对应。对于这一问题，目前学界认为废旧铜器的重熔在古代并不是一种普遍现象，而且古代冶铸中心一般在特定时期内仅使用单一矿源的铜矿或铅矿，所以重熔效应很少发生。为了鉴别是否存在重熔效应，一般要求对相同遗址出土的多件青铜器进行铅同位素比值测量[③]。

“重叠效应”是指不同矿山由于成矿时间相同或相近而具有非常相似的铅同位素组成。铅同位素示踪法被用于青铜器矿料探源以后，学者们也积极地寻找解决重叠效应的方法。目前，对这一问题，主要是通过将铅同位素示踪技术和微量元素示踪技术相结合的方法来解决[④]。

另外，由于中国古代青铜器多为铜锡铅三元合金，所以在讨论铅同位素应用于青铜器矿料来源研究的可行性时，中国学者还注意到铅同位素指征何种矿料的问题。据研究[⑤]，古代冶锡的主要矿石为锡石，而锡石中含的杂质很少，古代青铜器中由锡引入的铅微乎其微。所以，古代青铜合金元素中锡对铅同位素的影响完全可以忽略不计，而铅同位素只能被用来指征铜矿或铅矿的来源。关于青铜器中铅的来源，国外一些学者认为铜器中含铅量小于4%时，青铜器中的铅可以被看作是由铜矿带入的。中国学者则

① 贾腊江：《秦早期青铜器科技考古学研究》，科学出版社，2011年，第84～95页。

② 崔剑锋、吴小红：《铅同位素考古研究——以中国云南和越南出土青铜器为例》，文物出版社，2008年，第5～14页。

③ 陈铁梅：《科技考古学》，北京大学出版社，2008年，第130、131页。

④ 崔剑锋：《古代青铜器矿料产源的微量元素示踪研究评述》，《铅同位素考古研究——以中国云南和越南出土青铜器为例》，文物出版社，2008年，第118～129页。

⑤ Gale, H.,Stos-Gale, Z., 2000: “ Lead isotope analyses applied to provenance studies”, In Ciliberto, E. and Spoto, G. (eds), Modern Analytical Methods in Art and Archaeology A John Wiley and Sons, INC., Publication, New York, 522-543.

多以 2% 或 3% 为界对青铜器中的合金元素进行界定，如果大于这一界限，合金元素就是人为加入的，而小于这一界限则被认为是由铜矿或其他矿石带入的[①]。

二、微量元素示踪法

地球化学理论指出矿石所含微量元素的性质一般比较稳定，而且其特征往往很好地保持了有关成矿物质来源及形成时地质构造环境的信息[②]。基于这一理论，通过对文物微量元素的分析可以达到探索其制作原料来源的目的。

最初，微量元素示踪法是青铜器矿料来源的唯一判定方法，学者们也开展了一系列研究工作，也取得了一些成果。例如有学者[③]根据 Ag、As、Fe、Bi、Pb、Sb 六种元素将铜器与矿石类型联系在一起，通过对这些元素的统计分析来判断铜器中的铜是由自然铜、氧化性铜矿还是还原性铜矿冶炼而来。但是，自从铅同位素示踪法被引入铜器矿料来源研究以后，各国学者逐渐将研究重点从微量元素转移到铅同位素上，微量元素示踪法则很少被使用。如前所述，为解决铅同位素的重叠效应问题，微量元素示踪法又得到了相应的重视。近年来，在微量元素示踪法的方法论和实际应用两个方面均开展了一系列重要的研究工作，也使一些问题得到了澄清。

现有研究表明[④]，在铜矿的冶炼过程中，铜矿石中的 Au、Ag、Se、Te、As、Sb、Bi 等亲铜元素以及 Ni、Co 既亲铜又亲铁元素主要富集在金属铜中，与铜矿料保持了较好的相关性。而且，虽然在合金过程中，青铜器所用铜料中的个别微量元素会受到锡料或铅料的影响，但是古代青铜器中的铜含量一般高于锡、铅的含量，且两种合金元素的含量一般均小于 10%，所以添加锡、铅所带入的微量元素很低，而且在利用多元组合分析的情况下，

① 王昌燧、邱平等:《文物断源研究之成果、心得和思考》,《科技考古论丛（第三辑）》,中国科技大学出版社，2003 年，第 26～32 页。

② George, R., Henrickson, E., Miller, M., et al., 1980: “Trace element fingerprinting as a guide to the geographic sources of native copper”, Metals (32), 35-45.

③ Friedman, M., et al., 1996: “Copper artifacts: correlation with source types of copper ore”, Sience (152), 1504-1506.

④ 崔剑锋:《古代青铜器矿料产源的微量元素示踪研究评述》,《铅同位素考古研究——以中国云南和越南出土青铜器为例》，文物出版社，2008 年，第 118～129 页。

这种影响一般可以忽略[①]。所以，目前学界常常通过对青铜器中以上 9 种微量元素的测定，并通过多元组合分析来探索铜矿的矿料来源。

第三节　彩绘青铜水禽基体科学分析

青铜水禽基体的科学分析包括金相观察、成分分析、铅同位素分析以及微量元素分析。金相观察及成分分析的目的是揭示青铜水禽在制作工艺和材质上的特征，而铅同位素分析及微量元素分析的目的则是探索青铜水禽铜矿矿料特征及其来源。

一、样品情况

本节共从 14 件青铜水禽上采集了 27 个金属基体样品，其中水禽不同部位基体样品 18 个，颈部铜隔档样品 2 个，体内流淌状多余铜样品 3 个，体表补片样品 2 个，芯骨、踏板样品各 1 个。各样品的锈蚀程度不尽相同，部分样品锈蚀程度较轻，部分样品锈蚀则较为严重。在取样过程中遵循最小损伤原则，即在能够满足分析检测的情况下，尽量减小样品体量。同时，所有样品均采自水禽残块，而且取样还不能影响残片的基本形状，以保证后期保护修复工作的顺利进行。

由于各样品体量的大小不同，所以不同样品所进行的分析检测项目也各异。所有 27 个样品均进行了金相观察和成分分析，27 个样品中有 14 个样品进行了铅同位素分析，5 个样品进行了微量元素分析。样品基本信息及各样品的分析检测情况详见表 4-2。

表 4-2　彩绘青铜水禽青铜基体样品情况

样品编号	水禽编号及名称	取样部位	分析项目	锈蚀状况
SQT001	1 号天鹅	身体	金相、成分、铅同位素、微量元素	轻度
SQT002	7 号天鹅	芯骨	金相、成分、铅同位素	轻度
SQT003	10 号天鹅	补片	金相、成分	轻度
SQT004	10 号天鹅	补片内流淌状多余铜	金相、成分、铅同位素	轻度

① 李清临、朱君孝等：《微量元素示踪古代青铜器铜矿料来源的可行性》，《文物保护与考古科学》2004 年第 3 期，第 13～17 页。

续表

样品编号	水禽编号及名称	取样部位	分析项目	锈蚀状况
SQT005	10 号天鹅	补片与基体间流淌状多余铜	金相、成分	轻度
SQT006	13 号天鹅	身体	金相、成分	严重
SQT007	13 号天鹅	身体	金相、成分	严重
SQT008	13 号天鹅	身体	金相、成分、铅同位素	严重
SQT009	13 号天鹅	颈部	金相、成分、铅同位素、微量元素	轻度
SQT010	14 号天鹅	身体	金相、成分	严重
SQT011	20 号天鹅	身体	金相、成分、铅同位素	严重
SQT012	20 号天鹅	补片	金相、成分	严重
SQT013	21 号仙鹤	体内流淌状多余铜	金相、成分	轻度
SQT014	21 号仙鹤	尾部铜羽毛	金相、成分	轻度
SQT015	21 号仙鹤	颈部铜隔档	金相、成分、铅同位素	轻度
SQT016	29 号鸿雁	身体	金相、成分、铅同位素	严重
SQT017	31 号鸿雁	身体	金相、成分、铅同位素、微量元素	轻度
SQT018	33 号鸿雁	身体	金相、成分	严重
SQT019	不明天鹅	踏板	金相、成分、铅同位素	较轻
SQT020	不明水禽残块	身体	金相、成分、铅同位素、微量元素	严重
SQT021	不明水禽残块	身体	金相、成分	严重
SQT022	不明水禽残块	身体	金相、成分	严重
SQT023	不明水禽残块	身体	金相、成分	严重
SQT024	不明水禽残块	身体	金相、成分	严重
SQT025	不明天鹅头部残块	身体	金相、成分、铅同位素	严重
SQT026	不明天鹅身体残块	身体	金相、成分、铅同位素、微量元素	严重
SQT027	不明天鹅颈部残块	颈部铜隔档	金相、成分、铅同位素	严重

二、金 相 分 析

(一)分析方法

所有样品均沿截面镶样，然后按照金相样品制作的标准流程进行打磨和抛光。抛光后，以3%三氯化铁的盐酸酒精溶液对样品进行浸蚀。浸蚀后的样品在金相显微镜下观察金相组织并拍摄金相照片。金相观察和照相所用的显微镜为江南XJP-100金相显微镜和莱卡（Leica）DM4000M显微图像分析系统。样品金相观察结果见表4-3。

（二）分析结果

金相观察显示，18个身体不同部位样品以及1个踏板样品均为铸后受热组织，说明水禽身体各部位均为铸造而成。但是，各样品金相组织的均匀化程度却不尽相同，部分样品的金相组织为铜锡α固溶体等轴晶，铸造枝晶偏析已完全消失，表明受热温度较高（图4-1、图4-2；图版五八、图版五九）；而部分样品的金相组织为铜锡α固溶体大晶粒，晶内仍然可见偏析现象，说明受热温度则较低（图4-3）；可见各样品的受热程度不尽相同。样品受热组织的形成可能与秦始皇帝陵园K0007陪葬坑历史上曾被损毁焚烧有关，而且焚烧过程中坑内各区域温度的差异导致了各水禽的受热温度不同。

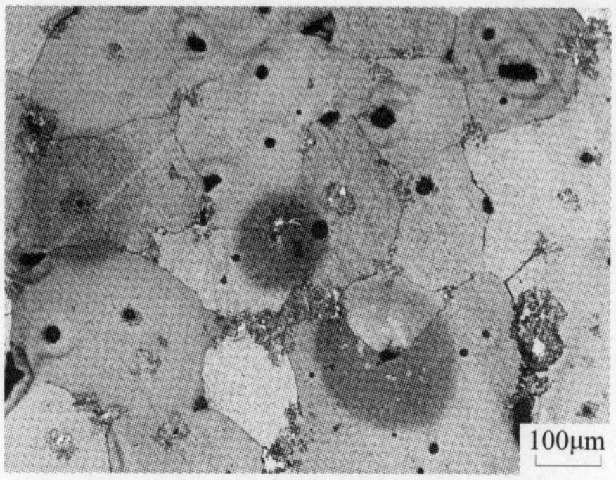

图4-1　13号彩绘青铜天鹅身体样品SQT006金相组织照片

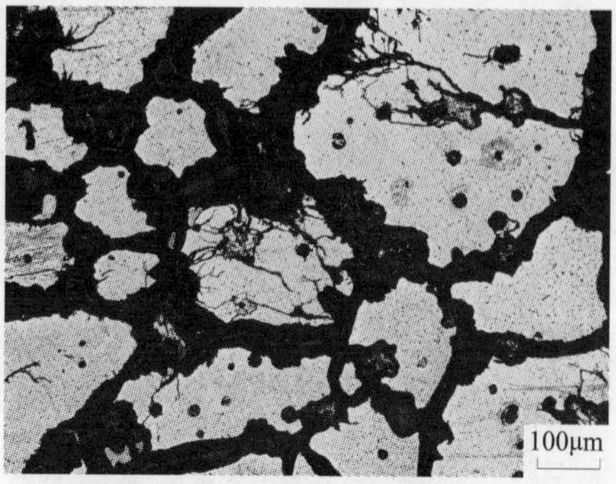

图4-2　29号彩绘青铜鸿雁身体样品SQT016金相组织照片

3个体内流淌状多余铜样品中，样品SQT013为铸后受热组织，样品SQT004为热锻组织，而样品SQT005中间区域为铸后受热组织，边缘区域为热锻组织（图4-4～图4-6；图版六〇、图版六一）。由于2个出现热锻组织的样品均处于10号青铜天鹅底部方孔补块的内侧，对其进行热锻处理的可能性不

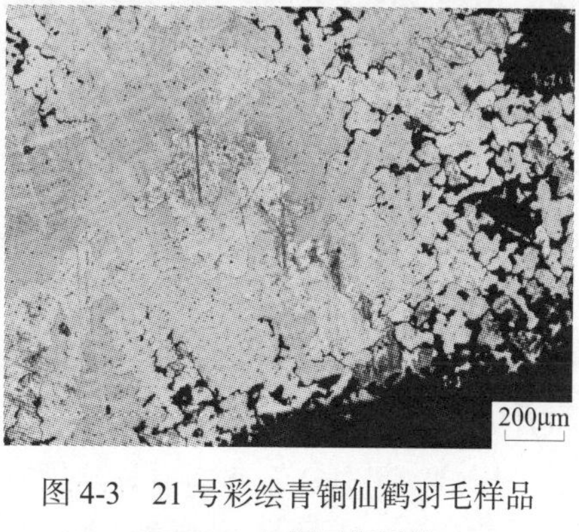

图4-3　21号彩绘青铜仙鹤羽毛样品SQT014金相组织照片

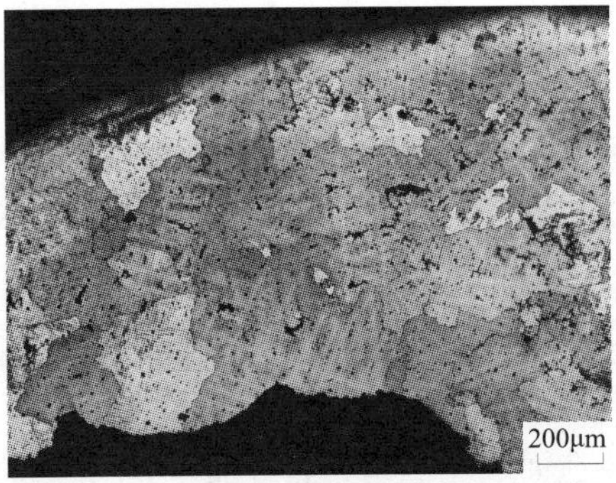

图 4-4　21 号彩绘青铜仙鹤体内多余铜样品 SQT013 金相组织照片

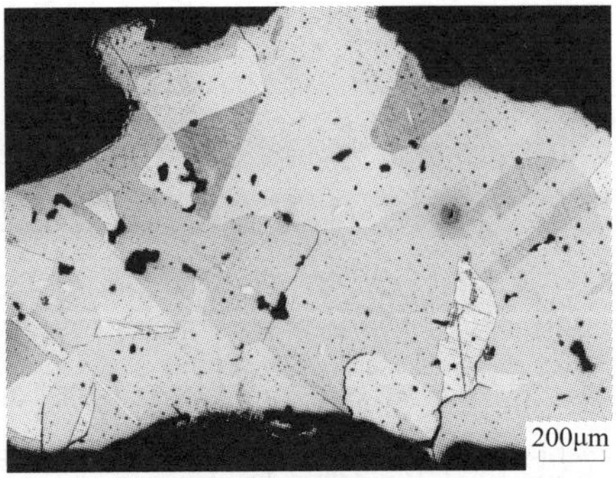

图 4-5　10 号彩绘青铜天鹅体内多余铜样品 SQT005 金相组织照片

大，很可能是在补缀处理时对方孔边沿进行了錾、凿等冷加工处理，后期焚烧过程中又再次受热，从而偶然地形成了热锻组织，并非有意为之。

2 个颈部铜隔档样品 SQT015 和 SQT027 也为铸后受热组织，说明颈部铜隔档也为铸造而成（图 4-7）。2 个体表补片样品中，样品 SQT003 为铸后受热组织，说明其为铸造而成；样品 SQT012 为热锻组织，有可能是由于补缀操作过程中对补片进行过敲打等冷加工处理，随后在陪葬坑焚烧过程中受热偶然形成，当然也不能排除热锻加工的可能（图 4-8、图 4-9；图版六二、图版六三）。

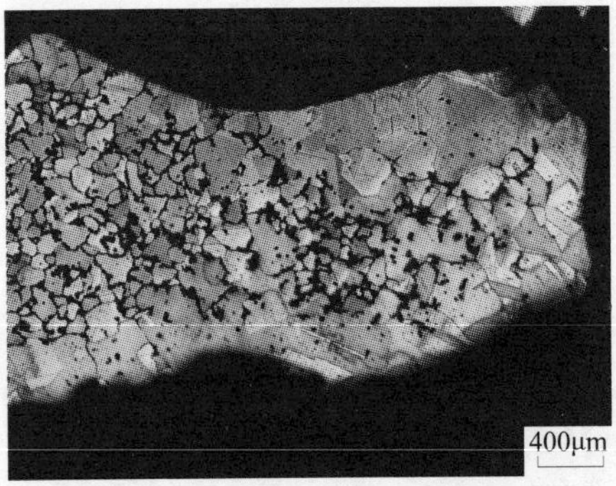

图 4-6　10 号彩绘青铜天鹅体内多余铜样品 SQT004 金相组织照片

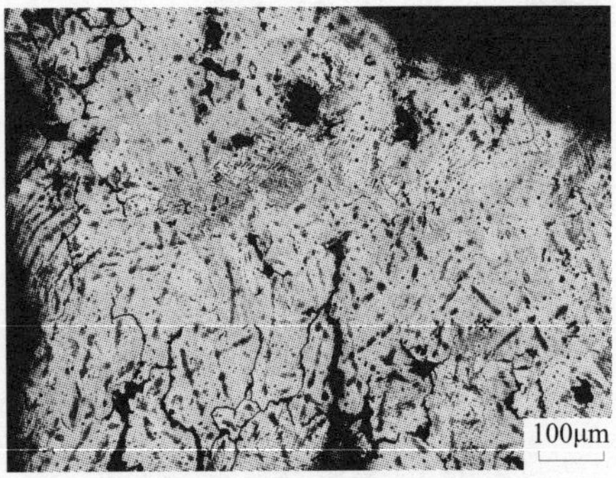

图 4-7　21 号彩绘青铜仙鹤颈部铜隔档样品 SQT015 金相组织照片

芯骨样品 SQT002 大部分区域为铸后受热组织，边缘存在个别孪晶组织，同时个别晶粒内存在滑移带（图 4-10；图版六四）。边缘孪晶组织的出现很有可能与 10 号天鹅底部方孔内侧的两个流淌状多余铜样品 SQT004、SQT005 一样，为偶然形成。滑移带的存在，说明其曾经冷加工处理或受外力的影响。另外，几乎所有样品均有硫化物夹杂存在于晶间，说明使用的铜矿有硫化物存在，且在冶铸时未能完全去除（图 4-11）。

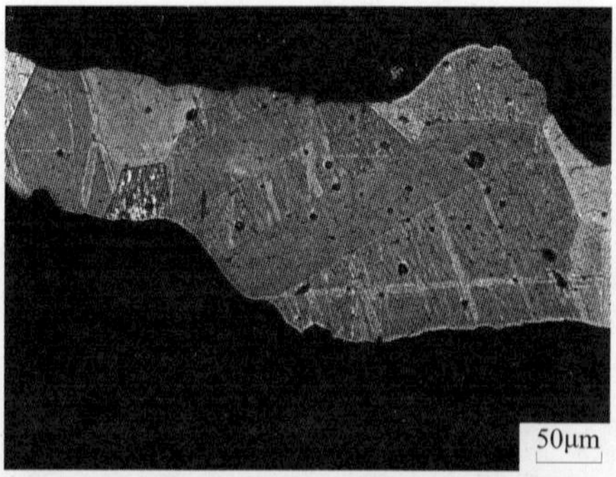

图 4-8　20 号彩绘青铜天鹅补片样品 SQT012 金相组织照片

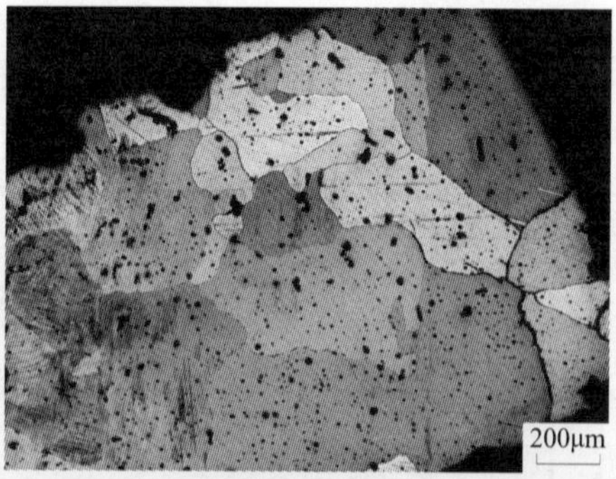

图 4-9　10 号彩绘青铜天鹅补片样品 SQT003 金相组织照片

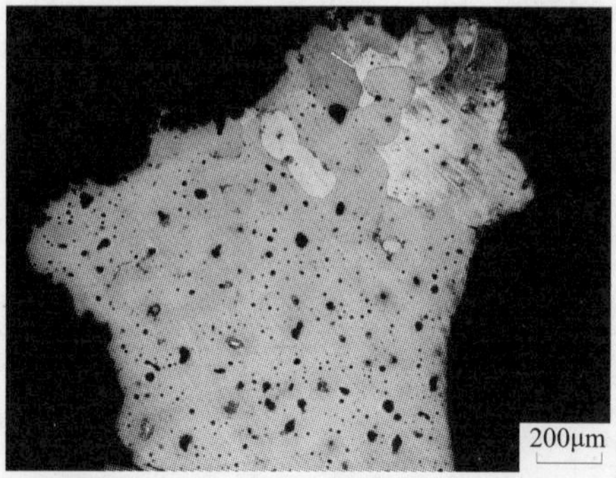

图 4-10　7 号彩绘青铜天鹅芯骨样品 SQT002 金相组织照片

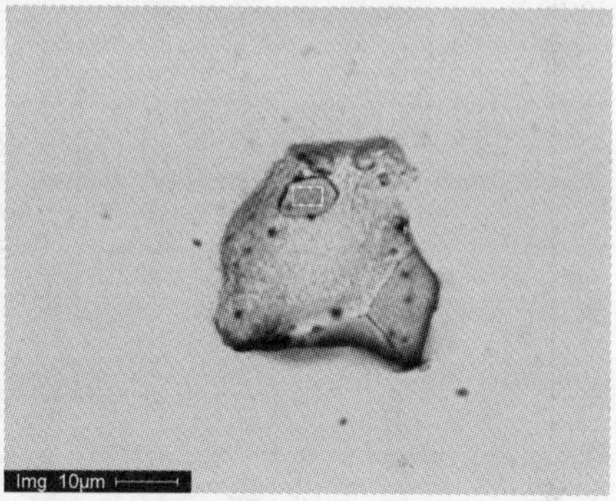

图 4-11　不明彩绘青铜水禽身体样品 SQT024 BSE 照片显示的夹杂物

三、成分分析

（一）分析方法

所有经金相观察的样品重新抛光后，置入扫描电子显微镜下观察细部组织形态，并利用能谱分析仪进行无标样定量成分测定。考虑到样品成分偏析，分析样品基体合金成分时，尽可能在低倍视场下选取较大的分析面，并在样品截面 2～4 个不同部位分别进行测量，取平均值得到样品基体的合金成分；夹杂物的成分以微区分析进行测量。成分分析所用扫描电镜的型号为日立（Hitachi）S3600N，X 射线能谱仪型号为 Genesis 2000XMS，激发电压为 25kV，扫描时间大于 60s。水禽样品成分分析结果详见表 4-3。

表 4-3　彩绘青铜水禽金属基体样品金相观察及成分分析结果

样品编号	样品来源	组织检验	成分（w%）			材质	制作技术	图号
			Cu	Sn	Pb			
SQT001	1 号天鹅身体残片	铸后受热组织，由于成分均匀化，铸造枝晶偏析完全消失，铜锡 α 固溶体等轴晶；晶内及晶间偶见（α+ δ ）共析组织分布；铅呈小颗粒状分布于晶内和晶界；硫化物夹杂分布于晶界；晶内有铸造缩孔及锈蚀颗粒；边沿部分晶粒内存在滑移线	89.00	11.00	—	Cu-Sn	铸造	
SQT002	7 号天鹅芯骨	存在两种金相组织：大部分区域为铸后受热组织，由于成分均匀化，铸造枝晶偏析完全消失，铜锡 α 固溶体大晶粒；（α+ δ ）共析组织以小颗粒状分布于晶内及晶间；铅呈小颗粒状分布于晶内和晶界；偶见硫化物夹杂分布于晶内；晶内有大量铸造缩孔及锈蚀颗粒；边缘个别孪晶组织及个别晶粒内存在滑移带	88.54	11.46	—	Cu-Sn	铸造	图 4-10
SQT003	10 号天鹅补片	铸后受热组织，由于成分均匀化，铸造枝晶偏析完全消失，铜锡 α 固溶体大晶粒；晶内及晶间偶见细小的（α+ δ ）共析组织分布；铅呈小颗粒状分布于晶内和晶界；硫化物夹杂分布于晶界；晶内有大量铸造缩孔；部分晶粒内存在滑移带	89.48	10.52	—	Cu-Sn	铸造	图 4-9
SQT004	10 号天鹅体内多余铜	存在两种金相组织：中心区域为铸后受热组织，由于成分均匀化，铸造枝晶偏析完全消失，铜锡 α 固溶体大晶粒；（α+ δ ）共析组织以小颗粒状分布于晶间；边缘区域孪晶组织，部分晶粒内存在滑移带；铅呈小颗粒状分布于晶内和晶界；晶内有大量铸造缩孔及锈蚀颗粒	89.79	10.21	—	Cu-Sn	铸造	图 4-6
SQT005	10 号天鹅体内多余铜	α 固溶体再结晶晶粒和孪晶组织，晶粒较大；铅呈小颗粒状分布于晶内和晶界；偶见硫化物夹杂分布于晶内；晶内有大量缩孔及锈蚀颗粒	89.67	10.33	—	Cu-Sn	铸造	图 4-5
SQT006	13 号天鹅身体	铸后受热组织，由于成分均匀化，铸造枝晶偏析基本消失，铜锡 α 固溶体等轴晶，边缘区域晶间存在锈蚀；晶界偶见（α+ δ ）共析组织分布；铅呈小颗粒状分布于晶内和晶界；硫化物夹杂分布于晶界；晶内有铸造缩孔及锈蚀颗粒	86.70	13.30	—	Cu-Sn	铸造	图 4-1
SQT007	13 号天鹅身体	铸后受热组织，由于成分均匀化，铸造枝晶偏析基本消失，铜锡 α 固溶体等轴晶；晶间锈蚀严重；铅呈小颗粒状分布于晶内和晶界；部分晶内有铸造缩孔及锈蚀颗粒	88.46	11.54	—	Cu-Sn	铸造	

续表

样品编号	样品来源	组织检验	成分（w%）			材质	制作技术	图号
			Cu	Sn	Pb			
SQT008	13 号天鹅身体	铸后受热组织，由于成分均匀化，铸造枝晶偏析基本消失，铜锡 α 固溶体等轴晶，部分区域晶间锈蚀严重；晶界偶见（α+δ）共析组织分布；铅呈小颗粒状分布于晶内和晶界；硫化物夹杂分布于晶界；个别晶内有铸造缩孔及锈蚀颗粒	87.26	12.74	—	Cu-Sn	铸造	
SQT009	13 号天鹅颈部	铸后受热组织，由于成分均匀化，铸造枝晶偏析完全消失，铜锡 α 固溶体大晶粒；晶内及晶间偶见（α+δ）共析组织分布；铅呈小颗粒状分布于晶内和晶界；硫化物夹杂分布于晶界；晶内有大量铸造缩孔及锈蚀颗粒；边沿部分晶粒内存在滑移线	88.67	11.33	—	Cu-Sn	铸造	
SQT010	14 号天鹅身体	铸后受热组织，由于成分均匀化，铸造枝晶偏析基本消失，铜锡 α 固溶体等轴晶；铅呈小颗粒状分布于晶内和晶界；硫化物夹杂分布于晶界；晶内有铸造缩孔及锈蚀颗粒	77.93	16.51	5.56	Cu-Sn-Pb	铸造	
SQT011	20 号天鹅身体	铸后受热组织，由于成分均匀化，铸造枝晶偏析基本消失，铜锡 α 固溶体大晶粒；晶间锈蚀严重；铅呈小颗粒状分布于晶内和晶界的锈蚀物中；晶内有大量铸造缩孔及锈蚀颗粒	88.53	11.47	—	Cu-Sn	铸造	
SQT012	20 号天鹅补片	α 固溶体再结晶晶粒和孪晶组织，晶粒较大；铅呈小颗粒状分布于晶内；偶见硫化物夹杂分布于晶内；晶内有缩孔及锈蚀颗粒	83.31	16.69	—	Cu-Sn	热锻	图 4-8
SQT013	21 号仙鹤体内多余铜	铸后受热组织，铜锡 α 固溶体大晶粒，晶内仍然存在偏析现象；（α+δ）共析组织呈细小岛屿状分布于晶内及晶间；铅呈小颗粒状分布于晶内和晶界；硫化物夹杂分布于晶界；晶内及晶间均有锈蚀颗粒及较大铸造缩孔；部分晶粒内存在滑移线	87.84	11.56	0.60	Cu-Sn	铸造	图 4-4
SQT014	21 号仙鹤羽毛	铸后受热组织，铜锡 α 固溶体大晶粒，晶内仍然存在偏析现象；铅呈小颗粒状分布于晶内和晶界；硫化物夹杂分布于晶界；晶内及晶间均有铸造缩孔及锈蚀颗粒	90.76	8.70	0.54	Cu-Sn	铸造	图 4-3
SQT015	21 号仙鹤颈部铜隔档	铸后受热组织，铜锡 α 固溶体大晶粒，晶内偏析现象较为明显；铅呈小颗粒状分布于晶内和晶界；硫化物夹杂分布于晶界；晶内及晶间均有铸造缩孔及锈蚀颗粒；部分晶粒内存在滑移线	89.01	10.99	—	Cu-Sn	铸造	图 4-7

续表

样品编号	样品来源	组织检验	成分（w%）			材质	制作技术	图号
			Cu	Sn	Pb			
SQT016	29 号鸿雁身体	铸后受热组织，由于成分均匀化，铸造枝晶偏析基本消失，铜锡 α 固溶体大晶粒；晶间锈蚀严重；（α+ δ ）共析组织以小颗粒状分布于晶内；铅呈小颗粒状分布于晶内和晶界的锈蚀物中；硫化物夹杂以颗粒状分布于晶内；晶内有大量铸造缩孔及锈蚀颗粒；部分晶内存在大量裂隙	81.23	18.77	—	Cu-Sn	铸造	图 4-2
SQT017	31 号鸿雁身体	铸后受热组织，由于成分均匀化，铸造枝晶偏析基本消失，铜锡 α 固溶体大晶粒；（α+ δ ）共析组织以小颗粒状分布于晶内；铅呈小颗粒状分布于晶内；硫化物夹杂分布于晶内；晶内有大量铸造缩孔及锈蚀颗粒	90.59	9.41	—	Cu-Sn	铸造	
SQT018	33 号鸿雁身体	铸后受热组织，由于成分均匀化，铸造枝晶偏析基本消失，铜锡 α 固溶体大晶粒；晶间锈蚀严重；（α+ δ ）共析组织以小颗粒状分布于晶内；铅呈小颗粒状分布于晶内；偶见硫化物夹杂分布于晶内；个别晶内存在滑移线；部分晶内存在铸造缩孔及锈蚀颗粒	86.18	13.68	0.14	Cu-Sn	铸造	
SQT019	不明天鹅踏板	铸后受热组织，成分趋于均匀化，α 枝晶偏析仍依稀可见；（α+ δ ）共析组织以小颗粒状沿枝晶分布；铅呈小颗粒状分布于枝晶间；有较大铸造缩孔	90.48	9.52	—	Cu-Sn	铸造	
SQT020	不明天鹅身体残块	铸后受热组织，由于成分均匀化，铸造枝晶偏析完全消失，铜锡 α 固溶体大晶粒；（α+ δ ）共析组织以小颗粒状分布于晶内及晶间；铅呈小颗粒状分布于晶内和晶界；硫化物夹杂分布于晶界；晶内有大量铸造缩孔及锈蚀颗粒	89.99	10.01	—	Cu-Sn	铸造	
SQT021	不明天鹅身体残块	铸后受热组织，由于成分均匀化，铸造枝晶偏析基本消失，铜锡 α 固溶体大晶粒；（α+ δ ）共析组织以小颗粒状分布于晶内；晶间锈蚀严重；铅呈小颗粒状分布于晶内和晶界的锈蚀物中；硫化物夹杂以颗粒状分布于晶内；晶内有大量铸造缩孔及锈蚀颗粒	87.39	12.61	—	Cu-Sn		

续表

样品编号	样品来源	组织检验	成分（w%）			材质	制作技术	图号
			Cu	Sn	Pb			
SQT022	不明天鹅身体残块	铸后受热组织，由于成分均匀化，铸造枝晶偏析基本消失，铜锡 α 固溶体大晶粒；晶间锈蚀严重；（α+δ）共析组织以小颗粒状分布于晶内；铅呈小颗粒状分布于晶内和晶界的锈蚀物中；硫化物夹杂以颗粒状分布于晶内；晶内有大量铸造缩孔及锈蚀颗粒；部分晶内存在大量裂隙	87.10	12.90	—	Cu-Sn	铸造	
SQT023	不明天鹅身体残块	铸后受热组织，由于成分均匀化，铸造枝晶偏析基本消失，铜锡 α 固溶体等轴晶；晶间锈蚀严重；铅呈小颗粒状分布于晶内和晶界中的锈蚀物中；绝大多数晶内存在裂隙；部分晶内存在铸造缩孔及锈蚀颗粒	86.68	13.32	—	Cu-Sn	铸造	
SQT024	不明天鹅身体残块	铸后受热组织，由于成分均匀化，铸造枝晶偏析基本消失，铜锡 α 固溶体大晶粒；晶内存在大量较大铸造缩孔及锈蚀颗粒	88.26	11.73	—	Cu-Sn	铸造	
SQT025	不明天鹅头部残块	铸后受热组织，由于成分均匀化，铸造枝晶偏析基本消失，铜锡 α 固溶体等轴晶；晶间锈蚀严重；铅呈小颗粒状分布于晶内和晶界的锈蚀物中；晶内有大量铸造缩孔及锈蚀颗粒；偶见孪晶组织	88.23	11.77	—	Cu-Sn	铸造	
SQT026	不明天鹅身体残块	铸后受热组织，由于成分均匀化，铸造枝晶偏析完全消失，铜锡 α 固溶体大晶粒；（α+δ）共析组织以小颗粒状分布于晶内及晶间；铅呈小颗粒状分布于晶内和晶界；硫化物夹杂分布于晶界；晶内有大量铸造缩孔及锈蚀颗粒	88.84	11.16	—	Cu-Sn	铸造	
SQT027	不明天鹅颈部残块铜隔档	铸后受热组织，由于成分均匀化，铸造枝晶偏析基本消失，铜锡 α 固溶体等轴晶；晶间锈蚀严重；铅呈小颗粒状分布于晶内和晶界中的锈蚀物中；部分晶内存在大量裂隙	83.86	16.14	—	Cu-Sn	铸造	

（二）分析结果

成分分析显示，经检测分析的27个水禽样品中，26个样品为铜锡二元合金，其中11个锈蚀较轻样品的含锡量相对较低，在9%～12%之间；其余15个锈蚀严重样品的含锡量相对较高，在11%～18%之间。另外1个样品SQT010锈蚀也比较严重，分析结果显示为铜锡铅三元合金，含锡量及含铅量分别为16.51%和5.56%。考虑到青铜器的锈蚀可导致基体内铜元素的流失，以及锡、铅元素的富集现象，所以相对而言，11件锈蚀较轻样品的合金成分可能与青铜水禽的实际更为接近。也就是说，水禽基体为含锡量在9%～12%之间的铜锡二元合金，合金成分非常稳定，而且不同青铜水禽、同一水禽不同部位以及补片、芯骨、铜隔档等显示出了高度的一致性。

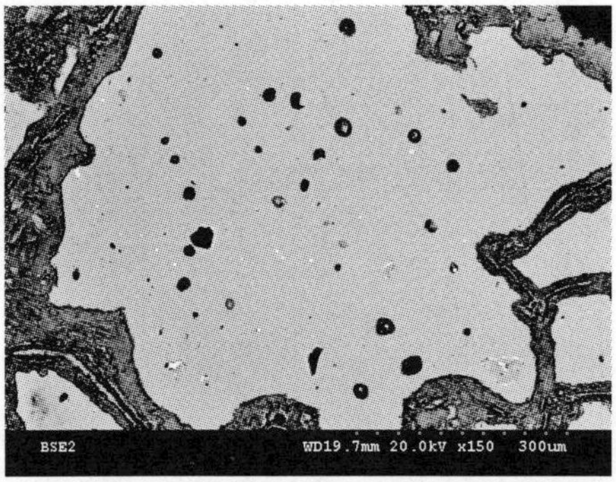

图4-12　14号彩绘青铜天鹅样品SQT010 BSE照片显示的铅颗粒

另外，虽然26件样品的合金成分分析未检测出铅元素的存在或铅元素的含量小于1%，但在放大的背散射电子图像上仍可清晰看到呈弥散状态的细小铅颗粒分布于晶间或晶内（图4-12）。合金中的铅应该是铜矿或锡矿中所带入的杂质元素，而并非有意加入。

四、铅同位素分析

（一）分析方法

准确称取0.1～0.2g样品并置于低压密闭溶样罐（PFA）中，用混合酸（$HF+HNO_3+HClO_4$）溶解24小时。待样品完全溶解后蒸干，加入6mol/L的盐酸（HCL）转为氯化物，再蒸干。然后用1mL 0.5mol/L的溴化氢（HBr）溶解，离心分离，并将清液加入阴离子交换柱（250μl，AG1 x 8，100-200目），再用0.5mol/L的溴化氢（HBr）淋洗杂质，用1mL 6mol/L的盐酸解析铅于聚四氟乙烯的烧杯中后蒸干。用磷酸硅胶将样品点在铼带上，以静态接受方式测量铅同位素比值。铅同位素比值分析采用ISOPROBE-T热电等离子质谱仪（ICP-MS）。青铜水禽14个样品的铅同位素分析结果见表 4-4。

表 4-4　彩绘青铜水禽样品铅同位素分析结果

样品编号	样品来源	分析结果				
		$^{208}Pb/^{204}Pb$	$^{207}Pb/^{204}Pb$	$^{206}Pb/^{204}Pb$	$^{208}Pb/^{206}Pb$	$^{207}Pb/^{206}Pb$
SQT001	1 号天鹅身体残片	38.533	15.616	17.991	2.142	0.870
SQT002	7 号天鹅芯骨	39.088	15.674	18.114	2.158	0.865
SQT004	10 号天鹅体内多余铜	38.715	15.658	18.032	2.147	0.868
SQT008	13 号天鹅身体	38.409	15.572	17.930	2.142	0.868
SQT009	13 号天鹅颈部	38.503	15.599	18.017	2.137	0.866
SQT011	20 号天鹅身体	38.765	15.665	18.072	2.145	0.867
SQT015	21 号仙鹤颈部铜隔档	38.550	15.613	17.992	2.143	0.868
SQT016	29 号鸿雁身体	38.658	15.643	18.000	2.148	0.869
SQT016	29 号鸿雁身体	38.761	15.673	18.018	2.151	0.870
SQT017	31 号鸿雁身体	38.836	15.693	18.100	2.146	0.867
SQT019	不明天鹅身体残块	38.557	15.601	17.969	2.146	0.868
SQT020	不明天鹅身体残块	38.519	15.609	17.978	2.147	0.868
SQT025	不明天鹅头部残块	38.906	15.712	18.044	2.156	0.871
SQT026	不明天鹅身体残块	38.813	15.666	18.025	2.153	0.869
SQT027	不明天鹅颈部残块	38.448	15.584	17.947	2.142	0.868

（二）分析结果

从表 4-4 可看出，青铜水禽 $^{208}Pb/^{204}Pb$ 的比值在 38.409～39.088 之间，$^{207}Pb/^{204}Pb$ 的比值在 15.572～15.712 之间，$^{206}Pb/^{204}Pb$ 的比值在 17.930～18.114 之间，$^{208}Pb/^{206}Pb$ 的比值在 2.137～2.158 之间，$^{207}Pb/^{206}Pb$ 的比值在 0.865～0.871 之间。一般认为，同位素 $^{207}Pb/^{206}Pb$ 比值小于 0.8，$^{206}Pb/^{204}Pb$ 比值大于 20 的铅为高放射性成因铅，而 $^{207}Pb/^{206}Pb$ 的比值大于 0.84 的铅为普通铅[①]。可以看出，所检测的青铜水禽基体样品中所含的铅均为普通铅，未发现高放射性成因铅的存在。将水禽样品的铅同位素比值结果分别绘于图 4-13 和图 4-14 中进行对比，发现各样品的铅同位素变化幅度很小，落在了同一区域，表明这批青铜水禽很可能使用了相近甚至相同的矿料。

① 金正耀等：《商代青铜器中的高放射性成因铅：三星堆器物与赛克勒博物馆藏品的比较研究》，《“走向二十一世纪的中国考古学”国际讨论会》，科学出版社，1998 年，第 169～194 页。

需要说明的是，本次分析所得到青铜水禽铅同位素的原始结果仅包括 $^{208}Pb/^{204}Pb$、$^{207}Pb/^{204}Pb$ 以及 $^{206}Pb/^{204}Pb$ 的比值，而表 4-4 中列出的 $^{208}Pb/^{206}Pb$ 和 $^{207}Pb/^{206}Pb$ 的比值均是由原始结果换算得到的。

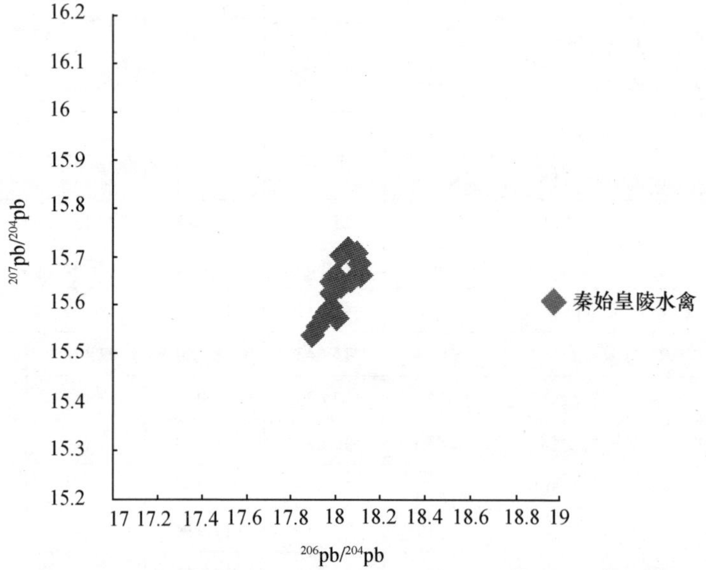

图 4-13　彩绘青铜水禽铅同位素 $^{207}Pb/^{204}Pb$、$^{206}Pb/^{204}Pb$ 比值图

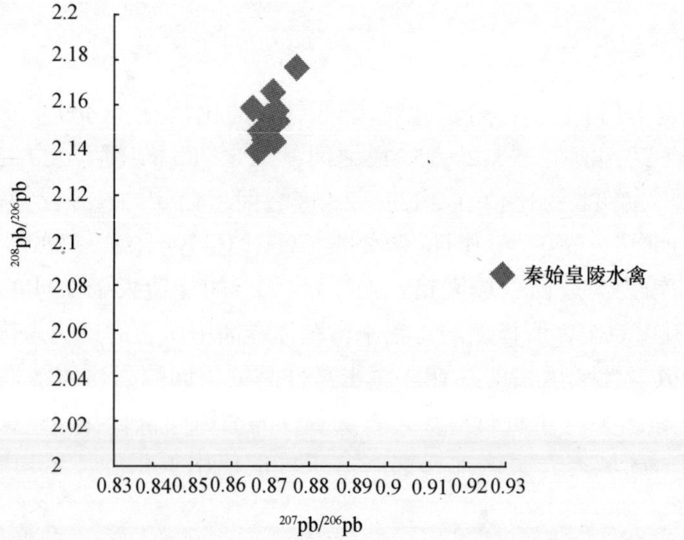

图 4-14　彩绘青铜水禽铅同位素 $^{208}Pb/^{206}Pb$、$^{207}Pb/^{206}Pb$ 比值图

五、微量元素分析

（一）分析方法

称取一定量样品，加入一定体积的无机酸消解，待样品消解澄清后转移定容至100mL容量瓶中，摇匀待测。微量元素分析所使用的仪器为美国热电等离子体质谱仪（ICP-MS），测试条件为：功率1300W，冷却气流速13L/min，辅助气流速0.70L/min，载气流速0.89L/min，雾化气压力26.0 PSI，蠕动泵转数100r/min。

如前所述，铜矿石中的Au、Ag、Se、Te、As、Sb、Bi等亲铜元素以及Ni、Co既亲铜又亲铁元素在冶炼过程中主要富集在金属铜中，与铜矿料保持了较好的相关性。本次检测微量元素的目的是探索与青铜水禽矿料来源相关的问题，所以青铜水禽金属基体微量元素分析主要是对以上9种微量元素的含量进行分析检测。本次共测得元素10种，除Cu元素为主量元素外，其他元素均为微量元素，结果见表4-5。

表4-5　彩绘青铜水禽样品微量元素分析结果

样品编号	样品来源	分析结果（μg/g）									
		Cu	Co	Ni	Se	Ag	Sb	Te	Au	Bi	As
SQT001	1号天鹅身体残片	688100	84.28	521	4.631	425	180.70	62.51	42.54	581	323
SQT009	13号天鹅颈部	865700	184.70	1415	3.789	441	48.11	19.35	44.94	616	142
SQT017	31号鸿雁身体	938600	169.10	1601	3.629	466	38.77	13.43	48.20	603	139
SQT020	不明天鹅身体残块	804100	135.10	1021	3.899	598	115.90	38.35	50.24	861	252
SQT026	不明天鹅身体残块	342100	53.44	302	8.299	1353	782.10	209.60	129.40	1991	818

（二）分析结果

从表4-5可以看出，可能是由于样品的锈蚀程度不尽相同，所以各样品中Cu元素的含量变化较大，在34%～94%之间。在微量元素方面，虽然5个样品中各种不同微量元素含量的差别较大，但各样品微量元素含量变化的对比图显示，所有样品中各种微量元素含量的整体变化特征却非常相似（图4-15；图版六五）。5件样品的Ni、Ag和Bi元素含量均较高，其中Ni的含量在302～1601μg/g之间，Ag的含量在425～1353μg/g之间，Bi的含量在581～1991μg/g之间；Co、As和Sb元素的含量居中，分别在53.44～184.7μg/g，139～818μg/g以及38.77～782.1μg/g之间；而Te、Au和Se三种元素的含量则较低，其中Te的含量在13.43～209.6μg/g之间，Au的含量在42.54～129.4μg/g之间，而Se的含量最低，在3.629～8.299μg/g之间。不同样品微量元素整体变化特征的相似性，也表明可能使用了相近甚至相同的铜矿矿料。

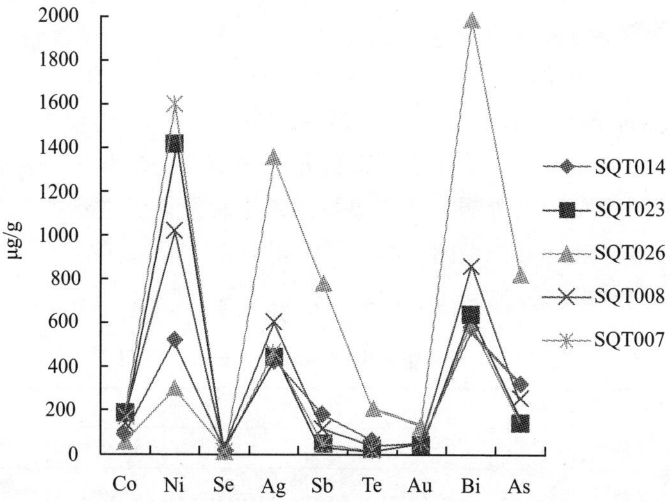

图4-15 彩绘青铜水禽微量元素含量对比图

六、小　结

本节对秦始皇帝陵园出土彩绘青铜水禽青铜基体样品进行了金相观察、成分分析、铅同位素分析以及微量元素分析。金相观察显示，青铜身体不同部位样品、体内流淌状多余铜样品、表面补片样品以及芯骨样品多为铸后受热组织，表明青铜水禽的成型工艺为铸造。铸后受热组织的出现应该与K0007陪葬坑历史上曾遭焚烧有关。部分体内流淌状多余铜样品、表面补片样品以及芯骨样品中热锻组织的形成很可能是水禽在制作过程中进行过冷加工处理，随后在陪葬坑焚烧过程中受热偶然形成，并非有意为之。

成分分析显示，青铜水禽的材质为铜锡二元合金，含锡量在9%～12%之间，含铅量低于1%，成分非常稳定。不同水禽、同一水禽的不同部位以及芯骨、补片、铜隔档等在化学成分上显示出了高度的一致性。

铅同位素分析显示，青铜水禽金属基体中所含的铅均为普通铅，未发现高放射性铅的存在，而且各水禽样品的铅同位素比值非常接近。微量元素分析显示，虽然不同青铜水禽样品中各种微量元素的含量差别较大，但整体特征却非常相似。铅同位素及微量元素分析结果表明该批青铜水禽应该使用了相近甚至相同的铜矿矿料。

第四节　秦始皇帝陵园随葬青铜器材质的特征及选择

一、彩绘青铜水禽的材质特征

本章检测分析的水禽青铜基体样品不仅包括水禽身体、颈部、踏板、羽毛、铜隔档等不同部位，而且还包括表面补片、芯骨等附件。虽然部分部位或附件样品数量较少，但种类齐全，分析结果基本可以显示出青铜水禽的合金工艺特征。从现有分析结果来看，青铜水禽在材质上最为明显的特征是所有水禽以及附件均为铜锡二元合金，且合金成分非常稳定，含锡量在9%～12%之间，含铅量均小于1%，并没有发现不同部位采用不同合金成分的现象。截至目前，类似青铜水禽这样多件器物、同一器物的不同部位、附件在合金成分上如此一致的情况并不多见。

二、秦始皇帝陵园随葬青铜器材质的独特性

如前所述，除青铜水禽之外，目前秦始皇帝陵园内出土且经过合金成分分析的青铜器包括一号兵马俑坑出土的部分青铜兵器、车马器以及少量杂器[①]，铜车马坑出土的两乘彩绘铜车马[②]，以及铠甲坑出土石铠甲上的青铜卡缀[③]。就现有的分析结果而言，秦始皇帝陵园内出土的青铜器在材质上除

① 陕西省考古研究所、始皇陵秦俑坑考古发掘队：《秦始皇陵兵马俑坑一号坑发掘报告（1974～1984）》，文物出版社，1988年，第341～348页；北京科技大学冶金与材料史研究所、秦始皇兵马俑博物馆：《秦始皇陵兵马俑坑一号坑新出土铜器的初步科学分析》，待刊。

② 秦始皇兵马俑博物馆、陕西省考古研究所：《秦始皇陵铜车马发掘报告》，文物出版社，1998年，第240～243页。

③ 陕西省考古研究所、秦始皇兵马俑博物馆：《秦始皇帝陵园考古报告（1999）》，科学出版社，2000年，第238～240页。

少量铜镞以及带钩为含铅量较低的铜锡铅三元合金以外，其他铜器均为铜锡二元合金。从这一点来看，青铜水禽在材质上符合秦始皇帝陵园出土青铜器的特点。

前文提到，埃及青铜雕像的材质在后王国时期逐渐由铜锡二元合金转变为铜锡铅三元合金。希腊的小型青铜雕像在材质上以铜锡铅三元合金为主，而大型雕像在自希腊化时代以后也逐渐由铜锡二元合金转变为铜锡铅三元合金。中国春秋战国时期青铜器在材质上，除少量兵器以及工具为铜锡二元合金或含铅量较低的铜锡铅三元合金外，主要为铜锡铅三元合金，而且含铅量普遍较高。也就是说，从世界范围来看，虽然不同地区不同类别的青铜器在材质上由铜锡二元合金转变为铜锡铅三元合金的时间早晚各不相同，但到公元前一千纪后半叶，中、西方除兵器或工具以外的青铜器在材质上均以铜锡铅三元合金为主。

由于在机械性能上的特殊要求，自公元前二千纪以来，青铜兵器及工具在材质上多为铜锡二元合金或含铅较低的铜锡铅三元合金。从现有的分析数据来看，秦始皇帝陵园内出土的青铜兵器与早期兵器在材质上的特征一致，基本延续了铜锡二元合金的传统，符合常理。然而，令人感到意外的是，在中、西方青铜器广泛使用铜锡铅三元合金的背景下，秦始皇帝陵园随葬的青铜水禽、铜车马、车马器、铜饰件以及石铠甲铜卡缀等非兵器或工具类青铜器亦为铜锡二元合金，与同时期的西方青铜器以及中国春秋战国时期秦始皇帝陵园以外各地区不同遗址出土的青铜器的材质特征并不相符，显示出了鲜明的特殊性。遗憾的是，秦始皇帝陵园随葬的青铜器在材质上显示出的特殊性迄今一直没有受到广泛的关注，产生这一现象背后的原因也没有得到深入的探讨。

三、关于秦始皇帝陵园随葬青铜器材质的选择

春秋战国时期中国在青铜合金技术上有了较大的发展，不仅可以按合金的性能和器物的用途配置相应的青铜合金，在理论上也对青铜的配料进行了规范，著名的《考工记·六齐》就是这个时代青铜合金规范的总结。而且，如前所述，根据铜器的性能要求选择合金成分在秦始皇帝陵园出土的铜镞上也有明显的体现。

对青铜水禽、铜车马、车马器等对金属机械强度并没有特殊要求的铸件而言，铜锡铅三元合金完全可以满足其对强度的需求。这一点可以从西

方公元前一千纪后半叶大型雕像广泛使用铜锡铅三元合金这一事实得以证实。例如玛秋希①曾对北美地区收藏的一批希腊晚期以及罗马时期的大型青铜雕像或残件的合金成分进行了科学分析，发现经分析的雕像均为铜锡铅三元合金，且大部分器物的含铅量在10%以上。另外，对于青铜水禽以及铜车马这样形制相对较复杂的铸件而言，如果在合金中加入一定量的铅，还可以提高熔融青铜合金的流动性，从而减少铸造缺陷。但是，目前的科学分析结果却显示青铜水禽、铜车马、车马器、铜饰件等器物的合金成分中并不含铅，说明秦始皇帝陵园内随葬的青铜器在材质上并不是完全根据合金的性能或器物的用途进行选择的，可能受到了其他因素的影响。

刘煜②在分析殷墟出土的青铜器时，发现青铜器在合金成分上与墓葬的规格之间存在一定的关系，墓葬级别越高越倾向于用含锡量较高的青铜器，而较低级别的墓葬则倾向于使用含铅量较高的青铜器。王全玉③对晋文化青铜器从合金成分上进行了对比研究，发现贵族墓葬出土的大多数青铜器为铜锡二元合金，而平民墓地出土的大多数青铜器则为铜锡铅三元合金。李秀辉等④曾对虢国墓地出土的青铜器进行了材质分析，结果显示等级较高墓葬出土铜器的铸造质量较好，而等级较低墓葬出土青铜器的铸造质量却较差。贾云福⑤对曾侯乙墓出土青铜器进行了分析，发现该墓出土青铜器为锡青铜或含铅量在3%～6%的铅锡青铜，含铅量明显低于楚文化平民墓葬中出土的铜器，有学者⑥认为曾侯乙墓出土青铜器含铅量较低可能与曾侯乙墓墓主的身份有关。秦始皇帝陵园出土铜器几乎全为锡青铜，仅有的少数含铅量很低的铅锡青铜，这一现象表明秦始皇帝陵园随葬的青铜器在材质的选择上应该也受到了秦始皇帝王身份这一因素的影响。

受到等级观念的影响，古代墓葬在墓葬形制、墓上建筑及墓葬规模的大小、葬具的多寡、随葬品的种类及数量的多少等方面均与墓主当时的社

① Mattusch, C. 1996: The Fire of Hephaistos: Large Cassical Bronze from North American Collections, Harvard University Art Museum. Massachusetts, 178-352.

② 刘煜：《殷墟青铜礼器铸造工艺研究综论》，《华夏考古》2009年第1期，第102～113页。

③ Wang, Q. 2002: Metalworking Technology and Deterioration of Jin Bronzes from the Tianma-Qucun Site, Shanxi, China, Basingstoke Press, Oxford, 63-80.

④ 李秀辉、韩汝玢：《虢国墓出土青铜器材质分析》，《三门峡虢国墓（第一卷）》，文物出版社，1999年，第539～551页。

⑤ 贾云福：《曾侯乙墓部分青铜器及金属弹簧的化学成分检测》，《曾侯乙墓（上）》，文物出版社，1989年，第618～620页。

⑥ 朱凤瀚：《中国青铜器综论》，上海古籍出版社，2009年，第724页。

会地位及身份有关，这一点已得到了众多考古资料的证实。就秦始皇帝陵园而言，学界一般认为其设计理念包括“事死如事生”“若都邑”以及“皇权至上”三个，其中“皇权至上”主要体现在“陵园的一切设施也是以高、大、多、真为主要特征”①。但是，关于随葬品的材质以及制作质量与墓主社会地位之间的关系目前论述较少。刘煜、王全玉、贾云福、李秀辉等学者的研究结果以及秦始皇帝陵园出土青铜器现有的科学分析结果，似乎表明古代墓葬中的随葬品不仅在数量上，而且在材质和制作质量上均受到了墓主当时社会地位的影响。

值得注意的是，礼县秦公墓出土铜器的科学分析显示，绝大多数铜器均为铜锡铅三元合金，铜器材质主要是根据器物的用途进行选择，而并没有反映出材质与墓主身份之间的联系②。然而，殷墟、晋侯墓地、虢国墓地、曾侯乙墓等遗址出土的青铜器却均体现出了根据墓主身份选择材质的迹象。这一现象似乎表明根据墓主身份以及社会地位选择青铜器材质并非秦人的传统，很可能是吸收晋、楚等关东文化的结果。秦人大量吸收关东诸国的文化因素在考古学研究上也得到了证实。陈平③曾从器物组合、形制、纹饰等方面对春秋战国时期秦墓出土的青铜容器和兵器进行了系统的分析和研究，发现秦文化青铜器的风格在战国早、中期之交发生了巨大变化，基本看不出两者之间存在发展演变关系，存在很大的跳跃性。关于秦文化铜器在战国早、中期之交发生的突变，梁云④通过对考古资料的分析并结合秦国的历史，认为这一变化是在没有外力的干预下自发完成的，是战国中期秦国发生的商鞅变法，打破了秦国原来僻居西方的封闭局面，与关东诸国的联系加强，大量吸收外部文化因素的结果。根据墓主身份选择随葬品的材质这一理念在秦始皇帝陵园随葬品上的体现，或许表明秦人对关东诸国文化因素的吸收不仅仅停留在物质层面上，已深入到了制度和精神层面。

---

① 袁仲一:《秦始皇陵考古发现与研究》，陕西人民出版社，2002 年，第 395、396 页。

② 潜伟:《甘肃礼县大堡子山秦公墓几件青铜器的显微分析》,《考古与文物先秦增刊》2002 年，第 371～376 页；邵安定、孙淑云等:《甘肃礼县大堡子山秦公墓出土金属器的科学分析与研究》,《文物》2015 年第 10 期，第 86～96 页。

③ 陈平:《试论关中秦墓青铜容器的分期问题（下）》,《考古与文物》1984 年第 4 期，第 63～73 页；陈平:《试论春秋型秦兵的年代及有关问题》,《考古与文物》1986 年第 5 期，第 84～91 页。

④ 梁云:《从秦文化的转型看考古学文化的突变现象》,《华夏考古》2007 年第 3 期，第 103～113 页。

还有一个现象值得注意。如前所述，希腊化时期以前，在小型青铜雕像和其他青铜器广泛使用铜锡铅三元合金的情况下，希腊大型青铜雕像却均为铜锡二元合金。而且，秦始皇帝陵园出土的青铜水禽、铜车马等圆雕类青铜器在合金成分上与希腊化时期以前的希腊大型青铜雕像非常接近，均为含锡量为10%左右的铜锡二元合金。虽然目前的证据还不足以确定这一现象的存在是偶然还是必然，但考虑到青铜水禽在铸造工艺上明显受到西方青铜工艺的影响，所以并不排除在合金工艺上也受到西方影响的可能性。

第五节　关于彩绘青铜水禽矿料来源的探索

一、彩绘青铜水禽与相关青铜器铅同位素比值的对比

目前学界一般认为如果青铜器中铅的含量低于2%～3%，那么铅就被认为是由铜矿带入的杂质元素，而并非人为有意加入的合金成分。青铜水禽的成分分析显示，其基体金属含铅量均小于1%，说明其中的铅应该是由铜矿中带入的杂质元素，所以其铅同位素比值指征的应该是制作青铜水禽所使用铜矿矿料的来源。

彭子成等①对宝鸡強国墓地出土的部分西周时期青铜器进行了铅同位素比值分析，并推测其矿料来源可能为秦岭山区以及湖北大冶铜绿山。贾腊江②对甘肃东部以及陕西宝鸡地区出土的部分早期秦文化青铜器进行了铅同位素分析，也获得了一批重要数据。为了探索青铜水禽铜矿矿料与早期秦文化铜器铜矿料以及強国墓地出土铜器之间的关系，现将贾文中15件以及彭文中5件含铅量小于3%的青铜器铅同位素比值与本文分析的青铜水禽同位素比值做成二维图进行对比（图4-16、图4-17；图版六六、图版六七）。由于彭文中只报道了$^{208}Pb/^{206}Pb$以及$^{207}Pb/^{206}Pb$的数据，所以5件強国墓地青铜器的铅同位素比值仅绘制于图4-17中。在15件用于对比的早期秦文化青铜器中，甘肃礼县西山遗址出土青铜器3件，陇县边家庄秦人墓地出土青铜器8件，宝鸡陈仓区出土青铜器2件，凤翔三岔村、凤翔豆腐村出土青铜器各1件。从年代上来看，強国墓地青铜器为西周中期，早期秦文

① 彭子成、胡智生等：《強国墓地金属器物铅同位素比值测定》，《宝鸡強国墓地》，文物出版社，1988年，第639～645页。

② 贾腊江：《秦早期青铜器科技考古学研究》，科学出版社，2011年，第84～95页。

化青铜器除甘肃礼县西山遗址出土青铜器为西周晚期外，均为春秋时期。早期秦文化青铜器以及强国墓地青铜器的铅同位素比值分析数据详见附录二。

从图 4-16 和图 4-17 可以看出，虽然本次用于对比的早期秦文化青铜器无论出土地点还是时代均差别较大，但各地出土青铜器的铅同位素比值却相对较为集中，大体可分为两个区域。3 件礼县西山遗址青铜器、1 件凤翔豆腐村青铜器、7 件陇县边家庄青铜器、2 件宝鸡陈仓区青铜器的铅同位素比值均与青铜水禽铅同位素比值非常接近。其中，$^{206}Pb/^{204}Pb$ 在 17.8～18.2 之间，$^{207}Pb/^{204}Pb$ 在 15.55～15.75 之间，$^{207}Pb/^{206}Pb$ 在 0.86～0.88 之间，而 $^{208}Pb/^{206}Pb$ 在 2.12～2.16 之间。而且，部分礼县西山遗址、陇县边家庄以及宝鸡陈仓区出土青铜器与部分青铜水禽样品还发生了重叠。另外两件早期秦文化青铜器，1 件为凤翔三岔村出土的青铜鼎，1 件为陇县边家庄出土的青铜甗，铅同位素比值较为接近，但却落在了另一区域，其中 $^{206}Pb/^{204}Pb$ 在 18.5 左右，$^{207}Pb/^{204}Pb$ 在 15.7 左右，$^{207}Pb/^{206}Pb$ 在 0.85 左右，而 $^{208}Pb/^{206}Pb$ 则在 2.1 左右，与其他早期秦文化铜器以及青铜水禽的铅同位素比值明显分开。

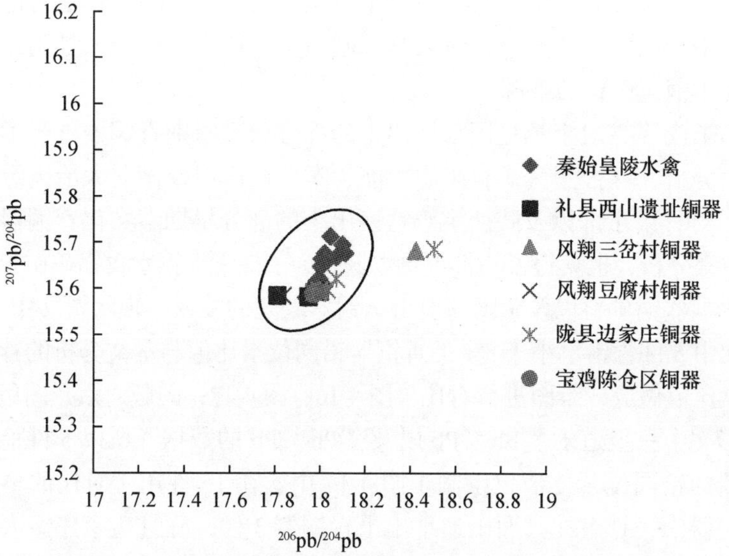

图 4-16　彩绘青铜水禽和早期秦文化铜器的铅同位素 $^{207}pb/^{204}pb$、$^{206}pb/^{204}pb$ 比值分布图

这一现象至少暗示两个方面的信息：一是大部分早期秦文化青铜器与青铜水禽的铜矿矿料非常相似，可能来自同一矿区，甚至是相同矿山；二是早期秦文化青铜器虽然出土地点不同，但铜矿矿料基本相同，大概来自

两个不同的矿山。图 4-17 显示宝鸡強国墓地 5 件青铜器铅同位素比值比较分散，且与所有早期秦文化青铜器、青铜水禽的铅同位素比值差别较大，不仅表明宝鸡強国墓地青铜器可能存在多个矿料来源，而且与早期秦文化青铜器以及青铜水禽的矿料来源也不相同。

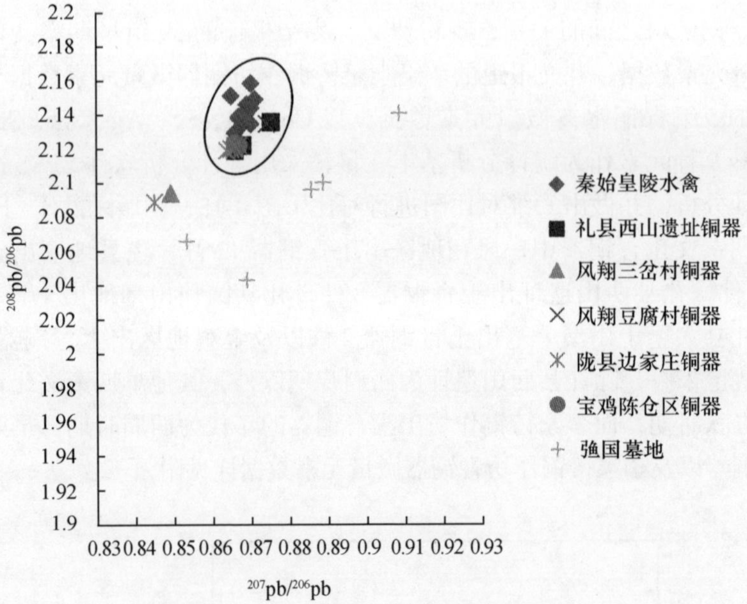

图 4-17　彩绘青铜水禽、早期秦文化铜器和強国墓铜器的铅同位素 $^{208}pb/^{206}pb$、$^{207}pb/^{206}pb$ 比值分布图

二、彩绘青铜水禽与相关青铜器微量元素的对比

前文提到，在青铜器中锡、铅的含量均小于 10% 的情况下，由锡和铅所带入的微量元素含量很低。而且，在利用多元组合分析的情况下，锡、铅的加入对青铜合金中微量元素含量的整体情况影响很小，一般可以忽略不计。青铜水禽的含锡量在 9%～12% 之间，含铅量小于 1%，所以青铜水禽基体金属中的微量元素特征应该也反映的是铜矿料的信息。

贾腊江①、凌雪② 分别对甘肃礼县、陕西陇县、宝鸡、凤翔等地出土的

① 贾腊江：《秦早期青铜器科技考古学研究》，科学出版社，2011 年，第 96～109 页。

② 凌雪、贾腊江等：《春秋时期秦青铜器微量元素的激光剥蚀等离子体质谱》，《兰州大学学报》（自然科学版）2012 年第 1 期，第 8～14 页。

早期秦文化铜器进行了微量元素分析，发现四个地区青铜器微量元素无明显差别，应该使用了相同或相近的铜矿。魏国锋①曾对宝鸡周原李家铸铜作坊遗址出土的2件青铜器残片进行了微量元素分析，首次获得了关于宝鸡周原地区西周铜器微量元素的重要数据。为进一步探索秦始皇帝陵园出土彩绘青铜水禽铜矿料、早期秦文化青铜器铜矿料以及宝鸡周原地区西周青铜器铜矿料之间的关系，现将贾文、凌文报道的59组早期秦文化青铜器微量元素数据、魏文报道的2组李家铸铜作坊铜器微量元素数据与本文分析的5组青铜水禽微量元素数据，以Co、Ni、Se、Ag、Au、Sb、Te、Bi、As 9种元素作为统计分析基本变量，采用统计分析软件SPSS进行多元统计分析，并做出二维对比图进行对比（图4-18；图版六八）。其中59件早期秦文化青铜器中，凤翔地区出土青铜器12件，陇县地区出土青铜器30件，礼县西山遗址出土青铜器8件，礼县圆顶山墓地出土青铜器3件，礼县大堡子山秦公墓出土青铜器2件以及宝鸡地区出土青铜器4件。从时代上来看，除礼县西山遗址为西周晚期以外，其他早期秦文化青铜器均为春秋时期，而李家铸铜作坊出土青铜器的年代为西周时期。早期秦文化青铜器以及李家铸铜作坊青铜器微量元素数据详见附录三。

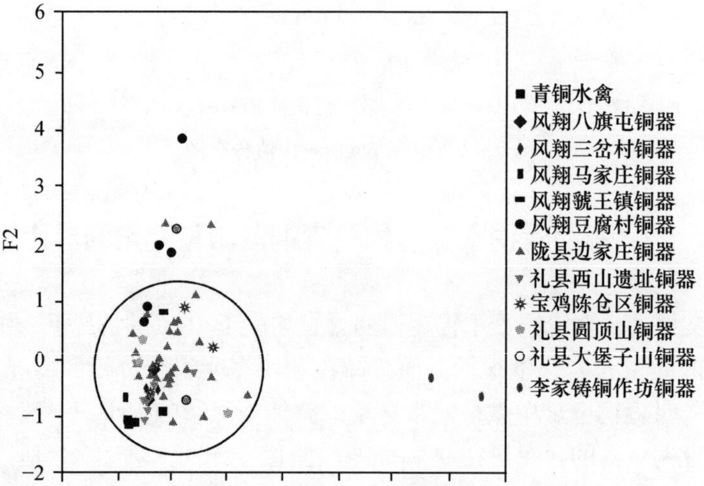

图4-18　彩绘青铜水禽、早期秦文化铜器以及李家铸铜作坊铜器微量元素因子分析图

① 魏国锋：《古代青铜器矿料来源与产地研究的新进展》，中国科技大学博士学位论文，2007年，第61～69页。

从图 4-18 可以看出，虽然本次对比的早期秦文化青铜器无论出土地点还是年代相差均较大，但绝大多数秦文化青铜器相对较集中，因子 1 的值在 −1 到 1 之间，因子 2 的值在 −2 到 2 之间，仅有个别青铜器落在了该区域以外，可能表明矿料来源与大多数青铜器有所不同。李家铸铜作坊 2 件青铜器与早期秦文化青铜器落在了不同区域，可明显分开，表明其铜矿矿料来源与早期秦文化青铜器也有所不同。青铜水禽也落在了早期秦文化青铜器的范围内，而且还与部分早期秦文化青铜器发生了重叠，亦表明青铜水禽的铜矿与绝大多数早期秦文化青铜器的铜矿关系密切，进一步证明两者可能使用了相近的铜矿甚至相同的铜矿。

值得注意的是，青铜水禽与不同地区出土早期秦文化青铜器、宝鸡弜国墓地青铜器在铅同位素方面的对比，以及与不同地区出土早期秦文化青铜器、李家铸铜作坊青铜器在微量元素方面的对比，取得了非常一致的结果：首先，秦始皇帝陵园出土的不同青铜水禽使用了相同的铜矿料；其次，现有的秦文化青铜器铅同位素比值和微量元素分析数据表明西周至春秋时期秦人铸造铜器所使用的铜矿矿料来源至少有两个，其中一个铜矿可能是秦人主要的铜矿矿料来源；再次，青铜水禽的矿料来源与大多数早期秦文化铜器基本相同，说明西周晚期以及春秋时期秦人使用的主要铜矿自西周晚期到战国晚期可能一直被秦人开采使用；最后，早期秦文化青铜器及青铜水禽所使用的铜矿与宝鸡弜国墓地青铜器、李家铸铜作坊青铜器等西周时期周人控制地区青铜器的矿料明显有区别，说明尽管秦人从春秋时期立国并进入关中地区，居周故地，收周遗民，但其使用的铜矿可能仍然沿用了秦人西周时期的铜矿。

三、彩绘青铜水禽、早期秦文化铜器与不同铜矿铅同位素比值的对比

为了进一步探索青铜水禽以及早期秦文化铜器铜矿的来源，现将青铜水禽、早期秦文化青铜器、秦岭山区部分现代铜矿以及已发现的部分先秦古铜矿的铅同位素比值做成二维图进行对比（图 4-19、图 4-20；图版六九、图版七〇）。其中，用于对比的秦岭山区的现代铜矿包括甘肃东部韩元后沟铜矿、堡子梁铜矿、杨家坝铜矿[①]，陕西境内的旬阳、柞水地区铜矿[②]；先秦

① 陈平：《甘肃省宕昌县韩院后沟—皮地坡铜矿带地质特征及成因》，《甘肃冶金》2009 年第 4 期，第 62～66 页。

② 彭子成、胡智生等：《弜国墓地金属器物铅同位素比值测定》，《宝鸡弜国墓地》，文物出版社，1988 年，第 639～645 页。

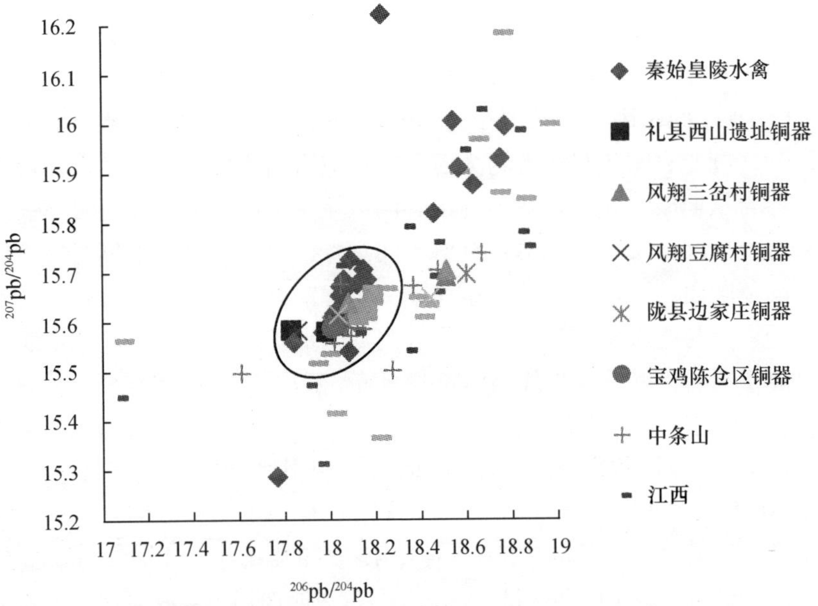

图 4-19　彩绘青铜水禽、早期秦文化铜器、先秦古矿、秦岭部分现代铜矿铅同位素 $^{207}pb/^{204}pb$、$^{206}pb/^{204}pb$ 比值分布图

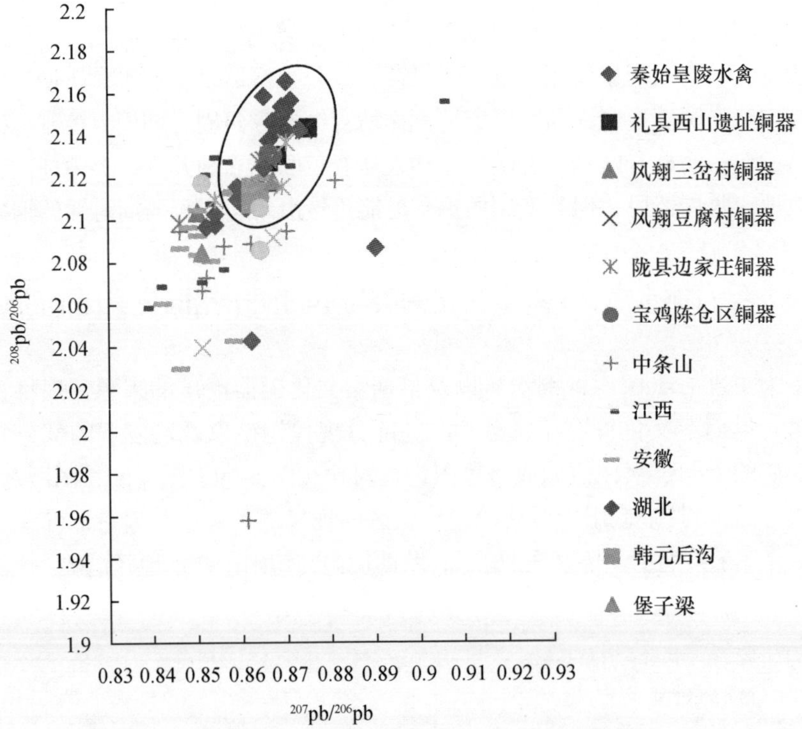

图 4-20　彩绘青铜水禽、早期秦文化铜器、先秦古矿、秦岭部分现代铜矿铅同位素 $^{208}pb/^{206}pb$、$^{207}pb/^{206}pb$ 比值分布图

古铜矿包括山西中条山、江西瑞昌、江西铜岭、安徽铜陵以及湖北大冶铜绿山铜矿[①]。由于现有文献陕西境内的旬阳、柞水地区铜矿只报道了 $^{208}Pb/^{206}Pb$ 以及 $^{207}Pb/^{206}Pb$ 的数据，所以旬阳、柞水铜矿仅绘制在图 4-20 中。参与对比的秦岭山区现代铜矿以及先秦古铜矿的铅同位素比值详见附录四。

从图 4-19 可以看出，山西中条山、江西瑞昌、江西铜岭、安徽铜陵以及湖北大冶铜绿山铜矿铅同位素比值均较为分散，但均有少部分数据与青铜水禽、早期铜文化铜器发生重叠。其中，10 个中条山铜矿数据中的 5 个数据、16 个江西铜矿数据中的 3 个数据、16 个安徽铜矿数据中的 3 个数据、10 个湖北铜矿数据中的 2 个数据与青铜水禽和早期秦文化铜器发生重叠或接近，而各铜矿的其他数据却相差较远。但是，对于秦岭山区现代铜矿而言，所有 4 个韩元后沟铜矿的数据、2 个堡子梁铜矿中的 1 个数据以及 2 个杨家坝铜矿中的 1 个数据均与青铜水禽以及早期秦文化铜器发生了重叠，表明秦岭山区铜矿与水禽及早期秦文化铜器的关系较为密切。

在图 4-20 中，参与对比的绝大多数先秦铜矿以及所有的秦岭山区铜矿、早期秦文化青铜器、青铜水禽的铅同位素比值均落在了一个较大的区域。该区域的 $^{207}Pb/^{206}Pb$ 比值在 0.845～0.875 之间，$^{208}Pb/^{206}Pb$ 比值在 2.06～2.16 之间。但是，在该区域内，除 2 个湖北铜矿数据、1 个杨家坝铜矿数据、1 个旬阳铜矿数据与早期秦文化铜器和青铜水禽发生了重叠之外，大部分铜矿均与早期秦文化铜器和青铜水禽存在一定的差异，表明水禽矿料来源与参与对比的铜矿又有一定的区别。

综合图 4-19 和图 4-20 所反映的信息，似乎表明青铜水禽和早期秦文化青铜器的矿料与秦岭山区的现代铜矿更为接近，或许是同一矿区的不同矿山。如前所述，利用铅同位素探索铜矿矿料来源面临的主要问题是铅同位素场的重叠效应，即不同矿山之间可能存在铅同位素比值相同的情况，这在很大程度上限制了铅同位素示踪的目的。而且，目前秦岭山区虽然发现了多处铜矿，但迄今还没有发现能够证明先秦时期在秦岭山区存在开采铜矿活动的直接证据。所以，就现有数据而言，很难对水禽的矿料来源作出准确判断。

四、关于废旧铜器的重熔的问题

《睡虎地秦墓竹简·金布律》记载，“县、都官以七月粪公器不可缮者，

① 崔剑锋、吴小红：《铅同位素考古研究——以中国云南和越南出土青铜器为例》，文物出版社，2008 年，第 132～141 页。

有久识者靡□之。其金及铁器入以为铜。都官输大内，内受买（卖）之，尽七月而觱（毕）”，意思是各县、都官在七月处理已经无法修理的官有器物，器物上的标识应打磨去除，铜器和铁器要上交作为金属原料，都官收取的器物应运交大内，由大内收取变卖，而且须在七月底之前完成[①]。《史记·秦始皇本纪》中记载秦始皇二十六年（221B.C.）“收天下兵，聚之咸阳，销以为钟鐻金人十二，重各千石，置廷宫中”。另外，1961年、1962年和1982年，咸阳长陵车站北、南、西南方向的三个地点，发现了三处金属窖藏，出土了大量铜器残件、圆饼形铜锭、诏版、戈、矛、镞以及关东诸国的货币等，发掘者认为该地存在冶炼铜、铁的作坊[②]。关于这三个金属窖藏的属性，有学者根据《睡虎地秦墓竹简·金布律》的记载，认为秦都咸阳发现的三个金属窖藏，应是某官府机构集中保管等待上缴报废金属器的储藏窖。可以看出，可能出于铜资源紧缺或稳定社会的目的，秦国或秦代均有将废旧青铜器重熔作为原料铸造新器的情况。

秦始皇帝陵园出土彩绘青铜水禽青铜基体的成分分析发现所有水禽各部分以及补缀铜片、芯骨等附件不仅在化学成分以及铅同位素比值上，而且在微量元素含量整体变化特征上，均显示出了一致性，表明制作这批青铜水禽的铜料来自相近甚至是相同的矿山。所以，铸造青铜水禽所使用的铜料应该并非重熔废旧铜器而获得的，因为如果利用重熔废旧的铜器作为青铜水禽铜料，那么各水禽样品无论在成分上还是在铅同位素比值以及微量元素上均很难出现如此统一的情况。虽然重熔废旧铜器作为铜料铸造新器无论在史料记载上还是在考古发现中均得到了证实，但迄今一直没有得到科学分析数据的证明。

第六节 小 结

秦始皇帝陵园出土的绝大多数青铜器在材质上均为铜锡二元合金，明显有别于公元一千纪后半叶中、西方其他青铜器。除兵器以外，秦始皇帝陵园内随葬青铜器在材质上根据合金性能或器物的用途进行选择的迹象并不明显，可能受到了秦始皇帝王身份的影响，与“皇权至上”的陵园设计理念有关，也可能是受西方青铜工艺影响的结果，或两者兼而有之。

青铜水禽基体铅同位素比值及微量元素分析显示，尽管秦人从春秋时

① 陈力：《秦都咸阳金属窖藏性质试析》，《考古与文物》1998年第5期，第94～96页。

② 陕西省考古研究所：《秦都咸阳考古报告》，科学出版社，2004年，第147～199页。

期立国并进入关中地区居周故地，收周遗民，但其使用的铜矿可能仍然沿用了秦人西周时期的铜矿。秦人使用的铜矿与西周时期周人使用的铜矿明显有别，其矿料来源很可能与秦岭山区有关。值得一提的是，本章报道青铜水禽的铅同位素比值以及微量元素分析结果是秦始皇帝陵园出土青铜器的首批数据，相对于该陵园出土的大量青铜器而言，仅为冰山之一角，要全面了解秦始皇帝陵园随葬青铜器的矿料来源情况，仍需做大量工作。而且，虽然关中地区及甘肃东部地区出土了大量西周青铜器及秦文化青铜器，但迄今这两地区出土青铜器铅同位素以及微量元素分析的结果却很少，所以关于两周时期秦人青铜器的矿料来源情况以及秦人使用的铜矿与周人使用的铜矿之间的关系目前还很难厘清，仍需要开展更多的科学分析工作。

第五章　彩绘青铜水禽表面彩绘工艺研究

青铜水禽通体彩绘，在装饰工艺上明显有别于先秦时期其他青铜器。由于古代彩绘青铜器目前发现较少，彩绘青铜水禽的出土为我们探索古代青铜器表面彩绘装饰工艺及其技术内涵提供了不可多得的机会。本章将对青铜水禽表面的彩绘工艺进行系统的分析研究，并在此基础之上对相关问题进行探讨，希望对全面认识中国古代青铜器表面的装饰工艺有所帮助。

第一节　前人有关铜器表面彩绘工艺的研究

本节将从中、西方古代青铜器表面装饰工艺、彩绘青铜器的发现及研究、秦始皇帝陵园出土彩绘文物表面彩绘工艺研究三个方面对现有研究进行简要介绍，目的是为全面认识青铜水禽表面装饰的工艺特征提供一个技术背景。

一、中、西方古代青铜器表面装饰工艺研究概况

（一）西方青铜雕像表面装饰工艺

相对于铸造工艺、合金工艺而言，西方青铜雕像表面装饰工艺的研究并没有引起相应的重视，在很多著作中仅是一笔带过，成果相对较少。现有研究表明[①]，埃及青铜雕像的表面装饰工艺主要包括镶嵌和彩绘两种。镶嵌包括金属镶嵌和玻璃（或青金石）镶嵌两种，其中金属镶嵌主要用于雕像表面的装饰，即将金、银、黑铜（Hsmn km，含有少量的金、银和砷的铜合金）等与雕像基体颜色不同的金属镶嵌于雕像表面预先铸造或后期錾刻出的凹槽内进行装饰。例如前文提到的法国卢浮宫收藏的卡罗玛

① Niece,S., Shearman, F., Taylor, J. et al. 2002: “Polychromy and Egyptian bronze: new evidence for artificial coloration”, Studies in Conservation (2), 95-108.

玛（900B.C.）青铜雕像[①]、葡萄牙里斯本古尔班吉安博物馆收藏的陪杜巴斯特（818～793B.C.）雕像残件[②]表面均以金银镶嵌进行装饰。玻璃（或青金石）镶嵌主要用于青铜雕像眼睛部位的装饰，一般多用胶黏材料将以玻璃或青金石制作的眼睛和眉毛粘于雕像的相应部位。彩绘装饰是指利用胶黏剂调和彩绘颜料并涂刷于铜雕像表面进行装饰，常用的颜料包括铁黄、埃及蓝以及炭黑等。埃及青铜雕像上的彩绘装饰均为局部绘彩，还未见全身以彩绘装饰的情况存在。大英博物馆收藏的一件埃及青铜雕像（Royal Scribe Luny，1300～1200 B.C.）的眼睛即为玻璃镶嵌制作而成，眼角部位以铁黄颜料装饰，睫毛和眉毛以黑铜镶嵌装饰，头发上则饰有埃及蓝颜料（图 5-1；图版七一）。

希腊青铜雕像表面装饰主要包括镶嵌和包金两种[③]。镶嵌主要用于眼

图 5-1　大英博物馆收藏埃及青铜雕像头部装饰情况及其模拟复原图
［该照片由苏珊·尼尔斯（Susan La Niece）女士拍摄，尼尔斯女士授权本书出版使用］

① Delange, E., Meyohas, M., Aucouturier, M., 2005: "The statue of Karomama: a testimony of the skill of Egyptian metallurgists in polychrome bronze statuary", Journal of Cultural Heritage (6), 99-113.

② Hill, M., Schorsch, D., 2005: "The gulbenkian torso of King Pedubaste: investigation into Egyptian large bronze statuary", Metropolitan Museum Journal Vol. 40, 163-195.

③ Haynes, D. The Technique of Greek Bronze Statuary, Verlag Philipp von Zabern, Mainz, 1992: 106-120.

睛、嘴唇等细节部位的制作。对于眼睛而言，一般是将大理石、象牙等材料制作的眼球直接嵌入眼睛部位或是利用胶黏剂将其粘接于眼睛部位；而对于嘴唇而言，一般则是将红铜（或含铜量较高的青铜）制作的唇部嵌入嘴部或提前镶嵌在头部的蜡模上再铸造头部。意大利南部里亚切村附近出土的公元前 5 世纪中期的两件青铜雕像（Riace A and B）眼睛即为象牙制作并嵌入眼部，而其中一件（Riace B）的唇部则是以含铜量较高的青铜制作并镶嵌于嘴部（图 5-2）。包金是将金箔包于雕像表面，以雕像表面铸造或錾刻出的凹槽对金箔进行固定。目前所见的包金装饰多为晚期雕像（400～500 A.D.），而包金工艺最早何时开始用于青铜雕像的装饰目前并不清楚。

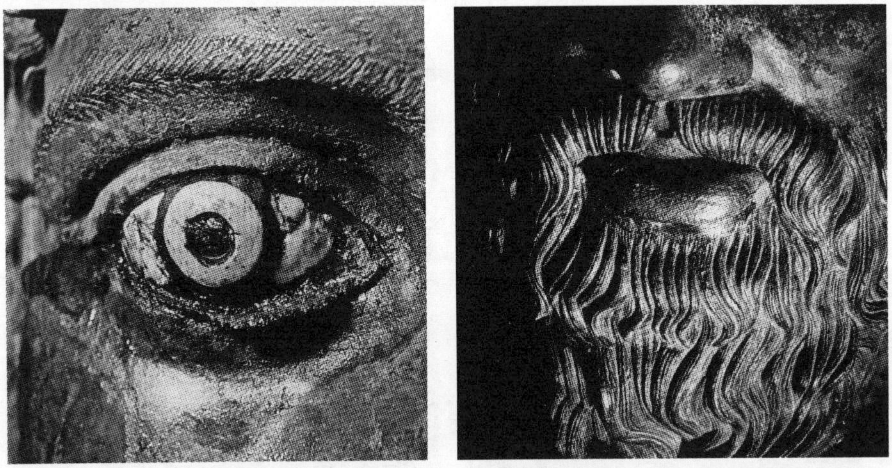

图 5-2　意大利南部里亚切村出土一件青铜雕像上镶嵌的眼睛和唇部

（二）中国春秋战国时期青铜器表面装饰工艺

中国春秋战国时期的青铜器不仅在铸造技术和合金技术方面有所发展，而且在装饰工艺上也有较大的发展与创新。据朱凤瀚[①]统计，青铜器表面装饰工艺不仅继承了商周时期就出现的绿松石镶嵌、镀锡等工艺并有所发展，而且还出现了许多新的装饰工艺，包括错金银、贴金、包金银、鎏金、镶嵌红铜、刻纹等。而且，在战国中晚期，多种装饰工艺常常集于一器，使器物呈现出缤纷富丽的效果。

在装饰工艺研究方面，现有成果较为丰富，不仅厘清了上述绝大多数

① 朱凤瀚：《中国青铜器综论》，上海古籍出版社，2009 年，第 781 页。

工艺的操作流程，还对每种装饰工艺流行的时间、地域，以及部分装饰工艺所体现不同地区之间的文化交流等均有涉及①。例如，韩汝玢、孙淑云等②通过对北方草原地区、甘青地区、四川以及云南等地出土青铜器表面镀锡工艺的研究，指出各地均使用了热镀锡工艺，而且存在沿“半月形文化传播带”由北向南传播的迹象。

（三）古代彩绘青铜器的发现及研究

在西方，古代彩绘青铜器虽有发现，但数量很少。据鲍恩（Born, H.）报道③，德国美因茨罗马-日耳曼中央博物馆所藏的一件出土于意大利北部公元前一千纪前半叶的青铜头盔即以彩绘装饰，所使用的白色颜料为碳酸钙，红色颜料为铁红，灰色颜料为炭黑和碳酸钙的混合物，淡红色颜料为铁红与碳酸钙的混合物，但并未提及彩绘层的绘制工艺。此外，柏林安蒂肯博物馆（Antikenmuseum of Berlin）收藏的一件出土于希腊底比斯（Thebes）古城的公元前5世纪左右的青铜盔甲以及慕尼黑博物馆（Museum of Munich）收藏的多件希腊化时代青铜格里芬怪兽头均以彩绘装饰。但是，至今也很少看到有关西方彩绘青铜器表面彩绘工艺研究的相关报道。

---

① 叶小燕：《我国古代青铜器上的装饰工艺》，《考古与文物》1983年第4期，第84～93页；史树青：《我国古代的金错工艺》，《文物》1973年第6期，第66～72页；贾云福、胡才彬：《对古代青铜器红铜镶嵌的研究》，《武汉工学院学报》1980年第1期，第27～33页；李京华：《固始侯古堆青铜铸镶红铜花纹工艺探讨》，《固始侯古堆一号墓》，大象出版社，2004年，第134～142页；吴坤仪：《鎏金》，《中国科技史料》1981年第1期，第90～94页；韩汝玢、埃玛·邦克：《表面富锡的鄂尔多斯青铜饰品的研究》，《文物》1993年第9期，第80～96页；马清林、苏伯民等：《春秋时期镀锡青铜器镀层结构和耐腐蚀机理研究》，《兰州大学学报》（自然科学版）1999年第4期，第67～72页；李晓岑、韩汝玢等：《云南晋宁石寨山出土金属器的分析和研究》，《文物》2004年第11期，第75～85页；邵安定、梅建军等：《张家川马家塬战国墓地出土金属饰件的初步分析》，《文物》2010年第10期，第88～96页；叶小燕：《东周刻纹铜器》，《考古》1983年第2期，第158～164页；何堂坤：《刻纹铜器科学分析》，《考古》1993年第5期，第465～468页。

② 孙淑云、李晓岑等：《中国青铜器表面镀锡技术研究》，《文物保护与考古科学》，2008年12月第20卷增刊，第41～52页；韩汝玢、李晓岑：《云南古滇地区的金属制作技术与北方草原青铜文化》，《文物科技研究（第五辑）》，科学出版社，2007年，第1～10页。

③ H Born. Patinated and painted bronzes: exotic technique or ancient tradition? In J.Paul Getty Museum (ed.), Small Bronze Sculpture from the Ancient World, Los Angeles: J. Paul Getty Museum, 1990:179-196.

与西方情况类似，中国古代彩绘青铜器发现也相对较少。四川三星堆祭祀坑出土的部分铜面具、铜人头像、人形或动物牌饰以及金沙遗址出土的多件眼睛形器表面均有以黑色颜料描绘瞳孔、眉毛等[①]（图 5-3～图 5-5；图版七二），表明商末周初时期这种“墨绘”的装饰手法在成都平原较为流行，而且从年代上来看，应该为目前所见中国最早以彩绘颜料装饰的铜器，但迄今还未见与彩绘工艺相关的研究报道。宝鸡石鼓山西周早期墓葬出土的铜铠甲表面边沿的连云纹是以黑色、绿色颜料绘制而成，工艺研究显示黑色颜料为炭黑，绿色颜料为孔雀石[②]（图 5-6；图版七三）。西周中晚期以及整个春秋战国时期，考古出土的彩绘青铜器也较为鲜见。战国时期以后，除秦始皇帝陵园出土的彩绘铜车马、彩绘青铜水禽以外，考古出土的彩绘青铜器包括榆林市出土的汉代彩绘铜鼎、府谷县王家墩出土的汉代彩绘铜镜[③]以及神木县店塔镇出土的汉代彩绘鹅鱼灯等[④]，但至今也未开展

图 5-3　三星堆祭祀坑出土青铜面具上以黑色颜料描绘的瞳孔和眉毛

图 5-4　三星堆祭祀坑出土人形铜牌饰上以黑色颜料描绘的瞳孔和眉毛

① Xu, J. Bronze at Sanxingdui. In Bargley, R. (ed). Ancient Sichuan: Treasures for a Lost Civilization, Princeton University Press, Washington, 2001: 59-152; 张擎、王方等：《金沙村遗址出土铜器》，《金沙淘珍》，文物出版社，2002 年，第 37～70 页。

② 陈坤龙、梅建军等：《陕西宝鸡石鼓山新出西周铜甲的初步科学分析》，《文物》2015 年第 4 期，第 68～75 页。

③ 罗黎：《汉代彩绘铜镜的绘制工艺及颜料研究》，《考古与文物》2002 年第 4 期，第 82～84 页。

④ 张钟权：《神木县出土一件铜彩绘鹅鱼灯》，《文博》1986 年第 6 期，第 64 页。

图 5-5　金沙遗址出土眼睛形器表面以黑色颜料描绘的瞳孔和眼睛轮廓

图 5-6　宝鸡石鼓山商周墓出土铜铠甲残片上以炭黑、石绿绘制的连云纹

彩绘工艺的研究工作。值得注意的是，就现有资料而言，中、西方古代彩绘青铜器不仅发现较少，而且多为局部绘彩，像青铜水禽和铜车马这样通体彩绘的青铜器在先秦时期的其他地区迄今则发现较少。

二、秦始皇帝陵园出土相关文物彩绘工艺研究概况

秦始皇帝陵园目前出土的彩绘文物主要包括各陪葬坑出土的数千件彩绘陶俑、陶马以及铜车马坑出土的两乘彩绘铜车马。这些彩绘文物对于秦代的服饰制度、服色、雕塑艺术、彩绘工艺等方面的研究均有重要意义。秦始皇帝陵园出土彩绘文物表面彩绘层的前期研究工作多是围绕着彩绘层保护方法的探索而展开的，且主要集中在对彩绘层次结构的观察、彩绘层所用材料以及颜料物质成分的分析检测方面。近年来的一些研究成果也涉及对彩绘工艺、技法等方面的探索。

在彩绘颜料方面，目前经过分析鉴定的包括一号、二号、三号陪葬坑出土彩绘陶俑和陶马、百戏俑坑出土陶俑、K9901 陪葬坑出土陶俑、K0006 陪葬坑出土陶俑、车马坑出土铜车马等器物[①]。多种手段的分析结果显示，秦始皇帝陵园出土的彩绘文物表面所使用的彩绘颜料包括铅白、铅丹、朱砂、土红、铁红、石青、石绿、汉紫、磷灰石（骨白）等多种，既有天然矿物颜料（如朱砂、石青、石绿等），也有人造颜料（磷灰石、铅

① 韩汝玢：《秦始皇陵陶俑彩绘颜料的鉴定》，《秦俑专题研究》，三秦出版社，1994 年，第 595～612 页；单炜、赵西晨：《秦兵马俑彩绘成分初探》，《考古与文物》1988 年第 1 期，第 104～112 页；陕西省考古研究所、秦始皇兵马俑博物馆：《秦始皇帝陵园考古报告（1999）》，科学出版社，2000 年，第 200～218 页；陕西省考古研究所、秦始皇兵马俑博物馆：《秦始皇帝陵园考古报告（2000）》，文物出版社，2006 年，第 184～189 页。

白、铅丹等）。在施彩时，根据色彩需要，各种颜料不仅单独使用，而且还经常与其他颜料混合使用。例如K9901陪葬坑出土陶俑表面的粉红色是由朱砂和磷灰石组成，紫色是由朱砂、汉紫、蓝铜矿和白铅矿组成，蓝色为蓝铜矿和汉紫组成，绿色为绿铜矿和白铅矿混合而成，而红色则为纯朱砂[①]。另外，值得一提的是，铜车马表面的白色颜料经分析为混有少量铅白的磷灰石[②]。

在对陶俑、陶马进行彩绘装饰时，首先在陶胎表面涂刷1～3层生漆层，然后再在表面涂刷各种颜料进行装饰[③]。对彩绘陶俑而言，不同陶俑、同一件陶俑不同部位表面彩绘层的结构均有所不同，且并无规律可循，有的部位由一层生漆底层和一层颜料层构成；有的部位由两层漆底层和一层颜料组成[④]。但是，对铜车马而言，表面彩绘却是直接绘于铜胎表面，未发现有生漆层的存在，在彩绘层的结构上与彩绘陶俑明显不同[⑤]。另外，彩绘层表面的显微观察显示，施彩所用的工具应该为毛刷。

在彩绘层胶结材料的研究方面，迄今开展工作较少，早期的研究因受到分析技术以及相关参考数据的限制，仅确定为动物胶[⑥]。近年一些学者利用气相色谱－质谱仪（GC-MS）对秦俑彩绘样品中的氨基酸进行了分析测定，测出了十多种氨基酸及其相对含量，参照其中特定的11种氨基酸相对含量的统计规律，并根据脯氨酸含量较低和羟胺酸缺失的特点，推测彩绘颜料层中的胶结材料为蛋清[⑦]。但是，由于检测样品的种类和数量少，代表性和普遍性尚显欠缺，再加上老化变质的影响，现在下结论可能还为时过早。颜料胶结材料的研究仍需更多研究工作的开展。

---

① 陕西省考古研究所、秦始皇兵马俑博物馆：《秦始皇帝陵园考古报告（1999）》，科学出版社，2000年，第200～218页。

② 赵雨亭、阎进盈：《秦陵二号铜车马的涂层和胶黏剂初析》，《秦陵二号铜车马》，《考古与文物》编辑部，1983年，第67～69页。

③ 张志军：《秦始皇陵兵马俑文物保护研究》，陕西人民教育出版社，1998年，第50～73页。

④ 陕西省考古研究所、秦始皇兵马俑博物馆：《秦始皇帝陵园考古报告（2000）》，文物出版社，2006年，第184～189页。

⑤ 秦始皇兵马俑博物馆：《秦始皇陵铜车马修复报告》，文物出版社，1998年，第25～79页。

⑥ 吴永琪、张志军、周铁等：《秦俑彩绘颜料调和剂的初步研究》，《秦文化论丛（第二辑）》，三秦出版社，1993年，第427～431页。

⑦ I Bonaduce, C Blaensdorf, P Dietemann, MP Colombini. The binding media of the polychromy of Qin Shihuangdi's Terracotta Army, Journal of Cultural Heritage, 2008, 9 (1) : 103-108.

第二节　彩绘青铜水禽表面彩绘颜料科学分析及绘制工艺考察

彩绘青铜水禽出土后，围绕着前期的保护修复工作，容波等①和格莱夫（Greiff，S.）等②曾分别对水禽表面的白色颜料和黑色颜料进行了分析研究，获得了一些重要的技术信息。不过，他们的研究在样品的数量上较为有限，而且对于彩绘层的绘制工艺也未进行系统考察，所以对青铜水禽表面彩绘工艺进一步系统地分析研究是十分必要的。

本节对青铜水禽表面彩绘工艺研究主要包括彩绘颜料成分分析和绘制工艺考察两个方面。彩绘颜料成分的分析采用了偏光显微分析与拉曼光谱分析相结合的方法，而绘制工艺考察则主要是通过体视显微镜对颜料层的细部及剖面进行观察，从而了解水禽表面彩绘层的结构、绘制方法及程序。

一、彩绘颜料科学分析

（一）样品情况

本章共从11件青铜水禽（或残块）表面采集颜料样品18个，其中白色颜料样品15个，黑色颜料样品3个。所有颜料样品均是在水禽保护修复过程中收集的颜料残片，样品的具体情况见表5-1。

表5-1　秦始皇帝陵园出土彩绘青铜水禽彩绘样品基本情况

样品编号	青铜水禽编号及名称	取样部位	样品描述
SQY001	7号天鹅	身体	白色残片
SQY002	7号天鹅	身体	白色残片
SQY003	7号天鹅	身体	白色残片
SQY004	10号天鹅	身体	白色残片

①　容波、兰德省等:《秦陵7号坑严重锈蚀青铜水禽分析研究》,《青铜文化研究（第四辑）》，黄山出版社，2008年，第126～131页。

②〔德〕艾克曼:《秦始皇陵出土青铜水禽的保护和科技探索》,《让过去拥有未来：十五年德-中文物保护方法的发展与检验》，德意志联邦共和国联邦教育与研究部，2006年，第203～213页。

续表

样品编号	青铜水禽编号及名称	取样部位	样品描述
SQY005	10 号天鹅	身体	白色残片
STY006	10 号天鹅	身体	白色残片
STY007	12 号天鹅	身体	白色残片
STY008	13 号天鹅	身体	白色残片
STY009	20 号天鹅	身体	白色残片
STY010	21 号仙鹤	颈部	白色残片
STY011	21 号仙鹤	尾部羽毛	白色残片
STY012	21 号仙鹤	腹部	白色残片
STY013	21 号仙鹤	背部	白色残片
STY014	不明天鹅	身体	白色残片
STY015	不明天鹅	身体	白色残片
STY016	33 号鸿雁	左腿部	黑色残片
STY017	34 号鸿雁	尾部底面	黑色残片
STY018	42 号鸿雁	身体	黑色残片

（二）分析方法

偏光显微分析：先利用丙酮擦洗载玻片，并在载玻片背面用黑色油性笔标出载样区域；借助体视显微镜，用洁净的钨针取样到载玻片的载样区域；根据样品的离散状况，滴加无水乙醇或甲醇至样品边缘后，并用钨针研匀样品至溶剂完全挥发，形成中部集中向外扩散的圆形观察面；镊取另一盖玻片盖于样品上，再放在加热台上加热至 90～100℃，并用吸管吸取固封树脂沿盖玻片一侧缓慢完全渗满整个盖玻片，待冷却后，在偏光显微镜下进行观察记录。分析所用的仪器为 Leica DMLSP 偏光显微镜和 Leica Wild 体视显微镜。

拉曼光谱分析：将颜料放于载玻片上，用无水乙醇浸润搅拌研磨后，放进拉曼光谱仪的样品槽内进行分析。分析仪器为 Renishaw 公司生产且配备有 Leica 显微镜的 Invia 拉曼光谱分析仪。分析采用氩离子激光器，激发光波长为 514nm，物镜放大倍数为 50 和 100 倍，信息采集时间为 10s，累加次数 3～5 次。

（三）分析结果

水禽颜料样品偏光显微分析结果及拉曼光谱分析结果分别见表5-2和表5-3。偏光显微分析显示，14个白色颜料样品的晶体颗粒在单偏光下晶体边缘不清晰，表面多有小黑点聚集的现象；在正交偏光下，呈毛玻璃状，并可见明暗相间的条纹，折射率小于1.662，呈4次弱消光；晶体尺寸一般小于10μm（图5-7～图5-12；图版七四、图版七五）。从偏光显微镜下白色颜料晶体的特征，可以判定其为羟基磷酸钙，即骨白。样品SQY001、SQY003 、SQY004、SQY006、SQY007、SQY008、SQY009以及SQY015中还发现的少量炭黑、石绿或石青等晶体，应该是来自水禽表面的锈蚀物或埋藏环境中的污染物。3个黑色颜料样品在偏光显微镜下团聚在一起，且全消光，应为炭黑（图5-13、图5-14；图版七六、图版七七）。样品SQY016和SQY018中均发现的少量石绿以及碳酸钙晶体，

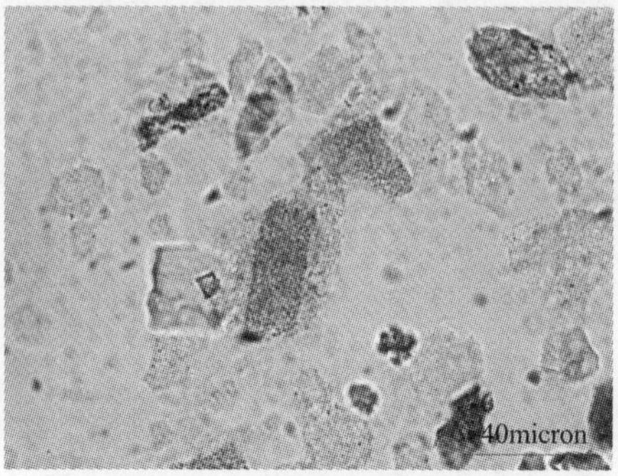

图5-7 21号彩绘青铜仙鹤颈部颜料样品SQY010单偏光显微照片

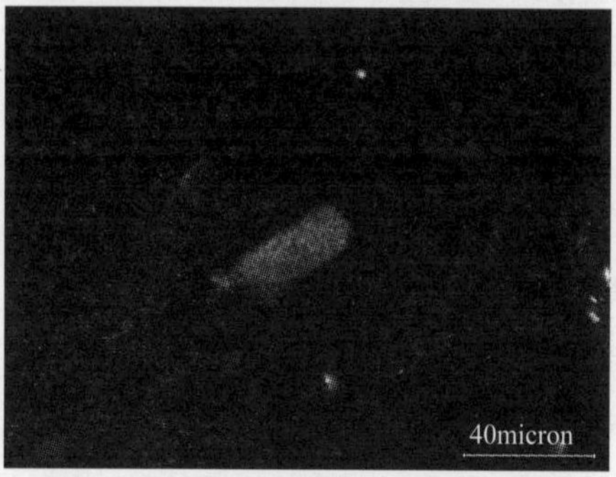

图5-8 21号彩绘青铜仙鹤颈部颜料样品SQY010正交偏光显微照片

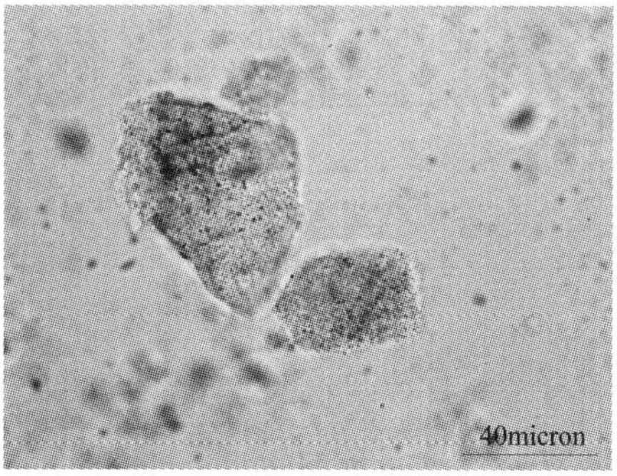

图5-9 不明彩绘青铜天鹅身体部颜料样品SQY014单偏光显微照片

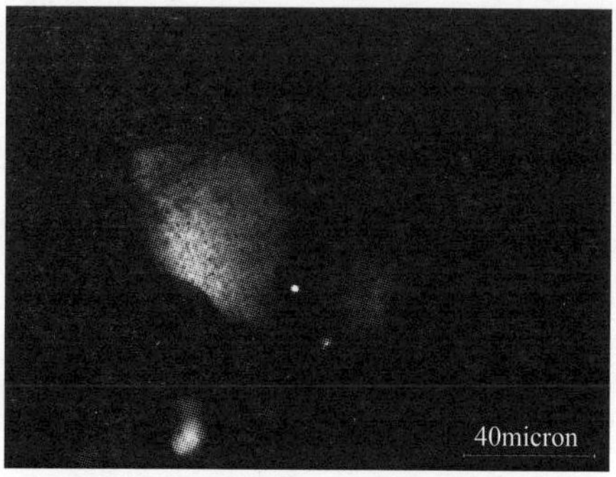

图5-10 不明彩绘青铜天鹅身体部颜料样品SQY014正交偏光显微照片

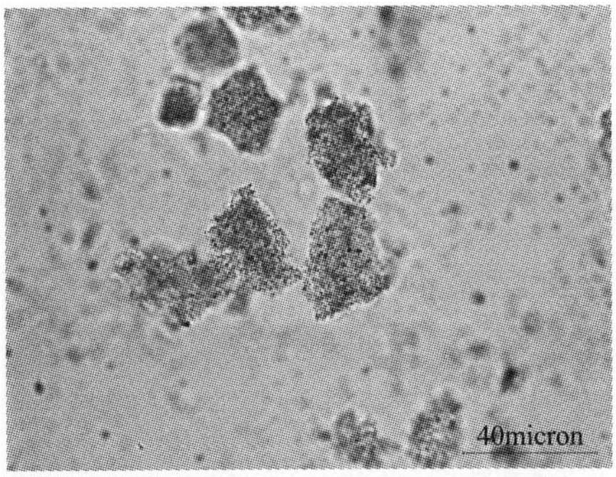

图 5-11　7 号彩绘青铜天鹅身体部颜料样品 SQY001 单偏光显微照片

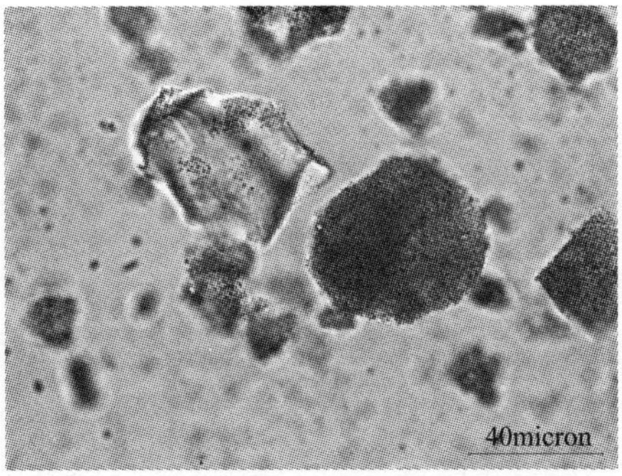

图 5-12　10 号彩绘青铜天鹅身体部颜料样品 SQY004 单偏光显微照片

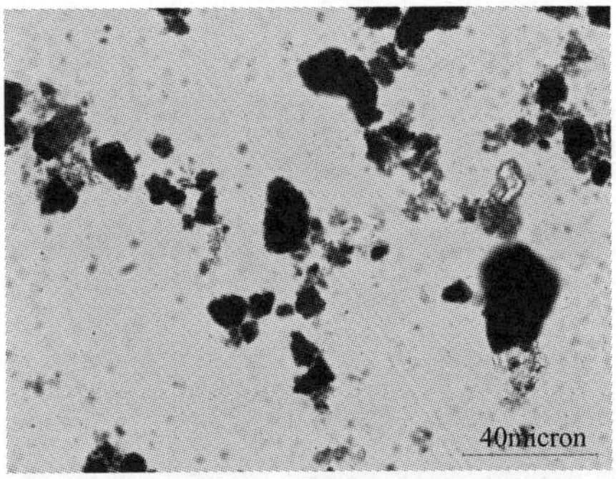

图 5-13　34 号彩绘青铜鸿雁尾部底面颜料样品 SQY017 单偏光显微照片

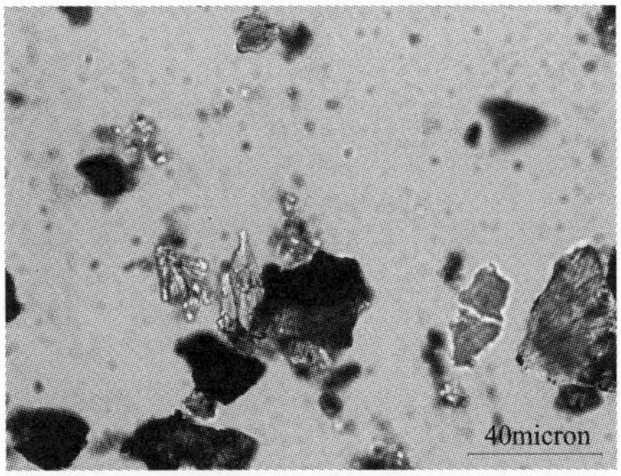

图 5-14　42 号彩绘青铜鸿雁身体部颜料样品 SQY018 单偏光显微照片

应该也是受到了水禽表面锈蚀物或埋藏环境污染所致。两种颜料颗粒均匀细腻，且纯度高，说明这些颜料在涂色前经过了细致的研磨和筛选。

拉曼光谱分析显示，白色颜料样品的峰值为 428～431w、585～592vw、961～962vs 和 1041～1048w，骨白拉曼光谱特征峰的文献数据①为 431w，590vw，961vs，1046w 和 1071vw，两者对应较好，可确定其物质为骨白（图 5-15、图 5-16）。黑色颜料样品的峰值为 1353～1370vs 和 1589～1598vs，与炭黑拉曼光谱特征峰的文献数据 1325vs，1580vs 对应较好，可确定为炭黑（图 5-17、图 5-18）。

① IM Bell, RJ Clark, PJ Gibbs. Roman spectroscopic library of natural and synthetic pigments (pre-approximately 1850 AD). Spectrochimic Acta Part A, 1997, 53A (12): 2159-2179.

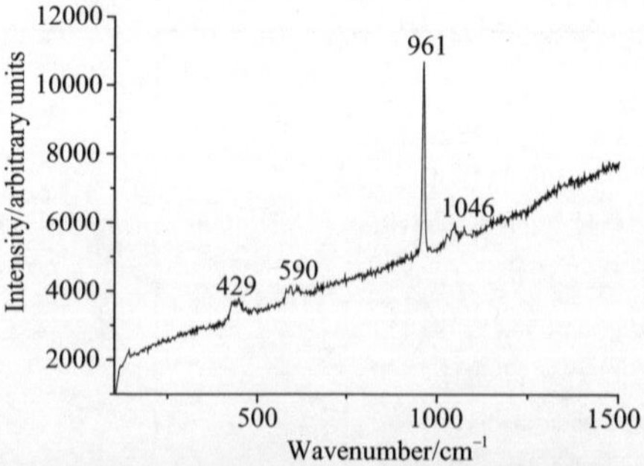

图 5-15　7 号彩绘青铜天鹅身体部颜料样品 SQY001 拉曼图谱

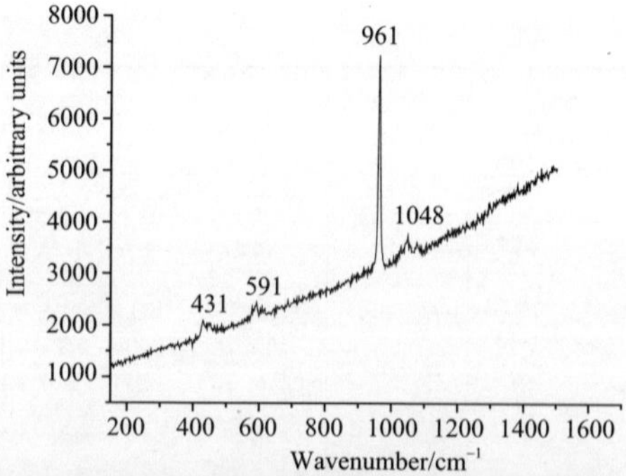

图 5-16　10 号彩绘青铜天鹅身体部颜料样品 SQY004 拉曼图谱

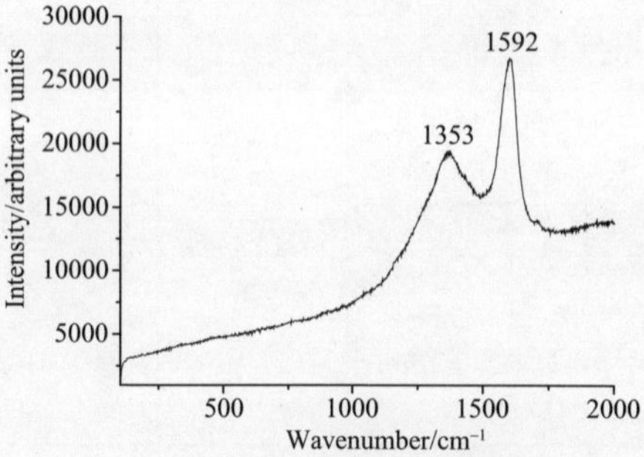

图 5-17　34 号彩绘青铜鸿雁尾部颜料样品 SQY017 拉曼图谱

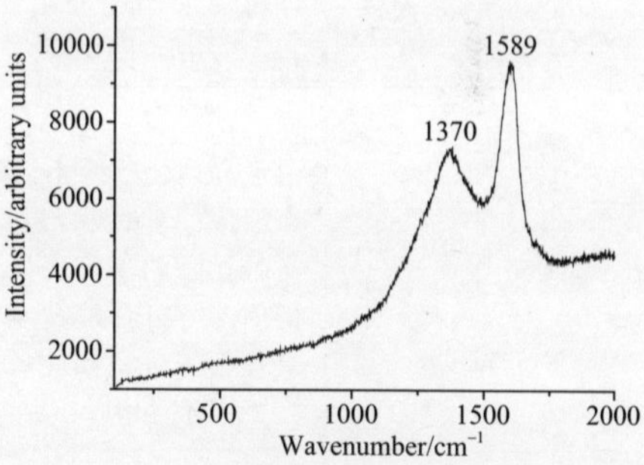

图 5-18　42 号彩绘青铜鸿雁身体部颜料样品 SQY018 拉曼图谱

表 5-2　彩绘青铜水禽表面彩绘颜料样品偏光显微分析结果

样品编号	样品来源	具体描述	鉴定结果	备注
SQY001	7 号天鹅身体	样品由一种白色晶体、一种黑色晶体、一种蓝色和一种绿色晶体组成。白色晶体，边缘不清晰，晶体表面多有小黑点聚集；正交偏光下，呈毛玻璃状，且可见明暗相间条纹现象，晶体尺寸小于 10μm，折射率小于 1.662，4 次弱消光。黑色晶体，团聚在一起，全消光。蓝色晶体，呈块状，晶体尺寸小于 5μm，折射率大于 1.662。绿色晶体，呈块状，晶体尺寸小于 5μm，折射率大于 1.662，4 次强消光	骨白 + 炭 + 石青（少量）+ 石绿（少量）	图 5-11
SQY003	7 号天鹅身体	样品由一种白色晶体和一种黑色晶体组成。白色晶体，边缘不清晰，晶体表面多有小黑点聚集；正交偏光下，呈毛玻璃状，且可见明暗相间条纹现象，晶体尺寸小于 10μm，折射率小于 1.662，4 次弱消光。黑色晶体，团聚在一起，全消光	骨白 + 炭	

续表

样品编号	样品来源	具体描述	鉴定结果	备注
SQY004	10号天鹅身体	样品由一种白色晶体和一种绿色晶体组成。白色晶体，边缘不清晰，晶体表面多有小黑点聚集；正交偏光下，呈毛玻璃状，且可见明暗相间条纹现象，晶体尺寸小于10μm，折射率小于1.662，4次弱消光。绿色晶体，呈长条纤维状和块状，晶体尺寸在5～15μm之间，折射率大于1.662，4次强消光	骨白+石绿	图5-12
SQY005	10号天鹅身体	样品为白色晶体，边缘不清晰，晶体表面多有小黑点聚集；正交偏光下，呈毛玻璃状，且可见明暗相间条纹现象，晶体尺寸小于10μm，折射率小于1.662，4次弱消光	骨白	
SQY006	10号天鹅身体	样品由一种白色晶体和一种绿色晶体组成。白色晶体，边缘不清晰，晶体表面多有小黑点聚集；正交偏光下，呈毛玻璃状，且可见明暗相间的条纹现象，晶体尺寸小于10μm，折射率小于1.662，4次弱消光。绿色晶体，呈长条纤维状和块状，晶体尺寸在5～15μm之间，折射率大于1.662，4次强消光	骨白+石绿（少量）	
SQY007	12号天鹅身体	样品由一种白色晶体和一种黑色晶体构成。白色晶体，边缘不清晰，晶体表面多有小黑点聚集；正交偏光下，呈毛玻璃状，且可见明暗相间条纹现象，晶体尺寸小于10μm，折射率小于1.662，4次弱消光。黑色晶体，团聚在一起，全消光	骨白+炭	
SQY008	13号天鹅身体	样品由一种白色晶体和一种绿色晶体组成。白色晶体，边缘不清晰，晶体表面多有小黑点聚集；正交偏光下，呈毛玻璃状，且可见明暗相间条纹现象，晶体尺寸在5～20μm之间，折射率小于1.662，4次弱消光。绿色晶体，呈长条纤维状，晶体尺寸在5～10μm之间，折射率大于1.662，4次强消光	骨白+石绿（少量）	
SQY009	20号天鹅身体	样品由白色晶体、黑色晶体和绿色晶体构成。白色晶体，边缘不清晰，晶体表面多有小黑点聚集；正交偏光下，呈毛玻璃状，且可见明暗相间条纹现象，晶体尺寸小于10μm，折射率小于1.662，4次弱消光。黑色晶体，团聚在一起，全消光。绿色晶体，呈长条纤维状，晶体尺寸在5～15μm之间，折射率大于1.662，4次强消光	骨白+炭+石绿	

续表

样品编号	样品来源	具体描述	鉴定结果	备注
SQY010	21号仙鹤身体	样品为白色晶体，边缘不清晰，晶体表面多有小黑点聚集；正交偏光下，呈毛玻璃状，且可见明暗相间条纹现象，晶体尺寸小于10μm，折射率小于1.662，4次弱消光	骨白	图5-7、图5-8
SQY011	21号仙鹤羽毛	样品为白色晶体，边缘不清晰，晶体表面多有小黑点聚集；正交偏光下，呈毛玻璃状，且可见明暗相间条纹现象，晶体尺寸小于10μm，折射率小于1.662，4次弱消光	骨白	
SQY012	21号仙鹤腹部	样品为白色晶体，边缘不清晰，晶体表面多有小黑点聚集；正交偏光下，呈毛玻璃状，且可见明暗相间条纹现象，晶体尺寸小于10μm，折射率小于1.662，4次弱消光	骨白	
SQY013	21号仙鹤背部	样品为白色晶体，边缘不清晰，晶体表面多有小黑点聚集；正交偏光下，呈毛玻璃状，且可见明暗相间条纹现象，晶体尺寸小于10μm，折射率小于1.662，4次弱消光	骨白	
SQY014	不明天鹅身体	样品为白色晶体，边缘不清晰，晶体表面多有小黑点聚集；正交偏光下，呈毛玻璃状，且可见明暗相间条纹现象，晶体尺寸小于10μm，折射率小于1.662，4次弱消光	骨白	图5-9、图5-10
SQY015	不明天鹅身体	样品由一种白色晶体和一种绿色晶体组成。白色晶体，边缘不清晰，晶体表面多有小黑点聚集；正交偏光下，呈毛玻璃状，且可见明暗相间条纹现象，晶体尺寸小于10μm，折射率小于1.662，4次弱消光。绿色晶体，呈块状，晶体尺寸小于5μm，折射率大于1.662，4次强消光	骨白+石绿	
SQY016	33号鸿雁尾部	样品由黑色晶体和绿色晶体组成。黑色晶体，团聚在一起，全消光。绿色晶体，呈块状，晶体尺寸小于5μm，折射率大于1.662，4次强消光	炭黑+石绿	
SQY017	34号鸿雁尾部	样品由黑色晶体和白色晶体组成。黑色晶体，团聚在一起，全消光。白色晶体，呈针状，边缘较为清晰，晶体尺寸在1～5μm之间，折射率小于1.662，强消光	炭黑	图5-13
SQY018	42号鸿雁身体	样品由一种黑色晶体、一种蓝色晶体、一种绿色晶体和一种白色晶体构成。黑色晶体，团聚在一起，全消光。蓝色晶体，团聚成凝胶状，晶体尺寸在1～10μm之间，折射率大于1.662。绿色晶体，呈长条纤维状，晶体尺寸在5～15μm之间，折射率大于1.662，4次强消光	炭黑+石青（少量）+石绿（少量）	图5-14

表 5-3　彩绘青铜水禽彩绘样品拉曼光谱分析结果

样品名	样品来源	分析描述（主要峰值）	分析结果	备注
SQY001	7 号天鹅身体	429w，590vw，961vs，1046w	骨白	图 5-15
SQY002	7 号天鹅身体	431w，592vw，961vs，1048w	骨白	
SQY003	7 号天鹅身体	431w，591vw，962vs，1041w	骨白	
SQY004	10 号天鹅身体	431w，592vw，961vs，1046w	骨白	图 5-16
SQY005	10 号天鹅身体	431w，591vw，961vs，1048w	骨白	
SQY006	10 号天鹅身体	430w，590vw，962vs，1048w	骨白	
SQY007	12 号天鹅身体	431w，590vw，961vs，1046w	骨白	
SQY008	13 号天鹅身体	431w，590vw，961vs，1046w	骨白	
SQY009	20 号天鹅身体	431w，590vw，961vs，1047w	骨白	
SQY010	21 号仙鹤身体	428w，590vw，961vs，1046w	骨白	
SQY011	21 号仙鹤羽毛	431w，590vw，961vs，1044w	骨白	
SQY012	21 号仙鹤腹部	431w，590vw，961vs，1045w	骨白	
SQY013	21 号仙鹤背部	429w，590vw，961vs，1046w，1073vw	骨白	
SQY014	不明天鹅身体	431w，590vw，961vs，1047w	骨白	
SQY015	不明天鹅身体	431w，585vw，961vs，1048w	骨白	
SQY016	33 号鸿雁尾部	1353vs，1592vs	炭黑	
SQY017	34 号鸿雁尾部	1366vs，1598vs	炭黑	图 5-17
SQY018	42 号鸿雁身体	1370vs，1589vs	炭黑	图 5-18

二、彩绘绘制工艺考察

（一）工艺考察方法

青铜水禽表面彩绘绘制工艺的考察主要是利用显微镜对颜料层表面的残留痕迹、表面各种纹路之间的相互叠压关系以及剖面分层情况进行详细观察和记录，从而对表面彩绘层的结构以及绘制工艺进行复原和判断。显微观察所使用的显微镜为蔡司（Zeiss）Stemi 2000-C 体式显微镜，目镜放大倍数为 10 倍。需要说明的是，绘制工艺的研究并不限于所采集的颜料样品，而更多是对保留在水禽表面彩绘层的考察。

（二）工艺考察结果

经考察的所有水禽表面均有彩绘装饰，一般而言，青铜天鹅和青铜仙鹤均以骨白颜料装饰，青铜鸿雁均以炭黑颜料装饰。水禽表面颜料除爪部、喙部为素面，表面仅有毛刷痕迹外，其他部位均绘有各种不同纹路（图 5-19、图 5-20）。其中，两翼以及背部绘有大小不一的羽毛纹路，颈部绘有条纹状纹路，而腹部则绘有绒毛纹路或条状纹路（图 5-21、图 5-22；图版七八）。

从青铜水禽表面残留的颜料层观察，白色颜料层较厚，一般在 0.5～1mm 左右，黑色颜料层较薄，一般小于 0.5mm。多个颜料样品的剖面显示，颜料层中间有明显的分层现象（图 5-23、图 5-24），而且各层颜料表面均可见涂刷时留下的毛刷痕迹（图 5-25、图 5-26；图版七九）。从颜料层表面残留的涂刷痕迹来看，下层颜料以及上层颜料的条状纹路、绒毛纹路可能均以较软的毛刷进行绘制，而羽毛纹路中羽茎两侧的细小纹路则应该是以硬毛刷绘制而成。

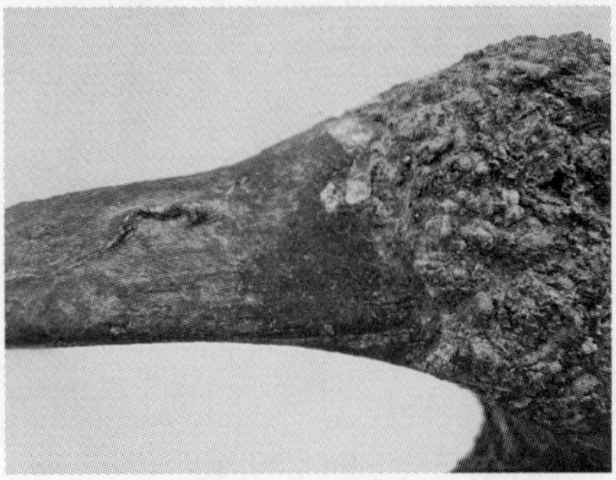

图 5-19　37 号彩绘青铜鸿雁喙部颜料表面毛刷痕迹

图 5-20　35 号彩绘青铜鸿雁腿部颜料表面毛刷痕迹

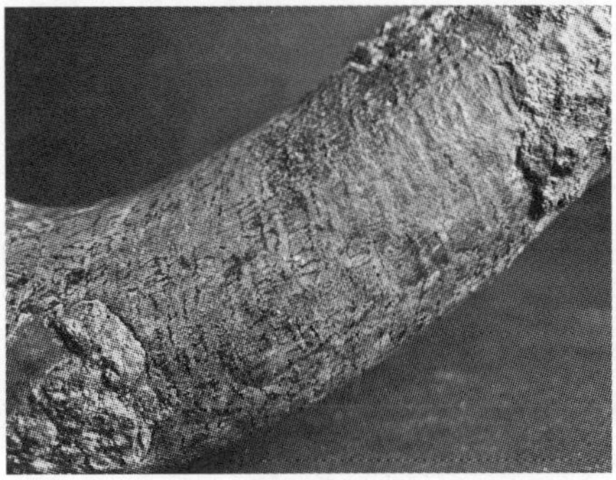

图 5-21　2 号彩绘青铜天鹅颈部颜料层表面条状纹路

图 5-22　2 号彩绘青铜天鹅背部颜料层表面羽毛状纹路

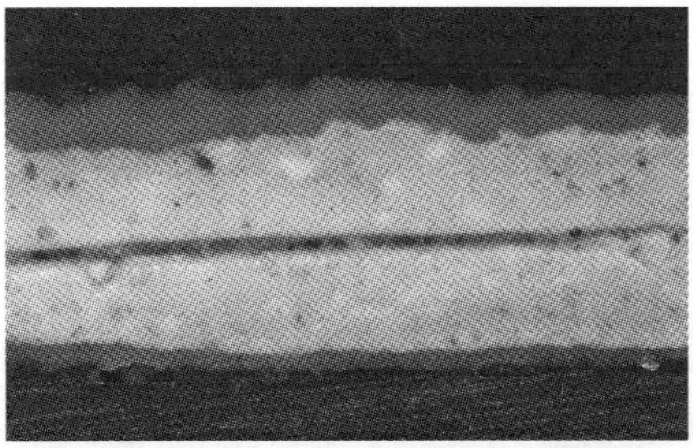

图 5-23　8 号彩绘青铜仙鹤背部颜料层剖面照片

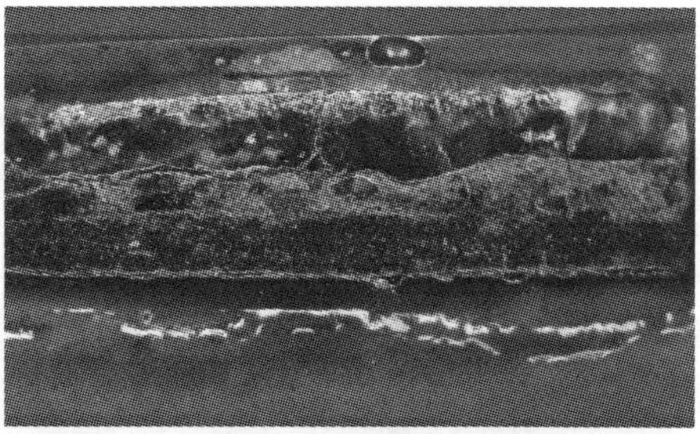

图 5-24　42 号彩绘青铜鸿雁尾部颜料层剖面照片

图 5-25　21 号彩绘青铜仙鹤表面颜料分层情况

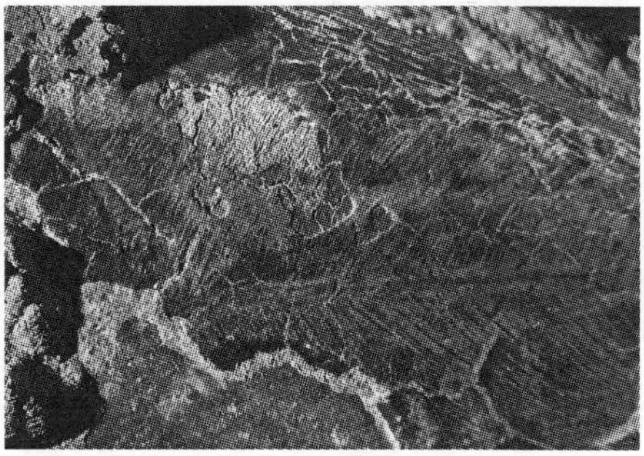

图 5-26　8 号彩绘青铜天鹅表面颜料分层情况

颜料层表面的条纹状纹路及绒毛纹路均采用了平涂技法，而羽毛纹路的绘制则运用了平涂和堆绘两种技法。对于羽毛纹路而言，单片羽毛的绘制可分为两种方法，一种羽毛的羽茎叠压于其两侧细小纹路之上，说明是先绘制出两侧的羽毛纹路，然后再堆绘出羽茎（图 5-27；图版八〇）；另一种恰好相反，羽茎两侧的细小纹路叠压于羽茎之上，说明绘制时应该是先以堆绘的方法绘出羽茎，然后再绘制出两侧羽毛纹路（图 5-28；

图 5-27　21 号彩绘青铜仙鹤尾部铜羽毛彩绘层上羽茎与两侧纹路之间的叠压关系

图 5-28　44 号彩绘青铜鸿雁翼部彩绘层上羽茎与两侧纹路之间的叠压关系

图版八一）。

水禽颜料层表面各种不同纹路的绘制程序，从7号天鹅左翼及腹部保存较为完整的颜料层可见一斑（图5-29）。显微观察显示，7号天鹅翼部表面羽毛纹路的前后叠压关系为前面羽毛叠压于后面羽毛之上，说明每层羽毛的绘制是从尾部向前逐个绘制（图5-30）；羽毛纹路的上下叠压关系为上层羽毛叠压于下层羽毛之上，说明羽毛纹路是从下往上逐层绘制的（图5-31）。另外，整个腹部带有条状纹路的颜料层叠压于翼部羽毛状纹路颜料层之上，说明在绘制翼部所有羽毛纹路后，再绘制腹部条状纹路颜料层。

图5-29　7号彩绘青铜天鹅左侧保存较为完整的颜料层

图5-30　7号彩绘青铜天鹅翼部羽毛前后叠压关系

图5-31　7号彩绘青铜天鹅翼部羽毛上下叠压关系

第三节　相关问题讨论

一、关于彩绘颜料的初步认识

偏光显微分析及拉曼光谱分析均显示青铜水禽表面装饰所用的白色颜料为骨白（即羟基磷酸钙），黑色颜料为炭黑。两种颜料纯度较高，杂质较少，且均为单独使用。骨白作为白色颜料，在中国古代使用较少。就现有资料而言[①]，目前仅在关中地区秦汉时期的秦咸阳宫遗址、秦阿房宫遗址、秦始皇帝陵园陪葬坑、汉阳陵陪葬坑、汉茂陵陪葬坑等高等级遗址或墓葬中出土的壁画以及彩绘文物上有所发现，而在秦代之前还没有见到骨白颜料使用的相关报道，这一现象值得注意。

我国古代常用的白色颜料包括铅白、碳酸钙、高岭土等[②]。在秦始皇帝陵园出土的彩绘兵马俑上发现的白色颜料除骨白以外，还有铅白和高岭土[③]。在兵马俑上，各种白色颜料不仅单独使用，而且还有和其他颜料混用的现象，前文提到的 K9901 陪葬坑出土陶俑面部的粉红色颜料即是以骨白与朱砂混合而成[④]。白色颜料之间也有混用的现象，例如 K9901 出土陶俑以及铜车马表面的白色颜料层就是骨白和铅白混合而成的[⑤]。但是，本次在水禽表面彩绘颜料科学分析过程中，并没有发现颜料混用的情况。

关于骨白的来源目前尚不清楚，一般认为骨白是将动物骨骼焚烧而

---

① 陕西省考古研究所：《秦都咸阳考古报告》，科学出版社，2004 年，第 786、787 页；夏寅：《显微镜探知中国古代颜料史》，《文博》2009 年第 6 期，第 342～346 页；陕西省考古研究所、秦始皇兵马俑博物馆：《秦始皇帝陵园考古报告（1999）》，科学出版社，2000 年，第 200～218 页；陕西省考古研究所、秦始皇兵马俑博物馆：《秦始皇帝陵园考古报告（2000）》，文物出版社，2006 年，第 184～189 页；单炜、赵西晨等：《秦兵马俑彩绘成分初探》，《考古与文物》1988 年第 1 期，第 104～112 页；赵雨亭、阎进盈：《秦陵二号铜车马的涂层和胶黏剂初析》，《秦陵二号铜车马》，《考古与文物》编辑部，1983 年，第 67～69 页；容波、兰德省等：《咸阳地区出土汉代彩绘陶器表面颜料的科学研究》，《文博》2009 年第 6 期，第 266～268 页。

② 周国信：《中国西北地区古代壁画彩塑中的含铅白色颜料》，《文物保护与考古科学》2012 年第 1 期，第 95～103 页。

③ 李亚东：《秦俑彩绘颜料及秦代颜料史考》，《考古与文物》1983 年第 3 期，第 62～66 页。

④ 陕西省考古研究所、秦始皇兵马俑博物馆：《秦始皇帝陵园考古报告（1999）》，科学出版社，2000 年，第 200～218 页。

⑤ 赵雨亭、阎进盈：《秦陵二号铜车马的涂层和胶黏剂初析》，《考古与文物丛刊》，1983 年，第 67～69 页。

得到的颜料。动物骨骼受热会引起有机物挥发、碳酸钙分解以及羟基磷酸钙再结晶等现象的发生，从而导致骨骼显微结构的变化。成小林等[①]以及玛丽（Mary,S.）等[②]分别对动物骨骼进行了焚烧实验，发现骨骼在645～940℃焚烧，颜色则变为纯白色，且很容易制成粉末，可见焚烧动物骨骼制作骨白颜料是可行的。但是，目前还没有直接证据证明骨白在古代是按这种工艺制作而成的。

炭黑是中国古代使用最早的黑色颜料之一。从现有资料来看，炭黑早在新石器时代就被作为黑色颜料使用，例如秦安大地湾遗址出土的彩陶上的黑色颜料以及陕西神木石峁遗址出土的壁画上的黑色颜料，经鉴定均为炭黑[③]。商周时期，炭黑的使用逐渐增多，但规模仍然较小，例如殷墟YH127号坑出土的以墨书写的甲骨文辞、洛阳北窑西周墓出土的铜簋等器物上的墨书文字以及宝鸡石鼓山西周贵族墓出土的铜铠甲表面以炭黑绘制的连云纹等[④]。至秦汉时期，炭黑作为黑色颜料被广泛使用，在秦始皇帝陵园各陪葬坑出土的彩绘兵马俑、甘肃武威磨嘴子出土的彩绘木马、汉阳陵陪葬坑出土的彩绘陶俑、陕西杨家湾西汉墓出土的彩绘陶俑、陕西旬邑出土的东汉壁画上均发现了炭黑颜料[⑤]。一般认为，炭黑是燃烧木材后留下的黑色残留物。人类在用火之后，发现木材燃烧所形成的木炭可将其他物品

---

① 成小林、原思训：《周原甲骨灼烧状况与风化原因研究》，《文物保护与考古科学》2004年第1期，第20～28页。

② Mary, S., Steven, K., et al. Different burning, recrystallization and fragmentation of archaeological bone. Journal of Archaeological Science, 1995, 22 (2): 223-237.

③ 李亚东：《中国制墨技术的源流》，《科技史文集（第15辑化学史专辑）》，上海科学技术出版社，1989年，第114页；邵安定、付倩丽等：《陕西神木县石峁遗址出土壁画制作材料及工艺研究》，《考古》2015年第6期，第138～149页。

④ 中国社会科学院考古研究所：《殷墟的发现与研究》，科学出版社，1994年，第149、150页；蔡运章：《洛阳北窑西周墓墨书文字略论》，《文物》1994年第7期，第64～69页；陈坤龙、梅建军等：《陕西宝鸡石鼓山新出西周铜甲的初步科学分析》，《文物》2015年第4期，第68～75页。

⑤ 李亚东：《中国制墨技术的源流》，《科技史文集（第15辑化学史专辑）》，上海科学技术出版社，1989年，第114页；陈庚龄、韩鉴卿：《甘肃武威磨咀子出土汉代彩绘木马颜料分析与修复保护》，《文物保护与考古科学》2011年第1期，第40～46页；J Zuo, X Zhao, R Wu, G Du, C Xu. Analysis of the pigments on painted pottery figures from the Han dynasty’s Yangling tombs by Roman microscopy, Journal of Roman Spectroscopy, 2003, 34 (2): 121-125；汪美娟、李玉虎等：《陕西杨家湾出土西汉彩绘兵马俑的修复保护研究》，《文物保护与考古科学》2008年第4期，第59～63页；惠任、刘成等：《陕西旬邑东汉壁画墓颜料研究》，《考古与文物》2007年第3期，第105～112页。

染黑，这可能是炭黑作为黑色颜料的起源。炭黑作为黑色颜料在古代广泛应用，可能与其比较容易获得有关。

二、关于绘制工艺的初步认识

图 5-32　秦始皇帝陵园出土彩绘陶俑表面以堆绘技法绘制的图案

绘制工艺考察部分提到，水禽表面彩绘装饰的施彩技法以平涂为主，仅羽毛纹路中的羽茎部分使用了堆绘技法，以增强表面羽毛纹路的立体感。在施彩技法上，青铜水禽与秦始皇帝陵园出土的其他彩绘文物基本一致。值得一提的是，堆绘技法在秦始皇帝陵园内出土彩绘文物上得到广泛应用（图 5-32），但该技法在秦代之前却鲜有发现。

颜料表面的毛刷痕迹表明施彩所用的工具应为毛笔或毛刷，而且布来多夫（Blaendorf，C.）[①] 曾用毛笔成功地绘制出了水禽表面的羽毛纹路（图 5-33）。原始毛笔在商代可能已经出现，郑州小双桥遗址出土陶缸表面的朱书文字，发掘者认为其书写工具为毛笔[②]。前文提到的殷墟甲骨以及北窑西周墓出土的铜簋等器物上的墨书也被认为是由毛笔书写而成[③]。如果说商周时期毛笔的使用均为推测的话，那么湖北云梦睡虎地墓地

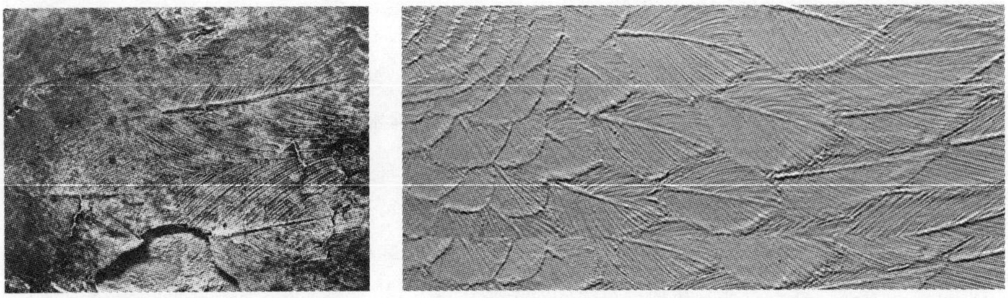

图 5-33　7 号彩绘青铜天鹅表面羽毛纹路及布来多夫复制的羽毛纹路

① Blaensdorf, C., Wang, L. Research on the polychromy of sculptures from Qin Shihuang’s burial complex—colour reconstructions and patterns,《文博》2009 年第 6 期，第 15～24 页。

② 宋国定：《郑州小双桥遗址出土陶器上的朱书》，《文物》2003 年第 5 期，第 35～44 页。

③ 高蒙河：《毛笔的起源——文房四宝起源研究之一》，《中国文物报》2009 年 11 月 27 日第 6 版。

11号秦墓中出土的三支竹竿毛笔表明，毛笔或毛刷作为书写或绘画工具在秦代已经出现①。

图5-34　13号彩绘青铜天鹅背部残留颜料层

在彩绘结构上，青铜水禽表面彩绘与铜车马相同，均是直接在铜胎表面施以彩绘颜料进行装饰（图5-34），而与秦始皇帝陵园各陪葬坑出土的陶俑、陶马则有所不同。陶俑（马）表面在施彩之前均涂了1～3层大漆层，大漆层的使用很可能是便于彩绘颜料的涂刷以及防止彩绘层中胶结质向陶胎内的扩散②。可以看出，当时的工匠已经可以根据器物材质的不同来选择不同的施彩工艺。另外，当时可能出于各种条件的限制，并没有对铜车马表面的彩绘工艺进行深入的研究，本次对青铜水禽表面彩绘工艺的研究对于了解铜车马的彩绘工艺有一定的借鉴意义。

三、彩绘青铜水禽表面彩绘装饰的作用与功能

如前所述，利用彩绘工艺装饰青铜器在中、西方古代均较少使用，究其原因可能主要是彩绘装饰自身的局限性，即不像其他装饰工艺一样具有持久性，在使用过程中很容易对彩绘层造成损伤或脱落。而且，战国中期以后，中国青铜器不仅在形制上发生了变化，而且大部分铜器在功能上也发生了变化，逐渐由象征墓主身份的礼容器转变为实用器③。彩绘装饰自身的脆弱性以及青铜器在功能上的变化可能是彩绘工艺在青铜器装饰上没有得到广泛应用的两个主要原因。另外，以彩绘装饰的器物自春秋时期以来就多有出土，但是绝大多数器物均为明器，这一现象可能表明在当时器物的用途也是影响表面装饰工艺选择的重要因素之一。

---

①　孝感地区第二期亦工亦农文物考古培训班：《湖北云梦睡虎地十一号秦墓发掘简报》，《文物》1976年第6期，第1～10页。

②　Catharina Blaensdorf，王亮：Research on the polychromy of sculptures from Qin Shihuang's burial complex—colour reconstructions and patterns，《文博》2009年第6期，第15～24页。

③　陈平：《试论关中秦墓青铜容器的分期问题（下）》，《考古与文物》1984年第4期，第63～73页；陈平：《试论春秋型秦兵的年代及有关问题》，《考古与文物》1986年第5期，第84～91页。

由于彩绘铜器出土较少，所以目前关于彩绘装饰铜器的相关研究较少。对于彩绘青铜器而言，表面彩绘层主要起到装饰作用。利用彩绘装饰青铜器，修改余地大，施彩任意性强，比其他工艺更易达到装饰的目的，在操作上也较其他工艺简单。另外，青铜器表面的打磨痕迹以及砂眼、缩孔等铸造缺陷的补缀痕迹均可在彩绘层的掩饰下从外观彻底消失。

图 5-35　秦始皇帝陵园出土一号铜车马铜御官俑腰部玉臂装饰物

但是，不同于其他彩绘铜器，青铜水禽表面彩绘装饰应该还有追求写实风格的功能。工艺考察部分提到青铜水禽不同部位表面彩绘层上绘有各种不同结构的羽毛纹路。羽毛纹路的绘制很好地解决了青铜水禽在细节上追求写实风格的需求，弥补了青铜基体在细节表现上的不足。类似的做法，在秦始皇帝陵园出土的彩绘陶俑以及彩绘铜车马上均有应用，例如一号铜车马铜御官俑腰部的玉璧状饰物的基体是以青铜铸造，表面以彩绘装饰，而且绘制出了古代玉璧上常见的圆形乳钉装饰（图 5-35）。

在以彩绘装饰追求写实风格方面，近年甘肃东部地区出土的一些春秋战国时期彩绘金器与秦始皇帝陵园出土的彩绘器物较为相似，例如礼县大堡子山秦公墓中出土的一对以红色颜料勾勒出虎斑纹的金虎[①]（图 5-36），以及张家川马家塬战国墓地出土以黑褐色颜料勾勒出眉毛及胡须的金面饰[②]（图 5-37）。值得注意的是，礼县秦公墓为春秋时期秦国君王的墓葬，而张家川墓地则为秦人统治下的戎人贵族墓[③]，与秦人关系密切。从这一点来看，礼县大堡子山秦公墓出土的彩绘金虎以及张家川马家塬战国墓地出土的彩绘金面饰与秦始皇帝陵园出土的彩绘器物之间可能在文化以及技术上存在一定的关联，当然这一问题显然还有待于进一步研究。

① 礼县秦西垂文化研究会、礼县博物馆：《秦西垂陵区》，文物出版社，2004 年，第 12 页。

② 早期秦文化联合考古队、张家川回族自治县博物馆：《张家川马家塬战国墓地 2007～2008 年发掘简报》，《文物》2009 年第 10 期，第 25～51 页。

③ 甘肃省文物考古研究所、张家川回族自治县博物馆：《2006 年度甘肃张家川回族自治县马家塬战国墓地发掘简报》，《文物》2008 年第 9 期，第 4～28 页。

图 5-36　礼县大堡子山秦公墓出土的彩绘金虎

图 5-37　张家川墓地出土的金面饰

第四节　小　　结

本章对青铜水禽表面彩绘工艺进行了科学分析，结果显示青铜天鹅、仙鹤表面均以骨白颜料进行装饰，而青铜鸿雁则以炭黑颜料进行装饰。两种颜料纯度较高，杂质较少，且均为单独使用，未发现颜料混用的现象。在彩绘工艺方面，彩绘层应该是以毛刷为绘制工具，多层绘制而成。从彩绘技法来看，除羽毛纹路中的羽茎为堆绘而成外，其他纹路均为平涂而成。在绘制程序方面，羽毛纹路有两种，一种是先堆绘出羽茎，再绘制两侧细小纹路，另一种恰好相反，先绘制两侧细小纹路，再堆绘出羽茎。对于水禽表面各种不同纹路的绘制程序而言，应该是先从后向前、从下至上绘制出翼部羽毛纹路后，再绘制腹部条状纹路。遗憾的是，由于大多数青铜水禽表面彩绘层脱落严重，对于表面各种不同纹路的绘制程序的考察仅限于 7 号青铜天鹅，不排除不同水禽表面各种纹路绘制程序不同的可能。

利用彩绘装饰青铜水禽不仅可以使水禽表面的打磨痕迹、砂眼、缩孔等铸造缺陷的补缀痕迹被覆盖住，而且还可以弥补水禽在细节上表现的不足，进一步追求写实风格。但是，从现有资料来看，中、西方先秦时期彩绘铜器虽均有出土，但数量很少。利用彩绘工艺装饰青铜器在中国古代没有得到广泛应用，可能是与彩绘装饰自身的脆弱性以及中国青铜器在战国中期以后逐渐转为实用器有关。

值得注意的是，目前骨白仅发现于秦汉时期关中地区的一些高等级墓葬或遗址出土的彩绘文物上，但关于骨白颜料的来源尚不清楚。在绘制技法方面，堆绘技法在先秦时期较为少见，而在秦始皇帝陵园出土的彩绘器物上却广泛使用，也是一个值得注意的现象。

第六章　彩绘青铜水禽泥芯的初步科学分析

虽然先秦时期中、西方在青铜器的铸造工艺上有明显差异，但无论是中国的陶范铸造工艺还是西方的失蜡铸造工艺，外范和泥芯的使用都是必不可少的。因此，对铸造青铜器所用外范和泥芯的研究是全面了解古代青铜器铸造工艺的重要组成部分。本章将利用X射线荧光、岩相观察、X射线衍射、中子活化多种分析手段对青铜水禽内部残留的泥芯进行分析研究，在揭示其化学成分及物相特征的同时，对水禽的生产地点进行初步的探索，希望为全面了解中国战国晚期至秦代的青铜器冶铸水平提供有益的信息。

第一节　前人已做的相关研究

一、古代铸铜外范和泥芯研究概况

从前文提到的三种古代青铜器工艺操作流程可以看出，无论是陶范铸造还是失蜡铸造，外范和泥芯的设置和制作均是重要且不可或缺的工艺环节，所以对铸铜外范和泥芯制作工艺、化学成分等方面的研究对全面认识古代青铜器铸造工艺具有重要意义。例如，自20世纪70年代以来，国内外学者对中国河南安阳①、陕西周原②、山西侯马③等地出土的铸铜外范和泥芯进行了大

① IC Freestone, N Wood, J Rawson. Shang dynasty casting moulds from North China, In McGovern, E., Notis, D., Kingery, D. (eds.). Cross Craft and Cross Cultural Interactions in Ceramics and Civilization IV, The American ceramic society Inc, Westerville, 1989: 253-275; 刘煜、岳占伟：《殷墟陶范的材料及处理工艺的初步研究》，《夏商周文明研究・六——2004年安阳殷商文明国际学术研讨会论文集》，社会科学文献出版社，2004年，第450～456页。

② 刘煜、宋江宁、刘歆益：《周原出土铸铜遗物的分析检测》，《考古与文物》2007年第4期，第94～100页；陈建立：《中国古代金属冶铸文明新探》，科学出版社，2014年，第173～177页。

③ 谭德睿：《侯马东周陶范的材料及其处理技术的研究》，《考古》1986年第4期，第355～369页。

量的工艺研究工作，大体上厘清了中国古代陶范铸造工艺中外范和泥芯的制作工艺、范料和芯料的化学组成、焙烧温度等工艺细节，在很大程度上推动了学界对古代陶范铸造工艺以及各时期青铜铸造水平的认识。

通过对铸铜外范和泥芯的考察和研究，往往会发现一些青铜器上无法直接观察到的现象，可以在很大程度上对青铜器实物铸造工艺的考察结果形成补充，从而使青铜器铸造工艺研究更加充实可信。万家保①对殷墟出土青铜器的制作工艺研究、华觉明②对商周青铜器的铸造工艺研究，均是将青铜器实物的工艺考察与相关陶范的观察研究相结合而展开的。

一般认为，铸造青铜器所用的泥芯、陶范均是就地取材制作而成，所以青铜器的泥芯、陶范均蕴含着生产地点的信息。而且，铸铜外范和泥芯虽经高温焙烧，但其化学成分基本保持不变，所以利用铸铜外范和泥芯探索青铜器的生产地是目前青铜器产地研究的重要手段。隆巴蒂（Lombardi, G.）③曾对意大利南部里亚切村附近出土的两件公元前5世纪中期青铜雕像（Riace Bronze A and B）内残留泥芯进行了分析研究，并根据其成分特征指出其生产地点可能在希腊东部的埃维厄岛、阿提卡（Attica）、伯罗奔尼撒半岛（Peloponnesus）一带。南普恒等④分析了湖北盘龙城出土青铜器的泥芯，并分别从主量元素和稀土元素两个方面与当地陶器、原生土以及北方多个铸造遗址出土陶范的分析数据进行了对比研究，发现盘龙城泥芯与当地原生土和陶片较为相似，而与北方各遗址出土陶范差异明显，从而认为盘龙城出土青铜器系本地铸造，而并非源于郑州商城。类似的研究还有南普恒⑤

---

① 万家保：《青铜觚形器之铸造程序》，《古器物研究专刊（第一本）：殷墟出土青铜觚形器之研究》，台湾中央研究院历史语言研究所出版，1964年，第1～44页；万家保：《青铜爵形器之铸造程序》，《古器物研究专刊（第二本）：殷墟出土青铜爵形器之研究》，台湾中央研究院历史语言研究所出版，1966年，第1～29页；万家保：《青铜斝形器之铸造程序》，《古器物研究专刊（第三本）：殷墟出土青铜斝形器之研究》，台湾中央研究院历史语言研究所出版，1968年，第1～42页；万家保：《青铜鼎形器之铸造程序》，《古器物研究专刊（第四本）：殷墟出土青铜鼎形器之研究》，台湾中央研究院历史语言研究所出版，1970年，第1～33页。

② 华觉明：《中国古代金属技术：铜和铁造就的文明》，大象出版社，1999年，第81～119页。

③ G Lombardi. “From the shell to its content: the casting core of the two bronze statues from Riace (Calabria, Italy)”, Journal of Archaeological Science, 1998 (25), 1055-1066.

④ 南普恒、秦颖等：《湖北盘龙城出土部分商代青铜器铸造地的分析》，《文物》2008年第8期，第77～82页。

⑤ 南普恒、秦颖等：《横水西周墓地部分青铜器残留泥芯的矿物组成及成分分析》，《岩矿测试》2008年第4期，第259～262页；南普恒、秦颖等：《襄樊陈坡楚墓出土青铜器残留泥芯的X荧光光谱和电感耦合等离子发射光谱分析》，《分析测试学报》2008年第5期，第467～471页。

对山西横水西周墓出土铜器和襄樊陈坡楚墓出土铜器生产地点的研究，以及罗武干等[①]对江苏淮阴高庄战国墓出土青铜器的生产地点的研究等。

另外，还有学者通过对铸铜陶范的研究探索古代青铜器的生产组织。例如，李永迪[②]在对殷墟出土铸铜陶范制作工艺考察的基础上，探讨了殷墟青铜器生产的人员构成、组织结构和生产模式等方面的问题，指出殷墟铸铜遗址作坊存在技术上的变化，青铜器生产可能存在从整体式向规范式转变的倾向。

二、秦始皇帝陵园封土及陶器土壤来源研究

赵维娟[③]在其博士论文《秦始皇陵考古中有关产地问题的核分析技术研究》中，利用中子活化分析技术对采自秦陵封土样品、秦陵地区不同地点的土壤样品、各陪葬坑出土陶俑样品以及陶器和瓦片样品进行了微量元素分析，再以因子分析和模糊聚类分析两种方法对所得数据进行分析处理，初步探索了秦始皇帝陵封土土壤、各陪葬坑或遗址出土陶俑、陶器以及砖瓦的土壤来源。研究发现：

（1）秦始皇陵西坡土样与陵北夯土台、陵东封土、陵东夯土、陵西夯土的微量元素成分存在一定的差别，表明秦陵封土可能取自不同的地方；陵北夯土台、陵东封土、陵东夯土、陵西夯土四处土样与山刘村、五岭遗址、秦俑馆前土壤在微量元素成分上相近，而陵西坡土样与赵背户、上焦村一些层位的土壤较为相近，说明秦陵封土首先可能取自山刘村、五岭遗址以及秦俑馆前附近，其次是赵背户、上焦村附近的某些层位。鱼池附近土样与封土在微量元素上的关系较远，封土应该不是取自鱼池附近。

（2）一、二、三号坑兵马俑之间在微量元素上有相对的独立性，说明制作陶俑的黏土来源并不完全相同；三号坑兵马俑样品之间关系极为密切，黏土来源较为集中，而一号、二号坑样品之间关系不甚密切，黏土来源较为分散；K0006号坑、K0007号坑陶俑样品各有相对的独立性，所用

① 罗武干、秦颍等：《淮阴高庄战国墓出土青铜器产地初步研究》，《土壤》2009年第4期，第670～675页。

② 李永迪，Anyang Foundry: Archaeological Remains, Casting Technology and Production Organization. A thesis for Ph.D to Harvard University, 2003: 123-128.

③ 赵维娟：《秦始皇陵考古中有关产地问题的核分析技术研究》，郑州大学博士学位论文，2006年，第29～107页。

黏土在微量元素上相近但并不完全相同，可能来自山刘村、五岭遗址、秦俑馆前、K9801 铠甲坑和戏水河附近；三号坑兵马俑与 K0006 号坑文官俑的关系非常密切，陶俑样品微量元素相近甚至相同，表明黏土原料很可能来自相近或同一取土场。

（3）秦陵陶器、瓦片与山刘村、五岭遗址、秦俑馆前、K9801 铠甲坑以及戏水河附近土样的微量元素相近，说明制作陶器和瓦片的黏土可能来自这几个地点；少数瓦片样品与其他大多数瓦片样品关系较远，说明制作瓦片的取土地点不止一个；秦俑馆前陶窑出土的陶器以及秦始皇帝陵园内城南墙瓦片样品与 K0006、K0007 陪葬坑陶俑样品的微量元素相近，表明黏土原料取自相近的地点。

该研究不仅初步解决了秦始皇陵封土、兵马俑、陶器、瓦片的原料来源问题，印证了秦始皇陵封土土壤以及制作兵马俑、陶器、瓦片等器物的黏土均是就地取材的说法。同时，还初步建立起了秦陵区土壤微量元素数据库，为探索青铜水禽泥芯原料是否来自秦陵地区提供了重要的参考数据。

第二节　彩绘青铜水禽泥芯科学分析

一、样品情况

本次共从 8 件青铜水禽上采集泥芯样品 17 个，除 2 个颈部泥芯样品和 1 个泥芯撑样品以外，其余均为不同水禽身体部泥芯样品。由于泥芯样品的各种分析检测均为有损分析，而样品的大小又各不相同，所以不同样品所进行的分析检测项目也各异。芯撑样品在岩相制样过程中出现失误，消耗殆尽，未能进行任何分析检测。其余 16 个样品中的 10 个样品进行了 X 射线衍射分析，13 个样品进行了岩相观察，10 个样品进行了 X 射线荧光分析，13 个样品进行了中子活化分析。青铜水禽泥芯样品的基本信息及进行的分析检测情况详见表 6-1。

表 6-1　彩绘青铜水禽泥芯样品基本信息及科学分析检测方法

样品编号	青铜水禽编号	样品来源	分析检测方法
SQC001	1 号天鹅	身体部泥芯残块	岩相、X 衍射、X 荧光、中子活化
SQC002	10 号天鹅	身体部泥芯残块	X 衍射、中子活化
SQC003	13 号天鹅	身体部泥芯残块	岩相、X 衍射、X 荧光、中子活化
SQC004	13 号天鹅	颈部泥芯残块	岩相、X 衍射、X 荧光、中子活化

续表

样品编号	青铜水禽编号	样品来源	分析检测方法
SQC005	13 号天鹅	身体部泥芯残块	岩相
SQC006	13 号天鹅	身体部泥芯残块	岩相、中子活化
SQC007	13 号天鹅	身体部泥芯残块	岩相、X 荧光
SQC008	13 号天鹅	身体部泥芯残块	岩相
SQC009	14 号天鹅	身体部泥芯残块	岩相、X 衍射、X 荧光、中子活化
SQC010	16 号天鹅	身体部泥芯残块	岩相、X 衍射、X 荧光、中子活化
SQC011	21 号仙鹤	泥芯撑	未进行任何分析检测
SQC012	21 号仙鹤	颈部泥芯残块	岩相、X 衍射、X 荧光、中子活化
SQC013	21 号仙鹤	身体部泥芯残块	岩相、X 衍射、X 荧光、中子活化
SQC014	29 号鸿雁	身体部泥芯残块	岩相、X 衍射、X 荧光、中子活化
SQC015	不明水禽	身体部泥芯残块	岩相、X 衍射、X 荧光、中子活化
SQC016	不明水禽	身体部泥芯残块	中子活化
SQC017	不明水禽	身体部泥芯残块	中子活化

二、成分分析

（一）分析方法

水禽泥芯样品成分分析采用 X 射线荧光分析（XRF）。分析仪器型号为日本岛津 EDX-800HS X- 射线荧光仪，测试条件为：铑靶（Rh），电压 Ti-U 50kV，Na-Sc 15kV，测试环境为真空，测试时间 200s。样品成分分析结果详见表 6-2。

（二）分析结果

从表 6-2 可看出，经检测的 10 个水禽泥芯样品的主要元素基本一致，包括 Si、Al、Fe、Cu、K、Ca、P 等元素。SiO_2 的含量在 53%～67% 之间，其中除 13 号天鹅颈部泥芯样品 SQC004 和 21 号仙鹤颈部泥芯样品 SQC012 的 SiO_2 含量低于 60%，1 号天鹅身体泥芯样品 SQC001 以及 29 号鸿雁身体泥芯样品 SQC014 的 SiO_2 含量大于 64% 以外，其余 6 个样品的 SiO_2 含量较为接近，均在 60%～63% 之间。Al_2O_3 的含量在 20%～28% 之间，其中不明水禽身体泥芯样品 SQC015、13 号天鹅身体泥芯样品 SQC003 和 SQC007、29 号鸿雁身体泥芯样品 SQC014 的 Al_2O_3 相对较低，均在 24%

表 6-2　彩绘青铜水禽泥芯样品 XRF 分析结果

样品编号	水禽编号	样品来源	成分（%）												
			SiO_2	Al_2O_3	CuO	Fe_2O_3	K_2O	CaO	P_2O_5	TiO_2	MnO	PbO	SO_3	BaO	ZnO
SQC001	1 号天鹅	身体部泥芯残块	64.918	24.296	1.981	5.506	1.152	1.170	ND	0.449	0.050	ND	0.442	0.125	ND
SQC003	13 号天鹅	身体部泥芯残块	60.955	20.961	8.042	5.537	1.890	1.969	ND	0.506	0.084	0.056	ND	ND	ND
SQC004	13 号天鹅	颈部泥芯残块	56.386	26.795	6.570	4.326	1.948	1.814	1.576	ND	0.066	0.010	0.508	ND	ND
SQC007	13 号天鹅	身体部泥芯残块	62.118	22.646	3.299	5.205	2.125	2.197	1.262	0.440	0.007	0.010	0.507	0.115	ND
SQC009	14 号天鹅	身体部泥芯残块	61.492	27.662	0.596	4.474	2.083	1.910	1.257	0.441	0.058	0.017	ND	ND	0.010
SQC010	16 号天鹅	身体部泥芯残块	61.695	25.566	4.611	3.742	1.435	1.236	1.192	0.445	0.047	0.030	ND	ND	ND
SQC012	21 号仙鹤	颈部泥芯残块	53.428	27.457	5.666	6.625	1.451	1.459	1.973	0.505	0.054	0.274	1.007	0.102	ND
SQC013	21 号仙鹤	身体部泥芯残块	61.124	27.568	0.173	4.552	2.061	2.380	1.544	0.409	0.067	ND	ND	ND	0.009
SQC014	29 号鸿雁	身体部泥芯残块	66.724	21.085	3.311	4.610	1.601	1.467	ND	0.532	0.058	ND	0.610	ND	ND
SQC015	不明水禽	身体部泥芯残块	60.715	23.298	5.352	4.306	2.078	2.047	1.291	0.435	ND	0.056	0.421	ND	ND

以下，而其他样品的 Al_2O_3 含量均较高，部分可至 27% 以上。其他各元素包括 Fe、K、Ca、P、Ti 的含量均较为接近，分别在 3.7%～6.7%、1%～2.2%、1.1%～2.4%、1%～2%、0.4%～0.6% 之间。另外，所有样品均含一定量的 Cu，但含量各不相同，变化较大，从 0.1% 到 8% 不等。铜的存在很可能是由泥芯中所含青铜锈蚀物引起的，岩相观察也显示，所有样品的空隙中均有不同含量的绿色锈蚀物存在。

为了便于对比，将青铜水禽泥芯中的 Si、Al、Fe、K、Ca 五个主要元素作为统计分析的特征指标，利用 SPSS 统计软件对青铜水禽泥芯的 XRF 数据进行主成分因子分析并作图（图 6-1）。从图 6-1 可以看出，大部分泥芯样品均落在一个区域，该区域内因子 F1 和因子 F2 的值均在 -1 到 1 之间，表明大部分水禽泥芯大体相近。但是，1 号天鹅身体泥芯样品 SQC001、21 号仙鹤颈部泥芯样品 SQC012 和 29 号鸿雁身体泥芯样品 SQC014 却落在了该区域以外，说明不同青铜水禽的泥芯在成分上又存在一定的差异，可能使用了不同的泥料。其中 13 号天鹅身体泥芯样品 SQC007 和不明水禽身体泥芯样品 SQC015 几乎完全重叠，表明成分基本相同，可能使用了相同的泥料。

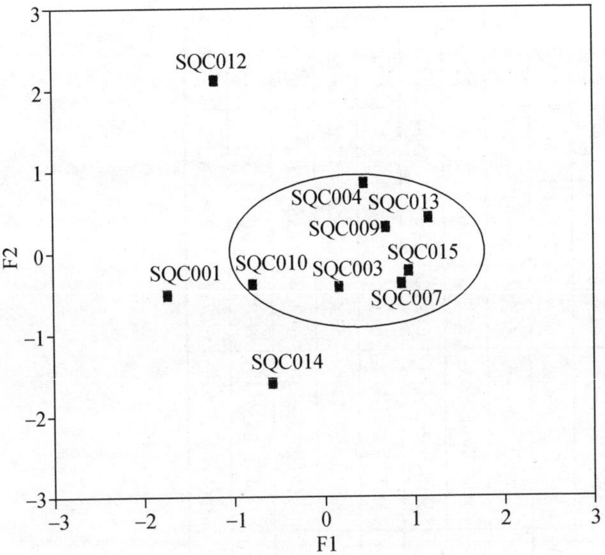

图 6-1　彩绘青铜水禽泥芯 XRF 成分因子分析图

值得注意的是，样品 SQC003、SQC004、SQC007 均采自 13 号青铜天鹅，其中样品 SQC004 为颈部泥芯，而样品 SQC003 和 SQC007 均为身体部泥芯。从样品各元素的含量来看，颈部泥芯样品 SQC004 的 SiO_2 含量为 56.386%，Al_2O_3 含量为 26.795%，Fe_2O_3 含量为 4.326%，而身体部的两

个泥芯样品 SiO_2 的含量分别为60.955%和62.118%，Al_2O_3 的含量分别为20.961%和22.646%，Fe_2O_3 的含量分别为5.537%和5.205%。可以看出，13号青铜天鹅颈部泥芯中Si的含量较身体部泥芯低，而Al的含量却较身体部泥芯高，表明该天鹅颈部泥芯与身体部泥芯可能使用了不同的泥料。类似的情况在21号仙鹤上也有发现，样品SQC012来自21号青铜仙鹤颈部泥芯，而样品SQC013则来自21号仙鹤身体部泥芯。从化学成分来看，虽然两个样品的含Al量非常接近，在27.5%左右，但两者的含Si量和含Fe量却有所差异。颈部泥芯样品SQC012的含Si量低于身体泥芯样品SQC013，而含Fe量却高于样品SQC013。

工艺考察部分提到，所有青铜水禽颈部均有铜隔档存在。虽然各水禽颈部铜隔档的数量并不一致，但铜隔档的存在表明同一水禽内各部分泥芯为分块或分段制作而成的。同一水禽颈部泥芯与身体部泥芯在成分上的差别，不仅表明使用了不同的泥料，而且还暗示了水禽颈部泥芯与身体部泥芯或许是在不同的时间段内分别制作或是由不同的工匠制作而成。

三、岩相及物相分析

（一）分析方法

将泥芯样品沿剖面切成片状，并以环氧树脂加固；再将样品的一个面磨平并用环氧树脂与玻璃片粘接，然后打磨成厚约30μm的岩相薄片。所有样品均利用带有Q-Imaging数码成像系统的莱卡（Lecia）DMEP偏光显微镜，在25-200X的放大倍率下进行观察鉴定并拍照。各样品岩相鉴定结果详见表6-3。

表6-3　彩绘青铜水禽泥芯样品岩相观察结果

样品编号	水禽编号	样品来源	岩相观察结果	图号
SQC001	1号天鹅	身体部泥芯残块	黏土基体低光度，包含有云母、石英粉砂；夹杂少量砂粒，包括石英、花岗岩、长石和已风化的斜长石等，直径多在100～200μm之间，部分可至700μm；可见少量碳化的有机质及蓝色或绿色的矿物	
SQC003	13号天鹅	身体部泥芯残块	黏土基体低光度，含石英粉砂；砂粒半棱角状或圆形，包括石英、黑云母等，直径多在200μm，部分可至1mm；可见1处花岗岩及蓝色或绿色的矿物	

续表

样品编号	水禽编号	样品来源	岩相观察结果	图号
SQC004	13号天鹅	颈部泥芯残块	黏土基体低光度，含大量粉砂，粉砂包括石英、白云母、黑云母；半棱角状砂粒主要为石英，直径多为200μm左右；可见均匀分布的已完全燃烧的植物添加物及蓝色或绿色的矿物	图6-6、图6-7
SQC005	13号天鹅	身体部泥芯残块	黏土基体低光度，含石英粉砂；砂粒多为半棱角状或圆形，主要包括石英和斜长石，直径多在200μm左右，部分可至500μm；可见均匀分布且已完全燃烧的植物添加物及蓝色或绿色的矿物	图6-8、图6-9
SQC006	13号天鹅	身体部泥芯残块	黏土基体低光度，有大量的石英粉砂；砂粒为半棱角状或谷粒状，包括石英、正长石、花岗闪长岩等，直径均在200μm左右；可见完全燃烧的植物添加物，蓝色或绿色的矿物；部分孔洞应为植物添加物燃烧后留下的	
SQC007	13号天鹅	身体部泥芯残块	黏土基体低光度，大量的石英粉砂；砂粒多为半棱角状，主要包括石英、花岗岩等，直径多在200μm左右；可见已完全燃烧的细长纤维状植物添加物及蓝色或绿色的矿物	
SQC008	13号天鹅	身体部泥芯残块	黏土基体低光度，含较多石英粉砂；砂粒多为半棱角状，主要包括石英、正长石，直径多在100～200μm，部分可至1mm；单偏光下可见已完全碳化且均匀分布的有机质及蓝色或绿色的矿物	
SQC009	14号天鹅	身体部泥芯残块	黏土基体低光度，含石英粉砂；砂粒多为半棱角状或谷粒状，包括石英、正长石、斜长石、黑云母，直径多为200μm；可见燧石1处及大量蓝色或绿色的矿物	
SQC010	16号天鹅	身体部泥芯残块	黏土基体低光度，含大量的石英粉砂；砂粒为半棱角状或圆形，含量相对较少，包括石英、正长石、斜长石、绿泥石等，直径在300～400μm之间；可见呈蓝色或绿色的矿物，可能为孔雀石或蓝铜矿等锈蚀物	
SQC012	21号仙鹤	颈部泥芯残块	黏土基体低光度，含大量的粉砂，包括石英、黑云母、白云母；黑云母、白云母的直径约为100μm；夹杂砂粒多为石英和正长石，直径多为1mm；可见蓝色或绿色的矿物	

续表

样品编号	水禽编号	样品来源	岩相观察结果	图号
SQC013	21 号仙鹤	身体部泥芯残块	黏土基体低光度，含石英粉砂；夹杂砂粒包括石英、正长石、斜长石、花岗岩等，直径多为 200μm，少量可至 1.5mm；可见未完全燃烧的不透明的有机质	
SQC014	30 号鸿雁	身体部泥芯残块	黏土基体低光度，含大量石英粉砂；夹杂砂粒包括石英、正长石等，直径多为 200μm 左右，部分可至 500μm；可见 1 处花岗岩，蓝色或绿色的矿物，以及均匀分布且已完全燃烧的植物添加物	图 6-2、图 6-3
SQC015	不明水禽	身体部泥芯残块	黏土基体低光度，含大量粉砂，包括云母、石英；砂粒多为多棱角状，包括石英、轻度风化的斜长石、正长石、绿泥石等，直径多在 200～300μm 左右；可见蓝色或绿色的矿物	图 6-4、图 6-5

泥芯样品物相分析所使用的 X 射线衍射分析仪（XRD）的型号为日本理学 RINT 2000X，测试条件为：铜靶，DS=1°，SS=1°，RS=0.15mm，管压 40kV，管电流 40mA。XRD 分析结果详见表 6-4。

表 6-4　彩绘青铜水禽泥芯样品 XRD 分析结果

样品编号	样品名称	样品来源	分析结果	图号
SQC001	1 号天鹅	身体部泥芯残块	石英、钾长石、钠长石、白云母	图 6-10
SQC002	10 号天鹅	身体部泥芯残块	石英、锌硅钠石、钾长石、白云母、珍珠云母	
SQC003	13 号天鹅	身体部泥芯残块	石英、钾长石、钠长石、白云母	
SQC004	13 号天鹅	颈部泥芯残块	石英、钾长石、钠长石、白云母	
SQC009	14 号天鹅	身体部泥芯残块	石英、钾长石、钠长石、白云母、珍珠云母	图 6-11
SQC010	16 号天鹅	身体部泥芯残块	石英、钾长石、钠长石、白云母	
SQC012	21 号仙鹤	颈部泥芯残块	石英、钠长石、白云母、珍珠云母	图 6-12
SQC013	21 号仙鹤	身体部泥芯残块	石英、钾长石、钠长石、白云母、珍珠云母	图 6-13
SQC014	30 号鸿雁	身体部泥芯残块	石英、钾长石、钠长石、白云母、珍珠云母	
SQC015	不明水禽	身体部泥芯残块	石英、钾长石、钠长石、白云母	

（二）分析结果

岩相观察显示，13个样品的矿相组成基本相似，均由黏土基体、粉砂、砂粒以及植物添加物组成。所有样品的黏土基体均为低光度，说明曾经高温烘烤。粉砂均为多棱角状，包括石英、白云母、黑云母等。虽然黏土中本来就有粉砂存在，但部分样品的粉砂含量特别高，例如30号鸿雁身体泥芯样品SQC014，暗示着存在人为添加的可能（图6-2、图6-3；图版八二、图版八三）。相对于粉砂，样品中还含有少量半棱角状或圆形砂粒，直径多在200～400μm之间，部分可至1mm，包括石英、正长石、斜长石、花岗岩等，应该为人为添加的结果（图6-4、图6-5）。部分样品中可见分布均匀、与黏土、粉砂混合较好且已完全燃烧的有机质，应该为植物添加物。

泥芯中存在大量各种形状的孔隙，多数孔隙应该是由于植物添加物在烘烤过程中碳化而形成的，而且少数孔隙中依然可见已完全碳化的植物添加物

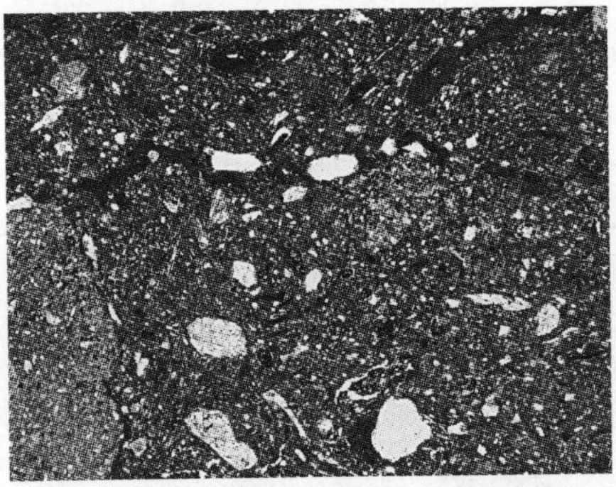

图6-2　30号彩绘青铜鸿雁身体泥芯样品SQC014单偏光岩相照片（100X）

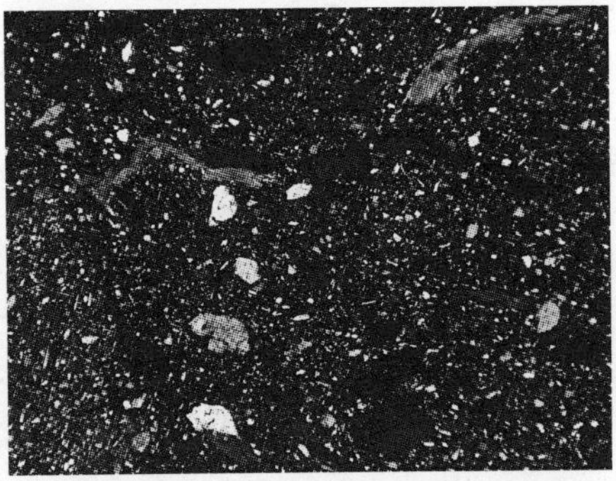

图6-3　30号彩绘青铜鸿雁身体泥芯样品SQC014正交偏光岩相照片（100X）

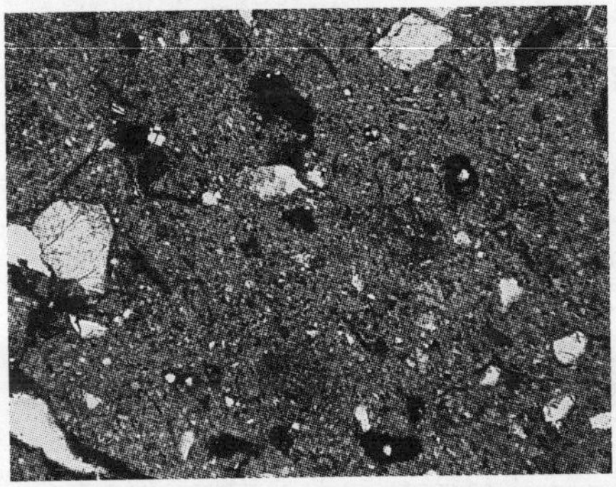

图6-4　不明彩绘青铜水禽身体泥芯样品SQC015单偏光岩相照片（100X）

图6-5　不明彩绘青铜水禽身体泥芯样品SQC015正交偏光岩相照片（100X）

及植物硅酸体残留。从大多数样品为灰黑色以及样品内部残留的未完全碳化的植物添加物来看，泥芯曾在缺氧的还原气氛下进行烘烤。植物添加物的碳化暗示了泥芯的烘烤温度应该高于400℃，而部分样品中绿色闪石矿物的存在则表明烘烤温度应低于750℃[①]。另外，除21号仙鹤身体泥芯样品SQC013以外，其他所有样品中均存在绿色铜锈。一般而言，铜锈均存在于泥芯的孔隙中，且有沿孔隙生长的迹象，很可能是青铜基体长期锈蚀的结果。

值得注意的是，样品SQC003、SQC004、SQC005、SQC006、SQC007、SQC008均为13号青铜天鹅内部泥芯，其中样品SQC004来自颈部泥芯，其他5个样品均来自身体内泥芯。从样品的岩相来看，颈部泥芯样品SQC004中粉砂种类较多，包括石英、白云母、黑云母等，而身体部的5个样品内粉砂种类则较为单纯，均为石英。在砂粒方面，样品SQC004中的砂粒较为单纯，为石英，而身体部的5样品中砂粒种类则较多，包括石英、长石、花岗岩等（图6-6～图6-9；图版八四、图版八五）。类似的现象在样品SQC012和SQC013中也可以看到，两者分别来自21号青铜仙鹤颈部泥芯和身体内泥芯。岩相观察显示，颈部泥芯样品SQC012粉砂种类较为复杂，包括石英、黑云母、白云母等，砂粒包括石英和长石两种矿物；而身体泥芯样品SQC013中粉砂均为石英，砂粒种类却较为丰富，包括石英、正长石、斜长石、花岗岩等多种矿物。可以看出，13号青铜天鹅以及21号青铜仙鹤颈部泥芯与身体部泥芯在材质上存在较为明显差别，应该使用了不同的芯料。

图6-6　13号彩绘青铜天鹅颈部泥芯样品SQC004单偏光岩相照片（100X）

图6-7　13号彩绘青铜天鹅颈部泥芯样品SQC004正交偏光岩相照片（100X）

① Quinn, P. S. Ceramic Petrography: the Interpretation of Archaeological Pottery & Related Artefacts in Thin Section. Archaeopress, Oxford, 2013: 55-56.

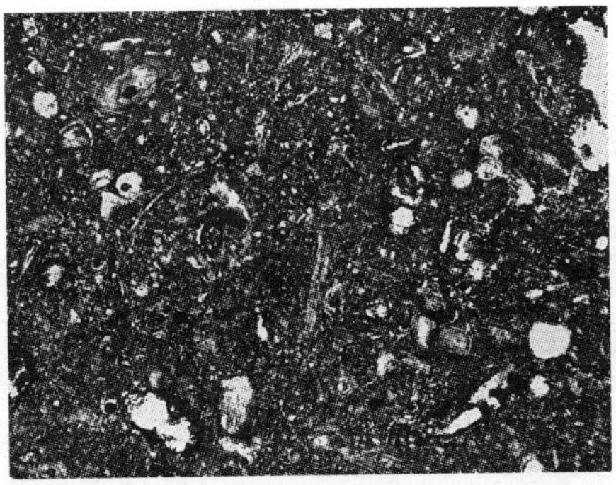

图 6-8　13 号彩绘青铜天鹅身体泥芯样品 SQC005 单偏光岩相照片（100X）

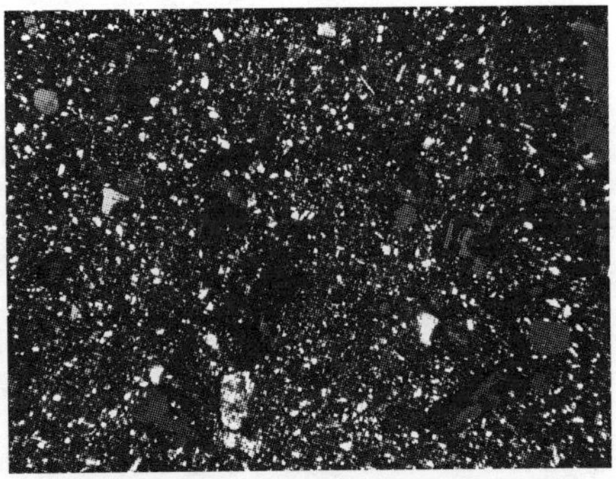

图 6-9　13 号彩绘青铜天鹅身体泥芯样品 SQC005 正交偏光岩相照片（100X）

X 射线衍射分析显示，青铜水禽泥芯的主要矿物包括石英、长石、云母等，但各样品所含矿物的种类也存在一定的差异。例如 10 号天鹅身体泥芯样品 SQC002、14 号天鹅身体泥芯样品 SQC009、21 号仙鹤颈部泥芯样品 SQC012 以及身体泥芯样品 SQC013 和 29 号鸿雁身体泥芯样品 SQC014 均检测出珍珠云母，而其他样品却没有。X 射线衍射分析与岩相观察的结果基本一致，进一步说明不同水禽泥芯在矿物组成上存在一定的差异（图 6-10、图 6-11）。

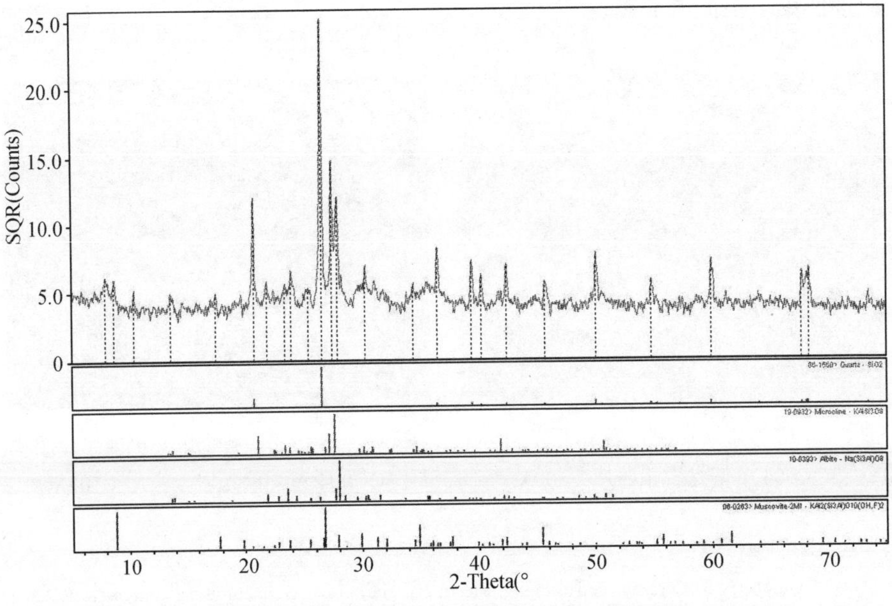

图 6-10　1 号彩绘青铜天鹅身体泥芯样品 SQC001 的 XRD 谱图

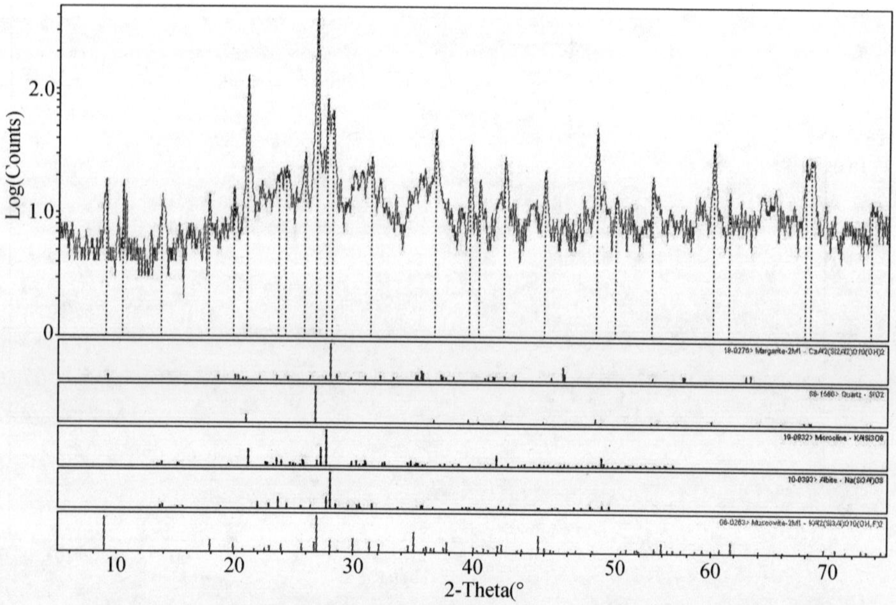

图 6-11　14 号彩绘青铜天鹅身体泥芯样品 SQC009 的 XRD 谱图

值得注意的是，样品 SQC012 和 SQC013 分别为 21 号仙鹤颈部及身体部的泥芯，样品 SQC013 中存在钾长石，而 SQC012 中却没有出现，进一步证明两部分泥芯可能使用了不同的泥料（图 6-12、图 6-13）。但是，虽

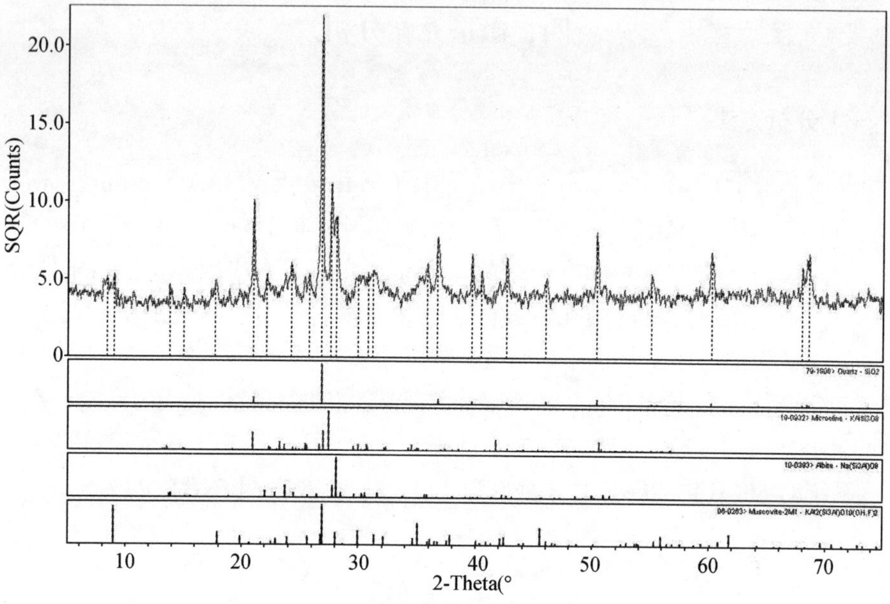

图 6-12　21 号彩绘青铜仙鹤颈部泥芯样品 SQC012 的 XRD 谱图

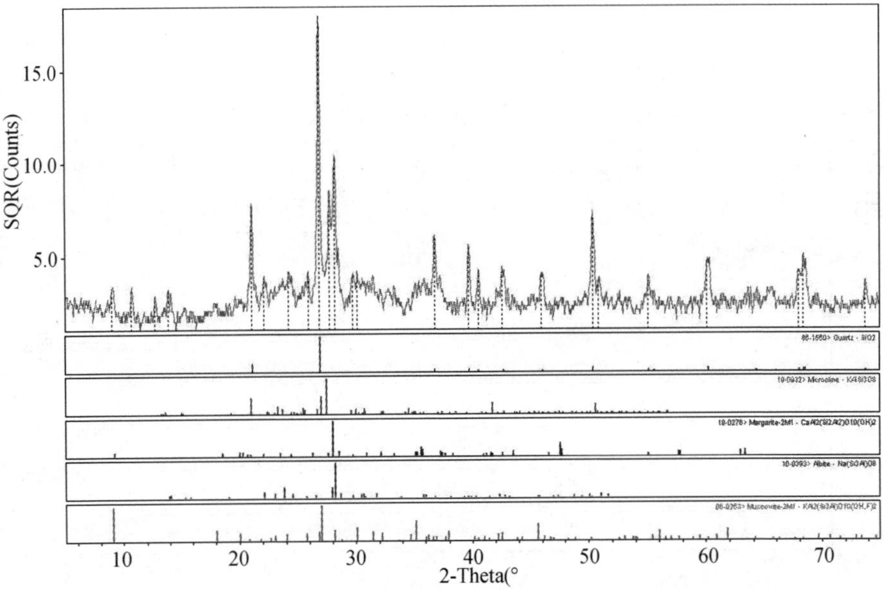

图 6-13　21 号彩绘青铜仙鹤身体泥芯样品 SQC013 的 XRD 谱图

然岩相观察显示，13 号天鹅颈部泥芯样品 SQC004 和身体部样品 SQC003 之间存在差异，但 X 射线衍射分析并未显示出两者之间的差异。

四、微量元素分析

（一）分析方法

泥芯样品的微量元素分析采用了中子活化分析（NAA）。分析时先用电子天平（瑞士 METTLER 公司产）准确称量样品 100mg，包于干净的聚乙烯薄膜内。将样品和标准样品放入样品盒内，送入中国原子能科学研究院微型中子源反应堆的内孔道进行辐照和测量。辐射及测量条件见表 6-5。测量设备为中国原子能科学研究院研制的微型中子源反应堆，30kW，并配有多功能样品传输系统；γ 谱测量系统由高纯锗探测器 GC-4018、数字化 γ 谱仪 DSPEC jr2.0（美国 ORTEC 公司产）和微机（DELL 公司产）组成，该系统对 60Co 1332keV 的分辨率为 1.8keV，相对探测效率为 40%。

（二）分析结果

每个青铜水禽泥芯样品的中子活化分析共测得 37 种元素，其中常量

表 6-5　泥芯样品中子活化分析辐照及测量条件

中子注量率 /$cm^{-2}s^{-1}$	辐照时间	衰变时间	测量时间	测量元素
5×10^{11}	2min	15～20min	500s	Al、Mg、Ca、Ti、V、Cu
		4～5h	900s	Dy、Na、Mn
	8h	2～3d	1200s	Ga、K
		5～6d	1500s	As、Sb、La、Sm、Ho、Yb、W、Au、U
5×10^{11}	8h	>10d	>3000s	Sc、Cr、Fe、Co、Zn、Rb、S、Cs、Ba、Ce、Nd、Eu、Tb、Lu、Hf、Ta、Th

元素 8 种，包括 Al、Mg、Ca、Ti、Cu、Fe、Na、K；微量元素共 29 种，包括 8 种稀土元素 La、Ce、Nd、Sm、Eu、Tb、Yb、Lu，以及 21 种其他微量元素 V、Dy、Mn、Ga、As、Sb、Ho、W、Au、U、Sc、Cr、Co、Zn、Rb、S、Cs、Ba、Hf、Ta、Th。各样品中每种元素的含量详见表 6-6。由于每个样品测得的元素较多，单从分析结果的数据很难看出各样品之间的相互关系。为了探索各样品之间的相互关系，现利用 SPSS 统计软件分别对样品的常量元素以及微量元素进行因子分析，并作图 6-14 和图 6-15。

从图 6-14 可以看出，青铜水禽泥芯样品常量元素的含量不尽相同，但大部分样品关系较近，落在了同一个较大的区域，其中因子 1 的值在－1 到 1 之间，因子 2 的值在－1 到 2 之间，但是 10 号天鹅身体泥芯样品 SQC002、不明水禽身体泥芯样品 SQC016 以及不明水禽身体泥芯样品 SQC017 均落在了该区域以外，说明关系较远。图 6-15 显示的结果与图 6-14 非常相似，大部分样品均落在了一个较为集中的区域，其中因子 1 和因子 2 的值均在 -1 到 1 之间。10 号天鹅身体泥芯样品 SQC002、不明水禽身体泥芯样品 SQC016 以及不明水禽身体泥芯样品 SQC017 同样落在了该区域以外，表明与其他样品关系较远。

样品 SQC012 和 SQC013 分别来自 21 号仙鹤的颈部和身体部，虽然两个样品均落在了该区域，但两者相距较远，表明无论在常量元素上还是在微量元素上均有一定的差别，与泥芯样品 XRF 的分析结果相一致，进一步说明使用了不同的泥料。有意思的是，XRF 分析结果显示，分别来自 13 号天鹅身体部以及颈部泥芯的样品 SQC003、SQC004 在成分上有明显的差别，但是两个样品的中子活化分析的结果却显示关系较为密切。出现这种情况，很可能是由于 XRF 分析结果中有 Si 元素，而 NAA 分析并不能测出 Si，而 Si 元素却是各样品中含量最高、变化幅度最大的元素。结合样

表 6-6 彩绘青铜水禽泥芯样品 NAA 分析结果

样品编号	元素												
	Al/%	Mg/%	Ca/%	Ti/%	Cu/%	Fe/%	Na/%	K/%	Mn/ppm	Zn/ppm	Dy/ppm	Ga/ppm	Ho/ppm
SQC001	7.06	1.16	1.52	0.44	5.35	3.51	1.24	1.98	616	79.40	4.00	17.70	0.66
SQC002	5.60	0.76	0.47	0.41	11.10	2.85	0.78	1.30	348	40.00	2.72	11.70	0.25
SQC003	7.09	1.32	1.46	0.40	1.54	3.84	1.28	2.41	642	90.70	4.72	13.80	0.58
SQC004	6.63	1.45	1.45	0.44	4.98	3.41	1.24	2.45	612	75.90	4.48	16.20	0.49
SQC006	6.61	1.30	1.55	0.43	3.19	3.27	1.31	2.43	615	70.00	4.02	14.50	0.62
SQC009	7.63	1.43	1.49	0.44	1.06	3.65	1.45	2.87	536	104.00	4.98	19.60	0.72
SQC010	7.22	1.29	1.27	0.45	4.08	3.72	1.22	1.91	576	88.20	5.19	24.40	0.57
SQC012	7.14	1.35	1.17	0.49	4.41	3.84	1.16	1.99	465	96.20	4.15	16.60	0.79
SQC013	7.75	1.37	2.16	0.49	0.19	3.73	1.47	2.64	688	85.30	4.68	14.50	0.51
SQC014	6.74	1.13	1.16	0.41	6.47	3.56	1.15	1.80	560	70.50	4.36	16.10	0.68
SQC015	7.14	1.35	1.63	0.47	2.32	3.57	1.41	2.78	513	96.00	4.56	14.70	0.62
SQC016	5.65	1.00	1.87	0.39	7.32	2.76	1.10	1.73	467	47.00	4.42	13.50	0.85
SQC017	7.60	2.15	1.55	0.57	0.50	5.37	1.10	2.49	1337	124.00	5.92	25.10	0.77

续表

样品编号	元素											
	As/ppm	Sb/ppm	La/ppm	Sm/ppm	Yb/ppm	W/ppm	U/ppm	Au/ppm	Sc/ppm	Cr/ppm	V/ppm	Co/ppm
SQC001	7.64	2.01	36.80	5.66	2.70	2.49	3.95	0.387	12.70	78.20	86.10	32.90
SQC002	24.90	2.97	20.40	3.41	2.00	2.17	2.77	0.078	10.70	60.20	70.20	14.80
SQC003	33.20	4.49	39.40	5.90	2.83	2.12	3.93	0.314	13.50	80.00	86.60	17.70
SQC004	10.30	1.76	37.30	5.41	2.63	2.12	2.76	0.150	12.40	74.80	81.00	20.60
SQC006	12.60	4.53	36.80	5.40	2.63	2.18	3.10	0.238	11.80	71.40	82.20	16.30
SQC009	7.13	1.68	44.30	6.13	2.75	2.40	2.87	0.202	13.40	84.90	90.20	18.00
SQC010	28.20	6.48	38.00	5.59	2.71	1.83	4.09	0.306	13.40	77.70	91.60	38.30
SQC012	19.20	3.78	41.00	6.39	2.58	2.32	14.40	0.129	13.20	83.10	99.30	60.30
SQC013	7.43	2.26	41.90	6.15	2.82	2.03	2.58	0.084	13.60	79.20	91.20	20.70
SQC014	39.10	14.90	35.40	5.25	2.68	2.72	4.06	1.088	12.50	76.30	86.00	34.50
SQC015	7.29	1.82	45.40	6.14	2.64	1.81	2.47	0.087	13.20	78.30	95.50	18.00
SQC016	78.60	11.00	28.90	5.56	2.13	2.11	17.10	0.976	10.40	61.60	71.10	21.00
SQC017	12.40	1.34	50.50	7.00	3.33	2.16	4.41	0.078	17.20	114.0	134.0	23.90

续表

样品编号	元素											
	Rb/ppm	Sr/ppm	Cs/ppm	Ba/ppm	Ce/ppm	Nd/ppm	Eu/ppm	Tb/ppm	Lu/ppm	Hf/ppm	Ta/ppm	Th/ppm
SQC001	79.30	204	4.75	547	67.40	33.10	1.18	0.80	0.43	6.36	0.97	13.80
SQC002	45.20	32	1.78	489	39.10	20.30	0.69	0.60	0.32	5.89	0.90	10.90
SQC003	82.40	212	4.73	640	75.90	35.20	1.26	0.88	0.46	6.63	1.11	14.60
SQC004	82.10	231	5.60	562	67.70	35.90	1.23	0.74	0.44	6.44	1.16	13.40
SQC006	85.00	205	5.62	539	67.20	32.90	1.15	0.84	0.42	7.02	1.17	13.60
SQC009	110.00	251	8.09	688	83.40	44.00	1.30	0.93	0.44	7.04	0.74	15.30
SQC010	64.10	176	2.76	561	69.80	29.10	1.22	0.65	0.45	6.59	1.04	14.80
SQC012	55.00	193	1.78	612	77.90	35.90	1.20	0.67	0.44	6.85	1.06	17.20
SQC013	117.00	186	8.30	666	76.00	35.80	1.30	0.90	0.45	6.61	1.16	14.40
SQC014	64.20	180	3.04	569	66.40	34.50	1.12	1.01	0.42	6.78	1.04	13.30
SQC015	111.00	223	8.00	726	77.50	38.90	1.33	0.91	0.47	6.64	1.05	16.20
SQC016	53.70	126	3.43	433	59.60	29.30	1.12	0.73	0.42	7.26	1.00	11.70
SQC017	73.40	299	1.77	790	89.80	44.60	1.37	1.10	0.54	7.44	1.59	21.60

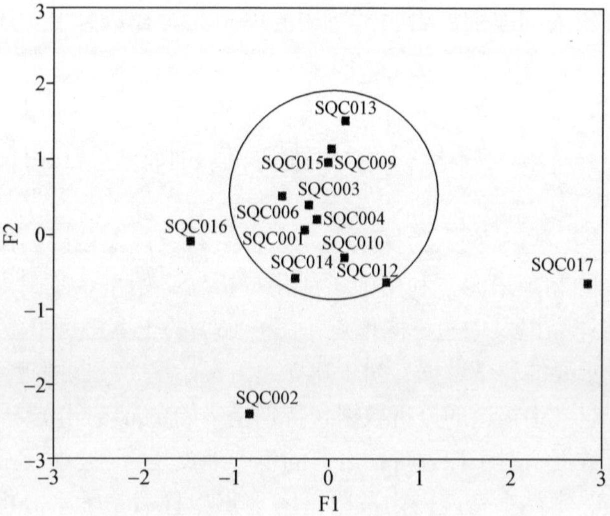

图 6-14 彩绘青铜水禽泥芯 NAA 分析结果常量元素因子分析图

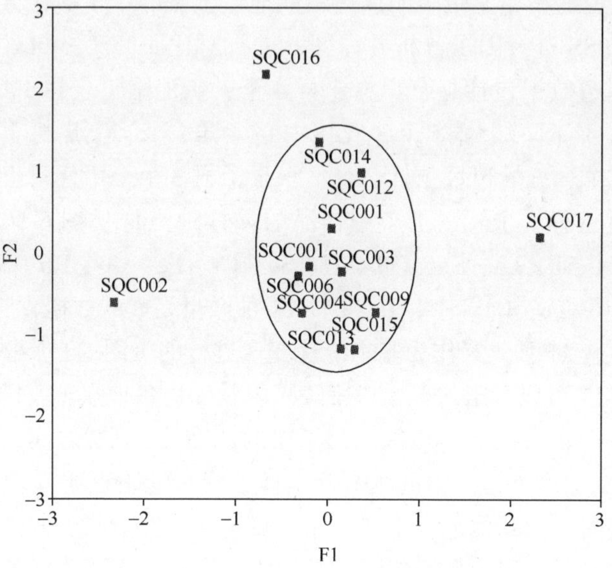

图 6-15 彩绘青铜水禽泥芯 NAA 分析结果微量元素因子分析图

品的 XRF 分析以及 NAA 分析结果来看，样品 SQC003 和样品 SQC004 所用泥料来源可能较为接近甚至一致，但添加的砂量可能不同。另外，10 号天鹅身体泥芯样品 SQC002、不明水禽身体泥芯样品 SQC016 和不明水禽身体泥芯样品 SQC017 与其他大多数样品不仅在常量元素上，而且在微量元素上均有较大的差别，表明其所用的泥料无论在成分上，还是在来源上均与其他样品有所不同。

第三节　关于彩绘青铜水禽制作地点的探索

前文提到，赵维娟[1]为探索秦始皇帝陵封土以及陵园内出土的陶俑以及其他陶器的黏土来源，利用中子活化分析对秦始皇帝陵封土样品、陶俑样品、陶器样品以及周边不同地点（图 6-16）的土壤进行了微量元素分析，获得了一批重要的科学数据，初步建立起了秦始皇帝陵园附近土壤微量元素的数据库。赵文中报道的分析数据，特别是秦始皇帝陵园内及周边不同地点土壤的分析数据，对于探索青铜水禽的生产地点是否在秦始皇帝陵园附近具有重要意义。秦始皇帝陵园内及附近各地点土样微量元素分析数据详见附录五。

为了探索青铜水禽的生产地点，现将青铜水禽泥芯中子活化分析数据与赵文中报道的秦始皇帝陵园周边不同地点土壤的中子活化分析数据利用统计软件 SPSS 进行因子分析并作图，进行对比研究。参与对比的秦始皇帝陵内及周边数据包括赵背户村土样 4 个、鱼池附近土样 17 个、行者乡土样 10 个、店门村土样 5 个、农技中心土样 3 个、上焦村土样 4 个、山刘村土样 5 个、五岭遗址土样 7 个、水泉子村 3 个、山任村土样 4 个以及戏水河附近土样 8 个。以上土壤样品的采样地点详见图 6-16。由于赵文中只报道了 Sb、La、Sm、Yb、U、Sc、Cr、Fe、Co、Rb、Sr、Cs、Ba、Ce、Nd、Eu、Tb、Lu、Hf、Ta 和 Th 21 种微量元素的数据，所以 SPSS 因子分析是以这 21 种元素作为基本统计变量进行的（图 6-17；图版八六）。

从图 6-17 可以看出，秦始皇帝陵园内及周边各地点土壤样品比较集中地落在了一个较大区域，该区域因子 1 的值在−2 到 2 之间，因子 2 的值在−1 到 0.5 之间。其中，鱼池附近土样、戏水河附近土样较为分散地分布于该区域内，而其他地点土样则相对较为集中，且与不同地点土样可明显分开，表明虽然秦始皇帝陵园内及周边不同地点土壤之间的关系较为密切，但也存在一定的差别。值得注意的是，青铜水禽的泥芯虽然分散性较大，但与秦始皇帝陵园内及附近各地点土样却可明确分开，这一现象至少表明青铜水禽泥芯的材料很可能并非来自秦始皇帝陵园内及周边，进而说

① 赵维娟：《秦始皇陵考古中有关产地问题的核分析技术研究》，郑州大学博士学位论文，2006 年，第 29～107 页。

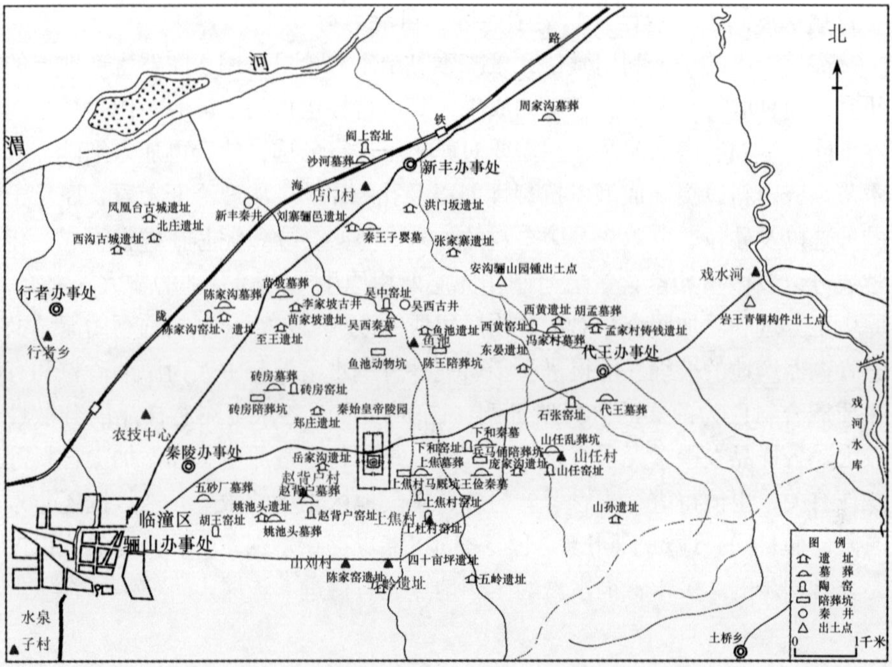

图 6-16　秦始皇帝陵园内及周边土样采样地点

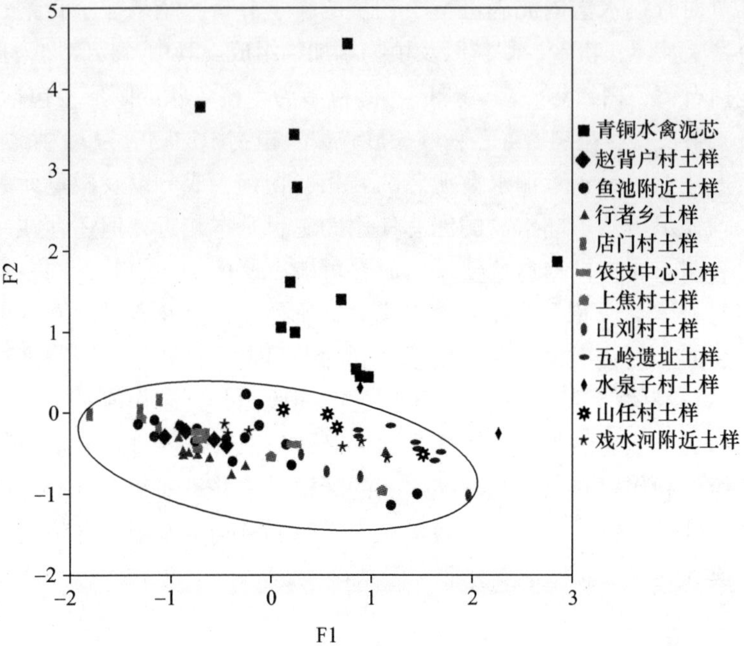

图 6-17　彩绘青铜水禽泥芯及秦始皇帝陵园附近土壤 NAA 微量元素因子分析图

明青铜水禽的生产地点并非秦陵地区，可能另有其地。

需要指出的是，利用微量元素探索黏土来源最早是用于陶器生产地点的研究，而且取得了大量有意义的成果，其可行性也得到了证明。但是，与陶器不同，青铜器内部泥芯往往需要对原生土进行分选，然后再加入细砂、草木灰等羼合料以提高成型、抗裂性能以及孔隙率[①]。从理论上来看，原生土的分选以及砂粒、草木灰等羼合料的加入，势必会导致泥芯在矿物组成、化学成分以及微量元素含量上与制作泥芯所用原生土之间差别的增大。那么，原生土分选和添加羼合料对泥芯物质组成的改变，是否会影响到利用泥芯探索青铜器产地的准确性值得进一步研究。青铜水禽泥芯中人为添加砂粒和有机质羼合料已为前文的分析所证明，图 6-17 显示各水禽泥芯样品的分散性较大，各样品在微量元素含量上的区别，是否与分选原生土和添加羼合料等操作有关，也值得进一步思考。另外，秦陵地区土壤的微量元素数据还非常有限，而且同一地点不同层位土壤之间可能也存在差别，所以目前的认识仅是非常初步的。关于青铜水禽的生产地点还有待进一步深入研究。

第四节　小　　结

本章对青铜水禽内泥芯进行了初步的科学分析，结果显示青铜水禽的泥芯由黏土基体、粉砂、砂粒以及植物添加物组成。其中，粉砂均为多棱角状，包括石英、白云母、黑云母等，砂粒多为半棱角状或圆形，包括石英、正长石、斜长石、花岗岩等。粉砂、砂粒以及植物添加物应为人为添加物。

值得注意的是，青铜水禽泥芯的岩相、物相、成分以及微量元素的分析结果均显示虽然不同水禽的泥芯使用的芯料基本相近，但还存在一定的差别，表明不同青铜水禽所使用的芯料可能有所区别。另外，同一水禽颈部泥芯与身体部泥芯无论在矿物组成上，还是在常量及微量元素上也显示出了明显的差别，不仅表明使用了不同的泥料，而且还暗示同一青铜水禽颈部泥芯与身体部泥芯或许是在不同的时间段内分别制作或是由不同的工匠制作而成。遗憾的是泥芯撑样品由于制样失败，未能进行分析检测，关于泥芯撑的制作材料以及与泥芯之间的区别目前并不清楚，有待于进一步研究。另外，青铜水禽泥芯在微量元素上明显有别于秦始皇帝陵园周边的土壤，或许表明其制作地点并非秦陵地区。

① 谭德睿、徐惠康、黄龙：《中国青铜时代陶范铸造技术研究》，《考古学报》1999 年第 2 期，第 211～249 页。

第七章 结　　论

本书通过对秦始皇帝陵园出土彩绘青铜水禽的科学分析及制作工艺研究，得出了以下主要结论：

1．彩绘青铜水禽为失蜡法铸造而成，在具体工艺上采用了间接失蜡法，而且青铜水禽多为整体铸造，分铸工艺则很少使用。青铜水禽上发现的铜隔档、芯撑的设置工艺、芯骨的使用、底部方孔、铜片镶嵌补缀工艺、流淌状多余铜、毛刷痕迹等工艺措施或现象，与公元前一千纪西方古埃及、古希腊的大型青铜雕像上发现的相关工艺较为接近甚至相同，而在中国先秦青铜器上却较为少见，表明其在铸造工艺上受到了西方青铜工艺的影响。但是，在整体铸造、芯撑材质及设置工艺、芯骨材质等方面又与西方古代大型青铜雕像存在着明显的区别，可能表明其在铸造工艺上又存在本地化特征。

2．彩绘青铜水禽是以含锡量为10%左右的铜锡二元合金铸造而成，在材质上与秦始皇帝陵园出土的其他青铜器相似或一致，且与希腊化时期以前的希腊大型青铜雕像非常接近，但明显有别于公元前一千纪以铜锡铅三元合金为主要材质的中、西方其他青铜器。在材质的选择上可能受到了秦始皇帝王身份的影响，与“皇权至上”的陵园设计理念有关，也可能是受西方青铜工艺影响的结果，或两者兼而有之。

3．彩绘青铜水禽与早期秦文化青铜器使用了相近甚至相同的铜矿，与弜国墓地出土青铜器以及李家铸铜作坊出土青铜器等西周青铜器所使用的铜矿明显有别，表明秦人自春秋时期立国，居周故地，收周遗民，但仍然沿用了其西周时期使用的铜矿，而且矿料来源可能与秦岭山区有关。

4．彩绘青铜水禽通体彩绘，在装饰工艺上特征明显。青铜天鹅和仙鹤表面均以骨白颜料装饰，而青铜鸿雁则以炭黑颜料装饰，两种颜料纯度较高，杂质较少。而且，以平涂和堆绘两种技法在彩绘层上绘制出了羽毛纹路。利用彩绘装饰不仅掩盖了水禽青铜基体表面的铸造缺陷、补缀痕迹以及打磨痕迹，还弥补了其在细节上的表现不足，进一步追求了写实风格。

5．彩绘青铜水禽泥芯虽然均由黏土基体、粉砂、砂粒以及植物添加物组成，但不同水禽、同一水禽不同部位的泥芯无论在矿物组成上，还是在常量和微量元素上均显示出了一定的差别，表明使用了不同的芯料。而且，在微量元素上明显有别于秦始皇帝陵园周边的土壤，初步认为水禽的制作地点并非秦陵地区。由于现有资料的欠缺，对青铜水禽生产地点的探索，还有待进一步研究。

附　录

附录一　秦始皇帝陵园 K0007 陪葬坑出土彩绘青铜水禽基本信息登记表

编号	名称	出土位置	尺寸（cm）	出土情况
1	天鹅	I 区过洞北侧垫木台西端。东距 3 号水禽 30cm；南距过洞南壁 214cm；西距过洞西壁 85cm；北边紧贴过洞北壁	嘴长 10、宽 5、厚 3；头长 6、宽 4.6；颈长 52、直径 4～6.8；躯体长 62、宽 30、高 23；踏板长 46、宽 33、厚 1.7	通体锈蚀严重，躯体及颈部有裂纹。站立于踏板上。斜向东南部，颈部与嘴略呈“S”形，头伸向东部，脖颈修长，体肥大，左翅压右翅收于尾后。踏板为长方形，亦于身体斜向东侧
2	天鹅	I 区过洞南侧西部垫木台上。东距 4 号水禽 20cm；南距过洞南壁 34cm；西距过洞西壁 62cm；北距 1 号水禽 148cm	嘴长 9、宽 4；头长 6、宽 4.9；颈长 53、直径 4～6；躯体长 60、宽约 30、高 40；踏板长 46、宽 34、厚 1.5	通体锈蚀严重，表面有数道裂纹，嘴部残为数块。站立于踏板上，躯体侧向东方，头颈部呈几形，头向北侧于河道内，作觅食状。嘴宽短，扁平，体硕健壮，腿粗短，左翅压右翅收于尾后并微微向上翘起，臀圆且肥大。踏板为长方形，与腿连为一体
3	天鹅	I 区过洞北侧西部垫木台上。东距 5 号水禽 8cm；南边紧贴北边垫木边缘，距过洞南壁 225cm；西距 1 号水禽 30cm；北边贴北壁	颈残为两段，分别长 16、30，直径 4～6.5，颈部胎体厚 0.7；躯体长 48、宽 26、躯体至垫木高 18	由颈部断为两截。通体锈蚀严重，有数道裂缝，平卧于垫木上，身体斜向东南方向。颈、背部表面残留少许白色彩绘。颈部略长，体型匀称，左翅压右翅上收于尾后。脖颈呈“S”形，腿紧贴于腹下
4	天鹅	I 区过洞南侧西部垫木台上。东距 6 号水禽身体 20cm；南距过洞南壁 30cm；西距 2 号水禽 20cm；北距 3 号水禽 160cm	嘴长 9、宽 5、厚 3；头长 8.8、宽 5.7；颈长 60、直径 4.5～6.5；躯体长 56、宽 30、高 25	通体锈蚀，表面有裂纹，保存情况较好。平卧于垫木上，躯体侧向东北。嘴略扁长，喙部较圆，长颈呈几字形，双翅收于尾后，眼珠凸起，眉棱突出，头斜向下伸，呈觅食状

续表

编号	名称	出土位置	尺寸（cm）	出土情况
5	天鹅	I区过洞北侧西部垫木台上。东距7号水禽8cm；南距过洞南壁214cm；西距3号水禽8cm；北距北壁30cm	嘴长10、宽5；头长6、宽6；颈残为两段，长50、直径4.7；躯体长45、宽26、高20；颈部胎体与翅厚0.4～0.5	残断的头与颈掉于南侧河道中，颈部断为两截，通体锈蚀严重，表面有数道裂纹，躯体斜向东侧，体形匀称，卧于垫木上。嘴扁，颈略长，呈“S”形。左翅压右翅收于尾后，双腿向前弯曲，紧贴于腹下，脚趾间有蹼。躯体表面有白色彩绘残迹
6	天鹅	I区过洞南侧西部垫木台上。东距8号水禽踏板30cm；南距过洞南壁36cm；西距29号水禽33cm；身体间距20cm；北距30号水禽146cm	嘴长9、宽5、厚3；头长8.6、宽6.7；颈残为三节，其中两节长为14、20，一节不清，直径5～6；躯体长57、宽29、高25	通体锈蚀严重，表面有裂纹，躯体侧向东北，平卧于垫木上。颈部残为三段，嘴宽短，喙部较圆；颈与头弯曲成几字形。左翅压右翅收于尾后。双腿后伸贴于腹下，颈及头掉于北侧河道内
7	天鹅	I区过洞北侧西部垫木台上。东距9号水禽16cm；南距过洞南壁220cm；西距5号水禽8cm；北距过洞北壁28cm	嘴长9、宽4、厚3；头长6.4、宽5.4；颈部残为两段，长24～34、直径4～6；躯体长48、宽28、背至底高20	通体锈蚀严重，表面有数道裂纹，体形匀称，平卧于垫木上，躯体侧向东南部。嘴扁平，宽短，颈部略长，头与颈部呈“S”形，向上仰起。左翅压右翅收于尾后。双腿向前弯曲，贴于腹下，趾间有蹼，躯体残留有白色彩绘。残断的头与颈部掉入南侧河道内
8	天鹅	I区过洞南侧西部垫木台上。踏板东距10号水禽20cm；南距过洞南壁31cm；西距6号水禽30cm；北距7号水禽133cm	颈部直径约5～7；躯体长63、宽28、高28；腿残断，长13；爪趾长12.5；踏板长46、宽34.5、厚1.26	躯干从腿部断裂，踏板置于南侧垫木上，颈部断为三截，向右侧倾倒于河道内。头压于颈下，体型肥大，右翅压左翅收于尾后；腿短小，爪趾有蹼，两爪斜向与踏板铸为一体；踏板为长方形。躯体表面残留有白色彩绘
9	天鹅	I区过洞北侧西部垫木台上。东距11号水禽20cm；南距过洞南壁215cm；西距7号水禽16cm；北距过洞北壁21cm	嘴长8、宽4、厚2.8；头长6、宽5.3；脖颈残为两段，分别长32、14，直径4.2～6；躯体长48、宽28、背至底高约20	颈部断为两段，一段掉入河道内，躯体侧向东南方，平卧于垫木上。通体锈蚀，表面有数道裂纹，体型匀称。嘴扁平、宽短，颈部略长，双翅收于尾后。双腿弯曲前伸贴于腹下，趾间有蹼，头与颈作“S”形。颈部及躯体表面有少许白色彩绘

续表

编号	名称	出土位置	尺寸（cm）	出土情况
10	天鹅	I区过洞南侧西部垫木台上。东距12号水禽60cm；南距过洞南壁40cm；西距9号水禽踏板20cm	颈残长25、直径6～8；躯体长6、宽36、背部至腹底高25	通体锈蚀严重，头残失，体型肥大，平卧于垫木上，躯体斜向东方。体表有裂纹，残颈扬起，左翅压右翅收于尾后，双腿前伸贴于腹下。躯体表面残留有少许白色彩绘
11	天鹅	I区过洞北侧西部垫木台上。与13号水禽锈于一体	腹部胎体厚0.4	破损为数块，且经过大火焚烧后锈成一体，从其长颈与肥大的体型可辨为天鹅，腹内为土块与炭迹
12	天鹅	I区过洞南侧西部垫木台上。东距14号水禽踏板26cm；南距过洞南壁30cm；西距10号水禽6cm	躯体长76、宽38	经人为砸毁，断为数块，空腹变形，内有土及炭迹。从其残体及颈部可辨其为天鹅，左翅压右翅收于尾后，平卧于垫木上，躯体斜向东侧，残留有少许白色彩绘
13	天鹅	I区过洞北侧西部垫木台上。与11号水禽锈为一体	躯体长80、宽36	破损为数块，且经焚烧后与11号水禽连于一体。卧于北侧垫木上，头散落于南侧河道内
14	天鹅	I区过洞南侧西部垫木台上。踏板南距过洞南壁25cm；西距12号水禽18cm	躯体残长81、宽45；踏板宽36、厚1.4、胎体壁厚0.32～1.3	躯体被毁成数块，倒置于河道内，与15号铜禽叠压。方形踏板位于南垫木台上，长方形踏板上残留爪趾及腿，躯体有部分白色彩绘残迹
15	天鹅	I区过洞河道内西部。南与14号水禽叠压；东距18号水禽80cm	躯体残长90、宽55	躯体由于坍塌、焚烧变形，体腔塌陷，呈块状。至颈部残断，头残失。胎体锈蚀严重
16	天鹅	I区过洞西部南壁夯土垫木上。西距14号水禽踏板5cm；北与17号水禽相距102cm	躯体残长75、宽40、高13	躯体残为数块，压扁变形，表面有白色彩绘残迹，底部紧贴于夯土台垫木上，其北有数块残器块，疑为同一个体。体内夹有较多炭木，胎体锈蚀严重
17	天鹅	I区过洞西部北壁夯土垫木台上。距过洞北壁33cm；南距夯土垫木16号铜禽102cm；东距19号铜禽29cm	脖颈残长16、直径5～8；躯体残长63、宽36、高17	躯体保存较为完整，头缺失，平卧于北垫木台上，残颈向上扬起，左翅压右翅收于尾后，体形健硕。体表有白色彩绘残迹及木炭

续表

编号	名称	出土位置	尺寸（cm）	出土情况
18	天鹅	I区过洞西部河道内，南壁夯土垫木台下。距南壁夯土台阶上口27cm；东距20号水禽11cm	残长72、宽31、高21；胎体壁厚0.7；踏板长35、宽30	躯体保存较完整，右翅向上，背向东北侧卧，残颈伸向东北方向，残长41，直径5.5～8，头散落于躯体北部，残腿和爪趾立于方形踏板上。尾部隐于翅下，躯体表面有少量白色彩绘残迹和木炭，胎体锈蚀严重
19	天鹅	I区过洞西部北壁夯土垫木台上。距过洞北壁29cm；南距20号水禽95cm；西距17号水禽50cm	残长75、宽44、高15	躯体残破，压扁变形。头残落于垫木台下的河道内，躯体由于焚烧变形，体表残留白色彩绘残迹，体内夹有炭木。腿部有一铭文，字迹模糊。胎体锈蚀严重
20	天鹅	I区过洞西部南壁夯土垫木台北侧河道内。西距18号水禽11cm；北距19号水禽70cm；距南壁夯土台阶上口16cm	残长97、宽40；头长16；颈长40、直径7	躯体残破，压扁变形，头向东南，嘴扁短，脖颈弯曲，右翅向上，背部向北侧卧，体表有白色彩绘残迹，胎体锈蚀严重
21	仙鹤	I区过洞西部北壁夯土垫木台南侧河道内。东与22号仙鹤相依	通长80、宽20；颈残长36、高22、直径4；躯体长62	脖颈弯曲向上扬起，头与颈残断，倒塌在脖颈东侧，背向上呈站立状，双翅收于尾部，羽毛下垂叠压，腹下残存两腿根，长方形对角镂空云纹踏板位于西部，踏板上残留爪趾。躯体表面均有白色彩绘，保存较完整
22	仙鹤	I区过洞西部北壁夯土垫木台南侧河道内。西与21号仙鹤脖颈紧贴。东距23号仙鹤83cm	颈残长14、直径6、高20；躯体残长62、宽22；腿残长10、直径4～6	侧卧于河道内，背向东南，左翅压右翅收于尾后，羽毛垂落不全，腹下两腿至腿根残断，脖颈残断，躯体表面有少量的白色彩绘
23	仙鹤	I区过洞西部河道中部。距南垫木台沿51cm；与西北方向的22号水禽相邻	颈长20、直径4.5～9.7；躯体长62.5、宽20、高9；腿残长5.2、直径4.6	呈东西向，侧卧于河道内，背向南，腿残为两节，长方形镂空云纹踏板位于南垫木台上，左翅压右翅收于尾部，羽毛垂落残缺，颈残断呈弯曲状，头向东，嘴向北折，尖嘴长喙，体表残留白色彩绘。胎体锈蚀严重

续表

编号	名称	出土位置	尺寸（cm）	出土情况
24	仙鹤	I 区过洞西部南壁夯土垫木台紧邻北侧河道内，鹤颈压在夯土台阶垫木上。西距 23 号水禽踏板 43cm	通长 101、高 46；嘴长 15、宽 0.7；颈残长 43、直径 4～6.5、壁厚 0.6；躯体残长 68、宽 21；羽毛宽 2	躯体保存较为完整，呈南北向侧卧，躯体上端斜靠于夯土台阶垫木上，下端位于河道内。左翅向上，头与颈折断，长嘴尖喙，眉棱外突。左翅末端羽毛向下叠压垂落，腹下两腿残断，躯体覆有淤土，淤土外残存木炭，表面有白色彩绘痕迹，胎体锈蚀
25	仙鹤	I 区过洞西部北壁夯土垫木台上，部分躯干和脖颈位于河道内，尾部在过洞夯土台阶上，方形踏板位于垫木台上。西距 23 号仙鹤头部 66cm	颈残长 37、直径 5～8、高 16.4；躯体残长 60.5、宽 23	躯体背部向西呈南北向侧卧，颈部向东南弯伸，尾向北。躯体有数道裂纹。腹下两腿残断，仅存腿根，双翅收于尾后，躯体表面有白色彩绘残迹，被北壁厢板覆盖，胎体锈蚀
26	仙鹤	I 区过洞中部，II 区过洞西壁二层台拐角以西 130cm。距南壁二层台 65cm	通长 120；颈长 45、直径为 3～5；躯体长 55、高 80	呈东南、西北向倒卧于坑底水池内，头向东南，颈呈“S”状，嘴长 20，嘴中含有虫状物，长 5、宽 0.8，尾部羽毛清晰可见，并绘有白色羽毛细纹，双肢残断，云纹镂空踏板出土于躯体东北侧，踏板长 46.5、宽 33、厚 1.3，云纹踏板上有对应爪趾
27	鸿雁	I 区过洞西部南壁夯土台阶垫木上。距过洞南壁 22cm；距 28 号鸿雁 14cm	颈残长 25、直径 6～6.8、壁厚 0.6；躯体长 61、高 27	躯体平卧于垫木上，残颈上扬，锈蚀严重，局部呈粉状，焚烧后躯体表面有坍塌土锈
28	鸿雁	I 区过洞西部南夯土垫木台下河道内。南距夯土台壁面上口 26cm；东距 29 号水禽 6cm	头长 11；颈长 21、直径 4；躯体长 50、宽 18、高 20；踏板长 33、宽 21、厚 1.4	呈东北、西南向倒卧于河道中部，方形踏板叠压于躯体上，头倒置于河道底，嘴扁短，尾略上翘，右翅压左翅收于尾后。腹下腿残断，长方形踏板残留有爪趾
29	鸿雁	I 区过洞西部河道内。南距夯土台阶上口 10cm；西距 28 号鸿雁 6cm	躯体长 40、宽 18、高 35；翅膀末端壁厚 0.5；踏板长 29、宽 13、厚 1.2	躯体保存较为完整，头向下，尾部向上，倒置于河道内，右翅压左翅收于尾后。体表有裂纹。尾呈椭圆形。原状应站立于长方形踏板上。胎体锈蚀

续表

编号	名称	出土位置	尺寸（cm）	出土情况
30	鸿雁	I区过洞西部北壁夯土垫木台南侧河道内。南距29号鸿雁25cm；北距31号鸿雁1cm	躯体长50、宽20；翅端厚0.5	躯体呈东西向侧卧于河道内，下部和颈部埋于河床淤泥内，颈残。躯体保存较好，左翅压右翅收于尾后
31	鸿雁	I区过洞西部北壁夯土垫木台上。南距30号鸿雁1cm	通高28；颈残长18.4、直径4～7、壁厚0.6；躯体长48、宽22、高17	躯体呈南北向平卧于垫木上，头残失，颈上扬，略向西倾斜。双翅收于尾后。躯体残裂，体表残留白色彩绘，躯体表面粘有土锈，胎体锈蚀
32	鸿雁	I区过洞南侧西部垫木台上。东距37号鸿雁130cm；距过洞南壁30cm；西距29号鸿雁34cm；北距33号鸿雁80cm	通高30；嘴长5.4、宽3.1、厚1.8；头长7.5、宽4.2；颈长22、直径3.7～5.5；躯体长44、宽21.5、高16	躯体呈南北向平卧于南垫木台上。头北尾南，残颈上扬，伸向河道，头和残颈散落于河道中，通体锈蚀严重，有数道裂纹，背部有一层较厚钙物质硬壳。右翅压左翅收于尾后
33	鸿雁	I区过洞北侧西部垫木台上。东距34号鸿雁6cm；南距40号鸿雁80cm；西距30号鸿雁23cm	通长48、宽20、高28	躯体面南平卧于北垫木台上，头伸向河道，与34、35号鸿雁成排聚栖，体表有一层土锈，并有数道裂纹。嘴扁平短厚，头与颈作“S”形，向上扬起，嘴部裂为数块，右翅压左翅收于尾后
34	鸿雁	I区过洞北侧西部垫木台上。东距35号水禽5cm；西距33号水禽6cm；距过洞北壁30cm	通高28；嘴长5.6、宽3.2、厚2；头长5.9、宽3.7；躯体长35、宽19、高16	躯体面南与33号鸿雁并排平卧于北垫木台上，体表有土锈，并有数道裂痕，嘴扁平短厚，裂为数块；头与颈呈“S”形向上扬起；右翅压左翅收于尾后
35	鸿雁	I区过洞北侧西部垫木台上。东距36号水禽7cm；西距34号水禽3cm；距过洞北壁30cm	通长40、宽20、高27	躯体面南与34号鸿雁并排卧于北垫木台上，体表有一层土锈及钙物质硬壳，胎体锈蚀有裂纹，雁嘴扁平、宽短，裂为数块；头与颈呈“S”形，向上扬起；右翅压左翅收于尾后
36	鸿雁	I区过洞北侧西部垫木台上。东距38号水禽9cm；西距35号水禽7cm；距过洞北壁29cm	通长76、高27；嘴长5.6、宽3.3、厚1.2～2；头长7.6、宽3；颈长18、直径3.4～4；腿长12；爪长4.8	躯体呈南北向侧倒于北垫木台上，头东尾西，保存完整。体表锈蚀有裂痕，头与颈作“S”形，向上扬起；嘴扁平短厚；右翅压左翅收于尾后；腿贴于腹下，腹底平直，有铭文，字迹不清

续表

编号	名称	出土位置	尺寸（cm）	出土情况
37	鸿雁	I区过洞南侧西部垫木台上。东距39号水禽5cm；南距过洞南壁27cm；西距方形仙鹤踏板24cm；距过洞北壁163cm	通高27；嘴长6、宽3.2、厚2.5；头长6、宽4；颈长20、直径3.6～5.3；躯体长40、宽20、高15	通体锈蚀严重，保存状况较好，平卧于垫木上。嘴略向左偏，扁平短小，头与脖颈作“S”形，向上扬起，颈部略长；右翅压左翅收于尾后
38	鸿雁	I区过洞北侧西部垫木台上。东边压在40号鸿雁踏板上，南距40号鸿雁15cm；西距36号鸿雁9cm；距过洞北壁32cm	通高25；嘴长6.4、宽3.8、厚2；头长6.1、宽5；颈长21、直径4～6；躯体长44、宽22、高16	躯体呈西南—东北向平卧于垫木上，头向东南方，“S”形曲颈上扬，头锈裂成块状，头与颈断为两节，嘴扁平宽短，右翅压左翅收于尾后。通体锈蚀
39	鸿雁	I区过洞南侧中部垫木台上。东距43号水禽5cm；距过洞南壁30cm；西距37号水禽5cm；距过洞北壁164cm	通高27；嘴长7、宽3.4、厚2；头长7、宽4.5；颈长25、直径3.7～5.9；躯体长46、宽18.5、高14	躯体呈南北向平卧于南垫木台上，与37、43、45、46号鸿雁并排排列，头与颈部作“S”形向上扬起，嘴扁平、短小，颈细长，右翅压左翅收于尾后
40	鸿雁	I区过洞北侧西部垫木台上。东距41号鸿雁踏板21cm；西被38号鸿雁叠压；北距过洞北壁45cm	躯体长4.7、宽24；腿长10、直径1.4～2.9、双腿间距13；爪趾长6；踏板长31、宽22、厚1.9	躯体与踏板从腿部残断，方形踏板位于北垫木台上，原位未动。躯体呈西北—东南向倒于河道内，头插入河道淤泥内，尾上翘，腹下两腿残断，方形踏板残存腿和爪趾，体健硕，右翅压左翅收于尾后。原应站于方形踏板上
41	鸿雁	I区过洞北侧中部河道内。东压42号鸿雁头部，南距44号鸿雁41cm；西距40号鸿雁21cm；距过洞北壁73cm	头长6、宽3.1；颈长14、直径4～5.1；躯体长49、宽21、高21；踏板长30、宽26、厚1	躯体呈东西向倒置于河道内，与方形踏板从腿部折断，尾部略向上翘，踏板倾倒在河边上。双腿较短，方形踏板上残存雁腿及爪趾，爪趾间有蹼，一个爪趾向后，对称站于踏板东西两边。右翅压左翅收于尾后。雁体锈蚀有裂纹
42	鸿雁	I区过洞北侧中部河道内。南距46号鸿雁27cm；头部被41号鸿雁尾部叠压；距过洞北壁80cm	嘴长7、宽3.3、厚2.5；头长7、宽4；颈长19、直径3.7～4.4；躯体长48、宽25、高17	躯体呈东西向仰倒于河道内，右腿向上，尾部向上翘起，头伸向河底，头与脖颈作“S”形，腹底平直，双腿和爪趾与腹底平，爪趾收于腹下，前爪裸露于体外；左翅压右翅收于尾后。雁体肥硕，体表锈蚀有裂纹，原应平卧于北垫木台上

续表

编号	名称	出土位置	尺寸（cm）	出土情况
43	鸿雁	I区过洞南侧中部垫木台上。东被44号鸿雁叠压，南距过洞南壁24cm；西距39号鸿雁5cm；距过洞北壁155cm	通长60、高28；嘴长8.6、宽3.3、厚2.2；头长6.8、宽4.6；颈长21、直径3.2～4.7；躯体长47、宽21、高18	躯体与37、39、45号鸿雁并排排列，平卧于南垫木台上，头向北，颈呈"S"状向上扬起，嘴扁圆，左翅压右翅收于尾后，通体锈蚀严重，体形健硕，表面锈蚀有裂纹
44	鸿雁	I区过洞南侧中部垫木台上。东部叠压于45号鸿雁上；西部叠压于43号鸿雁上；距过洞南壁41cm；距过洞北壁146cm	嘴长5.5、宽3.6、厚2.3；头长8.1、宽4.6；颈长8、直径3.4～5；躯体长41、宽20、高16	躯体侧身倒卧于43与45号鸿雁之上，头北尾南，颈部呈"S"状，头上扬，嘴短，上扁圆、下平直。腹底平直，腿及爪趾紧收于腹下，前爪向前平伸，呈平卧姿态，双翅收于尾后，将尾部遮盖
45	鸿雁	I区过洞南侧中部垫木台上。东距46号鸿雁24cm；距过洞南壁25cm；西被44号鸿雁叠压；北距41号鸿雁45cm	通高26；嘴长8、宽3.4、厚2；头长9.7、宽4.5；颈长21、直径4～5.5；躯体长48、宽22、高17	躯体与43号鸿雁相同，头北尾南平卧于南垫木台上，头与颈作"S"形向上扬起，嘴扁圆较短，向东略偏；左翅压右翅收于尾后，臀部略露于翅外
46	鸿雁	I区过洞南侧中部垫木台上。距过洞南壁28cm；西距45号鸿雁24cm；北距42号鸿雁27cm	通高27；嘴长7.5、宽3、厚2.2；头长8、宽4.6；颈长26、直径4～5.2；躯体长60、宽约26、高18	躯体与45号鸿雁相同，头北尾南平卧于南垫木台上，头与颈作"S"形，向上扬起，嘴较短，上部扁圆，下部较为平直，左翅压右翅收于尾后，臀部略露于翅外。雁体锈蚀有裂纹

附录二　早期秦文化青铜器及強国墓地青铜器铅同位素比值数据

样品编号	出土地点	器物名称	$^{208}Pb/^{204}Pb$	$^{207}Pb/^{204}Pb$	$^{206}Pb/^{204}Pb$	$^{208}Pb/^{206}Pb$	$^{207}Pb/^{206}Pb$
LXT1	礼县西山遗址	铜鱼	38.142	15.577	17.796	2.143	0.875
LXT4	礼县西山遗址	铜尊	38.215	15.574	17.943	2.130	0.868
WB1	礼县西山遗址	铜鼎	38.274	15.586	17.995	2.127	0.866
F3	凤翔三岔村	铜鼎	38.783	15.680	18.444	2.103	0.850
F9	凤翔豆腐村	铜构件	37.927	15.545	17.564	2.159	0.885
LX1	陇县边家庄	椁饰片	38.328	15.588	17.997	2.130	0.866
LX4	陇县边家庄	铜马衔	38.302	15.588	17.990	2.129	0.866
LX5	陇县边家庄	铜铃	38.297	15.586	17.993	2.128	0.866
LX6	陇县边家庄	铜铃	38.278	15.583	17.987	2.128	0.866
LX9	陇县边家庄	铜甗	38.876	15.684	18.530	2.098	0.846
LX16	陇县边家庄	铜马衔	38.260	15.585	17.966	2.130	0.867
LX19	陇县边家庄	铜戈	38.381	15.590	18.030	2.128	0.865
LX26	陇县边家庄	铜矛	38.434	15.616	18.072	2.127	0.864
BJ1	宝鸡市陈仓区	铜盘	38.308	15.586	17.987	2.130	0.867
BJ4	宝鸡市陈仓区	铜鼎	38.286	15.581	17.965	2.131	0.866
y-ms-2	強国墓地	铜簋	—	—	—	2.105	0.885
y-ms-7	強国墓地	三足鸟	—	—	—	2.109	0.888
y-ms-14	強国墓地	车軨饰	—	—	—	2.148	0.907
y-ms-15	強国墓地	戈	—	—	—	2.054	0.869
y-ms-18	強国墓地	铲	—	—	—	2.076	0.864

附录三　早期秦文化铜器以及李家铸铜作坊铜器微量元素分析数据

样品编号	出土地点	器物名称	分析结果（ppm）								
			Co	Ni	Se	Ag	Sb	Te	Au	Bi	As
F1	凤翔八旗屯	铜敦	206.99	288.06	47.05	714.69	230.92	86.43	19.84	1204.99	2764.86
F2	凤翔八旗屯	铜敦	141.20	193.90	74.51	559.14	171.37	84.63	12.29	1244.87	1383.84
F3	凤翔三岔村	铜鼎	81.87	205.85	17.77	940.77	271.99	31.08	69.03	1377.34	1429.69
F4	凤翔三岔村	铜鼎	60.97	216.71	16.20	1379.77	421.67	25.07	70.99	1600.93	1791.92
F5	凤翔马家庄	铜甗	81.14	104.65	300.46	1277.23	85.43	536.52	25.96	378.20	1231.65
F6	凤翔三岔村	铜甗	118.53	254.05	14.91	968.46	388.06	38.03	126.12	1089.47	1825.47
F8	凤翔虢王镇	铜鼎	77.75	142.14	51.66	2731.03	558.47	45.06	39.76	1281.49	5170.64
F9	凤翔豆腐村	铜构件	176.99	265.42	34.15	1758.44	1001.09	29.44	15.31	541.30	5389.24
F10	凤翔豆腐村	铜构件	113.63	274.65	38.04	2036.62	746.89	34.81	13.15	543.68	4657.23
F11	凤翔豆腐村	铜构件	45.24	172.11	17.81	1914.47	1190.69	25.14	11.12	549.88	13299.32
F12	凤翔豆腐村	铜构件	115.43	358.09	23.67	3912.73	899.88	31.73	14.37	634.69	7996.10
F13	凤翔豆腐村	铜构件	135.41	500.59	54.17	2432.20	1277.87	41.51	18.85	1093.40	7948.16
LX1	陇县边家庄	铜椁饰片	29.12	151.27	43.45	2412.93	561.97	33.49	61.01	1470.54	3054.41
LX2	陇县边家庄	铜马衔	28.35	531.88	17.92	3997.34	1359.97	17.85	37.89	2517.05	9268.79

续表

样品编号	出土地点	器物名称	分析结果（ppm）								
			Co	Ni	Se	Ag	Sb	Te	Au	Bi	As
LX3	陇县边家庄	铜钩形泡	38.72	137.12	144.01	1470.15	419.18	66.24	17.64	1462.77	2270.06
LX4	陇县边家庄	铜马衔	11.79	124.72	24.01	2322.04	679.67	40.47	74.02	2651.81	2771.07
LX5	陇县边家庄	铜铃	19.88	174.20	37.12	2316.04	359.15	42.89	73.43	1249.48	2229.36
LX6	陇县边家庄	铜铃	120.11	249.91	59.53	1137.37	586.79	27.21	29.74	512.86	9431.37
LX7	陇县边家庄	铜兽面泡	30.03	196.65	38.42	1824.04	502.64	36.20	20.31	2016.33	2041.61
LX8	陇县边家庄	铜车辖	87.32	482.76	20.91	1531.41	3210.95	43.79	20.90	302.95	3885.71
LX9	陇县边家庄	铜甗	16.75	182.49	31.16	3095.42	547.42	20.81	49.84	1316.20	2550.41
LX10	陇县边家庄	铜簋	79.93	372.03	110.66	1629.79	2519.59	90.39	16.37	551.21	3090.87
LX11	陇县边家庄	铜鼎	141.07	342.46	36.46	1261.43	409.66	34.50	22.31	721.21	2243.53
LX12	陇县边家庄	铜盘	104.64	206.04	47.00	1796.30	732.19	61.33	165.80	1942.64	4463.98
LX13	陇县边家庄	铜盘	60.63	161.74	33.84	1367.79	346.60	36.25	90.35	1849.82	2390.85
LX14	陇县边家庄	铜铃	34.57	144.18	68.50	2649.19	685.54	84.79	86.41	2195.23	2701.87
LX15	陇县边家庄	铜铃	24.23	173.84	75.95	2601.98	579.76	75.78	73.79	1712.23	3629.05
LX16	陇县边家庄	铜马衔	42.22	147.15	34.33	1791.72	387.94	50.03	107.19	2003.64	2576.03
LX17	陇县边家庄	铜簋	106.53	184.25	89.74	2057.60	694.69	211.25	47.49	2889.11	4158.65
LX18	陇县边家庄	铜戈	39.35	141.85	39.03	3112.57	517.08	45.01	55.55	1514.44	2975.71
LX19	陇县边家庄	铜戈	109.94	102.24	138.40	960.05	102.82	59.06	11.06	2430.66	487.42
LX21	陇县边家庄	铜鼎	706.46	400.22	19.56	457.08	293.29	49.91	27.20	1766.95	1644.89

续表

样品编号	出土地点	器物名称	分析结果（ppm）								
			Co	Ni	Se	Ag	Sb	Te	Au	Bi	As
LX22	陇县边家庄	铜鼎	72.99	84.65	79.53	3854.54	546.23	50.07	9.31	1861.74	4596.61
LX23	陇县边家庄	铜鼎	16.78	106.19	30.09	3843.88	435.59	36.50	33.98	2189.54	1981.90
LX24	陇县边家庄	铜扁壶	62.06	208.27	22.84	3411.03	1059.10	29.90	41.32	2462.12	6055.82
LX25	陇县边家庄	铜盘	461.94	301.61	10.41	335.56	230.65	27.03	19.21	3508.36	1057.62
LX26	陇县边家庄	铜矛	118.75	144.71	122.24	1275.17	477.96	180.09	17.67	5101.22	2258.89
LX27	陇县边家庄	铜盘	35.39	155.05	30.67	1707.95	338.11	28.05	66.64	574.88	5068.46
LX31	陇县边家庄	铜鼎	79.42	191.24	41.80	2628.57	687.30	84.75	43.80	1683.68	4330.79
LX32	陇县边家庄	铜簋	104.70	275.82	30.67	3114.44	736.74	56.86	57.45	1956.00	4806.59
LX33	陇县边家庄	铜簋	26.50	162.10	57.94	2284.27	711.48	65.14	148.32	649.06	2630.58
LX34	陇县边家庄	铜矛	31.24	196.36	67.75	1659.17	320.26	64.91	90.04	3597.24	2739.73
LXT1	礼县西山遗址	铜鱼	12.00	188.37	61.05	1040.32	448.62	58.82	27.28	1385.56	2029.98
LXT2	礼县西山遗址	铜鱼	42.54	183.49	256.55	4029.36	695.01	289.25	35.74	3038.80	2481.31
LXT3	礼县西山遗址	铜戈	59.98	716.95	57.56	1339.07	590.85	67.58	41.25	507.00	2854.82
LXT4	礼县圆顶山	铜盂	73.28	729.77	89.89	1418.63	778.51	90.59	39.12	579.31	3917.81
LXT5	礼县圆顶山	铜簋	74.56	145.27	38.15	1205.28	517.74	26.00	15.47	628.34	2913.01
LXT6	礼县圆顶山	铜戈	133.60	156.19	45.99	461.06	217.57	59.27	10.22	4432.44	1419.93
LXT7	礼县大堡子山	铜甗	570.97	463.54	22.86	288.47	273.17	26.33	23.01	879.13	9446.28
LXT8	礼县大堡子山	铜甗	133.04	149.47	76.38	877.35	143.46	74.55	12.56	2744.93	1639.29

续表

样品编号	出土地点	器物名称	分析结果（ppm）								
			Co	Ni	Se	Ag	Sb	Te	Au	Bi	As
M17-3	礼县西山遗址	铜鼎	19.44	164.06	30.06	1306.41	467.17	31.57	19.64	1112.71	1223.57
M17-4	礼县西山遗址	铜鼎	21.92	164.69	23.42	1338.89	378.56	37.33	17.33	1262.05	1144.71
M18-1	礼县西山遗址	铜鼎	49.89	83.83	119.19	596.93	45.81	59.88	9.42	1297.68	1601.21
M18-2	礼县西山遗址	铜鼎	20.98	221.93	29.59	1220.03	192.91	39.46	17.34	1302.16	346.94
M18-5	礼县西山遗址	铜鼎	24.17	207.71	58.90	1618.87	496.62	51.07	22.36	1390.09	730.93
BJ1	宝鸡陈仓区	铜盘	65.71	165.39	38.68	2905.82	673.52	67.72	26.01	3509.78	3919.26
BJ2	宝鸡陈仓区	铜鼎	54.37	292.20	116.41	2645.45	981.83	236.17	22.44	1455.45	2651.17
BJ3	宝鸡陈仓区	铜鼎	19.10	186.04	26.75	2363.61	291.07	40.82	146.12	1374.64	1505.51
BJ4	宝鸡陈仓区	铜鼎	79.15	214.70	42.79	2917.75	497.01	50.94	270.60	2078.35	5522.82
sfz01	李家铸铜作坊	残铜器	1443.00	1593.00	0.04	436.00	57.40	2.99	29.20	11847.00	4690.00
sfz02	李家铸铜作坊	残铜器	292.00	744.00	1.14	694.00	129.00	20.10	35.30	14054.00	4212.00

附录四　秦岭部分现代铜矿、先秦古铜矿铅同位素数据

矿料来源	铅同位素比值				
	$^{208}Pb/^{204}Pb$	$^{207}Pb/^{204}Pb$	$^{206}Pb/^{204}Pb$	$^{208}Pb/^{206}Pb$	$^{207}Pb/^{206}Pb$
中条山	—	15.494	17.591	2.118	0.881
中条山	—	15.499	18.218	2.066	0.851
中条山	—	15.665	18.004	2.094	0.870
中条山	—	15.692	18.410	2.072	0.852
中条山	—	15.551	17.978	2.127	0.865
中条山	—	15.581	18.072	2.110	0.862
中条山	—	15.578	18.097	1.957	0.861
中条山	—	15.565	18.048	2.088	0.862
中条山	—	15.724	18.594	2.094	0.846
中条山	—	15.662	18.307	2.087	0.856
江西	—	15.680	18.380	2.129	0.853
江西	—	15.320	17.910	2.076	0.855
江西	—	15.650	18.400	2.121	0.851
江西	—	15.960	18.740	2.107	0.852
江西	—	15.471	17.862	2.114	0.866
江西	—	15.745	18.400	2.127	0.856
江西	—	15.537	18.282	2.070	0.850
江西	—	15.571	18.070	2.118	0.862
江西	—	15.450	17.075	2.155	0.905
江西	—	15.706	18.055	2.125	0.870
江西	—	15.922	18.511	2.116	0.860
江西	—	15.775	18.276	2.117	0.863
江西	—	15.701	17.991	2.141	0.873
江西	—	16.000	18.581	2.113	0.861
江西	—	15.764	18.752	2.068	0.841
江西	—	15.737	18.778	2.058	0.838

续表

矿料来源	铅同位素比值				
	$^{208}Pb/^{204}Pb$	$^{207}Pb/^{204}Pb$	$^{206}Pb/^{204}Pb$	$^{208}Pb/^{206}Pb$	$^{207}Pb/^{206}Pb$
安徽	—	15.513	17.910	2.116	0.866
安徽	—	15.828	18.782	2.060	0.842
安徽	—	15.602	18.355	2.092	0.850
安徽	—	15.417	17.986	2.112	0.857
安徽	—	15.657	18.200	2.117	0.860
安徽	—	15.531	17.961	2.120	0.865
安徽	—	15.627	18.374	2.083	0.850
安徽	—	15.558	17.104	2.239	0.910
安徽	—	15.880	18.506	2.042	0.858
安徽	—	15.370	18.170	2.086	0.846
安徽	—	15.640	18.330	2.080	0.853
安徽	—	15.943	18.586	2.113	0.858
安徽	—	16.147	18.691	2.119	0.864
安徽	—	15.972	18.881	2.029	0.846
安徽	—	15.840	18.675	2.096	0.848
安徽	—	15.625	18.374	2.104	0.850
湖北	—	15.856	18.558	2.097	0.854
湖北	—	15.535	18.038	2.105	0.861
湖北	—	15.906	18.671	2.096	0.852
湖北	—	15.968	18.691	2.102	0.854
湖北	—	15.888	18.498	2.109	0.859
湖北	—	15.801	18.393	2.115	0.859
湖北	—	15.553	17.807	2.142	0.873
湖北	—	15.978	18.474	2.124	0.865
湖北	—	15.295	17.736	2.042	0.862
湖北	—	16.183	18.177	2.086	0.890
潼关	—	—	—	2.167	0.872
蓝田	—	—	—	2.180	0.864
旬阳	—	—	—	2.109	0.854
旬阳	—	—	—	2.115	0.869

续表

矿料来源	铅同位素比值				
	$^{208}Pb/^{204}Pb$	$^{207}Pb/^{204}Pb$	$^{206}Pb/^{204}Pb$	$^{208}Pb/^{206}Pb$	$^{207}Pb/^{206}Pb$
旬阳	—	—	—	2.136	0.870
柞水	—	—	—	2.117	0.851
柞水	—	—	—	2.105	0.864
柞水	—	—	—	2.085	0.864
韩元后沟	38.189	15.618	18.075	2.112	0.864
韩元后沟	38.132	15.606	18.078	2.110	0.863
韩元后沟	38.359	15.644	18.140	2.115	0.862
韩元后沟	38.160	15.614	18.115	2.107	0.862
堡子梁	38.194	15.629	18.036	2.118	0.867
堡子梁	38.439	15.692	18.445	2.084	0.851
杨家坝	37.485	15.639	18.378	2.039	0.851
杨家坝	37.624	15.607	17.994	2.091	0.867

附录五　秦始皇帝陵园内及附近土壤样品微量元素分析数据

样品编号	来源	分析结果（ppm）									
		Sb	La	Sm	Yb	U	Sc	Cr	Fe	Co	Rb
ZBH1	赵背户村	1.46	44.40	6.17	2.30	2.58	11.80	68.80	32700	12.50	98.10
ZBH2	赵背户村	1.50	39.40	5.68	1.99	2.97	10.00	57.70	27500	10.80	74.70
ZBH3	赵背户村	1.25	39.30	5.84	1.88	2.91	10.30	58.70	28200	10.40	81.00
ZBH6	赵背户村	1.41	46.00	6.25	1.95	2.88	11.90	62.90	32800	12.80	100.00
YCB1	鱼池北	1.34	39.60	6.18	1.63	2.85	9.64	56.40	26000	9.94	85.40
YCB3	鱼池北	1.35	39.20	6.15	1.88	3.37	9.34	54.90	24900	9.69	78.30
YCB5	鱼池北	1.27	37.90	6.04	1.96	3.37	9.77	56.80	26700	10.50	78.70
YCB8	鱼池北	1.43	43.70	6.83	2.29	3.17	10.70	63.10	29000	11.40	94.00
YCB9	鱼池北	1.33	39.20	5.60	3.05	2.34	9.80	61.50	27900	11.20	78.20
YCB11	鱼池北	1.40	41.40	5.85	2.90	2.31	10.40	67.60	29500	11.50	83.40
YCB13	鱼池北	1.53	42.70	5.91	3.18	2.67	10.60	65.70	30400	11.90	83.00
YCB14	鱼池北	1.55	46.40	6.48	3.51	2.35	10.70	67.50	30400	12.20	87.40
YCB15	鱼池北	1.71	40.90	5.84	3.34	2.57	10.70	67.60	31800	12.40	88.00
YCB16	鱼池北	1.62	53.50	7.40	4.49	2.92	10.50	73.30	29200	11.60	76.80

续表

样品编号	来源	分析结果（ppm）									
		Sb	La	Sm	Yb	U	Sc	Cr	Fe	Co	Rb
YCN2	鱼池南	1.39	41.10	5.76	1.97	3.36	9.85	57.10	26900	10.20	83.90
YCN4	鱼池南	1.37	44.50	6.17	2.24	3.33	9.97	64.30	27700	10.30	81.30
YCN5	鱼池南	1.38	41.90	5.86	2.01	3.39	10.10	56.60	28200	11.10	87.60
YCGD3	鱼池沟底	1.84	57.00	8.77	4.06	2.75	12.80	89.70	36500	13.20	109.00
YCGD4	鱼池沟底	1.51	40.80	5.69	2.87	2.38	13.00	75.10	39500	15.70	105.00
YCGD5	鱼池沟底	1.86	38.70	5.40	2.97	2.18	13.30	75.80	39900	15.90	107.00
YCGD6	鱼池沟底	1.55	44.30	6.23	3.44	2.82	9.98	67.90	27500	10.90	79.80
XZXH02	行者乡	1.62	42.30	6.48	1.98	2.61	12.00	66.90	33000	12.40	105.00
XZXH03	行者乡	1.65	41.40	6.16	1.94	2.77	10.50	60.70	29300	11.00	95.40
XZXH04	行者乡	1.50	43.60	6.07	1.95	2.51	11.10	57.20	30600	11.60	102.00
XZXH05	行者乡	1.80	46.00	6.26	2.29	2.72	11.90	67.20	33400	12.80	105.00
XZXH07	行者乡	1.66	41.40	5.79	1.77	2.74	11.20	60.90	30800	12.50	100.00
XZXX01	行者乡	1.74	41.80	5.78	1.96	2.82	10.70	56.80	29600	11.40	99.80
XZXX03	行者乡	1.64	43.00	5.85	2.16	2.60	10.80	61.40	29400	11.60	102.00
XZXX04	行者乡	1.82	49.50	6.77	2.25	3.43	8.73	57.20	22400	8.43	77.60
XZXX05	行者乡	1.40	42.10	5.89	1.95	2.98	10.30	57.90	28400	11.00	92.00
XZXX08	行者乡	1.48	37.60	5.21	1.63	2.51	9.99	59.20	26900	11.20	83.05
XZXX10	行者乡	1.95	42.20	5.99	1.73	3.07	10.80	60.80	30800	11.20	88.70

续表

样品编号	来源	分析结果（ppm）									
		Sb	La	Sm	Yb	U	Sc	Cr	Fe	Co	Rb
DMCD01	店门村	1.76	42.20	6.10	2.31	2.78	11.40	63.50	31400	11.50	96.40
DMCD02	店门村	1.32	34.10	5.03	1.54	2.57	9.09	53.60	25000	9.46	72.00
DMCD04	店门村	1.32	38.00	5.38	1.98	2.59	9.69	55.20	36900	10.10	82.90
DMCD06	店门村	1.42	38.70	5.41	1.97	2.66	9.96	58.10	26900	10.40	83.70
DMCD08	店门村	1.27	38.40	5.34	1.93	3.26	9.41	56.50	26100	9.86	75.80
NJZX1	农技中心	1.94	45.60	6.29	3.42	2.23	12.00	72.50	34400	13.20	99.50
NJZX2	农技中心	1.37	40.40	5.68	2.98	2.07	10.20	59.70	28900	11.50	79.30
NJZX4	农技中心	1.63	39.60	5.56	3.12	2.44	9.93	62.20	28200	11.30	80.90
NJZX6	农技中心	1.28	43.10	5.76	3.02	2.52	9.70	61.70	27600	11.20	77.70
SJC1	上焦村	1.44	37.70	5.53	1.90	2.41	10.00	57.30	27400	10.10	83.80
SJC2	上焦村	1.52	45.20	6.95	2.03	2.74	13.20	69.80	37300	13.10	114.00
SJC4	上焦村	1.21	42.50	6.70	2.28	3.04	10.20	61.70	28200	10.50	83.60
SJC6	上焦村	1.65	57.50	8.81	3.57	3.30	12.60	75.30	36200	13.30	107.00
SLC01	山刘村	2.02	61.70	9.15	3.84	3.48	14.90	86.70	43800	16.80	127.00
SLC02	山刘村	1.63	52.40	8.12	3.38	3.30	11.70	73.20	33900	13.30	98.80
SLC04	山刘村	1.53	50.00	7.67	3.22	3.03	11.80	72.20	34100	12.70	95.30
SLC05	山刘村	1.54	52.60	8.11	3.38	3.37	11.80	71.20	34100	12.60	99.80
SLC06	山刘村	1.60	53.80	8.24	3.66	3.26	12.40	78.20	35700	13.20	105.00

续表

样品编号	来源	分析结果（ppm）									
		Sb	La	Sm	Yb	U	Sc	Cr	Fe	Co	Rb
WLYZ1	五岭遗址	1.74	47.30	7.03	3.79	3.00	14.70	84.10	41600	17.90	125.00
WLYZ2	五岭遗址	1.58	50.10	7.42	3.99	3.15	14.30	85.00	38900	15.90	115.00
WLYZ4	五岭遗址	1.53	44.60	6.84	3.79	3.29	12.80	79.50	35000	14.20	104.00
WLYZ6	五岭遗址	1.67	50.50	7.53	3.94	3.86	14.70	80.60	39800	16.10	119.00
WLYZ7	五岭遗址	1.75	46.50	7.05	3.55	3.60	13.60	82.40	37600	15.50	116.00
WLYZ8	五岭遗址	1.68	45.10	6.91	3.59	4.04	12.80	77.40	35600	14.10	105.00
WLYZ9	五岭遗址	1.77	46.20	6.98	3.85	2.87	14.10	84.60	39200	15.70	117.00
SQZ01	水泉子村	1.61	47.70	7.16	3.64	2.74	14.00	80.30	35000	16.80	111.00
SQZ02	水泉子村	2.35	52.50	7.93	4.22	3.88	16.20	99.00	41200	20.50	135.00
SQZ04	水泉子村	1.76	45.40	6.32	3.21	3.13	14.00	85.80	38800	15.30	114.00
SR01	山任村	1.84	50.00	7.50	3.66	2.87	14.40	88.20	40700	15.60	124.00
SR03	山任村	1.68	40.00	6.18	3.27	3.10	11.70	72.10	32400	13.00	95.10
SR04	山任村	1.54	42.40	6.35	3.31	3.16	12.30	75.50	34000	16.50	103.00
SR06	山任村	1.52	42.40	6.51	3.55	3.49	12.70	76.60	35500	14.40	111.00
XSH02	戏水河	1.33	40.00	5.72	3.07	2.31	10.30	62.20	29200	11.60	83.80
XSH06	戏水河	1.56	38.90	5.57	3.13	2.53	10.60	65.30	30200	12.00	87.30
XSH10	戏水河	1.20	35.20	4.99	2.79	2.21	9.00	57.10	25100	9.48	75.30
XSH12	戏水河	1.37	32.70	4.95	2.76	2.02	9.80	59.11	28200	11.20	79.80

续表

样品编号	来源	分析结果（ppm）									
		Sb	La	Sm	Yb	U	Sc	Cr	Fe	Co	Rb
XSH13	戏水河	1.48	40.60	5.94	3.28	2.18	11.10	67.50	31800	12.80	96.60
XSH15	戏水河	1.56	43.50	6.56	3.57	2.94	11.90	75.50	32200	12.80	404.00
XSH16	戏水河	1.56	47.30	7.22	3.90	3.21	12.70	77.80	34400	13.90	110.00
XSH18	戏水河	1.74	44.20	6.70	3.72	3.21	12.80	79.40	35200	13.80	109.00

样品编号	分析结果（ppm）										
	Sr	Cs	Ba	Ce	Nd	Eu	Tb	Lu	Hf	Ta	Th
ZBH1	155	7.80	420.0	55.80	20.60	1.20	0.80	0.38	5.30	0.94	11.20
ZBH2	156	5.78	386.0	49.80	19.40	1.07	0.93	0.33	5.97	0.86	9.89
ZBH3	185	6.20	403.0	51.70	23.00	1.03	0.88	0.38	6.01	0.94	10.50
ZBH6	187	8.46	476.0	58.20	20.40	1.16	0.71	0.35	5.39	0.90	10.70
YCB1	207	5.71	398.0	51.00	18.30	1.08	0.78	0.31	5.80	0.92	9.52
YCB3	182	5.32	390.0	52.20	17.80	1.01	0.68	0.31	6.04	0.91	9.37
YCB5	191	5.72	446.0	49.20	20.70	1.08	0.75	0.31	6.28	0.84	9.43
YCB8	131	6.27	412.0	55.10	20.70	1.16	0.97	0.36	7.35	1.12	10.80
YCB9	168	5.30	396.0	56.30	22.90	1.08	0.79	0.41	6.89	0.92	10.40
YCB11	180	5.67	385.0	61.00	24.50	1.22	0.83	0.34	6.92	1.03	11.20
YCB13	163	5.82	399.0	61.70	27.40	1.21	0.85	0.39	7.28	1.01	11.60

续表

样品编号	分析结果（ppm）										
	Sr	Cs	Ba	Ce	Nd	Eu	Tb	Lu	Hf	Ta	Th
YCB14	171	6.02	435.0	69.10	26.90	1.30	0.91	0.43	9.61	0.99	12.20
YCB15	161	6.25	408.0	64.70	28.20	1.21	0.78	0.43	7.06	1.14	11.60
YCB16	165	4.88	346.0	80.10	32.70	1.40	1.04	0.57	13.70	1.29	13.60
YCN2	198	5.28	437.0	50.70	17.80	1.09	0.85	0.37	6.13	0.99	9.97
YCN4	174	5.67	409.0	53.90	21.40	1.19	0.75	0.33	7.02	0.94	10.40
YCN5	243	6.25	414.0	53.40	21.50	1.15	0.85	0.36	6.70	0.96	10.30
YCGD3	146	7.66	506.0	75.90	34.50	1.39	0.97	0.50	8.32	1.25	14.20
YCGD4	219	8.51	467.0	60.70	28.30	1.19	0.78	0.34	3.72	0.96	12.20
YCGD5	247	8.95	452.0	60.50	25.30	1.13	0.75	0.35	3.49	0.86	12.40
YCGD6	238	5.24	424.0	72.20	29.50	1.21	0.85	0.44	10.50	1.08	12.20
XZXH02	130	10.2	444.0	54.70	23.90	1.13	0.82	0.32	4.50	0.88	10.60
XZXH03	145	8.52	436.0	53.00	21.90	1.07	0.84	0.37	5.45	0.88	9.96
XZXH04	132	9.77	512.0	55.00	21.60	1.09	0.75	0.35	5.07	1.00	9.87
XZXH05	192	11.00	510.0	58.10	21.30	1.19	0.84	0.36	5.47	0.98	10.80
XZXH07	0	9.04	511.0	54.70	20.50	1.12	0.96	0.34	4.91	0.97	10.20
XZXX01	143	9.25	457.0	52.90	22.60	1.09	0.83	0.31	5.41	0.93	10.00
XZXX03	139	9.57	473.0	52.10	18.30	1.07	0.76	0.35	4.92	0.90	9.72
XZXX04	201	5.68	389.0	64.20	27.00	1.14	0.83	0.41	9.97	1.09	10.60

续表

样品编号	分析结果（ppm）										
	Sr	Cs	Ba	Ce	Nd	Eu	Tb	Lu	Hf	Ta	Th
XZXX05	128	6.91	472.0	53.20	17.10	1.08	0.81	0.36	5.84	0.93	9.76
XZXX08	186	6.82	429.0	48.40	19.90	1.01	0.74	0.29	4.18	0.92	8.94
XZXX10	146	7.95	473.0	52.00	20.00	1.08	0.72	0.33	5.09	0.92	10.30
DMCD01	149	6.72	436.0	53.50	20.40	1.09	0.83	0.39	6.05	0.91	10.10
DMCD02	177	5.57	364.0	44.00	17.60	0.93	0.75	0.29	4.51	0.71	8.58
DMCD04	211	5.99	457.0	48.80	13.00	0.96	0.64	0.37	5.77	0.97	9.90
DMCD06	123	5.87	413.0	49.10	22.00	1.06	0.85	0.31	5.89	0.94	9.96
DMCD08	207	5.43	400.0	49.20	20.20	0.98	0.74	0.33	5.39	0.84	10.10
NJZX1	152	7.62	456.0	66.30	27.40	1.21	0.87	0.44	7.14	1.07	12.80
NJZX2	142	5.85	385.0	57.90	23.00	1.14	0.78	0.37	6.30	0.86	11.10
NJZX4	173	5.82	381.0	56.40	25.00	1.11	0.81	0.35	6.73	0.93	10.80
NJZX6	236	5.71	404.0	57.90	24.10	1.09	0.78	0.38	6.72	0.88	10.40
SJC1	157	5.86	391.0	49.30	21.70	0.92	0.74	0.31	5.50	0.93	9.55
SJC2	147	8.78	533.0	58.60	22.30	1.24	0.99	0.36	5.48	0.97	11.00
SJC4	194	5.84	362.0	53.40	21.60	1.09	0.78	0.37	6.36	0.99	10.50
SJC6	211	7.29	496.0	75.70	34.30	1.33	0.98	0.46	7.83	1.07	13.80
SLC01	140	9.93	590.0	83.30	34.20	1.45	1.07	0.49	7.95	1.25	15.30
SLC02	174	6.74	465.0	70.20	30.60	1.19	0.96	0.45	6.89	1.05	12.70

续表

样品编号	分析结果（ppm）										
	Sr	Cs	Ba	Ce	Nd	Eu	Tb	Lu	Hf	Ta	Th
SLC04	194	6.72	479.0	66.90	30.60	1.24	0.80	0.43	6.71	0.98	12.10
SLC05	201	6.85	478.0	68.30	32.50	1.34	0.88	0.42	6.68	1.02	12.70
SLC06	173	7.28	507.0	70.60	31.70	1.34	0.92	0.46	7.45	1.11	12.90
WLYZ1	201	10.20	599.0	84.00	40.90	1.56	1.00	0.48	7.22	1.06	12.70
WLYZ2	188	8.85	56.0	86.20	42.30	1.48	1.04	0.51	8.22	1.18	13.40
WLYZ4	223	7.13	488.0	75.90	39.00	1.31	0.99	0.46	7.38	1.10	12.80
WLYZ6	288	8.50	506.0	85.60	42.50	1.54	1.06	0.51	7.50	1.14	14.50
WLYZ7	272	8.05	535.0	81.20	40.80	1.43	0.95	0.46	6.95	1.11	13.70
WLYZ8	239	7.65	508.0	76.60	37.90	1.38	0.97	0.45	6.77	1.09	13.10
WLYZ9	173	8.76	602.0	80.70	42.60	1.55	0.99	0.49	7.57	1.19	12.70
SQZ01	143	8.37	487.0	80.80	40.50	1.48	1.06	0.45	6.08	1.14	14.00
SQZ02	156	9.69	601.0	90.70	44.20	1.66	1.09	0.53	6.74	1.23	16.10
SQZ04	139	7.26	707.0	73.00	36.60	1.36	0.93	0.41	6.00	1.09	13.90
SR01	145	8.97	530.0	85.20	41.10	1.56	0.99	0.45	7.03	1.17	14.80
SR03	208	6.53	475.0	70.00	34.80	1.19	0.86	0.42	6.41	0.98	12.40
SR04	198	7.16	507.0	73.30	35.30	1.36	0.93	0.43	7.02	1.05	13.40
SR06	207	7.67	487.0	74.90	36.80	1.33	1.00	0.44	6.28	1.01	13.30
XSH02	191	5.60	417.0	59.60	25.40	1.20	0.87	0.39	7.06	0.93	11.70

续表

样品编号	分析结果（ppm）										
	Sr	Cs	Ba	Ce	Nd	Eu	Tb	Lu	Hf	Ta	Th
XSH06	167	6.04	424.0	58.80	26.30	1.16	0.83	0.38	7.23	0.94	11.20
XSH10	212	5.06	388.0	52.90	20.70	0.96	0.67	0.35	6.58	0.88	10.00
XSH12	203	5.84	379.0	54.30	22.70	1.09	0.75	0.35	5.75	0.90	10.40
XSH13	181	7.07	447.0	62.10	25.90	1.16	0.76	0.39	7.50	1.05	11.90
XSH15	219	7.16	487.0	76.40	37.10	1.39	0.97	0.46	7.98	1.11	12.50
XSH16	190	7.69	523.0	78.10	38.50	1.44	1.02	0.49	8.33	1.17	13.50
XSH18	179	7.54	472.0	76.60	36.60	1.42	0.96	0.48	7.87	1.15	13.10

参考文献

中文文献

〔德〕艾克曼:《秦始皇陵出土青铜水禽的保护和科技探索》,《让过去拥有未来:十五年德—中文物保护方法的发展与检验》,德意志联邦共和国联邦教育与研究部,2006年。

北京大学考古文博学院、甘肃省文物考古研究所:《河西走廊史前考古调查报告》,文物出版社,2011年。

北京科技大学冶金与材料史研究所、秦始皇兵马俑博物馆:《秦始皇陵兵马俑坑一号坑新出土铜器的初步科学分析》,待刊。

蔡运章:《洛阳北窑西周墓墨书文字略论》,《文物》1994年第7期。

陈刚、渭雄、梅建军:《国外古代失蜡铸造工艺研究综述》,《南方文物》2009年第2期。

陈庚龄、韩鉴卿:《甘肃武威磨咀子出土汉代彩绘木马颜料分析与修复保护》,《文物保护与考古科学》2011年第1期。

陈建立:《中国古代金属冶铸文明新探》,科学出版社,2014年。

陈坤龙、梅建军等:《梁带村两周墓地出土青铜器初步检测分析》,《考古与文物》2009年第6期。

陈坤龙、刘煜等:《城固龙头出土铜器的铸造技术及其相关问题》,《商周青铜器的陶范铸造技术研究》,文物出版社,2011年。

陈坤龙、梅建军:《辉县琉璃阁甲乙墓出土铜器的科学分析研究》,《辉县琉璃阁甲乙二墓(下)》,大象出版社,2011年。

陈坤龙、梅建军等:《陕西宝鸡石鼓山新出西周铜甲的初步科学分析》,《文物》2015年第4期。

陈力:《秦都咸阳金属窖藏性质试析》,《考古与文物》1998年第5期。

陈立信:《谈谈尉氏春秋青铜器的铸造工艺和焊接技术》,《中原文物》1988年第1期。

陈平:《甘肃省宕昌县韩院后沟—皮地坡铜矿带地质特征及成因》,《甘肃冶金》2009年第4期。

陈平:《试论春秋型秦兵的年代及有关问题》,《考古与文物》1986年第5期。

陈平：《试论关中秦墓青铜容器的分期问题（下）》，《考古与文物》1984 年第 4 期。
陈铁梅：《科技考古学》，北京大学出版社，2008 年。
成小林、原思训：《周原甲骨灼烧状况与风化原因研究》，《文物保护与考古科学》2004 年第 1 期。
崔剑锋、吴小红：《铅同位素考古研究——以中国云南和越南出土青铜器为例》，文物出版社，2008 年。
崔剑锋：《古代青铜器矿料产源的微量元素示踪研究评述》，《铅同位素考古研究——以中国云南和越南出土青铜器为例》，文物出版社，2008 年。
段清波：《从秦始皇陵考古看中西文化交流（一）》，《西北大学学报》（哲学社会科学版）2015 年第 1 期。
段清波：《从秦始皇陵考古看中西文化交流（二）》，《西北大学学报》（哲学社会科学版）2015 年第 2 期。
段清波：《从秦始皇陵考古看中西文化交流（三）》，《西北大学学报》（哲学社会科学版）2015 年第 3 期。
段清波：《秦始皇帝陵园考古研究》，北京大学出版社，2011 年。
甘肃省文物考古研究所、张家川回族自治县博物馆：《2006 年度甘肃张家川回族自治县马家塬战国墓地发掘简报》，《文物》2008 年第 9 期。
高蒙河：《毛笔的起源——文房四宝起源研究之一》，《中国文物报》2009 年 11 月 27 日第 6 版。
韩炳华、崔剑锋：《山西长治分水岭东周墓地出土青铜器的科学分析》，《考古》2009 年第 7 期。
韩汝玢：《秦始皇陵陶俑彩绘颜料的鉴定》，《秦俑专题研究》，三秦出版社，1994 年。
韩汝玢、埃玛 · 邦克：《表面富锡鄂尔多斯青铜饰品的研究》，《文物》1993 年第 9 期。
韩汝玢、柯俊：《中国科学技术史 · 矿冶卷》，科学出版社，2007 年。
韩汝玢、李晓岑：《云南古滇地区的金属制作技术与北方草原青铜文化》，《文物科技研究（第五辑）》，科学出版社，2007 年。
何堂坤：《古代焊接技术初步研究》，《华夏考古》2000 年第 1 期。
何堂坤：《刻纹铜器科学分析》，《考古》1993 年第 5 期。
侯介仁：《秦陵铜车马中镶嵌工艺的使用》，《西北农业大学学报》（自然科学版）1995 年增刊。
胡东波：《青铜文物 X 光成像研究》，《商周青铜器的范铸技术研究》，文物出版社，2011 年。
华觉明、郭德维：《曾侯乙墓青铜器群的铸焊技术和失蜡法》，《文物》1979 年第 7 期。
华觉明、谭德睿：《中国失蜡法的研究、鉴定和著述纪略》，《中国文物报》2006 年 9 月

15日。

华觉明:《失蜡法在中国的起源和发展》,《中国冶铸史论集》,文物出版社,1986年。

华觉明:《中国古代金属技术:铜和铁造就的文明》,大象出版社,1999年。

华自圭:《秦陵二号铜车连接技术的初步考证》,《秦陵二号铜车马》,《考古与文物》编辑部,1983年。

黄克映、李京华:《淅川和尚岭楚国青铜器与编钟的制造技术》,《中原古代冶金研究(第二集)》,中州古籍出版社,2003年。

黄维、吴小红等:《张家川马家塬墓地出土金管饰的研究》,《文物》2009年第10期。

黄晓娟、李秀辉:《郑国祭祀遗址青铜器的分析鉴定报告》,《新郑郑国祭祀遗址(中)》,大象出版社,2004年。

惠任、刘成等:《陕西旬邑东汉壁画墓颜料研究》,《考古与文物》2007年第3期。

贾腊江:《秦早期青铜器科技考古学研究》,科学出版社,2011年。

贾云福:《曾侯乙墓部分青铜器及金属弹簧的化学成分检测》,《曾侯乙墓(上)》,文物出版社,1989年。

贾云福、胡才彬:《对古代青铜器红铜镶嵌的研究》,《武汉工学院学报》1980年第1期。

焦南峰:《左弋外池——秦始皇陵园K0007陪葬坑性质蠡测》,《文物》2005年第12期。

金普军、秦颍等:《湖北九连墩楚墓出土青铜器钎焊材料的分析》,《焊接学报》2007年第11期。

金正耀、Chase, T、平尾良光等:《江西新干大洋洲商墓青铜器的铅同位素比值研究》,《考古》1994年第8期。

金正耀、马渊九夫、Chase, T等:《广汉三星堆遗物坑青铜器的铅同位素比值研究》,《文物》1995年第2期。

金正耀:《晚商中原青铜器矿料来源》,《第三届国际中国科学史讨论会论文集》,科学出版社,1990年。

金正耀等:《商代青铜器中的高放射性成因铅:三星堆器物与赛克勒博物馆藏品的比较研究》,《走向二十一世纪的中国考古学学术讨论会论文集》,科学出版社,2002年。

礼县秦西垂文化研究会、礼县博物馆:《秦西垂陵区》,文物出版社,2004年。

李京华:《包山楚墓青铜制造技术的初步考察》,《中原古代冶金技术研究》,中州古籍出版社,1994年。

李京华:《固始侯古堆青铜铸镶红铜花纹工艺探讨》,《固始侯古堆一号墓》,大象出版社,2004年。

李敏生:《陕县东周墓出土部分铜器的成分分析》,《陕县东周秦汉墓》,科学出版社,1994年。

李敏生:《淅川下寺春秋楚墓部分金属成分测定》,《淅川下寺春秋楚墓》,文物出版社,

1991 年。

李清临、朱君孝等:《微量元素示踪古代青铜器铜矿料来源的可行性》,《文物保护与考古科学》2004 年第 3 期。

李水城:《中国境内考古所见早期麦类作物》,《亚洲文明(第四集)》,三秦出版社,2008 年。

李晓岑、韩汝玢:《古滇国金属技术研究》,科学出版社,2011 年。

李晓岑、韩汝玢等:《云南晋宁石寨山出土金属器的分析和研究》,《文物》2004 年第 11 期。

李秀辉、韩汝玢:《虢国墓出土青铜器材质分析》,《三门峡虢国墓(第一卷)》,文物出版社,1999 年。

李秀辉、孙淑云等:《北京琉璃河燕国墓地出土青铜器铸造工艺的考察》,《商周青铜器的陶范铸造技术研究》,文物出版社,2011 年。

李秀珍、Martinón-Torres, M. 等:《扫描电镜下的秦青铜兵器铭文及加工痕迹》,《秦时期冶金考古国际学术讨论会论文集》,科学出版社,2014 年。

李秀珍、夏寅、刘占成等:《秦俑坑出土青铜兵器生产的标准化生产及劳动力组织》,《秦始皇帝陵博物院 2011 年总壹辑》,三秦出版社,2011 年。

李秀珍、高俊:《从青铜弩机铭文看秦兵器生产标准化的局限性》,《文博》2010 年第 2 期。

李学勤:《中国古代文明的起源》,《走出疑古时代》,辽宁大学出版社,1994 年。

李亚东:《秦俑彩绘颜料及秦代颜料史考》,《考古与文物》1983 年第 3 期。

李亚东:《中国制墨技术的源流》,《科技史文集(第 15 辑化学史专辑)》,上海科学技术出版社,1989 年。

李元芝、张方涛等:《许公宁透空蟠虺纹青铜饰件:先秦失蜡法之一器例》,《中原文物》2007 年第 1 期。

李仲达等:《淅川下寺春秋楚墓青铜试样分析报告》,《淅川下寺春秋楚墓》,文物出版社,1991 年。

李自治:《秦九都八迁的路线问题》,《中国历史地理论丛(第二辑)》,陕西人民教育出版社,2002 年。

梁云:《从秦文化的转型看考古学文化的突变现象》,《华夏考古》2007 年第 3 期。

梁云:《关于秦人早期的历史》,《中国文化遗产》2008 年第 2 期。

林剑鸣:《秦史稿》,上海人民出版社,1981 年。

林梅村:《丝绸之路考古十五讲》,北京大学出版社,2006 年。

凌雪、贾腊江等:《春秋时期秦青铜器微量元素的激光剥蚀等离子体质谱》,《兰州大学学报》(自然科学版)2012 年第 1 期。

刘江卫:《秦始皇陵陪葬坑出土十二号青铜水禽的修复保护报告》,《文物科技研究(第二辑)》,科学出版社,2004年。
刘煜、宋江宁、刘歆益:《周原出土铸铜遗物的分析检测》,《考古与文物》2007年第4期。
刘煜、岳占伟:《复杂化生产:晚商青铜器的陶范铸造工艺流程》,《商周青铜器的陶范铸造技术研究》,文物出版社,2011年。
刘煜、岳占伟:《殷墟陶范的材料及表面处理工艺的初步研究》,《夏商周文明研究·六:2004年安阳殷商文明国际学术研讨会论文集》,社会科学文献出版社,2004年。
刘煜:《圈足上的镂空:试论商代青铜器的泥芯撑技术》,《南方文物》2014年第3期。
刘煜:《殷墟青铜礼器铸造工艺研究综论》,《华夏考古》2009年第1期。
刘占成:《秦陵"七号坑"性质和意义刍论》,《文博》2002年第2期。
刘占成:《秦青铜兵器研究》,《回顾与创新:秦始皇兵马俑博物馆开馆三十周年纪念文集(回顾篇)》,三秦出版社,2009年。
刘钊:《论秦始皇陵园K0007陪葬坑的性质》,《中国文物报》2005年8月9日第7版。
罗黎:《汉代彩绘铜镜的绘制工艺及颜料研究》,《考古与文物》2002年第4期。
罗明:《秦始皇陵园K0007陪葬坑弋射场景考》,《考古》2007年第1期。
罗武干、秦颍等:《淮阴高庄战国墓出土青铜器产地初步研究》,《土壤》2009年第4期。
罗武干、秦颍等:《左冢楚墓群出土金属器研究》,《荆门左冢楚墓》,文物出版社,2006年。
Martinón-Torres, M.、李秀珍等:《为秦始皇打造兵器:秦俑坑兵器的冶金考古学分析》,《秦时期冶金考古国际学术研讨会论文集》,科学出版社,2014年。
马清林、苏伯民等:《春秋时期镀锡青铜器镀层结构和耐腐蚀机理研究》,《兰州大学学报》(自然科学版)1999年第4期。
马宇:《秦始皇帝陵园K0007号陪葬坑25号仙鹤的修复报告》,《回顾与创新:秦始皇兵马俑博物馆开馆三十周年纪念文集(回顾篇)》,三秦出版社,2009年。
南普恒、秦颍等:《横水西周墓地部分青铜器残留泥芯的矿物组成及成分分析》,《岩矿测试》2008年第4期。
南普恒、秦颍等:《湖北盘龙城出土部分商代青铜器铸造地的分析》,《文物》2008年第8期。
南普恒、秦颍等:《襄樊陈坡楚墓出土青铜器残留泥芯的X荧光光谱和电感耦合等离子发射光谱分析》,《分析测试学报》2008年第5期。
倪克鲁(Nickel, L.):《亚洲视野中的秦兵马俑》,《古代墓葬美术研究(第一辑)》,文物出版社,2011年。
彭子成、胡智生等:《弜国墓地金属器物铅同位素比值测定》,《宝鸡弜国墓地》,文物出版社，1988年。
潜伟：《甘肃礼县大堡子山秦公墓几件青铜器的显微分析》，《考古与文物先秦增刊》2002年。
秦始皇兵马俑博物馆、陕西省考古研究所：《秦始皇陵铜车马发掘报告》，文物出版社，1998年。
秦始皇兵马俑博物馆：《秦始皇陵铜车马修复报告》，文物出版社，1998年。
秦俑考古队：《临潼上焦村秦墓清理简报》，《考古与文物》1980年第2期。
秦俑坑考古队：《临潼郑庄秦石料加工场遗址调查简报》，《考古与文物》1981年第1期。
秦俑坑考古队：《秦始皇陵东侧马厩坑钻探清理简报》，《考古与文物》1980年第4期。
秦俑坑考古队：《始皇陵西侧"骊山飤官"建筑遗址清理简报》，《文博》1987年第6期。
任常中、王长青：《河南淅川下寺春秋云纹铜禁的铸造与修复》，《考古》1987年第5期。
容波、兰德省等：《秦陵7号坑严重锈蚀青铜水禽分析研究》，《青铜文化研究（第四辑）》，黄山出版社，2008年。
容波、兰德省等：《咸阳地区出土汉代彩绘陶器表面颜料的科学研究》，《文博》2009年第6期。
陕西省考古研究所、秦始皇兵马俑博物馆：《秦始皇帝陵园考古报告（1999）》，科学出版社，2000年。
陕西省考古研究所、秦始皇兵马俑博物馆：《秦始皇帝陵园考古报告（2000）》，文物出版社，2006年。
陕西省考古研究所、始皇陵秦俑坑考古发掘队：《秦始皇陵兵马俑坑一号坑发掘报告（1974～1984）》，文物出版社，1988年。
陕西省考古研究所：《秦都咸阳考古报告》，科学出版社，2004年。
陕西省考古研究院、秦始皇兵马俑博物馆：《秦始皇帝陵园考古报告（2001～2003）》，文物出版社，2007年。
单炜、赵西晨等：《秦兵马俑彩绘成分初探》，《考古与文物》1988年第1期。
邵安定、孙淑云等：《甘肃礼县大堡子山秦公墓出土金属器的科学分析与研究》，《文物》2015年第10期。
邵安定、付倩丽等：《陕西神木县石峁遗址出土壁画制作材料及工艺研究》，《考古》2015年第6期。
邵安定、梅建军等：《张家川马家塬战国墓地出土金属饰件的初步分析》，《文物》2010年第10期。
史树青：《我国古代的金错工艺》，《文物》1973年第6期。
始皇陵秦俑坑考古发掘队：《陕西临潼鱼池遗址调查简报》，《考古与文物》1983年第4期。

始皇陵秦俑坑考古发掘队:《秦始皇陵东侧第二号兵马俑坑钻探试掘简报》,《文物》1978年第5期。

始皇陵秦俑坑考古发掘队:《秦始皇陵东侧第三号兵马俑坑清理简报》,《文物》1979年第12期。

宋国定:《郑州小双桥遗址出土陶器上的朱书》,《文物》2003年第5期。

苏荣誉、华觉明等:《新干商代大墓青铜器铸造工艺研究》,《新干商代大墓》,文物出版社,1997年。

苏荣誉、华觉明等:《中国上古金属技术》,山东科学技术出版社,1995年。

苏荣誉:《强国墓地青铜器铸造工艺考察和金属器物检测分析》,《宝鸡強国墓地》,文物出版社,1988年。

苏荣誉:《中国古代青铜铸造技术研究:历史,现状与展望(1930~2000)》,《科学技术史研究五十年(1957~2007)》,中国科学院自然科学史研究所,2007年。

孙淑云、韩汝玢、陈铁梅等:《盘龙城出土青铜器的铅同位素比测定报告》,《盘龙城》,文物出版社,2001年。

孙淑云、李晓岑等:《中国青铜器表面镀锡技术研究》,《文物保护与考古科学》2008年12月第20卷增刊。

孙淑云、李延祥:《中国古代冶金技术专论》,中国科学文化出版社,2003年。

孙淑云、梅建军:《中国古代锡铅焊料的分析》,《北京科技大学学报》2009年第1期。

孙淑云、王金潮等:《淮阴高庄战国墓出土铜器的分析研究》,《考古》2009年第2期。

孙淑云:《当阳赵家湖楚墓金属器的鉴定》,《中国冶金史论文集(二)》,人民教育出版社,1994年。

孙淑云:《太原晋国赵卿墓铜器的分析鉴定》,《太原晋国赵卿墓》,文物出版社,1996年。

谭德睿:《侯马东周陶范的材料及其处理技术的研究》,《考古》1986年第4期。

谭德睿:《中国古代失蜡铸造起源诸问题的思考》,《文物保护与考古科学》1994年第2期。

谭德睿、徐惠康、黄龙:《中国青铜时代陶范铸造技术研究》,《考古学报》1999年第2期。

汤文兴:《淅川下寺一号墓青铜器的铸造技术》,《考古》1981年第2期。

滕铭予:《秦文化:从封国到帝国的考古学考察》,学苑出版社,2002年。

万家保:《青铜觚形器之铸造程序》,《古器物研究专刊(第一本):殷墟出土青铜觚形器之研究》,台湾中央研究院历史语言研究所,1964年。

万家保:《青铜爵形器之铸造程序》,《古器物研究专刊(第二本):殷墟出土青铜爵形器之研究》,台湾中央研究院历史语言研究所,1966年。

万家保:《青铜斝形器之铸造程序》,《古器物研究专刊(第三本):殷墟出土青铜斝形器之研究》，台湾中央研究院历史语言研究所，1968 年。
万家保：《青铜鼎形器之铸造程序》，《古器物研究专刊（第四本）：殷墟出土青铜鼎形器之研究》，台湾中央研究院历史语言研究所，1970 年。
汪美娟、李玉虎等：《陕西杨家湾出土西汉彩绘兵马俑的修复保护研究》，《文物保护与考古科学》2008 年第 4 期。
王昌燧、邱平等：《文物断源研究之成果、心得和思考》，《科技考古论丛（第三辑）》，中国科技大学出版社，2003 年。
王玮：《辉县琉璃阁甲乙二墓出土部分青铜器铸造工艺初探》，《辉县琉璃阁甲乙二墓（下，论集）》，大象出版社，2011 年。
王学理：《秦代军工生产标准化的初步考察》，《考古与文物》1987 年第 5 期。
王学理：《秦俑坑出土青铜兵器的科技成就》，《考古与文物》1980 年第 1 期。
魏国锋：《古代青铜器矿料来源与产地研究的新进展》，中国科技大学博士学位论文，2007 年。
吴坤仪：《当阳赵家湖楚墓铜器铸造工艺》，《中国冶金史论文集（二）》，人民教育出版社，1994 年。
吴坤仪：《鎏金》，《中国科技史料》1981 年第 1 期。
吴坤仪：《太原晋国赵卿墓铜器制作技术》，《中国冶金史论文集（三·A）》，《北京科技大学学报》编辑部，2002 年。
吴永琪、张志军、周铁等：《秦俑彩绘颜料调和剂的初步研究》，《秦文化论丛（第二辑）》，三秦出版社，1993 年。
武丽娜：《秦始皇陵新出土的青铜鹤》，《文博》2006 年第 6 期。
夏寅、李秀珍、Martinón-Torres，M. 等：《秦俑坑出土铜镞铤的金相及电镜能谱初步分析》，《秦时期冶金考古国际学术研讨会论文集》，科学出版社，2014 年。
夏寅：《显微镜探知中国古代颜料史》，《文博》2009 年第 6 期。
孝感地区第二期亦工亦农文物考古培训班：《湖北云梦睡虎地十一号秦墓发掘简报》，《文物》1976 年第 6 期。
叶小燕：《东周刻纹铜器》，《考古》1983 年第 2 期。
叶小燕：《我国古代青铜器上的装饰工艺》，《考古与文物》1983 年第 4 期。
袁卫华、袁仲一等：《论秦汉时期的标准化》，《秦俑学研究》，陕西人民教育出版社，1996 年。
袁仲一等：《秦俑坑青铜兵器工艺标准化》，《陕西标准化》1981 年第 2 期。
袁仲一：《关于秦始皇陵铜禽坑出土遗迹、遗物的初步认识》，《秦文化论丛（第十二辑）》，三秦出版社，2005 年。
袁仲一：《秦始皇陵考古发现与研究》，陕西人民出版社，2002 年。

早期秦文化联合考古队、张家川回族自治县博物馆：《张家川马家塬战国墓地2007～2008年发掘简报》，《文物》2009年第10期。

张昌平：《曾国青铜器研究》，文物出版社，2009年。

张擎、王方等：《金沙村遗址出土铜器》，《金沙淘珍》，文物出版社，2002年。

张天恩：《甘肃礼县秦文化调查的一些认识》，《考古与文物》2004年第6期。

张天恩：《礼县等地所见早期秦文化遗存有关问题刍论》，《文博》2001年第3期。

张文立：《秦始皇陵7号坑蠡测》，《考古与文物》2004年增刊。

张志军：《秦始皇陵兵马俑文物保护研究》，陕西人民教育出版社，1998年。

张钟权：《神木县出土一件铜彩绘鹅鱼灯》，《文博》1986年第6期。

赵世刚：《春秋时期失蜡法铸造工艺问题探讨》，《中原文物》2006年第6期。

赵世刚：《淅川下寺春秋楚墓青铜器的铸造工艺》，《淅川下寺春秋楚墓》，文物出版社，1991年。

赵维娟：《秦始皇陵考古中有关产地问题的核分析技术研究》，郑州大学博士学位论文，2006年。

赵雨亭、阎进盈：《秦陵二号铜车马的涂层和胶黏剂初析》，《秦陵二号铜车马》，《考古与文物》编辑部，1983年。

中国机械工程学会铸造学会：《曾侯乙墓青铜尊盘铸造工艺的鉴定》，《曾侯乙墓（上册）》，文物出版社，1989年。

中国社会科学院考古研究所：《殷墟的发现与研究》，科学出版社，1994年。

周国信：《中国西北地区古代壁画彩塑中的含铅白色颜料》，《文物保护与考古科学》2012年第1期。

周卫荣、董亚巍等：《失蜡工艺不是中国青铜时代的选择》，《中国文物报》2006年7月21日第7版。

周卫荣、董亚巍等：《再论“失蜡工艺不是中国青铜时代的选择”》，《南方文物》2007年第2期。

周卫荣、董亚巍等：《中国青铜时代不存在失蜡铸造工艺》，《江汉考古》2006年第2期。

朱凤翰：《古代中国青铜器》，南开大学出版社，1995年。

朱凤瀚：《中国青铜器综论》，上海古籍出版社，2009年。

西文文献

Ambers, J., Hook, D., Spencer, N. A new look at an old cat: a technical investigation of the Gayer-Anderson cat. The British Museum Technical Research Bulletin, 2008 (2).

Azema, A., Mille, B., et al. An experimental study of the welding techniques used on large Greek and Roman bronze statues. Historical Metallurgy, 2011 (2).

Bell, M., Robin, J., Clark, H., et al. Roman spectroscopic library of natural and synthetic pigments (pre-1850AD). Spectrochimic Acta Part A, 1997 (53).

Blaensdorf, C., Wang, L. Research on the polychromy of sculptures from Qin Shihuang's burial complex-colour reconstructions and patterns.《文博》2009 年第 6 期。

Bonaduce, I., Blaensdorf, C., et al. The binding media of the polychromy of Qin Shihuang's Terracotta Army. Journal of Cultural Heritage, 2008 (9).

Born, H. Patinated and painted bronzes: exotic technique or ancient tradition? In J. Paul Getty Museum (ed.). Small Bronze Sculpture from the Ancient World. Los Angeles: J. Paul Getty Museum, 1990.

Bunker, E. Lost wax and lost textile: an unusual ancient technique for casting gold belt plaques. In Maddin, R. (ed.). The Beginning Use of Metals and Alloys. The MIT Press, Cambridge, 1988.

Craddock, P. The composition of the copper alloys used by the Greeks, Etruscan and Roman civilization: 1 the Greeks before the Archaic period. Journal of Archaeological Science, 1976 (3).

Craddock, P. The composition of the copper alloys used by the Greeks, Etruscan and Roman civilization: 2 the Archaic, Classic and Hellenistic Greeks. Journal of Archaeological Science, 1977 (4).

Delange, E., Meyohas, M., Aucouturier, M. The statue of Karomama: a testimony of the skill of Egyptian metallurgists in polychrome bronze statuary. Journal of Cultural Heritage, 2005 (6).

Flad, K., Yuan, J. Zooarchaeological evidence for animal domestication in northwest China. In Madson, D., Chen, F., Gao, X. (eds). Late Quantery Climate Change and Human Adaptation in Arid China. Elsevier, London, 2007.

Freestone, C., Wood, N., Rawson, J. Shang dynasty casting moulds from North China. In McGovern, E., Notis, D., Kingery, D. (eds.). Cross Craft and Cross Cultural Interactions in Ceramics and Civilization IV. The American ceramic society Inc, Westerville, 1989.

Frel, J. The Getty Bronze. The J. Paul Getty Museum, California, 1982.

Friedman, M., et al. Copper artifacts: correlation with source types of copper ore. Sience, 1996 (152).

Formigli, Edilberto. La Tecnica di Construzione delle Statue di Riace, in Dui bronzi da Riace Riace: rinvenimento, restauro, analisi ed ipotesi di interpretazione. Bollettino d'Arte. Special Series 3. Vol. 1. Roma: Istituto poligrafico e zecca dello Stato, 1984.

Gale, H., Stos-Gale, Z. Lead isotope analyses applied to provenance studies. In Ciliberto, E.

and Spoto, G. (eds). Modern Analytical Methods in Art and Archaeology. A John Wiley and Sons, INC., Publication, New York, 2000.

George, R., Henrickson, E., Miller, M., et al. Trace element fingerprinting as a guide to the geographic sources of native copper. Metals, 1980 (32).

Gettens, R. J. The Freer Chinese Bronzes (Vol. II Technical Studies), Smithsonian Institution, Washington, 1969.

Ghoneim, M. A bronze Osiris statuette from the Egyptian museum in Cairo: microstructural characterization and conservation. Mediterranean Archaeology and Archaeometry, 2014 (1).

Ghoneim, M. An Egyptian partially gilded bronze group statue: examination and analysis. Archaeometry, 2014 (1).

Gouda, K., Youssef, I., Abdel-Ghany, A. Characterization of Egyptian bronze archaeological artifacts. Surface and Interface Analysis, 2012 (44).

Happer, P., Azul, J. et al. (eds.). The Royal City of Susa: Ancient Near Eastern Treasures in the Louvre. The Metropolitan Museum of Art, New York, 1992.

Haynes, D. The Technique of Greek Bronze Statuary. Verlag Philipp von Zabern, Mainz, 1992.

Hemingway, S. The Horse and Jockey from Artemision. University of California Press, Berkeley and Los Angles, 2004.

Henrichs, J. The Riace bronzes: a comparative study in the style and technique. Master thesis for University of West Florida-Pensacola, 2005.

Hill, M. Charting metal statuary: the archaic period through the pre-thutmoside new kingdom (3100-1479 B.C.). In Hill, M., Schorsch, D. (eds.). Gifts for the Gods: Images from Egyptian Temples. Yale university press, New York, 2007.

Hill, M., Schorsch, D. The gulbenkian torso of King Pedubaste: investigation into Egyptian large bronze statuary. Metropolitan Museum Journal, Vol. 40, 2005.

Hunt, B. The long history of lost wax casting. Gold bulletin, 1980 (13).

Kyrieleis, H. Samos and some aspects of archaic Greek bronze casting. In True, M. and Podany, J. (eds.). Small Bronze Sculptures from the Ancient World. J. Paul Getty Museum, California, 1990.

Ledderose, L. Ten Thousand Things: Module and Mass Production in Chinese Art. Princeton University Press, 2000.

Lefferts, K., Majewski, J. Technical examination of the classical bronze horse from the Metropolitan Museum of Art. Journal of the American Institute for Conservation, 1981 (1).

Li, X. Martinón-Torres, M., Meeks, D. Inscriptions, filing, grinding and polishing marks on the bronze weapons from the Qin Terracotta Army in China. Journal of Archaeological Science, 2001 (38).

李永迪, Anyang Foundry: Archaeological Remains, Casting Technology and Production Organization. A thesis for PhD to Harvard University, 2003.

Lie, H. and Mattusch, C. Introduction to the catalogue entries and technical observations. In Mattusch, C. (ed.). The Fire of Hephaistos: Large Classical Bronzes from North American Collections. Harvard University Art Museum, Massachusetts, 1996.

Lombardi, G. From the shell to its content: the casting core of the two bronze statues from Riace (Calabria, Italy). Journal of Archaeological Science, 1998 (25).

Mary, S., Steven, K., et al. Different burning, recrystallization and fragmentation of archaeological bone. Journal of archaeological science, 1995 (22).

Mattusch, C. Greek Bronze Statuary: from the Beginnings through the Fifth Century B.C. Cornell University Press. New York, 1988.

Mattusch, C. The Berlin foundry cup: the casting of Greek bronze statuary in the early fifth century B. C. American Journal of Archaeology, 1980 (4).

Mattusch, C. The Fire of Hephaistos: Large Classical Bronze from North American Collections. Harvard University Art Museum, 1996.

Mattusch, C. The Villa dei Papiri at Herculaneum: Life and Afterlife of a Sculpture Collection. Paul Getty Trust Publications, Los Angeles, 2005.

Mille, B. The casting techniques of antique South Arabian large bronze statues. In Jett, P., McCarthy, B., Douglas, G. J. (eds.). Scientific Research on Ancient Asian Metallurgy: Proceedings of the Fifth Forbes Symposium at the Freer Gallery of Art. Archetype Publication, London, 2012.

Mille, B. Etude technique du cheval de bronze de Neuvy-en-Sullias, in Gorget，C. and Guillaumet, J. P. (eds.). Le cheval et la danseuse，à la redécouverte du trésor de Neuvy-en-Sullias, Paris, Somogy, 2007.

Nicholson, P., Shaw, I. Ancient Egyptian Materials and Technology. Cambridge University Press. 2000.

Niece, S., Shearman, F., Taylor, J. et al. Polychromy and Egyptian bronze: new evidence for artificial coloration. Studies in Conservation, 2002 (2).

Noble, J. The wax of the lost wax process. American Journal of Archaeology, 1975 (4).

Noble, V. The Forgery of our Greek bronze horse. The Metropolitan Museum of Art Bulletin, 1968.

Oddy, A. The technology and conservation of two fragment of life-size gilt bronze Roman statuary. In Mattusch, C., Brauer, A., Knudsen, S. (eds.). From the parts to the whole (Volume 2): Acta of the 13th international bronze congress, May 28-June 1, 1996. Portsmouth, 2002.

Palma, G., Fiorentino, P. Conserving and restoring the Brindsi bronzes. Journal of Roman Archaeology-Supplementary Series 39 (2). In C. Mattusch, A. Brauer and S. Knudesen (eds.). From the Parts to the Whole: Acta of the 13th International Bronze Congress, Held at Cambridge, Massachusetts, May 28-June 1, 1996. Portsmouth, R. I., 2000.

Paul, J., Shelly, S., Terry, W. A study of the Egyptian bronze falcon figures in the Walters art gallery. Studies in Conservation, 1985 (3).

Peter, M. The casting process of the statue of queen Napir-Asu in the Louvre. In C. Mattusch, A. Brauer and S. Knudesen (eds.). From the Parts to the Whole (Volume 1): Acta of the 13th International Bronze Congress, Held at Cambridge, Massachusetts, May 28-June 1, 1996. Portsmouth, R. I., 2000.

Podany, J., Scott, D. The Getty Victorious Youth reconsidered: initial report on the scientific and technical re-examination. In C. Mattusch, A. Brauer and S. Knudesen (eds.). From the Parts to the Whole (Volume 1): Acta of the 13th International Bronze Congress, Held at Cambridge, Massachusetts, May 28-June 1, 1996. Portsmouth, R. I., 2000.

Quinn, P. S. Ceramic Petrography: the Interpretation of Archaeological Pottery & Related Artefacts in Thin Section. Archaeopress, Oxford, 2013.

Ridgeway, B. The lady from the sea: a Greek bronze in Turkey. American Journal of Archaeology, 1967 (71).

Schorsch, D. Technical examinations of ancient Egyptian theriomorphic hollow cast bronzes-some case studies. In Watkins, S., Brown, C. (eds.). Conservation of Ancient Egyptian Materials. UKIC Archaeology Section, London, 1988.

Schorsch, D., Frantz., J. A Tale of Two Kitties. The Metropolitan Museum of Art Bulletin, 1997-1998 (3).

Scott, D., Podany, J. Ancient copper alloys: some metallurgical and technological studies of Greek and Roman bronzes. In the J. Paul Getty Museum (ed.). Small bronze sculpture from the ancient world. J. Paul Getty Museum, California, 1989.

Siano, S. The birth and second life of the Minerva of Arezzo. In Risser, E., Saunders, D. (eds.). The Restoration of Ancient Bronzes Naples and Beyond. The J. Paul Getty Museum. Los Angeles, 2013.

Steinberg, A. Joining methods on large bronze statues: some experiments in ancient technology. In Young, J. (ed.). Application of Science in Examination of Works of Art. Museum of Fine Arts, Boston, 1973.

Strahan, D. An enlightened journey: transitions in casting of Chinese buddhist images. In Douglas, J., Jett, P., Winter, J. (eds.). Scientific Research in the Field of Asian Art. Archetype publications, London, 2012.

Varoufakis, G., Stathis, C. A contribution to the study of the corrosion of ancient bronzes. Metallurgia, 1971.

Wang, Q. Metalworking Technology and Deterioration of Jin Bronzes from the Tianma-Qucun Site, Shanxi, China. Basingstoke Press, Oxford, 2002.

Wang, Q., Huang, H., Shearman, F. Bronzes from the Sacred Animal Necropolis at Saqqara, Egypt: a study of the metals and corrosion. The British Museum Technical Bulletin, 2009 (3).

Willer, F. Conservation in 1994 of the so-called Agon, the life-size bronze statue from Mahdia. In Mattusch, C., Brauer, A., Knudsen, S. (eds.). From the parts to the whole (Volume 1): Acta of the 13th international bronze congress, May 28-June 1, 1996. Portsmounth, 2000.

Xu, J. Bronze at Sanxingdui. In Bargley, R. (ed.). Ancient Sichuan: Treasures for a Lost Civilization. Princeton University Press, Washington, 2001.

Zuo, J., Zhao, X. Analysis of the pigments on painted pottery figures from the Han dynasty's Yangling tomb by Roman microscopy. Journal of Roman Microscopy, 2003 (34).

后　记

2003～2006年期间，陕西省考古研究院与德国美因茨罗马-日耳曼中央博物馆合作，对当时新出土的6件彩绘青铜水禽（3件青铜鸿雁和3件青铜天鹅）进行了保护修复，保护修复过程中发现的一些制作工艺信息引起了笔者的注意。在国家文物局的支持下，2010年陕西省考古研究院与北京科技大学合作启动了“秦始皇帝陵园K0007号陪葬坑出土彩绘青铜水禽保护修复”项目，对剩余彩绘青铜水禽进行保护修复。为了兼顾彩绘青铜水禽的保护修复研究和制作工艺研究两项工作，探索青铜器保护修复与制作工艺研究相结合的工作模式，同时出于培养人才的目的，北京科技大学将“彩绘青铜水禽的制作工艺研究”、“彩绘青铜水禽的保护修复研究”以及“彩绘青铜水禽锈蚀产物的分析研究”分别作为邵安定的博士论文题目，以及杨红、郭菲的硕士论文题目。本书即是在邵安定博士论文的基础上修改而成的，也是我们多年来在彩绘青铜水禽制作工艺研究方面所思所想的阶段性总结。

在开展研究的整个过程中，从研究思路的构建到修改定稿都得到了恩师梅建军教授宏观而具体的指导。同时还为我创造条件赴英国剑桥李约瑟研究所查阅梳理英文资料。恩师渊博的专业知识、严谨的治学态度、精益求精的工作作风、谦易平和的为人态度使我终身受益。在此谨向恩师表示崇高的敬意和衷心的感谢！

北京科技大学冶金与材料史研究所韩汝玢先生给予了本人很大的支持与帮助。当时年近八旬的韩先生不仅三次亲赴西安对彩绘青铜水禽进行实地考察，还审阅了书稿并提出许多宝贵的意见和建议，使本书的研究思路更加清晰。研究所孙淑云、李延祥、潜伟、李秀辉、章梅芳、程瑜等老师在研究和写作过程中也从不同角度提出了许多宝贵的意见和建议，并给予了无私的帮助。在此谨向各位老师表示诚挚的谢意。

北京大学的陈建立教授、伦敦大学学院考古学院的Quinn Patrick博士在水禽泥芯的科学分析方面给予了指点和帮助；秦始皇帝陵博物院的付倩丽副研究员和张尚欣先生在水禽彩绘颜料的科学分析鉴定方面均给予了鼎力帮助；青铜水禽的发掘者、西北大学的段清波教授在考古学文化交流方面与笔者多次探讨，并使笔者受益匪浅；秦始皇帝陵博物院马宇先生和刘江卫先生与我们分享了其彩绘青铜水禽保护修复及工艺信息的珍贵资料。没有他们的支持和帮助，本书难以顺利完成，感谢他们热心的帮助。

2015 年 1 月至 7 月，在美国纽约李氏基金的支持下，本书的部分研究工作得以在英国剑桥李约瑟研究所进行。其间，李约瑟研究所 John Moffett 先生、Susan Bennett 女士、吴慧仪博士、博士生李苗以及访学的李蓓蓓副教授均给予了热情的帮助。

在此还要特别感谢科学出版社樊鑫先生和闫广宇先生，为本书的出版付出了辛勤劳动。

给予我们帮助的单位和个人还有很多，恕不能一一列举，敬请谅解。再次向以上单位和个人表示衷心的感谢!

另外，还要感谢我的家人，没有他们在背后默默的支持，书稿也无法顺利完成。

本工作的开展，始终得到国家文物局和陕西省文物局的支持，先后得到国家文物局馆藏珍贵文物保护修复专项“秦始皇帝陵园 K0007 号陪葬坑出土彩绘青铜水禽的保护修复”项目、陕西省文物局“秦始皇帝陵园出土彩绘水禽制作工艺研究”以及社科后期资助项目“秦始皇帝陵园出土彩绘青铜制作工艺及相关问题研究”（项目编号：15FKG006）的资助。

本书只是秦始皇帝陵园出土彩绘青铜水禽制作工艺研究的阶段性成果，限于我们的研究水平，书中一定存在许多不当之处，对一些问题的认识也是非常初步的，敬请学界同仁批评、斧正。

本书出版在即，因各种原因，部分图片未能与其版权所有者取得联系，如有异议，请版权所有者与作者或出版社联系。

邵安定

2018 年 9 月于西安

图　　版

图版一　彩绘青铜天鹅出土状况

图版二　彩绘青铜鸿雁出土状况

图版三　彩绘青铜仙鹤出土状况

图版四　2 号彩绘青铜天鹅

图版五　8 号彩绘青铜天鹅

图版六　35 号彩绘青铜鸿雁

图版七　46 号彩绘青铜鸿雁

图版八　8 号彩绘青铜天鹅颈部泥芯及其中间分界线

图版九　13 号彩绘青铜天鹅颈部泥芯中间分界线

图版一〇　20 号彩绘青铜天鹅头部残件颈部断口泥芯的中间分界线

图版一一　21 号彩绘青铜仙鹤颈根部凹窝状泥芯

图版一二　13 号彩绘青铜天鹅颈部残块内泥芯撑

图版一三　11 号彩绘青铜天鹅腿部泥芯及泥芯撑

图版一四　62 号彩绘青铜天鹅头部残件内保留的铜芯撑

图版一五　彩绘青铜天鹅颈部残件 A 上的泥芯撑

图版一六　安阳出土鼎足泥芯上的泥芯撑

图版一七　宝鸡石鼓山商周墓出土铜簋底部铜垫片

图版一八　7号彩绘青铜天鹅头颈断口内泥芯及露出的铜芯骨

图版一九　8号彩绘青铜天鹅颈部泥芯中露出的铜芯骨

图版二〇　10号彩绘青铜天鹅颈部青灰色泥芯及木芯骨的孔洞

图版二一　10号彩绘青铜天鹅颈部泥芯中已完全炭化的木芯骨

图版二二　8号彩绘青铜天鹅头颈连接处的铜隔档

图版二三　彩绘青铜天鹅颈部残件B断裂处泥芯及铜隔档中间的不规则孔洞

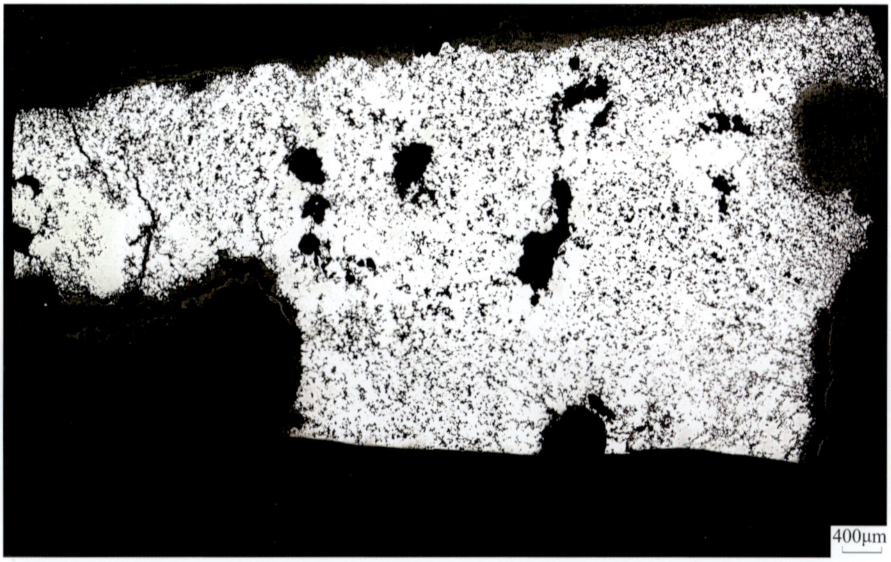

图版二四　彩绘青铜天鹅颈部残件 B 铜隔档样品的金相照片

图版二五　法国叙利亚地区讷维出土罗马时期铜马熔化焊接部位的金相照片

图版二六　13 号彩绘青铜天鹅尾部底面方孔内侧情况

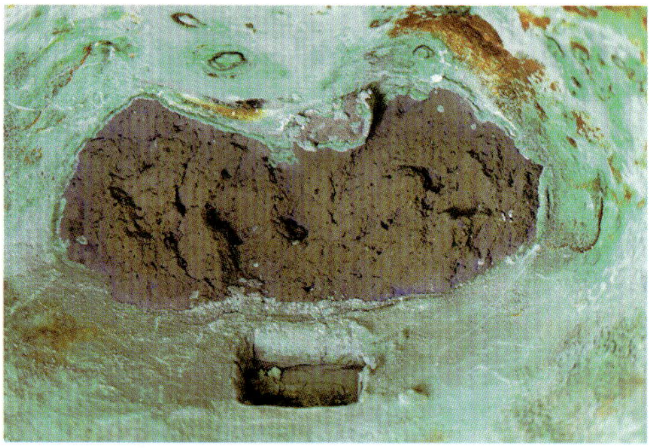

图版二七　33 号彩绘青铜鸿雁躯体内尾部残留陶芯及尾部方孔内侧

图版二八　8 号彩绘青铜天鹅底部方孔和铸造缺陷的补缀痕迹

图版二九　46 号彩绘青铜鸿雁底部经补缀的底部方孔

图版三〇　6 号彩绘青铜天鹅颈部表面补片已脱落的芯撑孔

图版三一　11 号彩绘青铜天鹅经铜片镶嵌补缀的芯撑孔

图版三二　10 号彩绘青铜天鹅底部方孔及其四周的凹槽

图版三三　42 号彩绘青铜鸿雁颈部的两处补缀凹槽

图版三四　10 号彩绘青铜天鹅补片表面的打磨痕迹

图版三五　彩绘青铜天鹅尾部残件凹槽上的錾凿痕迹

图版三六　希腊国家考古博物馆藏青铜运动员雕像及其表面的铜片补缀痕迹

图版三七　希腊国家考古博物馆藏青铜雕像芯撑孔表面的铜片补缀痕迹

图版三八　汉中出土商代铜瓿器
肩部的熔补痕迹

图版三九　宝鸡云塘汉墓出土铜釜上的
铜片铆接补缀痕迹

图版四〇　10号彩绘青铜天鹅躯体内壁
表面的毛刷痕迹

图版四一　意大利佛罗伦萨考古博物馆所藏
出土于阿雷佐青铜女神像内部毛刷痕迹

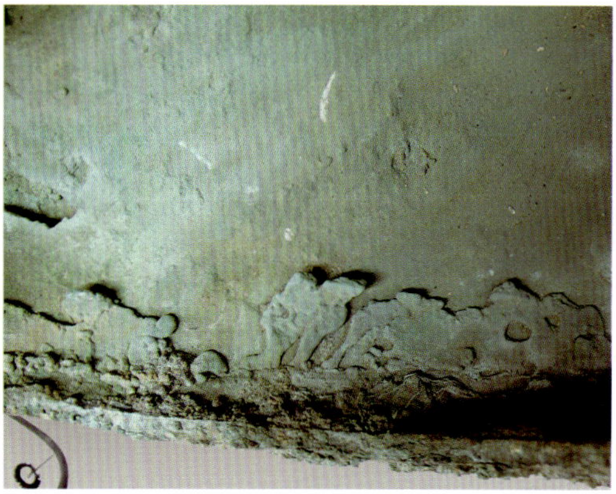

图版四二　10 号彩绘青铜天鹅躯体内壁的流淌状多余铜

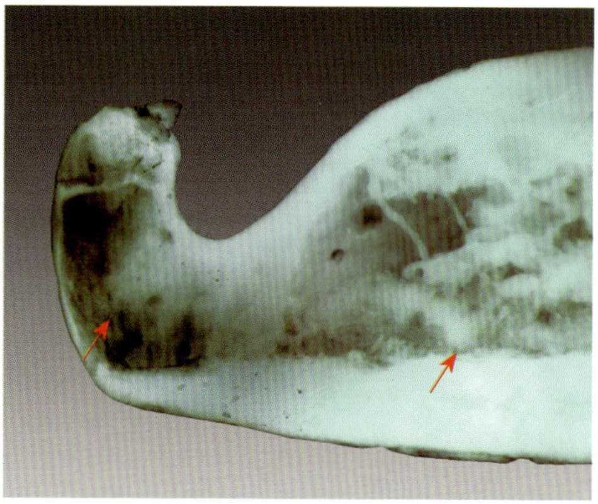

图版四三　30 号彩绘青铜鸿雁躯体部 X 射线照片显示颈部铜隔档及体内流淌状多余铜

图版四四　突尼斯马赫迪亚出土的公元前 2 世纪青年雕像左臂内流铜痕迹

图版四五　法国兰斯出土的罗马时期男性雕像右前臂残件内流铜痕迹

图版四六　6号彩绘青铜天鹅左腿及掌部

图版四七　6号彩绘青铜天鹅右掌与躯体之间的间隙

图版四八　10号彩绘青铜天鹅左掌部

图版四九　10号彩绘青铜天鹅右掌部和躯体之间的间隙

图版五〇　3 号彩绘青铜天鹅底部左掌
轮廓线条

图版五一　9 号彩绘青铜天鹅底部右掌
轮廓线条

图版五二　43 号彩绘青铜鸿雁底部右掌
轮廓线条

图版五三　43 号彩绘青铜鸿雁底部左掌
轮廓线条

图版五四　48 号彩绘青铜鸿雁踏板与掌部之间的榫卯

图版五五　21 号彩绘青铜仙鹤踏板上残留的榫头

图版五六　48 号彩绘青铜鸿雁踏板表面发现的砍砸痕迹

图版五七　21 号彩绘青铜仙鹤铜羽毛之间的多余铜

图版五八　13 号彩绘青铜天鹅身体样品 SQT006 金相组织照片

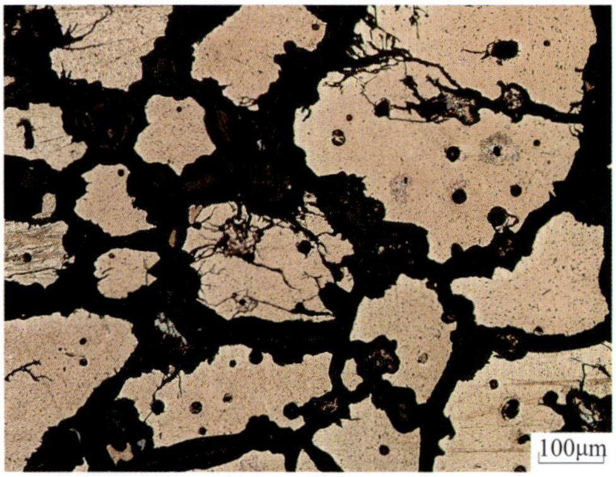

图版五九　29 号彩绘青铜鸿雁身体样品 SQT016 金相组织照片

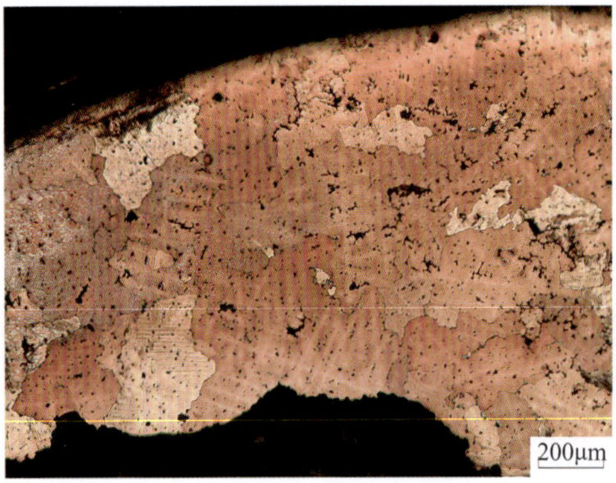

图版六〇　21 号彩绘青铜仙鹤体内多余铜样品 SQT013 金相组织照片

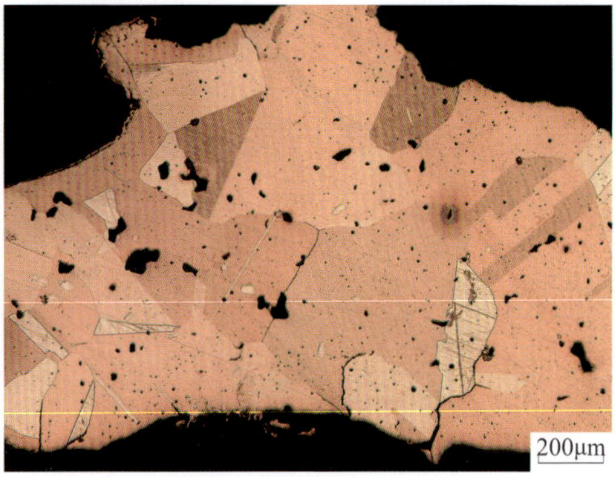

图版六一　10 号彩绘青铜天鹅体内多余铜样品 SQT005 金相组织照片

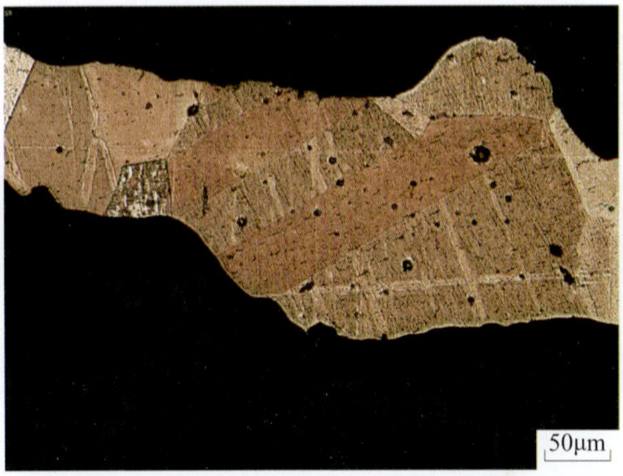

图版六二　20 号彩绘青铜天鹅补片样品
SQT012 金相组织照片

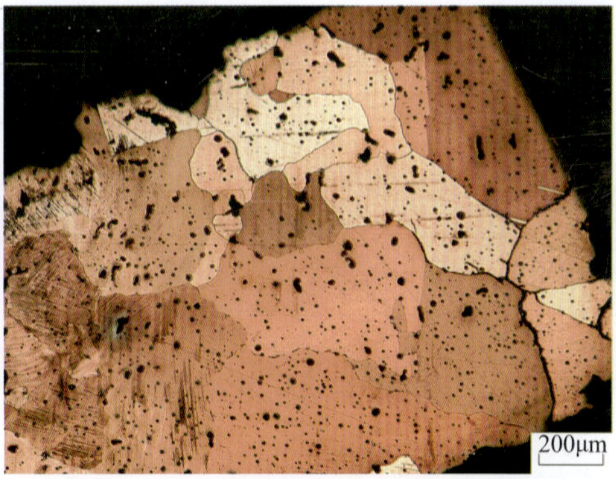

图版六三　10 号彩绘青铜天鹅补片样品
SQT003 金相组织照片

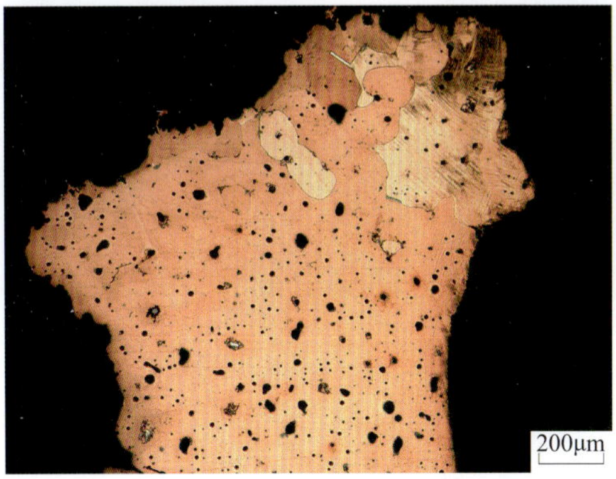

图版六四　7 号彩绘青铜天鹅芯骨样品
SQT002 金相组织照片

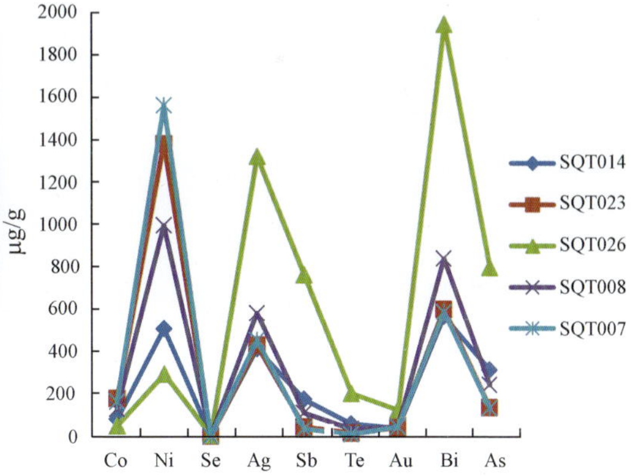

图版六五　彩绘青铜水禽微量元素含量对比图

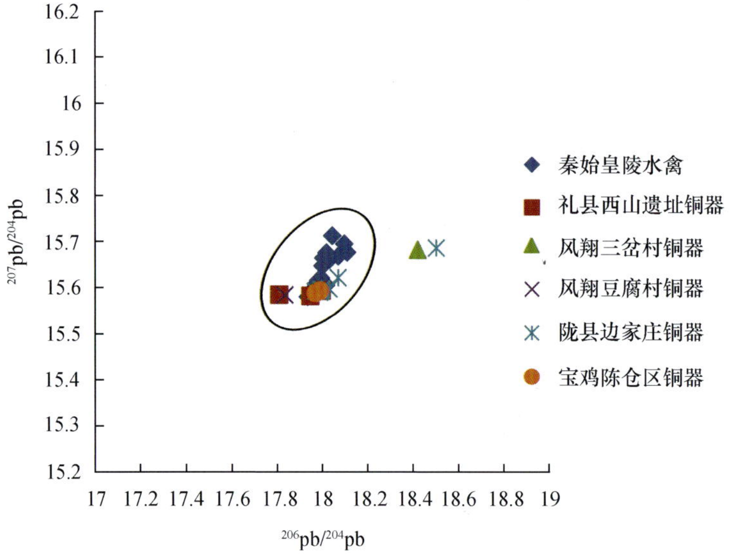

图版六六　彩绘青铜水禽和早期秦文化铜器的铅同位素 $^{207}pb/^{204}pb$、$^{206}pb/^{204}pb$ 比值分布图

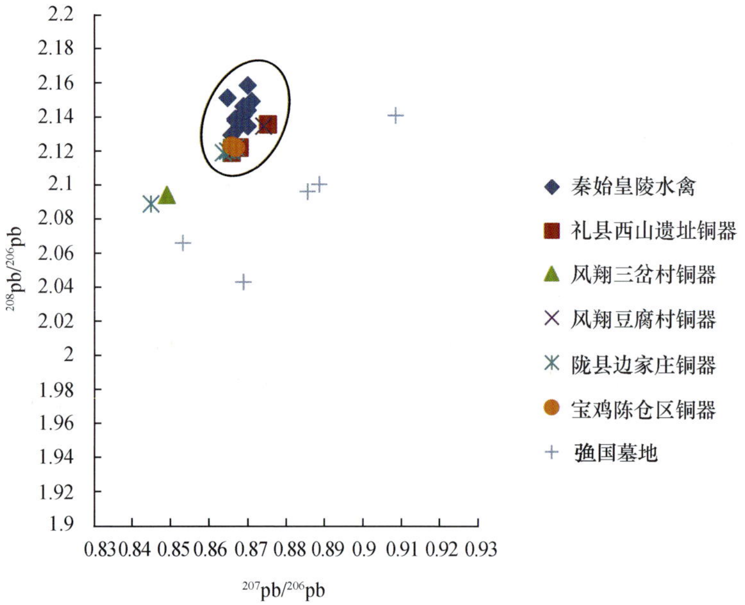

图版六七　彩绘青铜水禽、早期秦文化铜器和強国墓铜器的铅同位素 $^{208}pb/^{206}pb$、$^{207}bp/^{206}pb$ 比值分布图

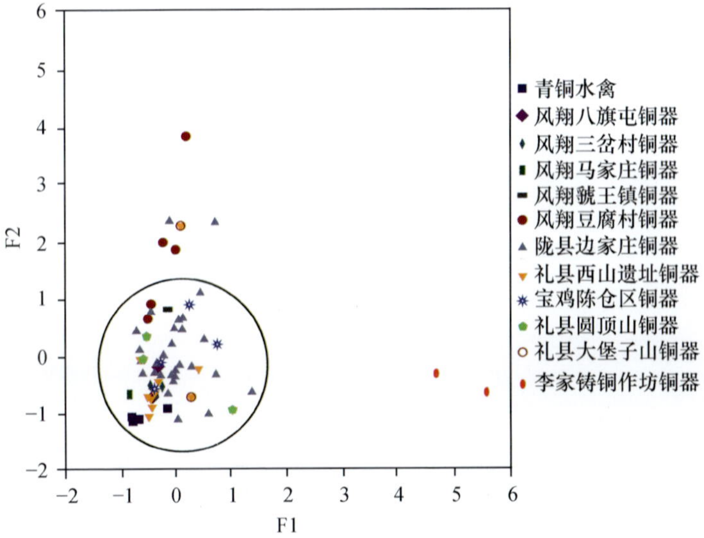

图版六八　彩绘青铜水禽、早期秦文化铜器以及李家铸铜作坊铜器微量元素因子分析图

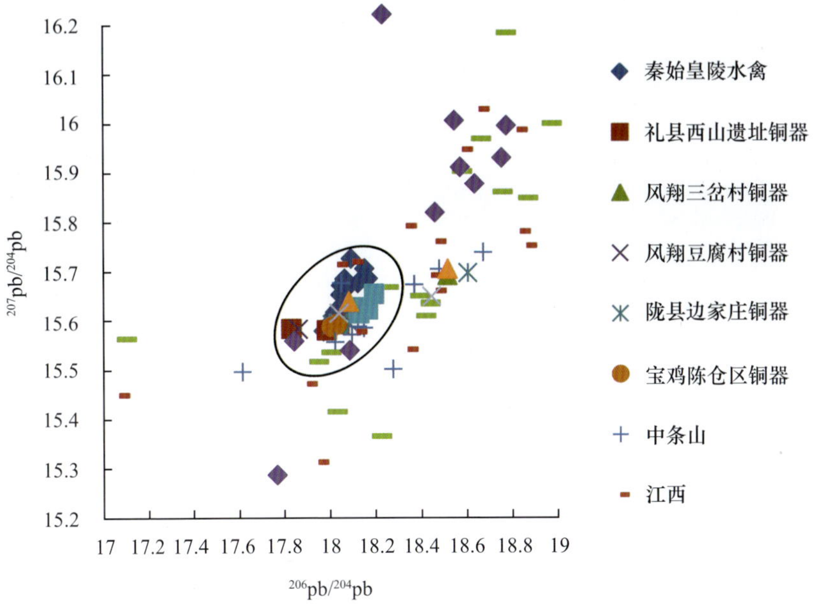

图版六九　彩绘青铜水禽、早期秦文化铜器、先秦古矿、秦岭部分现代铜矿铅同位素 $^{207}pb/^{204}pb$、$^{206}pb/^{204}pb$ 比值分布图

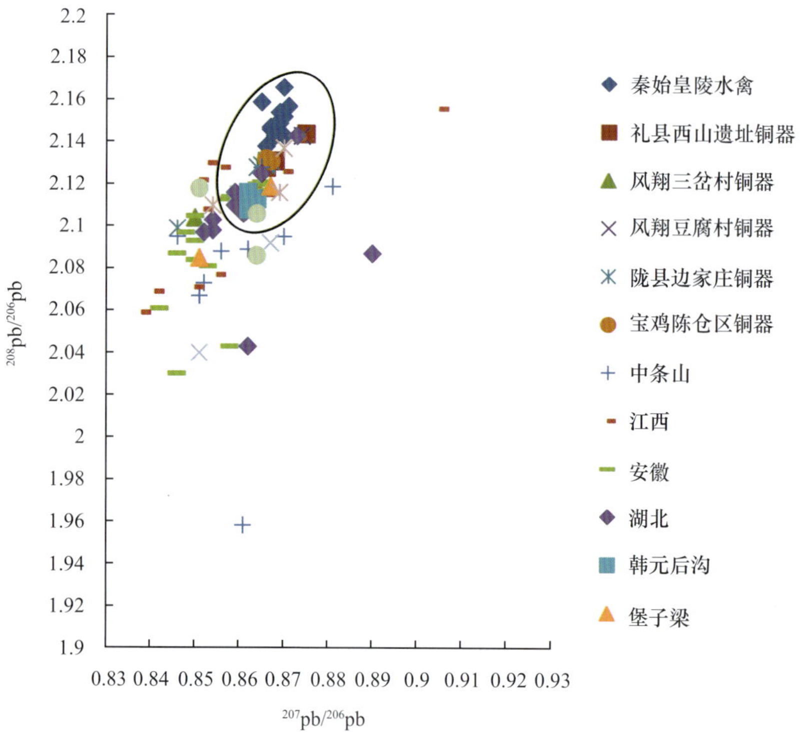

图版七〇　彩绘青铜水禽、早期秦文化铜器、先秦古矿、秦岭部分现代铜矿铅同位素 $^{208}pb/^{204}pb$、$^{207}pb/^{206}pb$ 比值分布图

图版七一　大英博物馆收藏埃及青铜雕像头部装饰情况及其模拟复原图

图版七二　金沙遗址出土眼睛形器表面以黑色颜料描绘的瞳孔和眼睛轮廓

图版七三　宝鸡石鼓山商周墓出土铜铠甲残片上以炭黑、石绿绘制的连云纹

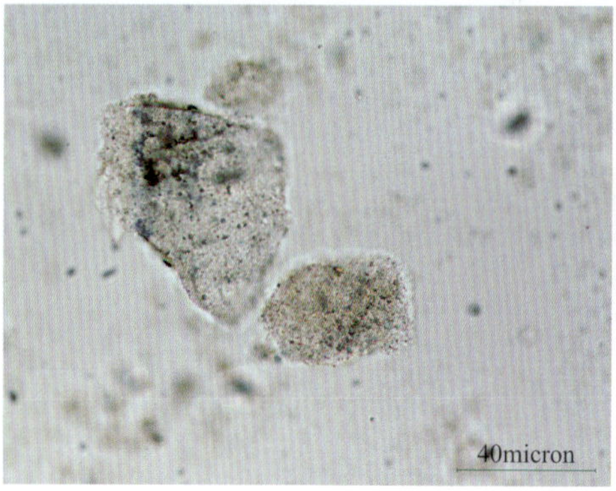

图版七四　不明彩绘青铜天鹅身体部颜料样品 SQY014 单偏光显微照片

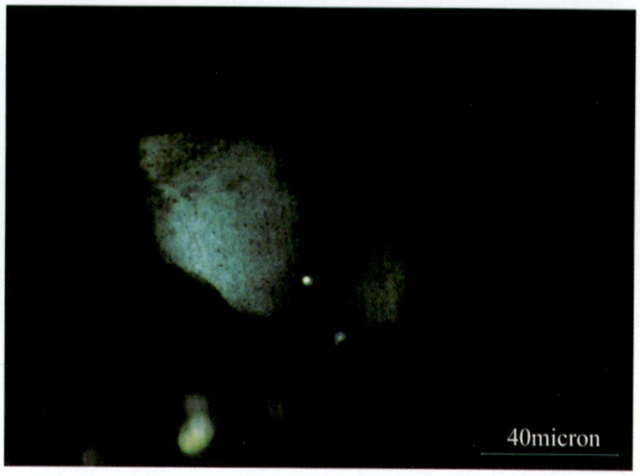

图版七五　不明彩绘青铜天鹅身体部颜料样品 SQY014 正交偏光显微照片

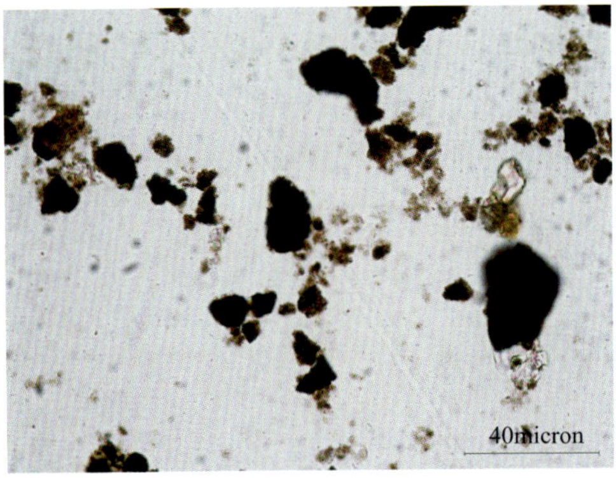

图版七六　34 号彩绘青铜鸿雁尾部底面颜料样品 SQY017 单偏光显微照片

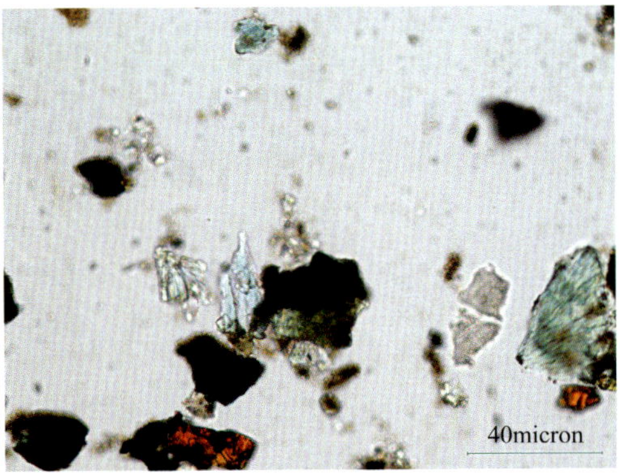

图版七七　42 号彩绘青铜鸿雁身体部颜料样品 SQY018 单偏光显微照片

图版七八　2 号彩绘青铜天鹅背部颜料层表面羽毛状纹路

图版七九　21 号彩绘青铜仙鹤表面颜料分层情况

图版八〇　21 号彩绘青铜仙鹤尾部铜羽毛彩绘层上羽茎与两侧纹路之间的叠压关系

图版八一　44 号彩绘青铜鸿雁翼部彩绘层上羽茎与两侧纹路之间的叠压关系

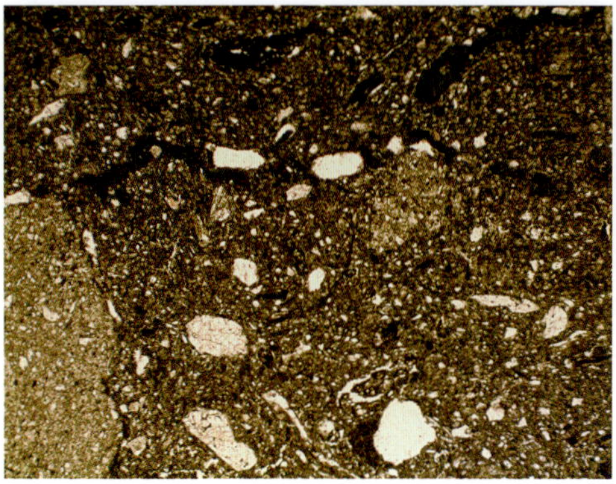

图版八二　30 号彩绘青铜鸿雁身体泥芯样品 SQC014 单偏光岩相照片（100X）

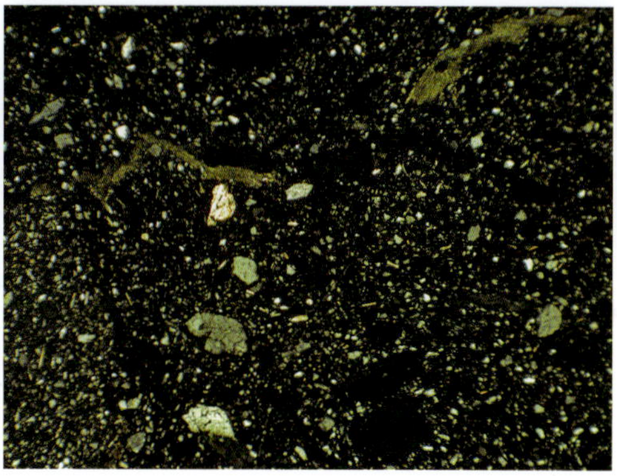

图版八三　30 号彩绘青铜鸿雁身体泥芯样品 SQC014 正交偏光岩相照片（100X）

图版八四　13 号彩绘青铜天鹅颈部泥芯样品 SQC004 单偏光岩相照片（100X）

图版八五　13 号彩绘青铜天鹅颈部泥芯样品 SQC004 正交偏光岩相照片（100X）

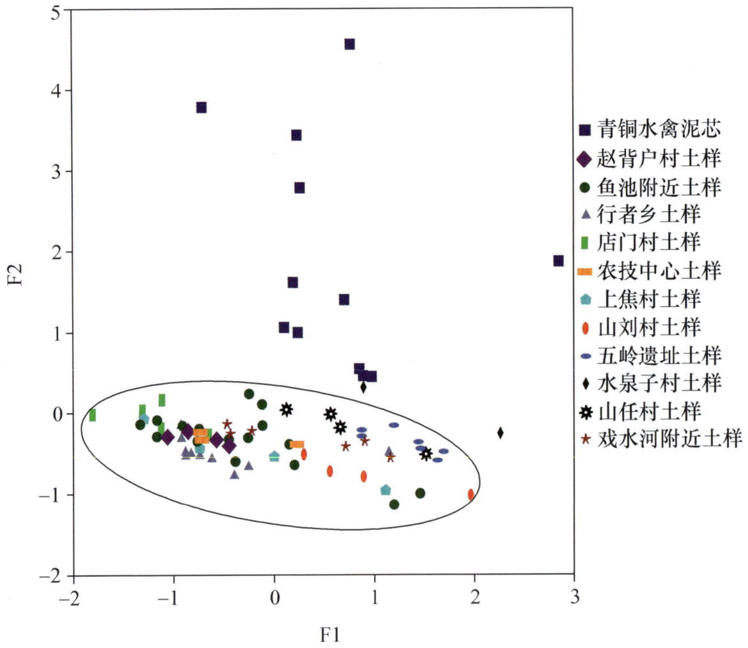

图版八六　彩绘青铜水禽泥芯及秦始皇帝陵园附近土壤 NAA 微量元素因子分析图